本书为国家社科基金项目《道教农学思想史纲要》
(项目批准号：10XZJ007，结项等级：良好)的最终成果；

本书得到广西壮族自治区哲学社会科学规划办的出版资助；

本书为玉林师范学院宗教与社会发展研究所研究成果。

道教农学
思想史纲要

| 袁名泽 著

人民出版社

责任编辑:宰艳红
责任校对:白　玥
封面设计:吴燕妮

图书在版编目(CIP)数据

道教农学思想史纲要/袁名泽 著. –北京:人民出版社,2016.2
ISBN 978－7－01－015587－6

Ⅰ.①道…　Ⅱ.①袁…　Ⅲ.①道教–农学思想–思想史　Ⅳ.①B958

中国版本图书馆 CIP 数据核字(2015)第 290762 号

道教农学思想史纲要
DAOJIAO NONGXUE SIXIANGSHI GANGYAO

袁名泽　著

人民出版社 出版发行
(100706　北京市东城区隆福寺街 99 号)

环球东方(北京)印务有限公司印刷　新华书店经销

2016 年 2 月第 1 版　2016 年 2 月北京第 1 次印刷
开本:710 毫米×1000 毫米 1/16　印张:20.25
字数:270 千字

ISBN 978－7－01－015587－6　定价:49.00 元

邮购地址 100706　北京市东城区隆福寺街 99 号
人民东方图书销售中心　电话 (010)65250042　65289539

【序】

2014年9月，名泽赴成都参加"第四届中国道教文化艺术节暨道教文化高峰论坛"期间，请我为其新著《道教农学思想史纲要》写序，其言辞恳切，我不能不答应。不久后，名泽君将其书稿发给我。可从那时至近期，因诸事繁杂，写序之事一直未能付之笔端。今年春节，名泽君来电言及，出版社已经将书稿排版，就等着这篇序言，这意味着写序的事不能再拖了。于是，我放下手头事务，将其书稿的一些主要章节以及提要、目录再作揣摩。

看着名泽君的书稿，不禁想起许多往事。名泽君是厦门大学中国哲学专业毕业的博士研究生，他在读博时我还在厦门大学担任哲学系系主任、人文学院副院长。在当今的高等院校，当个系主任，就像"文化大革命"前的生产队长，大小事情都得过问，不少棘手的事情都得亲自操办，耗费了大量时间，可以说是"吃力不讨好"的差事。不过，也有些许好处，这就是坚守教学第一线，与学生有很多接触，可以了解到学生的实际生活。同学们也愿意将内心想

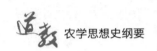

法与我分享、交流。名泽君算是当时比较喜欢交流的一位学生。当时，我给中国哲学专业的博士研究生上的课程是"中国哲学经典研读"或"中国哲学专题研究"。名泽君就读的这一届，我主要给他们讲《周易》《道德经》等古代经典文献。在讲《周易》时，我的做法是自己先开个头，介绍《周易》这部书的来历、基本内容、历史影响、研读方法等等，接着解释《周易》的乾、坤、屯、蒙等位前的数卦，尔后就让同学们轮流讲解其他卦的卦爻辞以及《彖》《象》《说卦》《序卦》《系辞》等"十翼"内容，并且展开讨论。每个同学的讲解各有千秋，讨论也相当热烈。名泽君是湖南邵阳人，其发言满口湖南腔调，以至于有些同学听起来有点吃力。对于我这位听惯了南腔北调的授课老师来说，名泽君的湖南腔反而是别具一格的。正是他的湖南腔给我留下了深刻印象，所以他毕业多年后给我打电话，我依然能够一下子就听出他是谁。从这一点来看，湖南腔已经成为名泽君的一种元素、一个标识。

　　我所接触的湖南人大多有一股闯劲，袁名泽也不例外。记得博士论文开题时，名泽君以《道教农学思想探微》为题提交了报告，当时在场的老师大多担心他能否做好这个题目。因为道教的目标是延年益寿、羽化登仙，从表面上看，道教似乎与农学距离较远，至于道教中专门的农学著作更是少之又少，如何发掘其中的"农学思想"呢？这实在是难之又难的一块硬骨头，难怪几位老师都旁敲侧击地规劝其缩小题目范围。名泽君在虚心听取各位老师的意见之后，对其资料搜集情况以及基本思路做了解释，我听了之后觉得有可行性，于是支持他做这个选题。其他老师听了我的意见也都同意了。不过，尽管如此，压力还是很大的。主要在于：这个题目研究的人实在太少，研究成果十分少，没有多少能够借鉴的资料。名泽君既然选择了这个题目，就注定了他必须花费比一般博士论文写作要多得多的心血，甚至要走许多弯路。到了毕业论文答辩的时候，名泽君拿出了厚厚的文稿，我翻阅了一下，知道他查阅了《正统道藏》《中华道藏》《藏外道书》等大量文献。一位知情的同学告诉我，名泽君为了写博士论文，常常熬夜至凌晨。这件事他并没有在我面前说起，所以当我了解到这个情况之后，愈发感觉名泽君的确具有勇往直前的劲头，这应该是他成功的一大原因吧。

说袁名泽有一股闯劲，这并不意味着他仅仅是靠勤奋来完成既定任务，更不意味着他是蛮干的。实际上，他还善于抓住关键，持久而深入地探讨。摆在大家面前的这部新著《道教农学思想史纲要》，正是他对耕耘多年的学术领域深入探讨的结晶。有一次，他与我说起日后的设想。从其言谈中，我知道名泽君在完成博士论文后，还准备将该领域研究向纵深发展。我为这位勤于思考、敢于创新的后学感到欣慰，当时就给予鼓励。此后，名泽君又就道教农学的具体问题多次请教，我粗略地谈了一些思路性意见，名泽君都一一采纳了。

这部专著对道教农学思想发展脉络做了仔细考证，认为道教农学思想总体趋势呈一个"几"字形发展。他具体探讨了道教农学思想的渊源与形成发展过程，认为魏晋南北朝为道教农学思想的初步显现和发展时期，隋唐宋为道教农学思想的繁荣时期，元明清为道教农学思想进一步发展时期；明清以后，道教农学思想渐渐转变其发展轨迹，向民间方向发展，尤其是清朝末年西学东渐以后，这种趋势更加明显，最后淹没于民间。名泽君以"道教农学思想的现代转向"继续探讨了明清后道教农学思想转向的原因、存在形式及其现代意义。他在书中指出，各个时代的道教农学思想丰富程度和表现形式均不一样，东汉末年到魏晋南北朝的道教农学思想以陶弘景、葛洪的高道论农为主；唐宋时期的道教农学思想则不仅体现在道门农书中，而且在其他许多经典中也论农；元明清时期的道教农学思想则隐藏在隐士农书中。

为了完成以上的论证，名泽君一改博士论文的论证方法和资料收集方法，博士论文既有"史"的梳理，又有"内涵"和"现代启示"的阐述，似乎比较浅显，但本书则专心治"史"，以"史"收集材料，以"史"行文。本书目的在于厘清道教农学思想发展的脉络，所用资料以道门农书为主，尤其是出自《道藏》中的经典更是其所关注和考析的侧重点，而《四库全书》中的术数类资料和田野调查则少见。当然，这种治"史"的过程其实也是一个哲学思辨的过程。就学科性质来说，道教农学思想本来就属于科学思想的范畴，科学思想的梳理需要哲学理论分析。依据本人提出"道教科技哲学"之概念和从事道教科技哲学研究之过程来看，从事道教农学思想和道教农学思想史研究，如果没有一定的哲学功底是不可能顺利进行下去的。好在名泽君曾经攻读过科技哲学专业的硕士学位，具有较为扎实的哲学功底，为顺利完成《道教农学思想史纲要》这一国家社科基金项目打下了坚实的基础。

名泽君博士毕业已有四年。这期间，他仍继续博士期间的务实精神，笔耕不辍。所以，近年来又增添了不少有分量的成果，其中的《〈太平经〉农学思想探微》发表在农业类权威刊物《中国农业大学学报》（社科版）上，并且被《中国道教》2009 年第 3 期"论点摘编"收录，后来又有四篇道教农学思想论文被人大复印资料全文转摘，2012 年他顺利评上教授，这是名泽君勤于笔耕的见证。

老子《道德经》说："合抱之木，生于毫末；九层之台，起于累土；千里之行，始于足下。"凡事都应该脚踏实地，一步一个脚印地前进，名泽君的科研经历从一个侧面印证了老子论断的精辟。他能够在当今学界相对浮躁的环境下潜心历史古籍"爬梳"，并且在学术研究中不断取得新成果，这是难能可贵的。我作为他曾经的任课老师，感到特别高兴。在此书即将面世之际，我衷心祝贺名泽君百尺竿头，更进一步，在未来的学术探讨中取得更大成绩。

是为序。

詹石窗

谨识于四川大学老子研究院

乙未年仲春

【目录】

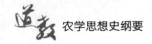

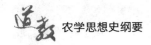

第六章　道教农学思想的现代转向

参考文献

后记

前 言

"国以民为本，民以食为本，衣食以农桑为本。"[①] 自古以来，农业生产一直担负着人们"食什么，食多少"的任务，因而农业生产在世界各国的国民经济体系中始终占十分重要的地位。我国历代王朝一直强调"以农立国"，各种学术理论和政治措施均提出"重本轻末""无农不稳"的思想，其原因就在于此。我国土生土长的、具有两千多年历史的道教，虽然以追求长生为宗旨，认为"天地之间，以人为贵。人之所重者荣显，所宝者性命"[②]。但同时以为"民以食为天"，故而指出："食为命之基，不可斯须去之也"[③]。因此，"道士"不乏对农业生产的关注，也不乏对农业生产经验的总结和锤炼，在"道士"的这些关注、总结和锤炼的过程中，独具特色的道教农学思想得以形成，综观道教思想发展史，可以说是一部宗教农学思想史。而且对道教农学思想史的研究意义十分重大，应该成为道教思想史研究的重要内容，也将成为道教科技、道教科技史研究的主要内容之一。

一、相关概念释义

道教农学思想是中国传统农学思想大集合中的一个不可或缺的子集，是

---

① 宋濂、王濂主编：《元史·食货志》第八册，中华书局 1999 年版，第 2354 页。
② 《混俗颐生录》，《正统道藏》第 18 册，第 512 页。
③ 《道藏》第 18 册，第 512 页。

道教农学思想史的前提和基础，道教农学思想史既是对道教农学思想的补正，也是对道教农学思想发展的时代性差异的梳理和举要。所以要进行道教农学思想史的研究，首先必须明白道教农学思想概念的提出，此概念的内涵，以及对此概念是否存在等问题做出完整而又系统的回答。尽管学术界对道教科技的研究历史比较漫长，但道教农学思想史研究仍处于起步阶段，二十世纪八九十年代，盖建民教授才提出"道教农学思想"这一概念。他提出这一概念也是十分谨慎的，首先在他一篇名为《全真子陈旉农学思想考述》[①] 的文中仅仅注意到道教农学思想的存在，直到在《道教科学思想发凡》中才正式提出"道教农学思想"的概念。

在他看来，"道教农学思想"的内涵大致为以下几个方面：农道，即讨论农业生产中诸如"道物关系、三才关系、时地关系"等哲学问题，讨论农业生产中的普遍规律；耕道，其内容是十分广泛的农业耕作技术；修道与务农的关系，这是道教农学思想具有宗教神秘性的典型体现；道门农书等几方面的内涵[②]。后学认为道教农学思想在此基础上还应增加以下内容：宗教仪式与农业的关系；农产品加工和消费技术观；利用物候、气候和生物链以进行灾害防治；农田水利灌溉工程（含水利机构、水利工程、水利工具）；畜牧业（含护生政策、相畜术）以及宫观庙产经营管理的思想。具体来讲，道教农学思想除了包括道教的旨意外，还应该包括今天的大农学思想，即农、林、牧、渔、农产品加工与消费，甚或是道观园林艺术等思想在内。尤其是其中的自然生态技术和药农部分更是道教农学思想史中的耀眼之处。从以上内容可以看出，道教农学思想这一概念又涉及研究农学思想必须明白的三个概念：农业、农学思想、农学。

农业指的是利用土地等自然因素和简单的工具直接进行物质生产的过程、方法。我国古代的农业就是"辟土灌溉以植谷"的物质生产性行业。古代的西方，"农"为 agriculture，它的含义为：science or practice of cultivating the

---

① 盖建民：《全真子陈旉农学思想考述》，《宗教学研究》2000 年第 4 期。
② 参见盖建民：《道教科学思想发凡》，社会科学文献出版社 2005 年版，第 394—398 页。

land and rearing animals，即耕种土地和饲养动物的科学和技术。所以，农业技术具有"方法、手段和技能"之意，体现的是"怎么做"的方法、手段和途径。据考古材料证明，人类诞生于300多万年前，但最初的绝大部分时间，人类只能顺应自然过着采集和渔猎的生活，这种活动很明显不能视为原始人类的生产技术。直到距今一万年左右，人类才依靠刀耕火种技术，挖松土地、随种随弃，或对少量动物进行简单圈养和繁殖，这种活动才被称为原始农业，才把简单的种植和繁殖活动作为人类谋生的手段。可见有了农业，也就有了农业技术，农业生产和农业技术是相伴产生的。现代人的农业观尽管是建立在古人农业观的基础上，但变化很大，有的解释为："利用动植物的生活机能，通过人工培育以取得产品的社会生产部门"[①]，或者"人们利用农业生物有机体进行物质循环和能量转换，以获取人类所需农产品的一个物质生产部门"[②]，甚或是"农业是有益于人类生存的动植物生产，包括土壤耕作、作物管理，以及家畜的饲养、育种和管理"[③]。范围明显比前人对农业的解释有所扩展，既包括小农业范畴，也包括大农业范畴。农业是农学思想的基础，有了农业生产经验的积累和总结，才有农学思想产生的可能，农学思想是关于农业生产中的概念、命题、理论、学说发展史和相互关系的科学思想。其发展与农业发展史相适应，逐步扩展并细化。凡是对农学和农业技术发展在思想方法上有启发、引导价值的观点、概念、理论、学说，都应纳入农学思想体系中去。而农学和农学思想并不是一回事，也并不是同时产生的，农学则是关于农业技术和农业生产经验的积累，是农学思想的理论化和体系论，是回答农业生产"为什么做"和"怎么做"的问题。原始农业时期，人们的技术极为低下，对这些技术和过程毫无哲学思辨和系统化，所以只有简单的农学思想，系统的农学理论只有在农业生产、农业技术和农学思想发展到一定程度后才能产生。尤其是现代农学，它是农业生产和其他自然科学相结合的

---

① 杨直民：《农学思想史》，湖南教育出版社2006年版，第5—10页。
② 杨直民：《农学思想史》，湖南教育出版社2006年版，第5—10页。
③ 杨直民：《农学思想史》，湖南教育出版社2006年版，第5—10页。

产物，是研究农业本质及其发展的自然规律和经济规律、多学科的综合科学。农学的产生在中西方是明显不同的，中国最古老的农学形成于原始农业转向为传统农业的春秋战国时期，表现为公元前 3 世纪《吕氏春秋》中的"上农、审时、任地、辨土"四篇，而西方古罗马 M. T. 瓦罗的《论农业》才被视为农学理论发展中的开基之作。

基于此，研究道教农学思想史，既要重视道教农学的载体——农书，也要研究道教经典中那些零散的农学思想，道教经典中零散的农学思想有一个明显的特点：以比附或者比喻的形式存在于道教经典中，我们可从这些比附或比喻中知道道教农学思想的重要内容和历史发展脉络，切不可因它们没正面阐述农业生产而忽视它们的农学价值。正如在《佛教与科学》一书中所说："佛教是殊胜的科学。佛经文字的写法与科学实验报告相似，注疏分析之精密在科学书籍之上，佛经的内容、结构与实验指导书有相同之处"[①]。还要注意比较每个时期农学思想上的差别，才能显示出道教农学思想发展的历史脉络。

二、文献综述

道教农学思想研究属于道教科技的研究范畴，是一门典型的交叉学科，是道教研究和农学研究的有机结合，所以道教农学思想史的研究既要注重道教史研究的内容，又要注重农学史研究的内容，只有这样，本书的研究才能顺利进行。道教农学思想和道教农学思想史的研究长期以来迟迟未能进行的原因就在于道教史和农学史的研究互不相通。从道教科技研究史来看，道教科技的研究虽然历史较长，肇始于二十世纪初的二三十年代，但在 1978 年前的相当长时期里，道教科技研究并未引起国内学术界的重视和承认，从事此类研究的学者人数极少，并且极为谨慎，所以国内此类研究的学术成果远远落后于同时期国外李约瑟、席文、何丙郁等人对道教科技研究的成果。国内学者们一直囿于道教科技中以炼丹术及古代冶金术为代表的道教化学、道教

---

① 马忠庚：《佛教与科学》，社会科学文献出版社 2007 年版，第 9—10 页。

养生术研究，甚至连道教中独具特色的道教医学研究也迟至二十世纪五六十年代才得以浮出水面。当然，道教医学研究的产生和扩展使道教科技研究范围明显扩大，成果也越来越丰富，出现了一大批很有影响力的道教科技研究专家。尤其是后来道教学研究的视角和重心逐步从通史、通论的宏观研究转向各个分支领域，道教科技研究中道教与中国古代科学技术关系研究受到重视，詹石窗教授提出"道教科技哲学"概念并从事道教科技哲学思想的研究，姜生、汤伟侠主编的《道教科学技术史——汉魏两晋卷》出版，大量道教科学技术与社会关系论文的发表，均可视为道教科技研究迅速发展的表现。

道教农学思想的研究是道教科技研究的重要转向，是道教科技研究史上的重大事件，是道教科技研究者进行道教科技本身研究的同时，将研究视角扩展到我国农学史研究的成果。

我国原始农业发轫较早，并且长期以来农业是我国的主要支柱产业，农业地位和技术的改进得到了我国历代政府的高度重视，所以我国古代农业技术比较发达，农学思想也相当丰富，农学成果也特别多。解放后我国对古农学的整理和研究也十分重视，长期以来，我国古农书的整理和农学研究得到了我国政府的大力支持，所以农学史和农学思想史的研究也显得比较成熟，出现了一大批农学史家和科研成果，出现了石声汉、王毓瑚、梁家勉、卢嘉锡、曾雄生等农学史家，主要著作有：由天也元之助（日）、彭世奖著，林广信译的《中国古农书考》，李约瑟的《中国科学技术史》，王毓瑚的《中国农学书录》，还有一些专业的农学书籍：杨直民的《农学思想史》，中国农业遗产研究室著的《中国农学史》，梁家勉的《中国农业科学技术史稿》，陈文华的《中国古代农业文明史》，卢嘉锡主编的《中国科学技术史·农学卷》《中国大百科全书·农业卷》，曾雄生的《中国农学史》等。另有在各种杂志发表的有关农书的论文约40篇。还有一些国内外现代的农学专业书籍，例如，李存东的《农学概论》，朱新民、齐连印主编的《农学学概论》，朱明宽等编的《自然辩证法讲义·专题资料之二》《农学辩证法的若干问题：初稿》，祖田修（日）著的《农学原论》。在这些古农学家的成果中，出现了一大批古农学研究的新视角，其中的宗教农学视角比较引人注目。例如，胡道静先生在其《论梦溪忘怀录》一文中说："中国古代农书当中，有一些可以说是属于山居系统的"。胡道静先生已经隐约注意到包括道士在内的"隐君子"对我国农学思想的贡献，可以说他是发现道家、道教科技体系中具有农学思想的第一人。杨直民先生在其《农学思想史》中就有特设一节专门阐述传说、宗教经典中的农学思想，梁家勉的《中国农业科学技术史稿》也论述了大量高道的农学思想。这些观点不仅拓展了古农学的研究视角，而且也给道教和道教科技研究带来新的曙光。一些思维敏锐、独具视角的道教研究者开始将眼光移向了道教思想中的农学部分，最先开启这一研究领域的是盖建民教授。盖建民教授于《宗教学研究》2000 年第 4 期上发表《全真子陈抟农学思想考述》，这是道教农学思想这一研究领域的发端，但盖建民教授在此文中并没有明确提出"道教农学思想"这一概念，且令人遗憾的是，此文长期以来成为这一领域研究的绝响，这与道教农学思想研究的复杂性有关，也与人们对待宗教及其科学内涵的态度有关，这种局面直到近几年才有明显的改善。后来盖建民教授在其《道教科学思想发凡》中才正式提出"道教农学思想"概念。在此基础上，其博士生袁名泽开始系统地从事"道教农学思想"研究，首先，从具体的道教经典入手，分析著名道家、道教经典的农学思想，撰写了《太平经农学思想探微》《管子的农学思想及其现代意义》《太上妙法本相经农学思想考论》等。后来又从宏观上探讨了道教与农业生产之间的关系，撰写了《道教与中国传统农业关系略考》《道教仪式与农业关系略考》等文。还对著名的道士农学家的农学思想进行了深厚挖掘，撰写了《朱权农书及其农学思想考论》。对道教农学思想进行了系统研究，2010 年，完成博士论文《道教农学思想研究》。与此同时，山东大学也已经注意到道教农业思想的存在，2010 年 7 月，完成了一篇硕士论文《中国道教农业史——农业思想初探》，由此可以看出，道教农学思想已经逐步被人关注，正在朝着日益深刻的方向发展，笔者相信此研究领域必将成为道教科技研究中的显学。

三、研究旨趣

本书的主要目的在于厘清道教农学思想发展的历史脉络，厘清各个时代道教农学思想之间的差异性，使我们对道教农学思想发展脉络有一个清楚的认识。为了清晰解决这一主要问题，首先还必须解决道教农学思想是否存在、道教农学思想与传统农学思想之间的差异何在、道教农学思想的本质特征是什么等一系列问题。

一般人认为宗教与科学两者是对立的。实际上，两者相互融合、相互利用的关系早就被一些著名的科学家、哲学家、宗教学家所认识，例如普朗克在其《因果性与自由意志》中说："科学和宗教这两者并不是对立的，在每一个善于思索的人心目中，它们是相互补充的。一切时代最伟大的思想家，在他们的天性中同时也是具有深沉宗教信仰的人"[1]。恩格斯也说："一个事物的概念和它的现实，就像两条渐近线一样，一头向前延伸，彼此不断接近，但是永远不会相交，两者的这种差别正好是这样一种差别，这种差别使得概念并不无条件地直接就是现实，而现实也不直接就是它自己的概念。如果概念和现实绝对相符了，发展的终结也就到来了"[2]。爱因斯坦在 1930 年 11 月 9 日《纽约时报杂志》上发表《论科学与宗教》一文，说："没有宗教的科学是残废，没有科学的宗教是瞎子。"[3] 这些正确观点在某些不正常的社会中往往会遭到遮蔽和扭曲，一般人不敢就此问题发表意见，甚至轻视和诋毁对此问题做出有力回答者，这些不正常的现象所带来的后果只能是学术研究的落后，导致道教科技的研究始终不能突破其瓶颈。从我国的历史与现实来看，道教农学思想的存在其实不难理解，因为我国有史以来是一个以农为主的农业大国，以农为本的重农意识是我国的主要经济思潮。作为我国本土宗教的道教具有其强烈的农学思想，有其历史、逻辑和理论必然性：道门人士的山居环

---

① 转引自卢红：《宗教：精神还乡的信仰系统》，南开大学出版社 1990 年版，第 11 页。
② 《马克思恩格斯选集》第 4 卷，人民出版社 1972 年版，第 515 页。
③ 爱因斯坦著，许农英、范岱年译：《爱因斯坦全集》，商务印书馆 1976 年版，第 279 页。

境为道教农学思想的产生和发展提供自然基础；先秦和秦汉文化中的哲学著作和农书是道教农学思想产生和发展的思想基础；我国古代科技发展和道教但求长生久视的社会态度是道教农学思想产生和发展的社会基础。总之，道教农学思想的成立，无论从理论上还是从社会现实层面上来说，都是不可置疑的。

道教农学思想既然存在，那么，其独特性以及与我国传统农学思想之间的关系也必须明朗。总体来讲，道教农学思想与我国传统农业的关系是两者既相互联系，又相互区别。从联系来看，两者均为我国传统农学思想的重要组成部分，其理论基础均为我国传统的历史文化和各个时代的农业技术经验。他们之间的相互区别就在于两者的出发点和着重点不同，农学思想的载体和实现方式有所不同：我国古代以儒家为代表的传统农学思想重在探索一定时空中农业发展的普遍规律，着重点在于根据这种规律充分创造新的农业技术和方法去解决大多数人的衣食生存问题，以维护统治阶级的政治统治，达到国家长治久安的目的，其主要载体是政府出资编写或收藏的大部农书。道教农学思想则在于利用道教宫观特殊的地理位置，达到"天人合一"，以满足各地道士修行得道、长生久视的具体需要，着重点在于以自然无为理论为主调探讨自然生态生产技术，以生产具有高度自然属性的农产品去满足道士个体生命持续健康所需能量的需要，所以道教农学思想的载体是经书，大多是自己出资编写和收藏的道士农书和民间隐士农书。这些载体一般带有比较强烈的宗教神学色彩，具有篇幅较小、技术性和地域性很强的特点，具有道家哲学思辨方式，在具体的农业生产过程中体现为山间种植技术和药农技术、品尝技术。就像现代农学史家曾雄生所说的道门农书"还打破了官修农书对于农业的狭隘观念，认为农业的问题仅仅是个衣食温饱的问题，除了农桑之外，还广泛地涉及衣食以外的课题，如观赏植物、宠物、玩物等的栽培和饲养，这就极大地扩展了中国传统农学的内容"[①]。总之，道教农学思想与我国传统

---

① 参见曾雄生：《隐士和中国传统农学》，《自然科学史研究》1996 年第 1 期。

农学思想的关系如同两个相交的圆，既有相同之处，其内容、形式和本质更有不同之处，两者共同属于我国传统农学思想的大范畴，两者相互影响，相互作用，为我国传统农学的发展各自做出了自己应有的贡献。

四、研究思路和方法

道教农学思想史的研究从学科上来讲，属于史学，总体来说，本书的研究方法就属于史学研究方法，凡是史学研究均以文献考据为主，所以本书也遵循此法。但本书又有其特殊性，它是史学中的思想史，并且是道教科技思想史，又同时具有宗教史研究的特点，所以本研究又采用宗教学研究方法、科技史研究方法。基于此，在本书研究中，后学认为研究道教农学思想史首先要根据道教经典探讨道教农学思想的核心理念和特点。根据本书研究具有跨学科研究的特点，遵循历史与逻辑相统一的原则，本着以史立论，史论结合的学风，努力结合道教与中国传统农学两学科最新研究成果，坚持服务时代和社会的需要，帮助社会把握发展脉搏的宗旨对道教农学思想进行研究。

"在中国古代，科学思想也就是古代的哲学，更确切地说是'天人之学'。我们所讨论的科学思想，与古代哲学之间并没有一条清晰的界限，一般而言，科学思想就是科学领域的哲学，具体说就是天人知行的一般原则，也是关于自然、事物的本质及其运动变化规律的认识。这些认识包括了自然观、宇宙观、认识论、方法论等"①。研究道教农学思想史首先必须重视哲学思辨的方法，重视从古代哲学书籍中寻找一些必要的资料，并获得一些研究科学思想的必要方法。前人对宗教的研究大多采用古典经学、文献学、历史学、思想史、哲学史、诠释学、语言学、比较宗教学等方法，这些方法目前仍是中国宗教学研究的常用方法。思想史和哲学史的方法则较注重义理研究，重在梳理思想发展脉络，道教农学史的研究应以此方法为主。道教科技重视客观，史学追求真实，处理真理和真实之间的辩证关系是方法论的难点，所以后学

---

① 祝亚平：《道家文化与科学》，中国科学技术大学出版社 1995 年版，第 57 页。

在研究过程中充分利用史料稽考和统计分析相结合的研究方法解决这一难题。

对于道教农学思想进行深入、系统、全面的研究，如何找到一个切入点也很重要。席泽宗院士在其《中国科技思想研究文库》序言中认为就中国古代科学思想史，应充分利用经、史、子、集和其他文献进行专题研究。可以从科技思想的学科分类入手，也可以从问题入手，还可以从选择典型作品或其章节入手。所以，如何找到一个切入点，这甚至事关研究的成败。要对道教农学思想史进行深入、系统、全面的研究，首先应该有扎实的古农学功底，要很好地对道家农学思想史进行研究，就得对中国传统农学思想史、农业科学技术史、中国传统文化中的哲学思想等有一个清晰的把握，只有具备这个基础，将其利用于对道教经典的阅读中，以农学和农学史的眼光去审视道教经典，才能得出道教农学思想的内涵和特征等理性结论。所以本书研究以大量阅读农学、农业方面书籍，把握其中的基本思想和框架为基础。同时，打下道家道教思想、道教史方面的扎实功底也很有必要，所以要阅读大量有代表性的道教书籍和宗教学基础知识的书籍，除此之外，道家道教文物中的金石碑刻、典籍都是道家道教文化的载体，蕴含道家道教各类思想、道教文化兴衰，隐喻与凸显着道教教理、教义的内涵。因此，我们只有深入道家道教历史文本、金石碑刻的研究，才有可能理解道家道教文化的精髓和本质。从现有资料看，其农学思想具体体现在《道藏》《续道藏》《敦煌道藏》《藏外道书》等一系列道书和《道家金石略》《中国道观志丛刊》等考古金石、碑刻资料中，我们研究道教农学思想史，必须以它们为依据，这要求研究者广泛阅读道经、走访道教宫观及高道老道。

第一章

道教农学思想的理论渊源

道教产生于东汉末年，此时，我国原始农业早已离开历史舞台，精耕细作的农业模式发展成熟，农业生产经验经过不同时期人们的收集、总结和思辨，不断丰富我国古代农学思想，成为道教农学思想的重要理论渊源。我国早期神话和最早的一部诗歌总集《诗经》中有不少的农学思想，春秋战国时期是我国精耕细作农业的萌芽期和成型期，此时的儒家、道家、兵家、法家、杂家著作中也具有丰富的农学思想内容，以先秦道家为根本，又吸收先秦至汉代各家思想资源的道教在其早期经典中充分显现了这些宝贵的农学思想。因此，从道教农学思想的理论基础来看，它们成为道教农学思想的重要思想资源。现以远古神话、《易经》、《诗经》为例予以具体说明。

第一节　我国远古文化中的农学思想

一、远古神话中的农学意蕴

中国古代一直没有"神话"一词，此词起源于欧洲，先从西欧传到日本，到了近代，再由日本传到中国。据可靠历史记载，中国最早使用"神话"一词的文本是蒋观云发表于 1903 年《新民丛报》的《神话、历史养成的人物》一文。所以，此前中国学者对于神话，尤其是农业神话的研究正如游修龄所说："中国的民间神话传说，研究的人不是很多，涉及研究农业神话的可说还是空白"①。但据现代学者考证，中国原始神话的产生并不比西方晚，它是最初从动物分离出来的原始人类在制造和使用简单的工具进行集体生产劳动过程中进行简单思维（后人便把这种简单的思维称之为原始思维或神话思维）的结果，是夏商周三代及其以前原始农业生产的反映，所以远古神话最能反映原始农业早期的农业生产水平，具有比较丰富的农学思想。这种原始思维者认为：物我趋同，物我之间有一种神奇力量使之互动。这种神奇的力量被后人称为"迷信""荒诞不经"的神力，是当时落后生产力水平的折射，它具体表现在一系列的故事和传说中。这些传说和故事就是后人所说的"神话"②。据民族学者杨堃推断，神话起源的时间上限为旧石器晚期③，它主要通过古代巫师采用"巫以记神事"的方式在古代巫书中保存下来，以至于后人可以在先秦和汉代以后的古书中零星发现其踪影。现在我们所见的神话故事和传说基本上都是后来学者经过认真整理的结果：先秦时期研究神话的书有《世本》，此时的《山海经》是一部保存神话资料最丰富的书，其次是晋代干宝的《搜神记》。汉代涌现出中国第一本辞书《尔雅》和《纬书》等记录大量神话的书。唐朝成为神话体裁发展的分水岭，此前的神话大多为笔记体，此后则多为小说形式。所以，我们通过收集、分析和对比研究巫书中的神话，尤其是大量农业神话，可以发现一些最原始的农学思想。

（一）神谱的设置折射出以三才关系观为核心的农业哲学思想

中国农业哲学思想是关于物种起源、动植物生长的本质规律，农业生产对象与环境以及主客体之间关系的思想，是中国古代哲学在农业生产中具体

---

① 游修龄：《农业神话和作物（特别是稻）的起源》，《中国农史》1992 年第 3 期。
② 参见袁珂：《中国神话史》，上海文艺出版社 1988 年版，第 5 页。
③ 杨堃：《神话的起源和发展》，《民间文学论坛》1985 年第 1 期。

运用的结果。其具体内容包括：阴阳五行理论、气论、三才关系论、寰道论等，其中，三才关系论是我国古代农业哲学思想的典型代表，它在远古时期又具体通过人与神的关系体现出来。神话是关于神的话，但神并不是在人类之前就早已存在的一种客观实在力量，而是在生产力水平极为低下的时代人们假想出来的一种能帮助人或者惩罚人的客观存在力量。人们面对自然威力，深感自己力量不足，希望得到一种外界力量的帮助，这种希望就成为神产生的最初动力。所以在神的设置过程中，人始终处于主体地位，是以人为核心的一种想象力。正如道家、道教所说的"群类之中，惟人最贵"①。早在《太平经》中就具有"兴衰由人"的思想，"'凡人兴衰，乃万物兴衰，贵贱于自人。人兴用文则文王，兴用武则武王，兴用金钱则金钱王，兴用财货则财货王'。天地只是农业生产的基本资料，最关键的还在于人的因素"②。因此，人们根据自身的需要，设置为三种：天神、地神、人神，但强调此三神之间的关系不是彼此独立的关系，其本质而是以人为核心的相互作用关系。《搜神记》中的《论山徙》说："善言天者，必质于人，善言人者，必本于天。故天有四时，日月相推，寒暑迭代，其转运也。和而为雨，怒而为风，散而为露，乱而为雾，凝而为霜雪，立而为蚯蜓，此天之常数也。人有四肢五脏，一觉一寐，呼吸吐纳，精气往来，流而为荣卫，彰而为气色，发而为声音，此亦人之常数也"③。此处将"天之常数"和"人之常数"进行比对，具体说明了天地人三才之间的关系，突出了人的主体性地位。

但人与天地同源，我国古代哲学始终认为世间万物均是"气"的产物，并且是"阴、阳"二气协调的产物，所以，人与世间万物的本源是同一的，他们之间的区别只是产生时间上的区别。例如《太平经》就将天地人比喻为父母子的关系。很多神话说明天地万物为"神"所化，实际上这种"神"指的就是"气"及其作用过程。例如前文所述的《五运历年记》有盘古化生万

---

① 《太清玉阙玉华仙书八极神章三皇内秘文》，《道藏》第18册，第573页。
② 袁名泽：《太平经农学思想探微》，《中国农业大学学报》2009年第1期。
③ 干宝：《搜神记》，燕山出版社2007年版，第104页。

物的神话，任昉的《述异记》也有类似的神话。正因为三才同源，所以彼此之间才是相互协调、相互作用的关系，人应该善待天地，天地也应该善待人。很多感生神话和灾害神话，重在说明人来源于天地，天地之存在是人得以产生的基础，天地以保护人类生存为善举，所以《曾子孝感万里》说："曾子从仲尼在楚，而心动，辞归，问母，母曰：'思尔，啮指。'孔子曰：'曾参之孝，精感万里'"①。《道德真经注》"天地不仁，以万物为刍狗"②。天地本来是善待人类的，如果人遭受自然灾害，那完全是人类自身的恶行所致，是咎由自取。

在古神话中，不仅说明万物同源，而且有神话进一步说明人和其他万物同体同构，《山海经》说："青丘之山……英水出焉，其中多赤鱬（音儒）。其状如鱼而人面，其音如鸳鸯，食之不疥（南山经）。愧江之山……实惟帝之平圃，神英招司之，其状马身而人面，虎文而鸟翼，徇于四海。其音如榴（西山经）。钩吾之山……有兽焉，其状如羊身人面，其目在腋下，虎齿人爪，其音如婴儿，名曰狍鸮（北山经）。剡山……有兽焉，其状如彘而人面，黄身而赤尾，其名曰合腴，其音如婴儿。是兽也，食人亦食虫蛇（东山经）。阳山……其中多化蛇，其状如人面而豺身，鸟翼而蛇行，其音如叱呼（中山经）"③。这里的人面兽身动物，既蕴含人与动物同质同体同源，也蕴含动物也具有类似于人的灵性，说明动物与人同性、相通。不仅动物如此，也有植物神话说明人与植物同性，如夸父死后化为树林，植物为人所化，这个神话实际上承认植物也具有人的灵性，也与人同源同体同构。

有些神话即使以人为中心，但同时也看到三才各自的区别以及它们之间彼此作用、彼此感通的关系，所以提出人如需与天地和谐相处，则需善待天地，顺天道、地道而行。天为"上升的清气"，地为"下沉的浊气"。天道乾乾，它通过天气或气候变化昭示其灵性，人能通过身体变化明确感知这些变

---

① 干宝：《搜神记》，燕山出版社 2007 年版，第 227 页。
② 《道德真经注》（南北朝），《道藏》第 12 册，第 273 页。
③ 《山海经》，转引自《道藏》第 21 册，第 782—844 页。

化对人的损益，并做出相应的应对行为。地道坤坤，其变化是潜移默化，不易感知，一旦显现出来就在短时间内不可逆转，因而人们保护土地甚至地球也需长期主动和自觉。《太平经》首先从土地形成机制上说明土地资源的有限性，警告人们必须爱护有限的土地资源。再说明地球与人同体同构，这就是说爱土地就是爱人自己的生命。它说："夫人与地大小，比若此矣"①。同时，它还十分重视天地人之间的相互作用，将天喻为父，地喻为母，人喻为天地之子。它说："故天乃好生不伤也，故称君称父也。地以好养万物，故称良臣称母也。天地中和凡三气，内相与共为一家，反共治生，共养万物"②。"地为天使，人为地使。故天悦喜，则使今年地上万物大善；天不喜悦，地虽欲养也，使其物恶"③。总之，三才关系是一个有机的整体，处理三者之间的关系是一个系统工程。

（二）英雄神话隐含农业起源观和灾害防治思想

前文已述，农业并非与人类同时发轫，农业的起源是一个漫长的历史过程，是在人类能够征服大自然，使之依照人们的愿望为人类造福时的基础上产生的。因此，人们为了使农业产生过程简单化和明确化，为了突出人类本身的力量，因而塑造出很多创世英雄，这些创世英雄既包括创造物种的英雄，例如，《五运历年记》就有盘古化生万物之神话："首生盘古，垂死化身，气成风云，声为雷震，左眼为日，右眼为月，四肢五体为四极五岳，血液为江河，筋脉为地理，肌肉为田土，发髭为星辰，皮毛为草木，齿骨为金石，精髓为珠玉，汗流为雨泽，身之诸虫因风所感化为黎甿"④。彝族史诗《梅葛》中有"创世说"，它认为地上生物来源于老虎皮毛。布朗族有神话认为地上生物为巨人顾米亚所创造。具体创造过程为他拿犀牛肉变成地，骨变成石头，

---

① 王明：《太平经合校》，中华书局1960年版，第118页。
② 王明：《太平经合校》，中华书局1960年版，第113—114页。
③ 王明：《太平经合校》，中华书局1960年版，第75页。
④ 马骕：《绎史》卷1，中华书局2002年版，第2页。

血变成水，毛发变成花草树木，骨髓变成鸟兽鱼虫。这些创世英雄还包括发明生产工具的英雄，《山海经》中多有其事：如《大黄西经》中有"叔均始作耕"；《海内经》中有番禺"始为舟"、奚仲和吉光"始以木为车""晏龙为琴瑟"。《世本·作篇》则将古代神话传说中的这些创世英雄传说系统化、明晰化，为后人探讨古代科技史提供了理论基础。不仅如此，这些创世英雄还包括在农业起源过程中带领人们战胜自然力量的英雄，例如，人类初生之时，人们结伴居住在古史中的"丘"上，以远离常有水患的湖河水地。随着采集、渔猎经验的丰富，发现植物种子落地而生，猎物可以圈养等属性，于是有种植和养殖的欲望，但因在种植过程中必须控制野生植物的过度生长，这就构成了当时人类种植植物的最大阻碍，因而产生了"刀耕火种"的神农、伏羲神话。《太平御览》卷七十八引《诗含神雾》说："大迹出雷泽，华胥履之，生宓牺（伏羲）"。这个关于伏羲出生的神话属于图腾神话①，他使被包裹的火（包羲）象蚌珠从张开的大蚌两壳中喷发出来。至于火的来源，则又有烈山氏伯益、炎帝和神农等神话，炎帝之火源为太阳，而神农之火源则为"以火承木"，在《世本》中炎帝和神农则合二为一了。这就是"出内火"，它是原始农业产生和发展的必经阶段，反映了远古时代渔猎和种植的交替过程。晋代《搜神记》的最大贡献在于首次记录了蚕马神话，第一次以神话形式说明了蚕的起源。其中的"园客养蚕"说："客尝种五色香草，积数十年，服食其实。忽有五色神蛾，止香草之上，客收而荐之以布，生桑蚕焉。至蚕时，有神女夜至，助客养蚕，亦以香草食蚕。得茧百二十头，大如瓮，每一茧缲六七日乃尽"②。这反映了人们对于"大如瓮，每一茧缲六七日乃尽"之蚕茧的向往。土家族的《牛王》说明了人为何由吃草改吃饭，并且吃三餐饭，而牛王为何由天界神仙罚到下界吃草，且为人犁头耕地的原因和过程。布依族关于农业耕作技术起源的神话与此相类似，拉祜族的《独头娃娃》神话，讲述独头娃娃开荒垦地，独自完成田间劳动，耕种大片土地，妈妈料理家务的

---

① 陆思贤：《神话考古》，文物出版社 1995 年版，第 20 页。
② 干宝：《搜神记》，燕山出版社 2007 年版，第 22 页。

故事，反映了典型的男耕女织的农业生产状况，同时也说明拉祜族在独头娃娃之前没有耕作技术，反映了农业的起源和劳动人们勤劳致富的精神。

在灾害防治方面，远古神话虽不明确了解各种自然灾害的形成原因，但也试图做出说明，例如彝族史诗《梅葛》的"创世说"认为地震为逃亡的巨鳌所致。它说，顾米亚捕来巨鳌，叫它驮地，同时叫金鸡看守它，但巨鳌等金鸡阖目假寐时乘机蠢动，因此产生地震。《搜神记》中的《论山徙》认为："故天有四时，日月相推，寒暑迭代，其转运也。和而为雨，怒而为风，散而为露，乱而为雾，凝而为霜雪，立而为虹（蜺），此天之常数也……若四时失运，寒暑乖违，则五纬盈缩，星辰错行，日月薄蚀，彗孛流飞，此天地之危诊也。寒暑不时，此天地之蒸否也。石立土踊，此天地之瘤赘也。山崩地陷，此天地之痈疽也。冲风，暴雨，此天地之奔气也。雨泽不降，川渎涸竭，此天地之焦枯也"①。它则具体说明了日月星辰运动和风雨雷电等各种天气现象、自然灾害的形成原因和表现。基于此分析，各种远古神话造出系列神去统治这些自然现象，幻想有一个充满超人力量的人，带领人们战胜自然及其灾害，如火神祝融、水神玄冥、木神句芒、金神蓐收、土神后土、土伯、河伯、风伯、雨师、四海海神、诸山山神等。这些神里面最受重视的是水神玄冥，因为随着聚居山地的生活环境进入饱和状态，向平原地带迁徙已成为必然趋势，平原开发是治水的成果，而且在这些地区进行种养活动遇到最多的灾害不是水灾就是旱灾，因此，产生大量的抗水害神话成为历史的必然。女娲补天、大禹治水等神话应运而生，李冰神话在史籍中不断升级，《风俗通义》初步记录了李冰神话，《华阳国志》则明确导出李冰之名，《太平广记》则详细记载了李冰第一次"入水斩蛟"、第二次"以大白练自束以辨，令武士杀其无记者的牛形江神"的治水过程，到宋代则更进一步将其儿子神化为二郎神。与之类似的有禹化为熊、广德王开河化为猪形等神话。帮助人们战胜干旱的神话有龙神传说、北帝信仰等等。

① 干宝：《搜神记》，燕山出版社2007年版，第104页。

（三）动植物神话渗透出原始生态农业思想和本草分类思想

在生产力落后的时代，原始人类的生产、生活离不开与野生动物植物为伍，与其感情甚笃，对其不同影响了解甚深，但又因认识能力的低下，故只能进行简单的经验型思维，所以最原始的神话"当然不是什么开天辟地创造人类之类，那已经是相当后期的了，那时人们只能从物我混同心理状态，就眼前所见切近的景物创造神话，只能是一批动物、植物故事，尤其是描述禽言兽语的动物故事是神话的核心"①。据《后汉书·蔡邕传》的"（伯益）综声于鸟语"记载，可知伯益是了解禽兽语言的第一人，但后来的公冶长识鸟音的种种传说则是了解禽兽语言者中的最典型者。《玉芝堂谈荟》中也有许多动物神话，这足以说明动物神话的普遍性。但原始的植物神话在古文献中几乎不存在，其原因如袁珂所说："最原始的植物神话当具有：能言、会走；属于物活论范畴这两个条件"②。据目前资料考证，这类神话只存在于白族史诗中诸如"洪荒时代，树木会走路"等。但在名不见经传的传说中，仍然有《中山狼》《天仙配》之类的老杏树诉说身世之苦、老槐树充当董永七仙女媒人的故事。这种植物神话产生的原因和动机无非就是怎样去保护和利用它们，这是我国原始农业中的生态技术的开始。《海外西经》中记载肃慎国产"雄常（雒棠）"的树，"中国有圣帝代立者，则此树生皮可衣也"（郭璞注）。《风俗通义》中的槃瓠神话（原文见于《后汉书·南蛮传》）说："槃瓠死后，因自相夫妻，织绩木皮，染以草实，好五色衣服，制裁皆有尾形"。这是明显记载古人利用植物服务于生产生活的典型例子。

以上生态技术，不仅表现在生产中，而且在农产品的消费中也有利用，这说明我国在原始时期就已有了古老的本草思想。例如，《瑯嬛记》引《贾子说林》说："昔有人得安期大枣，在大河之南，煮三日始熟，香闻十里，死者生，病者起"。《洞冥记》介绍"陈有言吉云草，种于九景山中，二千岁一

---

① 袁珂：《中国神话史》，上海文艺出版社 1988 年版，第 8—9 页。
② 袁珂：《中国神话史》，上海文艺出版社 1988 年版，第 11 页。

花。臣走往刈之以饲马，马食之不饥"。《搜神记》中的《郭璞救死马》也记载："赵固乘马忽死，甚悲惜之，以问郭璞。璞曰：'可道数十人持竹竿，东行三十里，有山林陵树，便诐打之。当有一物出，急宜持归。'于是如言，果得一物，似猿。持归，入门见死马，嘘吸其鼻。顷之，马即能起，奋迅嘶鸣，饮食如常"①。《山海经·五藏山经》中的各种动植物记载和药方也表明了人们对它们的性质和作用有了深刻认识，例如：《西次三经》中"其状如鲤"，一目而三尾"的"状"；《北次二经》中"如鸟人面"的"鳖鱼"和"状如鸡尾"的曹鱼。植物类的药方有：《西次四经》中"嗛嚤山经》中"一首而十身"的何罗鱼；《西次三经》中"食之已痒（癞病）"的丹木；《中次七经》中少陉山"食之不愚"的荀草；《中次六经》中阳华山"食之已瘅"的苦辛（草）。为后人在农业生产中进行因物性而种、因物性而食的生产消费活动打下了坚实基础。

（四）原始神话记录着原始农业技术思想

农业生产是一个环环相扣的系统工程，它始于利用土地，终于对农产品消费。所以，农业技术既包含农业生产技术，也包含农产品消费技术，就生产技术来说，这些技术在我国远古神话中均有记载，上文已论述的神农、伏羲神话，就是因欲控制野生植物过度生长而发明"刀耕火种"技术；"辰"的神话早在《左传·昭公二十九年》也已有所说明，深刻揭示了农具的产生："稷，田正也。有烈山氏之子曰柱，为稷，自夏以上祀之，周弃亦为稷，自商以来祀之。"进行了充分考证，他说："柱"就是"农"，"农"的形象为"辰"。郭沫若根据我国古籍对"辰"进行了充分考证，他说："余以为辰，实古之蜃器也。其作贝壳形者，盖蜃器也。《淮南子·泛论训》曰：'古者剡耜而耕，摩蜃而耨。'除此之外，当故蜃耨诸字均从辰。盖星象与农事大有攸关"②。除此之外，当时还有确立农时技术的神话，例如《尧典》中"历正""立杆测影确定四季的

---

① 干宝：《搜神记》，燕山出版社 2007 年版，第 59 页。
② 郭沫若：《释干支》，《郭沫若全集·考古编 I 》，科学出版社 1982 年版，第 204 页。

神话。赵宝沟文化遗址所展现的鸟龙与鲜形，野猪首牛角龙，鹿凤与鲜形图①等"观象授时图"。《洞冥记》卷三中记载："有掌中芥，叶如松子，取其子置掌中，吹之而生，则不生。"它有两层意思，首先说明了良好的温度和气的作用是芥生长的必要条件，初步形成温室育种的构想。宋人志怪笔记小说中，洪迈的《夷坚志》卷五从它那转引"葫芦枣"的故事，具体介绍嫁接技术："光州七里外村媪家，植枣两株于门外，秋日枣熟，一道人过而求之。临去，道人将所配葫芦系于术杪，顾语曰：'谢婆婆厚意，明年当生此祥枣，既是新品，可以三倍得钱。'遂去。后如其言。今光州尚有此种，人怀核植于他处，则不然"②。这说明了古代嫁接技术的成熟。在嫁接技术的基础上，有些神话还介绍了寄养技术。例如，《张助所李树》说："南顿张助，于田中种禾，见李核，欲持去，顾见桑中有土，因植种，以余浆溉灌。后人见桑中反复生李"③。

就农产品消费技术来说，有些原始消费技术一直保存到今天，且还有很多地方正在使用。因此，我们也可以从现实中找到证明。从古籍记载来看，在我国古老的神话中也对它们有明确记载。最早的记录是人类"茹毛饮血"。后来《山海经》记载了祠神之物多用精米（精米），这其中就已经产生了人类时期是相当困难的一件事，因此，这中已经暗合了人类对稻合性质的认识和对力学的利用，可能在很早以前就已经产生了"舂"、"磨"这两种去皮工具。说明我国古代已经注重对稻米的加工，并且技术已经很娴熟。刘敬叔《异苑》卷三、卷六记载孙权时诸葛恪煮桑树炖龟的神话，龟曰："我被枸系，方见烹曜，虽然，尽南山之樵，不能溃我'，诸葛恪曰：'燃以老桑树，乃熟，'献者乃说龟树共言。权使人伐桑树煮之，乃立烂。今烹龟多用桑薪"。这说明三国时我国已经充分认识并有效利用各种动植物之间的相互克生关系，突出了食物加工技术的高超。不仅如此，原始人类除了掌握以上农产品特性

① 邵国田：《敖汉旗南台地赵宝沟文化遗址调查》，《内蒙古文化考古》1991 年第 1 期。
② 洪迈：《夷坚志》，《续修四库全书·子部》第 1266 册，第 128 页。
③ 干宝：《搜神记》，燕山出版社 2007 年版，第 101 页。

和消费技术外，还充分利用各种动植物的特性与功能，产生了初步的分类思想，并且利用这种农产品消费技术用于治病和养生，产生了古老的本草和药物学知识体系，前文已述，这也充分表明了我国远古时期人类对农产品消费技术的水平。

（五）原始神话闪耀着宝贵的"土宜""时宜"思想

"土宜""时宜"是我国传统农学思想中的重要内容，是我国古代劳动人民长期总结生产经验的结果。它早在我国原始农业时期就已存在，例如在《上虞》《禹贡》《月令》等著述中经常提及，成为《管子》《淮南子》《吕氏春秋》等著述中的重要命题，但实际上，"土宜""时宜"思想远早于以上著述，早在我国上古时期的各类不同神话中就有所体现。如"稷的神话"中就已提及"为稷自夏以上祀之，周弃亦为稷，自商以来祀之"一事，丁山先生对"周弃亦为稷"的精辟解释："弃之为弃，是象征寒冬之初，将麦粒撒播在田地里，仿佛人们捐弃废物似的，但捐弃了的种子，待到来年春风解冻，土气震发，麦苗秀颖，结成穗子人们，就有口食了"[①]。我们可以由此看出，当时的农业生产已有了相当深刻、明显的"农时"观。并且我们还可以由其他神话看出当时人们对"农时"的重视，例如，前文所讲的"历正"立杆测影确定四季的神话就是最早的农时神话，"历正"就是今天我国华表的前身，它是一种立杆测影用的图腾柱。此外，人们还采用了物候观察等其他方法，如凤鸟"司帝之百服"具有四季变化披新绿之意韵。其他神木鲜花异草，诸如秋棠而味如春李，夏葵而味如冬葱也本于四十侧影等神话，寓意节令变化，具有昼夜说和盖天说的成分。赵宝沟文化遗址所展现的鸟龙与鹿龙图、野猪首牛角龙、鹿凤与蚌形图[②]等表明日月相会成岁的岁时观，后来，人们更进一步深化认识和利用此农时观，随时令变化，不误农时进行春耕、畜牧、狩猎、渔猎等活动，成为与生产紧密联系的"观象授时图"，这就说明我国远古时代

---

① 丁山：《中国古代宗教与神话考》，龙门联合书局1961年版，第27页。
② 邵国田：《敖汉旗南台地赵宝沟文化遗址调查》，《内蒙古文化考古》1991年第1期。

的人们已经开始采取不同手段去确定和利用"农时"了。

在远古时期，人们不仅重视"时宜"，而且相当重视"土宜"，"土宜"和"时宜"一样成为我国原始农业中的两个十分重要的概念，人们既强调"因地制宜"，也强调"因时制宜"。只不过"土宜"思想的出现比"时宜"观要迟点，在"时宜"基础上，人们才开始慢慢注重对土地的性质和肥力的认识，开始注重选择土地种植作物。这在我国远古神话中也经常可见，例如，最早的颛顼神话就是一例。其中"颛顼"造字的本意就在于突出土地的作用，有"系高顼之玄胄兮，氏中叶之炳灵"之说。当然此神话只是突出土地的重要，并没有明显的"土宜"思想，真正明确的"土宜"观体现在《汉武帝内传》中："帝食桃，辄收其核，母问何为。曰：欲种之耳。母曰：此桃三千岁一实，中土地薄，种之不生。如何"。这里明确指明"中土地薄，种之不生"，这是明显的"土宜"思想，虽然指明的是"仙桃"种植对土地的要求，但也提醒人们人间食品的种植也需"厚土"。还有《洞冥记》卷三中记载："有掌中芥，叶如松子，取其子置掌中，吹之而生，然后可移于地上。若不经掌中吹者，则不生也。"此神话含义丰富，除了前文所说的温室技术外，还有明显的"土宜"思想，即"掌中"之土所包含的地气和地力明显不同于地上普通之土的地气和地力，说明育秧时对土的要求与育苗时对土的要求有很大差异性。类似的有《坚瓠余集》卷五从洪迈的《夷坚志》转引"葫芦枣"的故事，它说："光州七里外村媪家，植枣两株于门外，秋日枣熟，一道人过而求之。临去，道人将所配葫芦系于木杪，顾语曰：'谢婆婆厚意，明年当生此祥枣，既是新品，可以三倍得钱。'遂去。后如其言。今光州尚有此种，人怀核植于他处，则不然"①。这就比《汉武帝内传》所说的事例更接近社会现实。

---

① 洪迈：《夷坚志》，《续修四库全书·子部》第 1266 册，第 128 页。

二、《易经》所包含农学思想

《易经》是我国现存最早的古代哲学著作，以其神秘的"占筮"外衣焕发出丰富的象征哲学思想，从思想上不断启迪后人思考生产、生活，成为中国哲学思想的起源。从孔子"读《易》韦编三绝"开始，《易》学开始产生，其著述层出不穷，因此，《易经》本身和当时的《易》学研究著述给后人留下了广阔的研究空间。道家、道教的易学著述在我国易学史上占有十分重要的地位，当今道教学者詹石窗先生在其著作《易学与道教思想关系研究》中说："易学为道教理论体系的建立提供了基本的思想模式""易学的发展启迪了道教思想的发展"①。这里说明易学思想是道教理论体系产生和发展的基础，所以研究道教农学思想，从《易经》中去挖掘其思想根源和丰富的内涵是一个良好的切入点。关于《易经》的农学思想，笔者认为大致包含以下几个方面。

（一）物质结构论和初步分类观

《易经》中的物质结构论隐藏在"易"的层次性中，因此，我们分析"易"的层次性即可得出《易经》关于物质结构论的内涵。《易经》中的"易"有"不易、简易、变易"三种层次。"不易"为《易经》整体构建的基础，是《易经》中最根本和最核心的部分，具体体现为其中的寰道论。"简易"是指易的卦象构建原则，暗含一种观察世间万物的指导思想。"变易"则是构建整个《易经》的最终指归。就"不易"层次来看，"不易"是指事物组成部分中，事物之"道"和核心部分始终不变。《易经·系辞传上》说："易有太极，是生两仪，两仪生四象，四象生八卦"②。它认为宇宙的最初根源是"易"，然后才是"太极"，再依次到两仪、四象、八卦等不同层次，是一个由简到繁的过程。至于"易"是何物，《易经·乾凿度》说："夫有形生于

---

① 詹石窗：《易学与道教思想关系研究》，厦门大学出版社 2001 年版，第 278、279 页。
② 黄寿祺、张善文：《易经译注》（下），上海古籍出版社 2007 年版，第 392 页。

无形，乾坤安从生？故曰有太易，有太初，有太始，有太素也。太易者，未见气也；太初者，气之始也；太始者，形之始也；太素者，质之始也。气、形、质具而未离。故曰浑沦。浑沦者，言万物相浑成而未相离。视之不见，听之不闻，循之不得，故曰易也"①。因此，"易"就是宇宙初始"气、形、质具而未离"的"浑沦"状态，是宇宙天地万物化生之根源。这对我们在农业生产中如何处理农作物之间的气形质关系不无启迪作用。

就"简易"来说，事物的本原是简易的"太易"，由"太易"化生出"太极"，即"太初者，气之始也"。此"气"是一个哲学范畴，指的是世间万物的起源，它又化生出既互相对立又互相统一的"阴、阳""两仪"。由"阴、阳"而化生天地，天地化生春、夏、秋、冬四时。这四时分合而成"乾、坤、震、巽、坎、离、艮、兑"八卦以及与之相对应的"天、地、雷、风、水、火、山、泽"八种元素，这八种元素之间相互作用，新事物不断产生。以上就是包含在《易经》理论中的物质起源观和物质结构论。它告诉我们，世间万物的起源和组成都是简单完备的，整个宇宙是一个完整的系统，各元素之间相互作用，彼此依存，不可分割。

《易经》的物质分类观以其物质结构理论为基础。根据《易经》演卦的原则，"乾、坤、震、巽、坎、离、艮、兑"八卦以及与之相对应的"天、地、雷、风、水、火、山、泽"八种元素是人们对世间万物所做的一个简单分类，这种分类的基础是："太极"所生之"两仪"，即《易经》中提到的"阴、阳"概念，它在《易经》卦象为"阴爻、阳爻"。阴阳是一对矛盾的哲学范畴，它们是指事物性质，并不代表事物的本身。正是由于这一对范畴的存在和不同组合，才导致世间万物的产生成对出现，这就是《易经》对物质进行初步分类的理论和方法论基础。《易经》在确定了世间万物只有"阴、阳"两大类的基础上，与"乾、坤、震、巽、坎、离、艮、兑"八卦对应，把世间万物分为"天、地、雷、风、水、火、山、泽"八类，每一类物质的

---

① 转引自孔颖达：《周易正义》，中国书店 1987 年影印版，第 4 页。

基本特性相同，例如，乾、震、离、艮四卦及其所代表的物质以"阳性，刚性"为主，坤、巽、坎、兑四卦及其所代表的物质以"阴性，柔性"为主。虽然这种分类法在现代科学看来缺乏科学根据和精确性，但它毕竟是古人长期从事农业生产劳动经验的总结，是人们长期观察和进行简单理性思维的结果，因此在一定程度上为我们如何做到用阴阳、刚柔、快慢的矛盾观去对待农作物生长，如何做到土宜、时宜、物宜三宜相结合，进行田间操作等提供了理论上的指导，也为我们选择食物和其他消费品提供了非常有益的启示，因而具有极为重要的农学史意义，成为后代农学思想发展的重要渊源。

《易经》的这种物质结构观和分类思想后来被道教继承并加以发展，在道教经典和道门农书中多有体现。例如，从动植物的划分来看，道教把阴阳五行理论和《易经》的分类思想有机结合起来，也把动物分为鳞、羽、毛、甲、倮五大类，然后对各大类又进行了不同层次的划分，使人们对各种动植物特性的认识更加便捷。例如《文始真经注》中记载："五行者，木火土金水也。五虫者，鳞羽倮毛甲也，东方甲乙木，作鳞虫三百六十种，龙为长也，南方丙丁火，作羽虫三百六十种，凤凰为长也，中央戊己土，倮虫三百六十种，圣人为长也，西方庚辛金，作毛虫三百六十种，麒麟为长也，北方壬癸水，作甲虫三百六十种，灵龟为长也，故云以五行作五虫，可任论动植之物也，故云可胜言哉也"[①]。这就是道教利用五行理论划分物种的表现，除此之外，它还对划分后的物种特性进行了详细解释和说明，又说："五虫者，鳞、羽、毛、倮、甲也。羽虫属火，毛虫属金，正盛旺时，则金不生也，故云羽虫盛者，毛虫不育也。育者，生也。毛虫属金，鳞虫属木，金正盛旺时，则木不生也，故云毛虫盛者，鳞虫不育也。以此则知鳞虫盛者，倮虫不育，倮虫属土，木旺土不生也。倮虫盛者，甲虫不育，甲虫属木，土旺水不生也。甲虫盛者，羽虫不育，水旺火不生也。"[②] 基于对各种动植物特性的认识，道教根据各物种对人体的影响，进一步把各种动植物分为寒热温辛苦甘平七种特性。

① 《文始真经注》，《道藏》第 14 册，第 642 页。
② 《文始真经注》，《道藏》第 14 册，第 664 页。

这种根据阴阳五行的特性和对人体作用来划分动植物的方法为我国传统中医理论奠定了坚实的基础，也为广大农家或医家培育药材提供了理论指导。因而成为我国传统农学思想，特别是药农思想的重要组成部分，故称为研究道教农学思想的有利思想基础。

（二）人与自然关系观

人与自然的关系，在《易经》中称之为"三才"，它作为一个思想范畴，最早文字记载见于《易传》，但其现实根源至少可以往前追溯到原始社会晚期。这可以从 20 世纪 80 年代末，在河南濮阳西水坡出土的仰韶文化墓葬中的一组蚌壳龙虎图得到有力佐证。关于盘古开天辟地以及三皇（天皇、地皇、人皇）的传说也可以作为上古三才观念萌芽的佐证。殷周时期的天神、地祇、人鬼崇拜从宗教角度也可以是一种"三才"的观念。

根据《易传·系辞》的记载，包（伏）牺氏时期已萌发三才观念，它说："古者包牺氏之王天下也，仰则观象于天，俯则观法于地……近取诸身，远取诸物，于是始作八卦，以通神明之德，以类万物之情"①。八卦以其独特的象征形式，将天地人三者通过卦中爻位形式有机联系起来，成为三才观念最为简洁的表达方式，后来，《易传》中的六十四复卦也通过"爻位"对三才之道进行了相当完备的议论。在八单卦中，初爻（最下爻）表示地，中爻（第二爻）表示人，上爻（第三爻）表示天。在六十四复卦中，把六爻两两合并，则体现三级层次，此时则与八单卦道理同一，初、二爻合并为"地"位，三、四爻合并为"人"位，五、六爻合并为"天"位。合"天""地""人"而言，谓之"三才"。《系辞·下传》："六者，非它也，三才之道也"。《说卦传》："兼三才而两之，故《易》六画而成卦"，即明此例。在《易经传》中，这种以爻位来定三才顺序之法与人处天地之间的客观事实相吻合，是对大自然仔细观察和哲学思辨相结合的结果。

---

① 黄寿祺、张善文：《易经译注》（下），上海古籍出版社 2007 年版，第 402 页。

除此之外，《易经》中六十四复卦还通过各爻之间的具体关系来说明三才的相互关系。首先从"爻是否当位"来判断事物发展是否符合规律。当"阴居阴位，阳居阳位"时"当位"，走正道，符合规律，反之则"不当位"，不符合规律。但由于影响事物发展变化的因素、条件相当复杂，所以不能一概而论，即使当位也要"守正防凶之例"。天地即初、上两爻本身"无阴阳定位"，不存在是否"当位"的问题，只象征事物发展的开始和终结两个阶段。但是位于中爻即位于天地之间的人，既要同时恪守天道和地道，又要阴爻处二位、阳爻处五位，才能既中且正，守持中道，行为不偏。后来儒家理论概其为"中庸之道"，道家理论概其为"守持中道、行为不偏"，要求崇尚自然，同时遵守天地之道，极力避免像《易经》中说的"阴爻乘阳爻为乘刚，象征弱者乘凌强者，小人乘凌君子；阴阳不当位相承，有感无应"[①] 等不吉结果的发生。

关于三才关系，古人常以三者并列的方式探索世界构成规律。就道教而言，三才观的讨论主要集中在《道藏》第3、20、36 册当中，主要通过翻译和注释《易经》的方式把《易经》所阐发的内容与社会经济发展结合起来，形成一种独特的道教易学体系，用来预测社会发展规律和自然灾害，后人简称其为道易。在道易当中，三才关系的讨论在《道藏》中包含以下几个方面的具体内容：三才的形成及其对自然界作用的体现、三才的体现、三才对人的作用、人在三才中的地位、三才相宜相盗的相互关系、三才失真的结果、三才与道的关系。这种以易学为中心提出的三才关系观明显区别于神话中的三才关系观：神话中三才观的内容是将一些人类未及的力量转化为超人力量，让人敬畏或者利用它，具有明显形而下的特征，并且不成体系，每个故事只是反映某一个或者某一方面的问题；易学中的三才观并不具体说明某一种现象，具有明显的抽象思辨性，并且自成体系，以一套具有严密逻辑性的理论去思辨三才关系，具有比神话更为广博的利用空间，从而显示出易学独特的三才理论特色。

---

① 黄寿祺、张善文：《易经译注》（下），上海古籍出版社 2007 年版，第 465 页。

（三）季节变化与农时观

《易经》主要以卦象描述事物发展变化的趋势，而卦象的基本元素又是"爻"，所以，"爻"的位置及其变化构成事物发展的"时"和"时变"，《易经》关于"时"的内容，主要体现在以下三个方面。

1. 事物发展的阶段论

根据《易经》中"爻"的位置及其变化规律，其事物发展的阶段论可分为表层的和深层的两种。从表层来看，阶段论通过爻位可直接看出，因为每一"爻"位本身代表事物发展的相应阶段。在八单卦中，初爻代表事物发展的初始阶段，中爻代表事物的旺盛阶段，上爻代表事物的衰退阶段。在天地形成及其对世间万物的作用中，天气下沉，地气上升，天施地受，即始于初爻、终于上爻，因而卦爻位置也因此从下数到上。这个原则一直贯穿整个《易经》始终。在六十四复卦中，因为爻数从三爻增加到六爻，六爻之间的相互关系也变得十分复杂，所以阶段论也随之变得复杂。从表层来看，"初位（爻）象征事物发端萌芽，主于潜藏勿用；二位（爻）象征事物崭露头角，主于适当进取；三位（爻）象征事物功业小成，主于慎行防凶；四位（爻）象征事物新进高层，主于警惧审时；五位（爻）象征事物圆满成功，主于处盛戒盈；上位（爻）象征事物发展终结，主于穷极必反"[①]。《易经》的这种爻位及其变化理论建构目的在于"以谋人事"，所以产生于原始农业时期的《易经》理论对农业生产也不无十分重要的指导意义。从农业生产的角度看，对待任何动物的繁殖和饲养，必须基于"初爻"理论，必须以固其元气为根本。对待植物则以固根为基础，故"新树不可摇其根"。同时，根据"爻变"理论可知，动植物的生长过程有其固定阶段性，我们在进行生产时不可任意改变其生长规律，犯"揠苗助长"或"任其自然"的错误。

从深层来看，整部《易经》均在强调"时机"与吉凶的关系，《易经》

---

① 黄寿祺、张善文：《易经译注》（下），上海古籍出版社2007年版，第464页。

的事物发展阶段论主要体现在"爻"变之中。八单卦的二爻处于天地之间，所以要正确处理人和天地之间的关系，首先必须正确把握天地所给之"机"，"机"未来时，以静制动，"机"莅临身边，则不可错过。从农业生产的角度看，农之"机"既包括天和地所给的条件，即外在时机，也包括生产对象本身生长规律，即内在生机。只有达到这两"机"间的协调，农事才能顺利进行或者事半功倍。在六十四复卦中，由于每卦爻位存在"当位与不当位、中、乘比承应、互卦、卦主（主卦之主和成卦之主）"等关系，导致爻位所暗示的吉凶关系异常复杂，这要求人在把握事物的发展进程中，要时时警惕，不可贸然行进，要防微杜渐、按部就班，尤其是《易经》六十四卦中的"渐"卦，六爻的设喻更加形象，此意更加明显，此卦辞拟"女子出嫁"为喻，意在"礼备"而后渐行。六爻设喻以鸿飞所经历的水涯、磐石、山陆、山木、山陵、大山陆等凶象，由近及远，由低到高排列，乃至上九"位"穷而"用"无穷，达到"议行万方""赍一切也"的效果。本卦自始至终说明"循序渐进"的道理，突出了"渐"的主题和特征。

在农业生产领域，农业对象本身发展有其固定的阶段性，也就是说，动植物的生长只有在其应该存在的自然条件下自然生长才是最真的，因为大自然的自然条件非人类的思维所能模拟。例如春夏秋冬的更替与反复顺序是不可改变的，一旦改变，就会破坏地球表层的森林与植被结构、人口数量和质量结构、气候条件，会出现所谓的反季节，那么农业生产即使技术再高明，也无法顺利进行，甚或遭受灭顶之灾。所以，我们不能破坏这种固定的阶段性顺序，只能顺其道而行之，只能去深刻认识事物发展顺序中的条件，再根据这种条件去创造设置动植物每个发展阶段所需的环境，为农业生产对象充分利用外"机"促进本身内"机"的快速成熟打下基础。

2. 周而复始的循环论思想

《易经》本于"远取诸物，近取诸身"的"以物取象"原则，以乾卦为始构建起一套具有浓厚哲学韵味的思辨体系，突出了自然界"大明终始、首出庶物"等循环不已的运动状态。所以，整个《易经》体系在分析各事物阶段性的基础上，具有明显的循环论思想①：即各卦中的循环论，整个易经体系的循环论，易图中的感性化循环论。

《周易》中的"周"就有"周朝""周普"和"周匝"的意思。"周普"由汉朝儒生郑玄提出，为"无所不备"之意，盖因《易经》以六十四卦凡三百八十四爻涵盖世间万事万物，故卦爻含义自然很周延普遍。"周匝"则由唐儒贾公彦在其《春官大卜》"掌三易之法"条下的注疏中提出："以《易经》以纯乾为首，乾为天，天能周匝于四时，故名《易》为周也"。为"周而复始"之意。现代学者把"周普"和"周匝"结合起来解"周"意，便可发现《易经》的循环变易观早已有之。

从象数学的角度看，《易经》的刚柔相推而生变化的循环变易观，则表现为卦爻象以及各种变化图式。首先，"六爻"位蕴含的周流变易规模最小。《说卦传》说："故易六位而成章"。六爻分别代表不同的时间和位置，由下至上分别代表事物发展由低级到高级的相应阶段，每卦的第六爻均突出"物极必反"的道理，是发展到极点的物质运动阶段，由此，通过辩证否定途径回到原来的起点，使任何事物均得以循环不止地存在。六十四卦是大规模的周流变易，从数的方面来看，从太极，而两仪，而四象，而八卦，从八卦到六十四卦则是自乘而成，任何事物变化都是倍进而成，每一卦均为一个循环系统，每一个小循环又是大循环中的一个环节。这种现象早在《系辞传下》中有过描述："日往则月来，月往则日来，日月相推而明生焉；寒往则暑来，暑往则寒来，寒暑相推而岁成焉"。岁岁相接，循环不止。邵雍依此创立"合一衍万"的宇宙推演程序和"元会运世"的宇宙终始之数。从象的方面来看，六十四卦以代表生生不息、循环不止的乾卦为始，本应到第六十三卦"既济"卦为止，以示事物发展的一个周期，但后来又出现"未济"卦，意味事物发展仍未停止，仍需从"乾"开始，这就凸显了其循环论。从象数学的各种图式来看，其循环论也非常明显。宋前注《易》无图，易图始自周敦颐传陈抟

---

① 参见袁名泽：《科技哲学视域下的象数学》，《科学·经济·社会》2009 年第 1 期。

"太极图"并为之说，后朱熹撰《易经本义》，取邵氏"河图""洛书""先天八卦""后天八卦""伏羲六十四卦"诸图与经其改订之"卦变图"等置于卷首，历代宗之，图说之风始盛。它们均秉承"天圆地方"之旨，均以圆形为作图原则，其循环论思想自不必言之。"阴阳（黑白表示）太极图"中阴阳相推而生寰道运行轨迹；河图、洛书以方形数字图蕴含事物的寰道运动；先后天八卦图、十二辟卦方位图、二十四方位图、卦气图、六十四卦方圆图等则干脆以圆形图表示寰道运动，说明循环论思想。易图中的这种寰道思想实际上也是"远取诸物、近取诸身"的结果，是源于对生产、生活经验的总结。日月东升西落、万物荣枯、四季反复如常、人体生命周期等构成了循环论的感官基础，易图只是以简单的形式再现了《易经》所表达的复杂内容，意在暗示人们要按照自然循环规律安排农事，因而成为我国古代农学思想的重要组成部分。

3. 丰富的历法思想

上文通过爻位和易图等形式感性分析了世间万物发展的阶段性和寰道变化规则。而《易经》的卦爻辞则始终通过比兴手法以物喻事，体现着"时变"的含义，尤其是后人对《易经》的阐发程度加深，《易经》的"时变"观与天文学、地理学的结合愈来愈紧密，形成了颇有特色的《易经》天文学思想，它主要表现在其中的历法思想中。例如陆思贤认为《易经》"六龙"对远古历法做了总结，还有，本人认为早期象数学派也具有明显的天文历法思想，现撰要如下。

陆思贤先生认为《易经》的天文学知识在于以乾坤二字总结了本原于立杆测影的"盖天说"宇宙论："元、亨、利、贞"。用此四字形容天道旋转的一幅图像，它首先认为乾元即万物之源，天的起源在天北极的"太一、天一"星，把天穹描绘为"运行不息，应化无穷"的大旋轮①。其次，它认为万物之始乃天，故曰："大哉乾元，万物资始"。寒来暑往不断更替的四季源于

---

① 陆思贤：《神话考古》，文物出版社 1995 年版，第 356 页。

"子"，"子"即冬至之后，其时天地元气开始恢复，开始一个回归年。所以孔颖达《易经正义》时认为天的起源和四季的开始均是"乾元"所致，阐述"乾"为："天即乾。天者定体之名，乾者体用之称"①。"定体之名"意指天乃坚硬的、半透明的物质实体，而"体用之称"指附于天体之上的日月星辰及其不断的运动变化，它可以通过闻一多引《汉书·枚乘传》所说的"单极（用于测影的兽头擎天柱）之亢断幹"②地面测量感知。"坤"为方形的大地，本原于立杆测影的方形晷影盘。这样"天行健，君子以自强不息的乾"就和"地势坤，君子以厚德载物的坤"结合起来了，形成了许多种不同的宇宙观和不同的历法。至于体现在六爻卦爻辞中的"乾"的历法思想内涵主要如下。

"初九，潜龙勿用"。初九即元子，元为起点，但在颛顼神话中又为"老童，即太阳到了最南点，晷影到了最北点。"老童即老冬、老终之意。潜龙意指建子十一月，此时在观象授时意义上，气温是最低的，动植物还处于生命的休眠期，农事的节令还未到来，农民只好在家休息，龙星尚未出地，故列于六龙之首，所以说："潜龙勿用"，过了此月，则万物开始复苏，故为元子。"九二，见龙在田，利见大人"。孔颖达的《易经正义》认为"九二"当指"太蔟之月"，即《吕氏春秋·孟春纪》所说的"孟春之月"，高诱注之曰："万物动生，蔟地而出，故曰律中太蔟"。象征此月草木发芽，蛤蟆、河蚌之类也出淤泥，在河边活动，即"见龙在田"。"利见大人"意味农事活动即将开始。"九三，君子终日乾乾，夕惕若厉，无咎"。孔颖达《易经正义》称："九三为建辰之月。上不在天未可以安其尊也，下不在田未可以宁其居也"。这是从农业的角度对"君子终日乾乾"的阐述，描述农民抓住时值春分、清明之际的好时节播种而整日忙碌的情景，"因时而惕，不失其机"，植物已经萌发生机，需抓住时机尽快出种。动物开始发情交配，正是怀孕之良机，故虽可渔猎，但应适可而止，切勿"涸泽而渔"。"九四，或跃在渊，无咎"。此爻描述春夏之交的天象，苍龙七宿全部显现，但仍处于上升阶段，地面为

---

① （唐）孔颖达：《周易正义》，中国书店 1987 年版，第 10 页。
② 闻一多：《闻一多全集》第 5 册，湖北人民出版社 1993 年版，第 530 页。

黄沙弥漫季节之始也。因此，北方虽然牧草已经因地气上升开始疯长，但因风沙较大，能见度较低，所以放牧切勿远行，容易迷路且造成牲畜散失，故农事需防沙、防寒。南方因阳光稀少，雨水过多，农事需排水抗涝，农作物长势较快但比较娇嫩，防虫害也是此时之要务。"九五，飞龙在天，利见大人"。九是专指天，五通午，贯通天地之数，"九五"二字交合，意指天顶地中相互贯通，这是夏季的特征，表明太阳位置已经达到一年中最高点，将施予人间无限的恩惠，作物生长已至最高峰，开始孕穗成熟，但此时的高温会导致蝗虫、稻瘟病、钻心虫等病虫害频繁，故需防止高温条件下的病虫害。鸟兽为了适应天气炎热高温而脱毛甚至光背，躲进森林避暑。此时人也会因为高温得病，也应注意避晒避暑，不宜频繁外出，只做好秋收准备。"上九，亢龙有悔"。"亢龙"即火龙，时过夏至，进入三伏天，高温延续，经过长期生长的作物已经结果成熟，开始枯萎。此时坤卦的上六与上九为对。上六说："龙战于野，其血玄黄。象曰：龙战于野，其道穷也"。说明房心尾三宿西移，而北方玄武龙向上中天挺进，因此形象为两龙相战，北方玄武龙慢慢获胜，亢阳让位给疾风暴雨了，天气也进入秋凉季节，草木黄落，出现"其血玄黄，其道穷也"的景象。"用九，见群龙无首，吉"。王弼认为"用九"为"用天德"，说明人们开始接受上天赐予的丰收年成，开始收获，故为"用九"。

最后，《象》辞也总结了一年的自然变化规律："象曰：大哉乾元，万物资始，乃统天。云行雨施，品物流行。大明终始，六位时成，时乘六龙以御天。乾道变化，各正性命"。其中的六位就是初九建子、九二建寅、九三建辰、九四建午、九五建申、上九建戌，六者循环一周谓之"终始"。说明乾的生生不息，不断终始，循环不已，将其形象喻为六龙，因此，历法可名为"龙历"。"龙"者"农"也，故又名农历。这就是中国农历的总结。

象数学派的农学思想也是十分明显的[①]。《易经》创始之初，其目的和动机是"明人事"，而"明人事"的基础在于"推天道"，"推天道"的基础又

---

① 参见袁名泽：《科技哲学视域下的象数学》，《科学·经济·社会》2009年第1期。

在于观象，既观人象，又观物象，还观天象，最后通过总结所观之象抽象出自然界的普遍规律，用以指导人类征服和利用自然。所观之象为图形，抽象出来的规律则为数，象、数是建构《易经》《易传》的主要手段，象数学因此对我国古代天文学、地理学、气候灾害学和农业生产具有明显的指导作用。从天文学上来看，其影响主要体现在天文历法的制定和天文仪器的制造上。早在氏族社会时期，我国政府就有专职观察天象、物候者，商朝已有干支记日和闰月的历法记载，西周的天象观察记有日全食，还提出用以解释地震、气候和节气变化的阴阳变易说。《春秋纬·元命苞》包含我国最早描绘天旋地动规律的思想："阳唱阴和，男行女随，天道左旋，地道右迁"。在此思想中，如阴卦初爻与阳爻处于同一月份，其初爻则退一辰，以未为贞，如果坤卦初爻是贞于未，则"左右交错相避"。现代天文学揭示银河系漩涡结构的特征与"河图"所表示的特征完全吻合。因为《易经》本于推断人事吉凶和农业生产的需要，所以，所有上面的象数图式均强调农业生产与天时地利之间的关系，强调不误农时，对农业生产具有较强的指导作用，甚至有些农具如耒耜就取之于益卦之爻象，是因为此卦象为下震上巽，初九爻表示阳刚而锐，故为耜，三阴爻表示柔曲，故为耒，其上二爻阳亦刚直，故为耒耜。从已经制造出来的天文仪器看，这些天文仪器也均为象数学知识和图式的外显和物化。张衡的地动仪取八尺之直径，八龙与八蟾蜍对接，体现着八卦图式和乾坤互用的思想。我国古天文四象二十八宿排列图、星辰运动周期、古地理分野坐标系统等均为《易经》象数知识的应用。

（四）农业灾害观

趋利避害是人类与生俱来的本性，但生产力极为落后的原始社会时期，人类生产、生活总逃脱不了大自然的约束，故而躲避成为当时人们应付大自然危害的主要手段，但同时也力图预知灾害来临的时间和方位，于是人们企图建立一种能够预测自然灾害发生时间的科学，这就是《易经》产生的社会基础。导致《易经》把从大自然中寻找自然灾害产生的根源，寻求避免自然灾害危害的手段和方法视为其主要的历史使命，关于灾害产生的原因和种类，阐明事物发展规律、预测灾害发生的时空是《易经》灾害观的主要内容。

关于灾害发生的根本原因，《易经》将其归结为"三才失调、阴阳失衡、阴阳相离、阴阳倒背"。依前文所述，《易经》以阴阳为主要范畴阐述事理，通过描述各卦的爻位和相互关系说明三才关系，强调只有三才之间互相协调以及三才各自内部协调才不会招致各种自然灾害。如天之阴阳不和是水旱灾害及其他异常天气现象的原因，地之阴阳不和则是地震灾害、海啸、山崩地裂、虫灾等地面灾害的原因。如天地人之间阴阳失衡是社会动乱、人类自身繁衍不顺等之因，人体本身阴阳失衡是生命个体疾病发生的根本原因。六十四卦中"否"卦《象》曰："天地不交，否"。《彖》曰："否之匪人，不利……则是天地不交而万物不通也，上下不交而天下无邦也"。从爻与爻之间关系看，判断吉凶的基本点是：若阴爻居阴位，阳爻居阳位，则既中且正；从"中"爻和"正"爻比较，"中"德又优于正；如果阳爻居阴位，阴爻居阳位则不当位；即当位则吉，不当位则凶。除此之外，阴爻乘阳爻为弱者乘凌强者之乘刚，小人乘凌君子凶；阴阳不当位相承，有感无应等皆为凶象。吴汝沦先生认为凡阳爻之行遇阴爻则通，遇阳爻则阻、凶。

至于灾害的种类，它以占卜结果为征，并以此占卜结果作为应对灾害的根据。"《易经》首先根据八卦的各自物性及其相互的位势关系以吉凶判断'顺动'还是'逆动'，是'水火相逮、雷风相悖、山泽通气'，还是'水火不相逮、雷风不相悖、山泽闭气'。从而判断灾害是否发生及灾害的类型"[1]。如果确信灾害会发生，则按照爻位的失衡、失位、失势、失度程度，把灾害从低到高分为"吝""厉""悔""咎""凶""灾"。在《易经》的六十四卦中，有以下几卦的卦象表明了灾害的种类及其成因：困卦和无妄卦阐明旱灾之因，"象曰：泽无水，困"，"无妄，灾也"。蛊卦阐明风灾之因，"象曰：山下有风，蛊"。损卦阐明泥石流之因，"象曰：山下有泽，损"。朱震曰：

---

[1] 刘冠美：《易经灾害学浅述》，《四川水利》1999 年第 1 期。

"山下有泽，则山日以削，泽日以塞"。大过卦则阐明沉船之因，"象曰：泽灭木，大过"，"上六：过涉灭顶，凶"。大过卦阐明建筑物垮塌之因，"大过，大者过也，栋挠夕本末弱也"，"大过，颠也"。夬卦和涣卦阐明洪灾之因，"象曰：泽上于天，夬"，"夬，决也"，"象曰：风行水上，涣"。萃卦阐明洪灾之因，"象曰：泽上于地，萃。君子以除戎器，戒不虞"。明夷卦阐明太阳黑子反常变化之因，"象曰：明入地中，明夷"，"明夷，诛也"。复卦阐明地震之因，"象曰：雷在地中，复"，"复，反也"，是天倾地覆的变化。剥卦则更进一步阐明地陷、地震、滑坡现象之因，"象曰：山附于地，剥"，"剥，烂也"。否卦则从总体上解释各种灾害之因，"象曰：天地不交，否"。由上可知，《易经》已详细论述了自然灾害的种类及其发生机理。

《易经》也从哲学高度阐述了灾害治理，并提出了一些有效的措施，例如，涣卦为我们建构了一个良好的抗灾模式。其卦爻辞说："初六，用拯马壮吉。九二，涣奔其机，悔亡。六三，涣其躬，无悔。六四，涣有群，元吉。涣有丘，匪夷所思。九五，涣汗其大号，涣王居，无咎。上九，涣其血去，逖出，无咎"①。"君子以除戎器，戒不虞"，这里也表现出强烈的减灾防灾意识。

（五）丰富而全面的农业技术思想

《易经》作为我国古代哲学著作，其哲学思维方式决定其思维的整体性，所以隐含在其中的农业技术思想无论从广度还是深度上看都是其他著述无法比拟的，笔者认为其中的农学思想主要有耕道、畜道和农产品加工消费之道三大方面。在《易经·系辞下》中，有"包牺氏没，神农氏作"。关于"包牺氏"的贡献，该文说"做结绳而为网罟"。这很明显是渔猎活动的反映，后来在新时期遗址中发现了这些活动的实物证据。关于"神农氏"的记载，它说："神农氏作，斫木为耜，揉木为耒；耒耨之利，以教天下"。这是典型的

---

① 黄寿祺、张善文：《易经译注》（下），上海古籍出版社 2007 年版，第 341—345 页。

采集、耕作工具制作，一方面说明了原始农业时期人们对生产工具的重视与应用，另一方面也反映了"包牺氏"和"神农氏"两个不同时期的生活资料来源。在神农氏教民种谷、食谷前，人们靠制造原始工具采集属于"行虫走兽"的果蓏蠃蛤，说明了农业时代采集和渔猎时代相互衔接，中间并没有经历一个独立的畜牧业时代，这是我国后人荤素并存的根本原因。其次，它还记载了"百谷草木丽乎土"，说明春秋以前人们已经懂得植物和土壤之间的关系。同时还记载了养蚕业的兴起，它说黄帝尧舜"垂衣裳而天下治"，疏云："以前衣皮其制短小，今衣丝麻布帛，所做衣裳，其制长大，故曰垂衣也"。与后来的黄帝元妃嫘祖传说一起构成我国养蚕史的点滴形象，这些话语就是耕道的具体内容。该文的"断木为杵，掘地为臼"反映了当时的消费技术水平。我们由此可知原始农业起源时期，人们除了用火对谷物及其他植物果实进行加工、研磨或捣烂外，其他工具主要分为石磨盘、石磨棒和石臼（或木杵）两大类，这就是消费之道。关于畜牧业技术，《易经·大畜爻辞》中有如此记载："豮豕之牙，吉"。此句语义含糊不清，后来的《六十四卦解说》认为："豕去势曰劅，劅豕称豮，豕本刚实劅乃性和，虽有其牙，不足害物，是制于人也"。后来王夫之在其《易经外传》中也说："牛牿故任载，豕豮故任饲"，我们可知豮就是阉割，因此，我国动物阉割术早在夏商周时期就已出现。《易经》中还有文字提及到"羸"这种羊病，反映人们当时已注意到动植物各种病害的防治，它说明春秋战国时期的畜道即兽医技术比以前大有长进。

三、《诗经》农事诗的农学思想

《诗经》是我国第一部现实主义的诗歌总集，西汉时被尊为儒家经典之后始称《诗经》，并沿用至今。共收集了311篇诗歌，现存305篇，按用途和音乐分"风、雅、颂"三部分。其中《颂》和《雅》基本上都产生于西周时期；《国风》除《豳风》及"二南"的部分篇章外，均产生于春秋前期和中期。"风"是指所收集的各地方民间歌谣，它反映下层民众的社会生活和基本

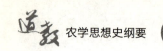

思想。"雅"大部分为西周初期贵族的宫廷正乐，"颂"是周天子和诸侯用以祭祀宗庙的舞乐，除了单纯歌颂祖先功德以外，还有一部分为春夏之际向神祈求丰年或秋冬之际酬谢神的乐歌。整个《诗经》反映了周民族以农立国的社会特征和西周初期的农业生产情况。首先，《生民》叙述后稷的神话色彩。后稷长大以后，发明了农业，他也就成了周民族的始祖和农业之神，反映了周民族以农业立国的社会特征。其次，从"大雅"中的《生民》《公刘》《绵绵瓜瓞》等诗篇可看出周族确是"兴于农"。《豳风·七月》则完整叙述了一年之中的农事活动与当时社会的等级压迫关系。另外，在《诗经》中的《南山》《楚茨》《大田》《丰年》《良耜》以及《周书》内的《金縢》《梓材》《康诰》《洛诰》《无逸》等篇都记载了相关农事。所以，《诗经》农学思想极为丰富，在我国农学史上占有极为重要的地位。以今天的标准来看，其中的农学思想有如下内容。

（一）"重农、保农"的农家乐思想

"重农、保农"思想是原始人类基于生产能力极为低下状况所提出的一种农学思想，长期以来不断得到人们的重视与实践。到了《诗经》创作的春秋战国时期，我国的原始农业已慢慢向精耕细作的农业模式转化，农业生产力有了明显的提高，人们的"重农、保农"思想也有了明显的改变。在《诗经》中突出表现为民间对农业生产过程中快乐情境和自给自足、国富民安等丰收景象的描绘，这可以说是后来农事诗的发端，从文学史来说，也是后代田家诗的滥觞。如《丰年》中唱道："丰年多黍多稌，亦有高廪，万亿及秭。为酒为醴，烝畀祖妣，以洽百礼，降福孔皆"。描绘了农家丰收的快乐境况。又说："丰年多黍多稌，亦有高廪，万亿及秭"，暗示人们必须以农为重才能永享太平。当然，它也认为农业生产的丰收是神灵帮助的结果，所以农业丰收之时不要忘记"为酒为醴，烝畀祖妣，以洽百礼，降福孔皆"，也只有农业生产丰收才能更好地"为酒为醴，烝畀祖妣，以洽百礼"。这是原始人类所具有的普遍共识。《噫嘻》则描绘了大规模耕作的情形："噫嘻成王，既昭假尔，

率时农夫，播厥百谷。骏发尔私，终三十里。亦服尔耕，十千维耦"。这段文字含义比较丰富，既突出了农时观，又提及到多种经营。这句话只有从整体考虑才是突出大规模耕作的盛况。取名为"噫嘻"，包含一种以农为乐的思想，体现"重农、贵农、保农"观。

（二）浓厚的农时观

整个《诗经》中，农时观的内涵十分丰富，它既告诉人们怎么样确定农时，还告诉人们适时而作、不违农时的道理。所以，《诗经》中的农时思想多处可见。

就怎样确定农时来说，《诗经》仍根据人们对生产实践的总结，提出利用观天察物的物候、气候等方法确定农时。农业生产是以自然物质为生产对象的生产活动，其收成好坏、效率高低深受自然环境的影响，因此，农业生产对自然条件有严格要求。但自然条件变化不居，只有靠观察外界物象和气象来感知自然界变化，所以农业生产过程中非常重视物候和气候知识的获得和利用。我国在原始社会时期已使用物候审时并适时安排农事了。随着对植物品种及其生长规律的认识，辅之以对虫鱼禽兽出没活动时间等观察的经验积累，最终形成以物候为标志的记时体系——物候历。在天文历法发展史上，物候历是一种早于以观察天象变化定时的天文历。这种物候历在《诗经》中主要表现在《豳风·七月》中，十五《国风》以《豳风》的年代最早。其中，一般人以为产生于西周初的《七月》，以诗歌形式记载了每一个月的物候，这是中国以诗歌形式总结和传授物候知识的最早记载，有人称其为"最早的有关物候学的诗歌"[1]。这种物候记载的目的在于适时安排农事，故它又是我国最早的一首农事诗。与《周颂》中的农事诗不同，它以相当长的篇幅，叙述农夫一年四季的劳动生活，并记载了当时的农业知识和生产经验，像是记农历的歌谣。它依据每个月的物候、气候差异，对每个月的农事做了安排。

---

[1]　曹宛如：《中国古代的物候历和物候知识》，《中国古代科技成就》，中国青年出版社 1978 年版，第 257—263 页。

例如《周颂·臣工》说："庤乃钱镈，奄观铚艾"。这句话的意思是在暮春时节命众人把中耕用的钱镈收藏起来，准备开镰收麦，说明农事安排看重农时。

（三）精耕细作的耕作技术思想

春秋战国时期，随着我国精耕细作农业模式的形成，农学思想也日趋丰富，此时最主要的特点在于农学思想中注入了一种新的思想内涵——农业耕作技术思想，并且已成为农学思想中的核心内涵。从《诗经》内容来看，其耕作技术思想有如下几个方面。

①耕作工具。农业工具的使用和改善是农业生产经验日益积累的结果，是农业生产力的表现。在生产过程中，人们发现先进农具在农业生产中起着十分重要的作用，故而十分关注农业生产工具的使用和改进，在《诗经》中屡屡提及，例如《周颂·臣工》记载："庤乃钱镈，奄观铚艾"。其中钱镈铚皆从金，表明这些工具皆为金属工具，说明当时生产工具制作已经达到一个空前水平。钱即现在适用于行垄间、双手握柄贴地推进以除草松土的铲，镈即中耕工具，用来耘锄田间杂草，类似于现在的锄头。在其《周颂》的《臣工》《载芟》《良耜》诸篇中屡屡提及，以耜"俶载南亩，播厥百谷"。耜即用来松土、挖掘沟渠的重要耕具，并且已经达到"畟畟、覃"等锋利程度。

②耕作方式。耕作方式不仅决定光和气的使用效率，而且决定农业生产工具的使用效率，是农业生产水平的重要表示，所以，《诗经》十分关注耕作方式的记载和探讨。《诗经》屡屡提及"俶载南亩"，如《小雅·信南山》中的"我疆我理，南东其亩"。"南亩"就是根据"土宜"即地势高低或者水流方向和是否向阳等因素来决定将垄修成南北向或东西向。《小雅·大田》中有"大田多稼，既种既戒，既备乃事。以我覃耜，俶载南亩，播厥百谷"。具体说明了大田耕作技术，其中的"大田多稼，既种既戒，既备乃事"。说明农业生产中的轮作技术已经产生。《大雅·生民》有"艺之荏菽，荏菽旆旆。禾役穟穟，麻麦幪幪，瓜瓞唪唪"。反映了当时的条播技术水平和轮作、插种技术，"禾役"指禾苗的行列。"穟"是通达的意思，禾苗行列播植是为了通风

和容易接受阳光，说明当时已经认识到采光和通风对于农业生产收成的重要。不仅如此，《诗经》中还出现了中耕技术的记载。中耕技术是指农作物种植之后，人们为了帮助农作物快速健康生长所采取的清除杂草、松土等措施和方法。《稻人》的"夏以水殄草而芟夷之"就是一例，它反映了南方火耕水耨技术。在耕作过程中必须进行中耕，除草救苗，因为"若苗之有莠"影响作物的生长，同时也采取点播和条播来减少中耕耘籽的劳动量。

③杀虫技术和水利灌溉技术。这是《诗经》中农业系统论的充分表现，这说明《诗经》不仅强调生产对象本身的成长规律，而且也十分重视农业外部环境对农业生产的影响。根据《大雅·大田》"去其螟螣，及其蟊贼，无害我田稚"的记载，说明西周时期人们已经对农作物病虫害种类有了相当高水平的认识。《小雅·大田》中也说"田祖有神，秉畀炎火"。这说明当时人们已经认识到害虫向火的特性，并且已经采取了利用火光诱杀害虫的生物技术。《小雅·小宛》中记载"螟蛉有子，蜾蠃负之"。不仅如此，还有许多记载使人们明白当时已经认识到蝙蝠、螳螂、蜥蜴、鸳对诸虫，鼬等对鼠的贼害作用，这标志着人们已经把握各种昆虫之间相制约、相胜服、相贼害的自然现象，开始关注和利用昆虫之间的关系进行病虫害防治，这是农业生态技术的反映。对于病虫害的防治，它还强调用植物药物治虫的生态方法，例如"翦氏掌除蠹物，以攻禜攻之，以莽草熏之"。"莽草"就是"毒八角"。还如"庶氏掌除毒蛊，以攻说襘之，嘉草攻之"。此处的"嘉草"为"蘘荷"。春秋战国时期，为了应对干旱气候，灌溉技术得到人们的重视，这在《诗经》中也有所反映。《大雅·黍苗》有"原隰既平，泉流既清"。说明了平治水土要达到"既平、既清"的要求才有利于农业生产。《大雅·泂酌》有"泂酌彼行潦，挹彼注兹，可以濯溉"。说明南北取水和农田用水的人工灌溉技术已经出现。首先是引泉水灌溉，《小雅·大东》有"有洌氿泉"。《邶风·泉水》有"我思肥泉"。《曹风·下泉》有"冽彼下泉"。共有六种名称，说明当时人工灌溉技术的发达。后来，农田水利建设工程开始出现，《陈风·泽陂》中的"陂"就是这一时期创造的人工蓄水工程。

④《诗经》初显选种育种技术。《大雅·生民》记载了"诞降嘉种，维秬维秠，维穈维芑"。这句话说明当时人们已经注意到播种前选择优良种子的必要性，也介绍了秬、秠、穈、芑等多种优良品种。除此之外，《诗经》还说明了种与时的关系，要求不同品种不同时间播植。在《豳风·七月》中有"黍稷重穋，禾麻菽麦"和《鲁颂·閟宫》的"九月筑场圃，十月纳禾稼。黍稷重穋，植稚菽麦"。这里的麦子是春麦，而《周颂·臣工》的"庤乃钱镈，奄观铚艾"中所提到的麦子是冬麦。这两句话说明当时人们已经认识到收获期迟早和播种期先后不同的品种。

（四）多种经营思想

当今人们对于远古农业的研究多从古籍入手，《诗经》是一部不可多得的研究资料，至少我们可以从中发现当时人们吃、用的物质种类繁多，这说明当时多种经营的农业模式已经十分成熟。我们从诗中看到，农夫们既要在田中耕作收获，又要种桑养蚕，纺麻织丝，打猎捕兽；农闲时还得到城堡里去修理房屋，寒冬里凿取冰块藏入地窖，供"公"及"公子"们夏日里享用，一年到头，周而复始。

在畜牧业方面，当时已经出现并十分重视家畜饲养和繁殖技术，所养殖的家禽家畜种类繁多。首先，《诗经》中已提及到许多家畜名称：羊、马、牛、象、鹿。其次，它还提及到以大规模放养为主的群养方式，《小雅·无羊》："谁谓尔无羊？三百维群。谁谓尔无牛？九十其犉"。《小雅·鸳鸯》："乘马在厩，摧之秣之"。《周南·广汉》："翘翘错薪，言刈其楚。之子于归，言秣其马"，说明了主人护马喂马的仔细周到。《大雅·灵台》："王在灵囿，麀鹿攸伏。麀鹿濯濯，白鸟翯翯"，此记载说明王公灵囿饲养的兴盛与快乐。《鄘风》记载"鹑之奔奔"，此记载说明当时已经开始了鹌鹑的养殖。不管是官营的还是民营的，畜牧技术均以放牧和割草圈养为主，这以上述的《小雅·无羊》和《小雅·鸳鸯》的"执豕于牢"，《大雅·公刘》的"乘马在厩"，《周南·汉广》的"秣"即割谷子喂养为证。非常重视家畜繁殖技术，例如《费誓》中说："今惟淫舍牿牛马，杜乃擭，敛乃穽，无敢伤牿。牿之伤，汝则有常刑"。即在放种畜通淫配种期间，不得伤害种畜，应撤离诱捕野兽的设施。不仅如此，《诗经》还提及到牲畜的身体状况，表明人们已经开始注意到牲畜的各种疾病，出现了病因学的发端和兽医技术的初步发展。例如在《小雅·无羊》中用"濈濈、湿湿、矜矜、兢兢"表示牛羊健康，同时也用"骞、崩"表示牛羊病态。在《小雅·四牡》《小雅·杕杜》和《周南·卷耳》中分别用"玄黄""痦"等来表示牲畜病状，从而说明当时兽医技术的出现。最后，还记载有人们对于家畜的役使，《小雅·六月》："戎车既饬，四牡骙骙"。《小雅·车攻》："田车既好，四牡孔阜"。《小雅·四牡》："驾彼四骆，载骤骎骎"。将马分别用于战争、狩猎和交通。

在水产养殖方面，《大雅·灵台》说："王在灵沼，于牣鱼跃"。此处的池为人工穿地通水或积水的工具，具体说明了人工养鱼。在水产捕捞和人工养育方面，捕捞方法除了新出现的网、梁、潜技术之外，射、叉、钓等古老方法仍在使用。还多次提到"鱼梁"这样一种与鱼笱（又名罶）连用的捕鱼方法，如在《邶风·谷风》中说："毋逝我梁，毋发我笱"，在《齐风·敝笱》中说："敝笱在梁，其鱼唯唯"，在《小雅·鱼丽》中提及到"鱼丽于罶"。《诗经》在此基础上对捕捞工具做了详细记载，除了网之外，还分别在《卫风·硕人》中记载"罛"："施罛濊濊，鳣鲔发发"；在《豳风·九罭》中记载"九罭"："九罭之鱼，鳟鲂"；在《小雅·南有嘉鱼》中记载"汕"和"罩"："南有嘉鱼，烝然汕汕。南有嘉鱼，烝然罩罩"。

春秋战国时期，我国园艺业虽有所进步，但早期的园圃称为圃，表明园圃业此时并未完全独立。"九月筑场圃，十月纳禾稼"反映了这种情况。园圃中所种的作物有该诗所提到的"韭"和《小雅·裳裳者华》中所提到的"芸"，还有《诗经》中屡次提到的"荁"。到了春秋战国后期，蔬菜又有所增加，例如，此时葵（冬寒菜）、姜葱蒜等荤菜、笋、蒲等已经栽培和食用，在《小雅·北山》和《小雅·杕杜》中还分别提到枸杞，诗里称之为"杞"。《小雅·瓠叶》中还提到"瓠"这一种葫芦植物，《豳风·七月》或称"匏"，

《邶风·匏有苦叶》均异名同物，说明当时此物种植相当普遍。瓜果有《生民》中提到的"瓜"和《七月》中所提到的瓠、壶、匏，以及《魏风·园有桃》《齐风·东方未明》《郑风·将仲子》诗中屡次提到的檀、桑、杏、梅、桃、枣、榛、梨、檖、桔、柚等。同时，《诗经》中记载有象、兕、梅、竹等亚热带动植物分布[①]，《诗经》中所记载的作物名称达21种之多，其出现的先后次序是：黍、麦、秬、稷、麻、禾、稻、粱、菽、苴、谷、芑、藋、粟、荏菽、秠、秜、糜、来、牟，多数是同物异名，概括起来无非就是黍、稷、稻、麦、桑、麻。商周时期粮食作物有黍、稷、稻、麦、菽、麻。说明当时气温较今天暖和，所以，此时的农事安排也略早于今天。

养蚕业是我国春秋战国时期重要的副业部门，为保证我国居民的服饰做出了贡献。其技术发展水平在《诗经》中亦已凸显，据其记载，养蚕业开始人工种植桑树，桑田已经出现，蚕桑事业遍及黄河流域。《郑风·将仲子》中的"无折我树桑"，《鄘风·定之方中》中的"说于桑田"，《魏风·十亩之间》中的"十亩之间兮，桑者闲闲兮"，说明了桑树种植的普遍化和规模化，以及妇女在广阔的桑田中采桑的场景。此外，我们从诗中也可看出养蚕业旺盛带来了丝织业的繁荣，在《小雅·巷伯》中有"萋兮斐兮，成是贝锦"，这是我国关于锦的第一次记载，说明丝织业已经开始产生并迅速发展。

（五）仓储和农产品消费思想

农业产生和发展的动力是为了解决人们衣食住等生活需要，所以研究农学思想必须研究农产品的消费思想和消费状况。在精耕细作的春秋战国时期，他们吃什么？我们可从《诗经》中的《豳风·七月》看出："六月食郁及薁，七月亨葵及菽，八月剥枣"；"七月食瓜，八月断壶，九月叔苴"。大抵是苦菜、野果、葫芦、麻子这一类东西，当然这并不是食物的全部，而仅仅是其

---

① 据统计，《诗经》中至少有十篇记载兕、五篇记载梅、三篇记载竹。

中的植物类食物。动物类食品包括人们所饲养的各种家禽家畜。为了应对季节变化和灾荒年的需求，春秋战国时期十分重视仓储技术的开发。农畜产品储藏技术方面，既有地面储藏，也有地下储藏，还有化学方法的储藏。我国古代地面储藏方式有仓、廪、庾三种，诗经中提及两种，《小雅·甫田》记载："曾孙之庾，如坻如京。乃求千斯仓，乃求万斯箱"。"庾"为露地堆谷。《周颂·丰年》毛传有"廪所以藏粢盛之穗也"。《小雅·信南山》有"疆场有瓜，是剥是菹"。其中的"菹"，即盐渍法，这是我国最早的化学保藏法。还有《大雅·凫鹥》有"尔殽伊脯"，其中的"脯"，即切细晒干、晾干。还有《大雅·行苇》有"醓醢以荐"，其中的"醢"，即肉酱法。此时还出现了用冰冷藏的方法，这是地下储藏方法的改进，见于《豳风·七月》："二之日凿冰冲冲，三之日纳于凌阴"中的夏天"凿冰"。果蔬和畜产品加工技术主要有酿造技术，除了酿酒之外，先秦时期，我国人们已利用麦类和其他谷类发芽糖化，用滤去米渣后的糖化液汁煎成"饴饧"。《大雅·绵》记载："周原膴膴，堇荼如饴"，使人们食物结构和种类有明显的改善。

四、道教对远古文化及其农学思想的继承

《道藏》是我国古代传统文化遗产的巨大宝库，中国传统文化的主要内涵都可从《道藏》中撷拾珍贵资料，其思想价值远远超出宗教范畴。熊铁基先生说："我们应当承认《道藏》对传统文化资源的继承与发展，有其不可低估的历史作用。鲁迅先生说'中国根柢全在道教'，从传统文化看，的确如此"[①]。中国先秦以前的文化典籍和神话故事无不浓缩在《道藏》中，《道藏》的这种属性显示出道教对我国远古文化及其农学思想的承继，为我们研究古代哲学、史学、宗教民俗和远古文化中的农学思想提供了宝贵的材料。道教对远古文化及其农学思想的继承主要体现在以下两个主要方面。

（一）道教对我国远古神话及其思想的继承。神话尤其是农业神话，为后

---

① 熊铁基、刘固盛：《道教文化十二讲》，安徽教育出版社 2005 年版，第 16 页。

人提供了大量的农学思想，这些思想既为农民所接受，也为道教信徒即道士或其他道门中人所接受。这种接受首先表现在仙话的产生和内涵上，凡是神话所揭示的东西，在道教仙话中也均有不同程度的体现。其次，道士所撰写的仙话集大都是对远古神话的加工和改造，形式、内涵均与神话相类似。第一部仙话集是汉代刘向编辑的《列仙传》，但最早出现仙话影子的是属于道家著作的《淮南子》，它最早记载不死药和不死树。两晋南北朝时期，著有《抱朴子》的葛洪又写了另一本仙话集《神仙传》。隋唐五代时期仙话集很多，更是道教仙话创作的高峰，著名的有道士杜光庭著的有关道家修炼的《神仙感遇传》《墉城集仙录》和一部杂记异闻《灵异记》，还有深受道家思想影响的沈汾著有《续仙传》。南宋时期陈葆光撰有著名的《三洞群仙录》，元代浮云山圣寿寺万年宫道士赵道一编撰《历世真仙体道通鉴》，明代的《列仙全传》载许逊斩蛟的故事，明代以后的仙话已走向衰退时期，大都保存在地方志中。以上仙话集以及远古神话均被《云笈七籤》或者《正统道藏》收录。道教学者李养正先生说："先秦及两汉所保存和流传的神话与仙话，经过方仙之士的酿变，大都转化为后世道教所造构的历史及仙境存在，成为道教义理的核心与特征"[①]。充分说明了仙话对神话的继承和发展。

（二）道教对《易经》及其思想的继承。《易经》作为道教的一个重要思想来源，主要是通过道易得以体现，可以说道易全面继承了《易经》的合理内核，《易经》的农学思想也得到了道教的全面继承。首先，《周易》中的动植物种类划分思想后来被道教继承并加以发展。从动植物的划分来看，道教根据《周易》分类原理，也把动物分为鳞、羽、倮、毛、甲五大类，并且各大类之下又划分不同种小类，使人们对各种动植物特性的认识更加便捷。例如《文始真经注》中记载："五行者，木火土金水也。五虫者，鳞羽倮毛甲也，东方甲乙木，作鳞虫三百六十种，龙为长也，南方丙丁火，作羽虫三百六十种，凤凰为长也，中央戊己土，作倮虫三百六十种，圣人为长也，西方

---

① 李养正：《道教与诸子百家》，北京燕山出版社1993年版，第13页。

庚辛金，作毛虫三百六十种，麒麟为长也，北方壬癸水，作甲虫三百六十种，灵龟为长也，故云以五行作五虫，可任论动植之物也，故云可胜言哉也"①。这完全是阴阳五行思想在动物分类思想中的应用，除此之外，还做了更详细的划分，又说："五虫者，鳞、羽、毛、倮、甲也。羽虫属火，毛虫属金，正盛旺时，则金不生也，故云羽虫盛者，毛虫不育也。育者，生也。毛虫属金，鳞虫属木，金正盛旺时，则木不生也，故云毛虫盛者，鳞虫不育也。以此则知鳞虫盛者，倮虫不育，倮虫属土，木旺土不生也。倮虫盛者，甲虫不育，甲虫属水，土旺水不生也。甲虫盛者，羽虫不育，水旺火不生也"②。道教在划分动物种类的同时，基于对各种植物特性的认识，也对各种植物进行划分，主要分为寒热温辛苦甘平等种类，这种植物分类法也同样适用于动物分类。这种根据阴阳五行原理划分动植物的方法为我国传统中医理论奠定了坚实的基础，也为广大农家或医家培育和使用各种动植物药材提供了理论指导。这种培育中草药的生产经验也成为我国传统农学思想的重要组成部分，研究道教农学思想也不可能不研究它。

其次，关于三才关系的讨论，古人常以三者并列探索世界的构成规律，道教也继承了这种讨论方法。就道教而言，其中讨论的三才观，主要集中在《道藏》第3、20、36 册当中，主要通过翻译和注释《易经》，继承《周易》的"观天道以明人事"的思想，将易经原理与当时的社会经济紧密结合，形成一种独特的道教易学体系，后人简称其为道易。在道易体系中，三才关系的讨论在整个《道藏》中有二十余处，具体内容为：三才的形成及其对自然界作用的体现，三才的体现，三才对人的作用，人在三才中的地位，三才相宜相盗的相互关系，三才失真的结果，三才与道的关系。这种以易学为中心提出的三才关系观与神话中的三才关系观是不同的：神话中三才观是将一些人力不能克服的现象转化为具体的超人的力量，让人去敬畏它、利用它，具有明显的形而下的特征，并且每个故事不成体系，只是反映某一个或者某一

---

① 《文始真经注》，《道藏》第 14 册，第 642 页。
② 《文始真经注》，《道藏》第 14 册，第 664 页。

方面的问题。而易学中的三才观则具有明显的抽象思辨性，并不具体说明某一种现象，而是针对整个自然界与人类的关系而言，并且自成体系，以一套具有严密逻辑性的理论去思辨三才关系，具有比神话更为广博的利用空间。从而显示出易学独特的三才理论特色。

再次，道教一直重视对自然灾害的预防，这也是我国古代文化继承的表现，它坚持对天象、地理的研究，力图使人们预先感知灾害的来临。一旦灾害发生，坚持以人为本，予以施救措施，例如，安置灾民、施粥等义举。还以宗教形式劝人为善。当然，道教的灾害观由于受其宗教性的局限，也带有很浓厚的神秘性。

（三）道教经典的集成者。《道藏》并没有直接录入《诗经》中的诗句，但这并不能说明道教没继承《诗经》中的思想，尤其是其中的农学思想。《道藏》中经典的收录是以道教的宗教教义和修行目的为标准的，而《诗经》中的很多诗歌则与道教的这种目的不相符合，但其中的农学思想是我国劳动人民劳动经验的总结，是为了更好地解决人们的生存问题而阐发的，所以道教经典中大量地吸收了《诗经》中的农学思想，尤其在道教的专门农书中随处可见《诗经》农学思想的影子，例如宋朝的《陈旉农书》、清朝的《山居要术三卷》等无不引用《诗经》中的语句说明问题。

第二节　先秦和秦汉时期的农学思想

一、诸子百家哲学著作中的农学思想

春秋战国时期，原始农业慢慢退出历史舞台，农业科学技术随着铁农具和牛耕的使用、沟洫排灌的应用快速发展，精耕细作的农业模式正式形成，物质丰富程度比以前大大提高，雄厚的经济基础为上层建筑的发展做了良好的铺垫，脑体劳动分工日发明显。春秋战国时期，诸侯混战、各民族相互交

往、各种文化相互激荡、言论自由等各种社会因素为诸子百家的产生提供了社会因素。诸子百家的风流人物纷纷以当时的主要经济形态为立论根据著书立说，因而各家学术体系中均不乏系统的农学思想。根据考古工作者和农学史家们的最新发现，我国现存最早的农书是《氾胜之书》，农学史家梁家勉说："春秋战国时期，在诸子百家中相当普遍地谈到以天、地、人为核心的农学思想。此后，几乎没有出现过系统论述农学思想的著作"①。这说明在此之前再无可考的系统农书，因此，我们对先秦农学思想的考察只能依据诸子百家的著述和其他相关文献。只可惜至今学界对其没有进行过系统研究，虽然我国农史研究中也往往提到，但总是零散而不全面系统。阎万英在其《中国农业思想史》②中，以宏微观相结合的方式探讨了诸子百家著述中的农业思想，钟祥财的《中国农业思想史》③则只从微观个体层面探讨了先秦诸子百家著述中的农业思想，但农学思想和农业思想不是一回事，对于先秦农学思想的系统研究未见有突出成果，所以本书讨论先秦哲学中的农学思想十分必要，而且因道教对其均有所继承。本节主要讨论农家、儒家、法家、兵家的农学思想。为了突出道家对道教的直接影响，道家农学思想后将具体再论。

先秦农家的主要代表是鲁国为神农之言者许行。其主要思想为：主张以数量为标准化市价，君臣平等，消除等级差别，提倡与民同耕，进而论及君民并耕。这显然与官儒利益相冲突，故不免招来重视"正名"的官儒之反对，官儒认为许行弃君臣之义，循耕稼之利，而乱上下之序，使其学说在先秦时期不仅得不到重视，反而成为官儒眼中钉，但因农家书多为农圃之技，而非学理，后免于秦始皇之焚书令。因其最高之理想为与民同耕，虽为阶级平等口号，但亦不容于官儒，是故许行农家思想后不见经传，其著多亡佚。故其原文不可考，只能根据诸子百家中其他相关文献中的记载找出其思想内容，例如《孟子·滕文公上》说："有为神农之言者许行，自楚之滕……其徒数十

---

① 梁家勉：《中国农业科学技术史稿》，农业出版社 1989 年版，第 579 页。
② 阎万英：《中国农业思想史》，中国农业出版社 1997 年版。
③ 钟祥财：《中国农业思想史》，上海社会科学出版社 1997 年版。

人，皆衣褐，捆屦、织席以为食……孟子曰：'许子必种粟而后食乎?'曰：'然。''许子必织布然后衣乎?'曰：'否。许子衣褐。''许子冠乎?'曰：'冠。'曰：'奚冠?'曰：'冠素。'曰：'自织之与?'曰：'否。以粟易之。'曰：'许子奚为不自织?'曰：'害于耕。'曰：'许子以釜甑爨，以铁耕乎?'曰：'然。''自为之与?'曰：'否。以粟易之。'"[①]

除此之外，诸子百家的其他哲学著作中也不乏农学思想，现代学者根据现有可靠资料将其分为两派：即以《后稷》为代表的官方农学和以诸子百家学说为代表的"鄙者"农学。总体来看，此时的农学书籍基本可分为三类：技术、土壤、农时，其中所包含的农学思想主要有：因时因地制宜和集约化经营提高单位面积产量思想；合理利用和保护自然资源思想；土壤学思想；三才关系思想；农林牧副渔多种经营综合发展（此思想以秦汉为主）的思想。后来道教经典中对诸子百家著作均有不同程度的记载，因此，仔细研究诸子百家的农学思想对研究道教农学思想史有着深刻意义。经过对相关资料的考证和思辨，认为先秦诸子百家农学思想主要有以下几个方面。

（一）保农、稳农的农业管理思想

人类由采集渔猎过渡到以刀耕火种技术为主的原始农业后，农业生产力虽然有明显提高，但总体上仍处于粗放经营阶段，此时人口急剧增加，这对农业生产提出更为严格的要求，因此，各家学者在其著述中大呼重农。例如《荀子·性恶》在具体分析人性的基础上明确指出重农的必要性："人之性恶，其善者伪也。今人之性，生而有好利焉……今人之性，饥而欲饱，寒而欲暖，劳而欲休，此人之情性也"。《大学》说："生财有大道，生之者众，食之者寡，为之者疾，用之者舒，则财恒足矣"。认为只有生产者数量超过食之者数量时，社会才能稳定富裕，因此坚决强调要保证农业生产者的数量。为了稳定农业生产者数量，许多学者提倡轻徭薄赋，使农民安于农事，多创社会财

---

① 乌恩溥译注：《四书译注》，吉林文史出版社1990年版，第284页。

富。如《孟子·梁惠王上》说："王如施仁政于民，省刑罚，薄税敛，深耕易耨，壮者以暇日修其孝悌忠信，入以事其父兄，出以事其长上，可使制梃以挞秦、楚之坚甲利兵矣……今王发政施仁，使天下仕者皆欲立于王之朝，耕者皆欲耕于王之野，商贾皆欲藏于王之市，行旅皆欲出于王之途，天下之欲疾其君者，皆欲赴诉于王……曰：'无恒产而有恒心者，惟士为能。若民，则无恒产，因无恒心。苟无恒心，放辟邪侈，无不为已'。"从《孟子·告子下》中的"春省耕而补不足，秋省敛而助不给。入其疆，土地辟，田野治，养老尊贤"，看到了农业生产对稳定社会的作用。《荀子·王霸》说："县鄙则将轻田野之税，省刀布之敛，罕举力役，无夺农时，如是，则农夫莫不朴力而寡能矣"。他和孟子一样，看到了施仁政的富民政策对于保农、稳农和治理国家的意义。除此之外，孟子还提出了征税的标准，呼吁农民之间互相帮助。因此，《孟子·滕文公上》说："请野九一而助，国中什一使自赋。卿以下必有圭田，圭田五十亩，馀夫二十五亩。死徙无出乡，乡田同井，出入相友，守望相助，疾病相扶持，则百姓亲睦"。

　　法家作为社会管理的主要学派，其代表人物亦如儒家代表，纷纷提出其重农思想。如申不害说："四海之内，六合之间，曰：奚贵？土，食之本也"。《韩非子·五蠹》中也说："今人有五子不为多，子又有五子，大父未死而有二十五孙，是以人民众而货财寡，事力劳而供养薄，故民争，虽倍赏累罚而不免于乱……尧之王天下也，茅茨不翦，采椽不斫，粝粢之食，藜藿之羹，冬日麑裘，夏日葛衣，虽监门之服养，不亏于此矣。禹之王天下也，身执耒臿以为民先，股无胈，胫不生毛，虽臣虏之劳不苦于此矣"。此句既论证了人口迅速增长条件下重农的必要，也对统治者提出了带头从农的要求。《韩非子·说林上》中还以杨树之植毁喻生产与消费的关系，强调重农的必要。尤其是法家的另一重要代表商鞅，在其著作《商君书》中把重农意识上升到法律制度层面上，成为重农思想与法制思想的完美结合体，其思想成为"垦草与严法构成商鞅重农学说的总纲领"①。商鞅重农的方法是迫使精壮劳动力全都务农，第一招：争取"徕民"这一外来劳动力，《商君书·徕民》说："意民之情，其所欲者田宅也，而晋之无有也信，秦之有余也必……今王发明惠，诸侯之士来归义者，今使复之三世，无知军事：秦四境之内，陵阪丘隰，不起十年征者于律也，足以造作夫百万"。第二招：针对当时农业技术发展迅速，单个劳动力所能承担的耕地面积增长很快的社会现状，通过加税、加徭役方法强迫大家庭细分为小家庭，促使本国人口快速发展。第三招：通过设立农爵、灌输贵粟思想和转移民众荣辱观念、制定严厉的垦草令等方法逼民务农，并努力提高民众务农的潜力。如《商君书·垦草令》说："农不敝而有余日，则草必垦矣……国安不殆，勉农而不偷，则草必垦矣……民无所于食则必农，农则草必垦矣。……上不费粟，民不慢农，则草必垦矣……愚农不知，不好学问，则务疾农。知农不离其故事，则草必垦矣……农多日，征不烦，业不败，则草必垦矣。农恶商，商疑惰，则草必垦矣……奸民无朴，则农民不败。农民不败，则草必垦矣"。

兵家以研究战争为主，但也认为农业是战争的基础，故而其典型代表人物的著述中不乏重农思想，它主要体现为耕战合一和重视粮食储备。耕战合一的含义有两个方面：一指作战时战士将战斗和休战期间在营地务农相结合；一指休战期间统治者按军队管理制度进行户籍管理，将军训和务农相结合的管理制度。先秦时期地广人稀的矛盾比较突出，大量荒地未曾开垦，所以进行农户管理，从农业上保证劳动力是当务之急。韩非子提出以农民和战士为正户，限制农民自由迁徙。《韩非子·说林上》说："农民为不移徙之民。古者寓兵于农，战士即农民，是以耕战之士皆不移徙而谓之正户"。这样就把农民限制在固定居住区，保证了兵源和农业劳动力来源。在重视粮食储备方面，他们认为在战斗期间，必须耗费大量的农产品，因此也必须重农、保农、稳农。如《孙子·军争篇》说："是故军无辎重则亡，无粮食则亡，无委积则

---

① 中国农业遗产研究室：《中国农学史》上册（初稿），科学出版社1984年版，第65页。

亡",说明了粮食和委积对军事的重要性。《孙子·作战篇》说:"凡用兵之法,驰车千驷,革车千乘,带甲十万,千里馈粮,则内外之费,宾客之用,胶漆之材,车甲之奉,日费千金,然后十万之师举矣",说明如果长途运输大量的军需物资,不仅加剧国家经济负担,而且会延误战机,使战斗的胜算很难预料,所以《孙子·作战篇》就提出两种解决方法:一是取食于敌,"故智将务食于敌,食敌一钟,当吾二十钟;食敌一石,当吾二十石。故杀敌者,怒也;取敌之利者,货也"。二是就地生产,"国之贫于师者远输,远输则百姓贫;近师者贵卖,贵卖则百姓财竭,财竭则急于丘役"。不仅如此,它们还认为在具体战斗中,必须选择具有丰富植被的有利地形和攻守战略,这些均离不开农林水产的作用,因此也须重农。如《孙子·行军篇》说:"若交军于斥泽之中,必依水草而背众树……平陆处易,而右背高,前死后生……众树动者,来也;众草多障者,疑也;鸟起者,伏也;兽骇者,覆也;尘高而锐者,车来也;卑而广者,徒来也;散而条达者,樵采也;少而往来者,营军也"。它们也不乏为兵家重农思想的体现。除此之外,兵家的重农思想还体现在对战争原因的思考上,它们认为,战争之因在于百姓生活资料不足,即农业生产所提供给人类的生活资料匮乏,为了掠夺财物,不得不进行战争。同时,人也会像其他任何动物一样,通过一系列的动作来表现其喜怒哀乐,所以战争不可避免。

(二)根据物候、气候以定农时,不违农时的农时观

在天文历法发展史上,物候历早于以观察天象变化定时的天文历。农业因其对象的特殊性,其收成好坏、效率高低与自然环境密切相关,因此,良好的农业生产对自然条件有严格的要求。但因自然条件变化不居,在生产力水平极为低下、人类无法驾驭和改变自然条件的时代,人类只有靠观察外界物象和气象来感知自然界变化的手段进行预测,物候和气候成了人们观察的主要工具。从《左传》中记录古史传说中的第一个谷神"稷"及其"后稷教稼"的故事可知我国对物候学知识应用非常早,还有少皞氏以鸟名官的传说:

"我高祖少皞挚之立也，凤鸟适至，故纪于鸟，为鸟师而鸟名。凤鸟氏，历正者也；玄鸟氏，司分者也；伯赵氏，司至者也"，也反映我国在原始社会时期已能使用物候指时。农"时"既是生产的需要，也是物候和气候知识积累的结果。随着人们对植物品种及其生长规律的认识，辅之以虫鱼禽兽出没活动时间的积累，以物候为标志的记时体系——物候历得以形成，《夏小正》中"一月时有俊风，三月越有小旱，四月越有大旱，七月时有霖雨"是当时黄河流域气候的反映。不仅如此，书中有 60 多条物候记载，不但每个月都有物候记载，而且有些还记载有几个物候，物候记时还和当时的天象记时联系紧密，成为我国最早的一部物候历。《月令》把一年分为四季，每一季分为孟仲季三段，分别根据不同的物候现象安排农事、蚕桑、畜牧和虞衡工作。这具有非常明显的"时"的意义。农时概念早在原始农业时期就已存在，但具体明确的文字记载则体现在《夏小正》这一首诗中。这一首诗中的农事安排类似于《月令》，对农忙和农闲打猎，对大田生产和蚕桑、畜牧、园圃各个生产之时均有安排。为了有效确定农时，将其规律固定化和形式化，因而形成天文历法，这就是当时已经使用的阴阳历，以《尧典》所记"期三百有六旬有六日，以闰月定四时，成岁"和"日中、日永、宵中、日短"分别相当于二至二分概念等内容为证。由于每年时差的存在，而出现闰月的规定，而闰月的出现是历法上使用阴阳合历的主要标志。其次，在生产过程中，必须密切关注和总结气象规律，《洪范》记录了当时的农业气象知识："庶征：曰雨，曰旸，曰燠，曰寒，曰风。曰时五者来备，各以其叙，庶草蕃庑。一极备，凶；一极无，凶"。根据"正月，鞠则见，初昏参中，斗柄悬在下"的记载，《礼记》也继承了《夏小正》的物候学知识和天文学知识，为有效安排农时打下了扎实的天文学基础。

守时而作是取得农业丰收的根本保证，早在《周礼·考工记》中就说："天有时以生，有时以杀；草木有时以生，有时以死；石有时以泐，水有时以凝，有时以泽，此天时也"。意在解释何为天时，确定了天象和农时之间的关系。《尚书·虞书·尧典》中也说："乃命羲和，钦若昊天，历象日月星辰，敬授人时",此处虽然把农时看作是仙人所授,但也说明天象变化是确定农时的基础。《礼记·月令》则具体描绘了物候变化,并指出以物候变化作为确定农时的根据,并要求统治者在四时八节等过渡时刻均需举行祝贺仪式,并亲自躬耕垄亩,以示物候和气候,告知百姓开始相应的农事活动,所以《礼记·礼器》得出结论:"故作大事,必顺天时,为朝夕必放于日月,为高必因丘陵,为下必因川泽。是故因天事天,因地事地"。孟子、荀子、韩非子都注意到农时对农业收成和产品质量的影响,均呼吁"不违农时,勿夺农时"。《孟子·梁惠王上》说:"不违农时,谷不可胜食也"。《荀子·王制》中的"春耕、夏耘、秋收、冬藏,四者不失时,故五谷不绝而百姓有馀食也"。《荀子·大略》说:"故家五亩宅,百亩田,务其业而勿夺其时,所以富之也"。《韩非子·内储说上》说:"非天时虽十尧不能冬生一穗,逆人心虽贲、育不能尽人力,故得天时则不务而自生"。《韩非子·难二》说:"举事慎阴阳之和,种树节四时之适,无早晚之失,寒温之灾,则人多……若天事、风雨时,寒温适,土地不加大,而有丰年之功,则人多。人事、天功,二物者皆人多"。这些是他们对农时与农业生产之间关系认识的体现。我们由此可以看出荀、韩在重农时观点上的共性。不仅如此,他们还强调在食品的制作和消费方面也需守时。

(三) 因地制宜的"土宜"思想

"土宜"和"时宜"观以及两者之间关系的思想是我国古农学思想的重要特征,早在原始农业时期,人们对它们均已有深刻认识,故诸子百家中也有十分明显的"土宜"思想。例如《尚书·禹贡》,它本是一本地理著作,但对黄河流域和全国土地种类进行了划分,把雍州、徐州、青州、豫州的土分别列为"上上、上中、上下和中上",说明当时黄河流域的土壤是全国最好的,也把"九州"之土分为"白壤、黑坟、白坟、斥、赤埴坟、涂泥、壤、垆、青黎、黄壤"十等,以便于人们按不同的土壤种类进行耕作,是"土宜"思想的典型代表,这是土壤学的萌芽,李约瑟称其为"可能是世界上最古老的土壤学著作"。《周礼》也展现出了对"地宜"的重视，并且此书中"土"的含义比因地制宜中的"地"的含义要广，这从《地官》中的"以天下土地之图，周知九州之地域广轮之数，辨其山林、川泽、丘陵、坟衍原隰之名物"可见一斑。在"土宜之法"中，已有"辨十有二土"和"辨十有二壤"的说法，说明当时对"土"和"壤"已有了明确区分，"土"泛指各种土地，而壤则专指农田土壤。同时值得注意的是，它根据性质把土壤分为九种，在《地官·小司徒》里根据肥力将地分为上地、中地、下地三种，提出了"地力"的概念，根据土壤的温度、湿度、水气流动情况提出了哲学意义上的"土气"概念，还注意到"土气"和农事以及动植物荣枯之间的关系，如《国语·周语上》中记载："古者，太史顺时脉土，阳瘅愤盈，土气震发，农祥晨正，日月底于天庙，土乃脉发。先时九日，太史告稷曰：'自今至于初吉，阳气俱蒸，土膏其动。弗震弗渝，脉其满眚，谷乃不殖'"。表明人们已能把天象、土壤和农事三者有机结合起来，有了动态的土壤观念，并且把土壤的温度、湿度、水分和气体的流动性状概括为"土气、地气"。《月令》中说孟春之月"天气下降，地气上腾，天地和同，草木萌动"。其中"土宜"概念，即合理利用各种土地生产力提高经济效益，它不仅指因地制宜安排农事，而且在《月令》中提出："王命布农事，命田舍东郊，皆修封疆，审端经术。善相丘陵阪隰土地所宜，五谷所殖，以教导民"。即要求人们按地势高低安排农林牧副渔多种经营。因此主张对全国土地种类和生产力进行调查，提出利用各种不同土地全面发展农林牧副渔多种生产经营的思想。在《左传·襄公二十五年》中就有"蒍掩书土田，度山林，鸠薮泽，辨京陵，表淳卤，数疆潦，规偃猪，町原防，牧隰皋，井衍沃，量入修赋"。这也是《周礼·地官司徒》"辨五地之物生：一曰山林，其动物宜毛物，其植物宜皂鳞，其民毛而方。二曰川泽，其动物宜鳞物，其植物宜膏物，其民黑而津。三曰丘陵，其动物宜羽物，其植物宜核物，其民专而长。四曰坟衍，其动物宜介物，其植物宜荚物，其民皙而瘠。五曰原湿，其动物宜蠃物，其植物宜丛物，其民丰肉而庳"思想的发挥。

法家为了准确确定农民的徭役和税收数量，也对土地进行严格的清查和分类，不仅具有土宜、地气、地力思想，而且更进一步提出"土""地""田"三个概念。如《商君书·徕民》说："今秦之地，方千里者五，而谷土不能处二，田数不满百万，其薮泽、溪谷、名山、大川之材物、货宝，又不尽为用，此人不称土也"。并以此作为确定多种经营方案和个人纳税额的基础，做到地尽其才，人尽其力。在此基础上，它还提出了具体的纳税标准，它说："地方百里者，山陵处什一，薮泽处什一，溪谷流水处什一，都邑蹊道处什一，恶田处什二，良田处什四。以此食作夫五万，其山陵、薮泽、溪谷，可以给其材，都邑蹊道，足以处其民，先王制土分民之律也"。

兵家的"土宜"思想体现在具体战斗中，必须选择具有丰富植被的有利地形，根据这些不同地形、植被制定不同的攻守战略。

（四）精耕细作的农耕法

春秋战国时期，农学思想随着精耕细作这一传统农业模式的形成而日趋丰富，其内容除前文所讨论的三才观、农时观、灾害观、土宜观之外，还涌现出农学思想的核心内容——农耕法这一重要的新内涵。从我国农业古籍和诸子哲学著述来看，先秦及秦汉的农耕法思想又包含以下几个方面的内容。

①耕作工具。经过漫长的农业生产经验的总结，人们发现高水平的生产力在农业生产中的作用是巨大的，故而十分重视农业生产工具的发明、改进和使用。韩非子认为原始人在从"正在形成中的人"过渡到"完全形成的人"的过程中，他们虽然过着采集和渔猎生活，但已经懂得人工取火技术，《五蠹》中记载的"钻燧取火，以化腥臊"的传说为其证据。春秋战国时期人们已经掌握了炼铁的方法，这在许多先秦文献中屡屡提及，如《昭公二十九年》中提到"遂赋晋国一鼓铁，以铸刑鼎"。《孟子·滕文公上》记载了我国铁农具的使用，它说："许子以釜甑爨，以铁耕乎？"《周语上》还引用《管子》的话语说："美金以铸剑戟，试诸狗马；恶金以铸钼、夷、斤、劚，试诸壤土"。"美金"指铜，"恶金"指铁，说明当时人们已经对铁和铜的性

质有所认识，铁农具和铜兵器已经开始使用。还提到耒、耜、枷、芟等工具，《五蠹》中有"耒耜"，"耜"不仅是整地工具，而且是开渠筑堤的重要工具。《备城门》中有"长镰柄长八尺"，这是对当时农业生产过程中使用铁农具的真实反映。随着铁农具的普遍使用，农业生产中役使动物已屡见不鲜，《颜渊》说："司马耕字子牛，又名司马犁"。以牛犁耕为人的名字，反映了牛耕已成为人们的习见。《晋语九》也说："宗庙之牺，为畎亩之勤"。以上列举的这些文献已经十分明显记载了我国春秋战国时期已从木器、陶器、石器过渡到了铁器时代，说明当时的牛耕技术已经相当普遍，农耕法水平大幅度提高。

②耕作技术与方式。耕作方式在农业生产中占有十分重要的地位，它决定了农业生产过程中光、气的使用效率和农业生产工具的使用效率，它经历了一个从西周时的休闲制为主、连种制为辅，到春秋时的休闲制与连种制并存，再到战国时以连种制为主的变化过程，所以先秦文献十分关注耕作方式。如《夏小正》二月的农事中有"往耰黍单"之说，说明土壤耕作技术的发展，已有耕种相连。并且在《外储说左上》中记载了"耕者且深，耰者熟耘"的土壤耕作技术，指出"耰"有疾耰和熟耰之分。还记录了"庸客致力而疾耘耕者，尽巧而正畦陌畦畤者，非爱主人也"。说明人们已普遍采用畦亩技术和低畦农田耕种技术。在大田耕作方面，《月令》中提出了"五谷"概念，记载了当时所种植的主要作物：麦和粟。还记载了当时的休闲轮作制。在《富国》中有"今是土之生五谷也，人善治之则亩数盆，一岁而再获之"，这说明当时已实行土地作物轮作制和两年三熟的复种制。同时《天论》中提出"楛耕伤稼，耘耨失岁，政险失民，田薉稼恶"，反对粗放经营，开始提倡精耕细作的集约化经营模式，在《王制》中这种思想也有所反映。

③中耕和施肥技术。中耕技术是指农作物种植之后，人们为了帮助农作物快速健康生长所采取的清除杂草、松土等措施。战国时期，耕作技术一改西周时期粗放的耕作方式，开始深耕、熟耰、易耨，《梁惠王上》有"深耕易耨"。"易"为快速、多次。此时的"耨"除中耕除草外，还代表了包括间

苗、培土在内的整个农事活动，其要求是快速和细致。在耕作过程中必须进行中耕，除草救苗，正如孔丘语"恶莠恐其乱苗"，因为"若苗之有莠"影响作物的生长，说明当时人们对伴生杂草已有很高的认识水平。《周语上》突出中耕时老百姓要"日服其镈，不懈于时"，即要及时迅速。同时也要求当时的周天子等统治者在春耕和中耕时都要举行典礼"王治农于籍，蒐于农隙，耨获亦于籍"，以示统治者对中耕及其技术的高度重视。至于中耕方式和内容，我们首先从《微子》"植其杖而芸"之语可知"倚杖足耘"。其次还可从《隐公五年》中"务去草焉，芟夷蕴崇之，绝其本根，勿使能殖"之语可知"中耕除草"。为了提高产量、改造地力，原来的休闲制因农田施肥技术的进步逐步让位给了连种制，诸子百家文献几乎都有涉及，如"掩地表亩，刺中殖谷，多粪肥田，是农夫众庶之事也"。表明这种"多粪肥田"的精耕细作提高单产的技术已为当时人们普遍接受，又如《解老》中也有"积力于田畴，必且粪溉"之说，这类似于《地官·大司徒》中所提及保持土质常新法，"土化之法"即用粪肥改造土壤，使之达到"化之使美"肥力不会下降的目的。至于"粪肥"的作用也因种类不同而不同，《地官·草人》有"凡粪种，骍刚用牛，赤缇用羊，坟壤用麋，渴泽用鹿，咸潟用貆，勃壤用狐，埴垆用豕，彊㯺用蕡，轻爂用犬"。这句话重在说明不同"粪种"的作用，突出因土制宜的施肥技术，《滕文公上》说"凶年粪其田而不足"，强调了施肥量也因年份不同而不同。为了保证施肥量，《月令》介绍了对休闲土地进行土壤改良，使其肥力常新的方法，即季夏之月"土润溽暑，大雨时行，烧薙行水，利以杀草，如以热汤。可以粪田畴，可以美土疆"。这说明当时的农民已经掌握了除草制肥的方法。

　　④水利灌溉技术。春秋战国时期，先进的灌溉技术有力保障了精耕细作的农业生产，因此，诸子百家也予以鼓吹和推动。针对当时原始农业水涝灾害严重现象，《尚书》主张像大禹治水一样，疏通河道和开创"岷山导江，东别为沱，又东至于澧"之类的人工河，利用沟洫将田野积水引去川泽，以"降丘宅土"。从《泰伯》中所记的"大禹尽力乎沟洫"可知我国很早就进行

以排涝为目的的农田水利建设，还提及到人工修建陂塘蓄水工程——芍陂。在农田水利建设方面，《考工记》主要介绍了当时用来排涝的沟洫系统，它说："匠人为沟洫，耜广五寸，二耜为耦，一耦之伐，广尺深尺，谓之甽"。说明当时在修建沟洫过程中已能采取耦耕的并排挖进方式。在《稻人》中还提到"偃猪"即人工陂塘等用以灌溉稻田的大型蓄水工程，它说："稻人掌稼下地。以潴蓄水，以防止水，以沟荡水，以遂均水"。表明当时应对水患方式的多样性，尤其是从"以遂均水"可知当时已有水官，并且设立了灌溉用水和合理用水制度。在《滕文公上》中有"病于夏畦"，说明园圃劳动的繁重，为了减轻这种繁重低效劳动，后来的井灌、桔槔等灌溉方式和便于灌溉的畦作方式得以首先在园圃中产生并推广。

从上文来看，诸子百家典籍中有不少论及农业生产技术之处，这说明除了农家之外，当时的人们已经普遍关注农业生产技术。只可惜这些论及农业生产技术之处只是零星地分布在众多的典籍之中，至今仍未发现一本系统的农业技术专论，直至后来道家的《吕氏春秋》才第一次真正使我国农学思想体系化。

（五）可持续发展的生态技术思想

采集和渔猎是人类最初从山林和水域获得食物的两种谋生方式，所以爱护山林和水产是人类最早的农学意识。《周语》中有"周制有之曰：列树以表道"。即人类最初于路旁植树，其作用为"表道"，这是我国原始林业的最初萌芽。后来才开始对植物保护有了更深的认识，如《荀子·扬权》说："数披其木，无使木枝外拒；木枝外拒，将逼主处。数披其木，毋使枝大本小；枝大本小，将不胜春风；不胜春风，枝将害心"。这是说保护树木必须要求"无使木枝外拒"，指出修枝可以使树木免受风害或多生死节。但修枝和砍伐树木也需守时，《孟子·梁惠王上》说："斧斤以时入山林，材木不可胜用也"。明确提出了保护森林及其具体措施，强调要想做到"材木不可胜用"，就应该做到"斧斤以时入山林"。当时诸子百家不仅对林业如此保护，还注意到对水产资源的保护和合理利用，禁止人们涸泽而渔和孕期捕鱼。如《孟子·梁惠王上》说："数罟不入洿池，鱼鳖不可胜食也"。保护森林、保护和合理利用水产资源思想也突出反映在《荀子·王制》中的"圣王之制也，草木荣华，滋硕之时则斧斤不入山林，不夭其生，不绝其长也；鼋鼍、鱼鳖、鳅鳣孕别之时，罔罟毒药不入泽，不夭其生，不绝其长也"以及"修火宪，养山林薮泽草木鱼鳖百索，以时禁发，使国家足用而财物不屈，虞师之事也"中，它强调自然生态平衡，要求人力和天力应该对自然的"用"和"养"之间保持一定的张力。由此文可见当时政府已设置"虞衡"这一职能机构，以加强对林业的保护。所以当时人们把管理山林川泽的官职统称为"虞衡"。

（六）农林牧副渔综合发展的多种经营思想

这种多种经营思想最典型的反映就是孟子在其《尽心下》中所描绘的一幅养禽业发达、自给自足的农家乐景象："五亩之宅，树之以桑，五十者可以衣帛矣。鸡豚狗彘之畜，无失其时，七十者可以食肉矣。百亩之田，勿夺其时，数口之家可以无饥矣"。当然，这种综合经营是建立在高度的生产技术背景上的，所以孟子的农家乐景象也是我国当时农业生产技术的总结和体现。

在畜牧业方面，首先，大量的文献记载表明当时已出现并十分重视家畜饲养和繁殖技术，不管是官营的还是民营的，畜牧技术均以放牧和割草圈养为主，如《荀子·天下》说："四海之内，粒食之民，莫不犓牛羊，豢犬彘，洁为粢盛酒醴"。这说明民间饲养畜禽已相当普遍，它还强调引进、选育畜禽良种和家畜远缘杂交，例如《荀子·王制》说："北海则有走马吠犬焉，然而中国得而畜使之"。不仅民间如此综合经营，官营畜牧业也十分发达，夏商周为"马正"之肇端，它既是马匹的管理者，也是负责养马和改正养马技术的部门。首先是驯马，然后对马进行人工饲养。《庄公二十九年》中有"凡马日中而出，日中而入"。我们以此可以看出，当时人们已分不同季节进行不同方式养马，在春分至秋分放养，即春夏放养，秋冬圈养。在畜牧业中，注意防治牲畜的各种疾病已引起人们的高度重视，动物病因学开始发端，兽医业已有初步发展。《尚贤》说："罢马不能治，必索良医"，说明当时已经出现了医术相当高明的兽医了。还记载有对牛马等大型牲畜外的其他家畜的役使。《昭公二十五年》载"季、郈之鸡斗。季氏介其鸡，郈氏为之金距"。这里就说明当时人们已将斗鸡作为一种时尚的娱乐方式。此文中对鲁鸡的记载说明鸡的原始品种类型已初步形成。还强调对家禽家畜的生育期保护，《费誓》中说："今惟淫舍牿牛马，杜乃擭，敜乃穽，无敢伤牿。牿之伤，汝则有常刑"。即在放种畜配种期间，不得伤害种畜，应撤离诱捕野兽的设施，防止种畜受到伤害。《月令》也记有季春之月"乃合累牛腾马，游牝于牧"和仲夏之月则"游牝别群"。这与《周礼》中的防止乱交、保护孕畜和便于控制牲畜交配和生育季节的技术是一致的。在《荀子·内则》中，关注并记载了家养水禽的技术和"舒雁"即鹅的养殖技术。

在水产养殖业方面，《万章上》"昔者有馈生鱼于郑子产，子产使校人畜之池"中具体论证了人工生产性养鱼。人工养鱼的记载也出现在《月令》"毋漉陂池"中，此两处的池为人工穿地通水或积水而成的养鱼工具。在水产捕捞和人工养殖事业上，捕捞方法除了网、梁、潜之外，已使用射、叉、钓等多种古老方法。《天官·渔人》的"渔人，掌以时渔，为梁"，记录了当时捕鱼普遍使用的鱼梁，同时也记载它在捕鱼过程中往往和笱配合使用。还有"虞人入梁"的记载，说明已有虞人管理渔业的制度。《夏官·职方氏》记载有滨海产鱼的事情，海洋捕捞业兴起。《昭公三年》也记载"鱼盐蜃蛤，弗加于海"，说明海洋捕捞业的发达与海产品的商业化。

春秋战国时期，我国园艺业技术已相当成熟。早期的园圃称为囿，《周礼》详细记录了园圃发展史。首先，《天官·大宰》郑玄注说："树果蓏为圃，园其樊也"。商和西周时期虽已出现种菜树果的园圃，但场圃不分，在《韩非子·外储说左上》中说："中牟之民弃田圃而随文学者邑之半"。此处已将田圃并提，说明园圃已从大田中分化出来，开始独立，但仍属于"场圃结合"阶段，即冬夏种菜，秋冬之时再筑为场用以堆谷和脱粒，"九月筑场圃，十月纳禾稼"，反映的就是这种情况。到西周晚期，园圃才专门化，设有场人一职，具体人数和职能在《地官·司徒》中有详细记载，它说："每场下士二人、府一人、史一人、徒二十人。掌国之场圃，而树之果蓏珍异之物，以时敛而藏之"。由此可知，西周晚期已有官营园圃的存在。到了春秋战国时期，园圃中所种植的植物种类已经相当多，《夏小正》中记有"正月，圃中见韭，采芸；四月圃中见杏"。还记有梅、桃、枣、粟等果树，圃中已经开始栽培果树和蔬菜，这说明圃中种植技术非常高超。《荀子·富国》中说："瓜桃枣李一本数以盆鼓，然后荤菜百疏以泽量"。这里指出了荤菜的概念，这里的荤菜指的是蒜葱姜芫荽韭等具有温散性的蔬菜。《天官·醢人》"朝事之豆，其实韭菹"说明当时不仅种植韭菜，而且会腌制韭菜。说明园圃业发展到了春秋战国时期，蔬菜又有所增加，此时葵（冬寒菜）、姜葱蒜等荤菜、笋、蒲等已经开始栽培和使用。在《韩非子·难三》中提及到"树枳棘"，说明当时已经开始在园圃中驯化野生枣树。在《天下志》中谈到园圃中种植桃李瓜姜，说明当时的园艺业范围远胜后世园艺业。随着果树的种植，林业也开始得到重视和发展，人们首先是利用道旁和分封界限等闲地植树，如《地官·封人》"为畿封而树之"，然后再正如《夏官·掌固》所说的"修城郭沟池树渠之固"，最后到《夏关·司险》中所说"设国之五沟五涂而树之林，以为阻固"。同时，林木保护得到政府重视，政府设置了"虞衡"这一职位对山林川泽中野生动植物资源的保护利用。

我国现有的大多数农作物在春秋战国时期均已有培植。《诗经》中所记载的作物名称达 20 种之多，在文中出现的先后次序是：黍、麦、黍、稷、麻、禾、稻、粱、菽、苴、谷、苢、藿、粟、荏菽、秬、秠、糜、来、牟。这众多的种类中，多数是同物异名，概括起来无非就是黍、稷、稻、麦、桑、麻。这正是商周时期粮食作物有黍稷稻麦桑麻的文献记载。在关于园圃业的记载中，《告子上》说："今有场师，舍其梧槚，养其樲棘"。"樲"和"棘"并提，说明已有驯化栽培的枣。《王制》"工贾不耕田而足菽粟"说明了我国当时把菽和粟并列为主要食物，黍的地位下降，并且农业生产水平已经达到"工贾不耕田而足菽粟"，这是我国农业史上"空前绝后"的事情。在《阳货》中记载："食夫稻，衣夫锦，于女安乎？"此处将"稻"与"锦"并提，说明当时水稻的珍贵。在《论语·微子》中不仅提出了五谷的概念，同时记载"杀鸡为黍而食之"和以鸡配黍饷客可知黍之珍贵。还有"五谷不绝而百姓有馀食也"中也提到"五谷"概念，杨倞注其为"黍、稷、豆、麻、麦"。说明当时大田作物种类已经很多，并且它们已经成为人们日常生活的必备粮食。从《论语·乡党》中"孔子不撤姜食"可知姜已成为人们生活中的重要佐料，"不得其酱不食"说明豆酱已经产生。

养蚕业是我国春秋战国时期的重要副业，为保证我国居民的服饰做出了重要贡献，因而，养蚕业引起了人们高度重视。如《天官·内宰》记载"中春，诏后帅外内、命妇始蚕于北郊，以为祭服"。这是每年进行的第一次洗浴蚕种的仪式。《蚕赋》篇用"冬伏而夏游"简述了一化性蚕种和蚕的一生，描述其吐丝过程为"前乱而后治"；描述普通蚕的特性和其生存环境为"夏生而恶暑、喜湿而恶雨"。同时也强调了在低温情况下对喜欢高温的小蚕需进行人工加温。到了三月准备好蚕架、蚕箔、采桑筐等成套的养蚕设施，开始养蚕。从书中"三月，妾子始蚕，执养官事"的记载，说明当时养蚕业得到快速发展，养蚕技术大有改变，家庭饲养中已有专用蚕室。商周时期，妇女成为养蚕的主要劳动者，开始人工种植桑树，桑田已经出现。西周时期已有专门的浴种消毒措施，在《祭仪》中明确指出"使入蚕于蚕室，奉种浴于川"。与养蚕业相配套的染料作物种植也取得了很大进展，《劝学》篇中提及到"青取之于蓝而青于蓝"，说明染料作物生产方面技术已相当先进，结合其他文献看种蓝已规模化，这也成为家庭副业的主要组成部分。

（七）农产品仓储加工技术、重视积蓄与消费的思想

为了应对灾荒和一年四季不同农产品供给量的变化，春秋战国时期十分重视仓储技术的开发，以保证人们正常的生活需要。在果蔬鱼肉储藏方面，不仅出现了《说命下》"若作和羹，尔惟盐梅"中用盐渍法制成果干、鱼干的技术，而且也出现了晒干法制作的"梅诸、桃诸"，果干的晒干制作当时又

有两种方法：直接晒干和煮好后晒干。除此之外，《孟子·万章上》还有"帝使其子九男二女，百官牛羊仓廪备"，说明我国当时已分仓和廪储藏粮食。后来农畜产品储藏仓储技术方式进化为仓、廪、庾三种，后来在《月令》中又出现了窦、窖两种窖藏方式，它说："仲秋之月，可以穿窦窖，修囷仓"。果蔬加工技术主要有酿造技术和糖化技术。先秦时期，食品加工技术主要体现在《说命下》提到的早期酿酒技术"若作酒醴，尔惟麴蘖"，即用发芽谷物作为发酵品酿酒。《月令》中"乃命大酋，秫稻必齐，麴蘖必时，湛炽必洁，水泉必香，陶器必良，火齐必得。兼用六物，大酋监之，毋有差贷"的记载，清楚介绍了仲冬做酒所要注意的技术问题，还说"孟夏之月，天子饮酎"，即天子饮经过反复酿制的醇酒，以上记载是殷周时期酿酒技术的一个总结。在《礼运》篇中还有"酪"的记载，但它是指醋。此外，人们还利用麦类和其他谷类发芽糖化，用滤去米渣后的糖化液汁煎成"饴饧"。在《内则》中，有"子事父母，枣栗饴蜜以甘之"的说法，说明当时的制糖技术已经很高。

二、道家及其农学思想

以上讨论非道家的诸子农学思想，因为它们均存在一个与道家思想明显区别之处，那就是积极入世精神，所以将其单列出来，系统讨论道家农学思想。其具体原因如下：一是道家发展历史悠久，并且先秦及秦汉时期道家发展又相当迅速，派别及代表人物较多，著述颇为丰富；二是道家思想是道教教理教义和修行方法的直接理论来源，也是道教农学思想形成和发展的直接理论根据。道家的消极入世和重术精神使其农学思想独具特色，也是道教农学思想独具特色之因。

"道家"一词最早见于司马谈的《论六家要旨》，司马迁将其与黄老相连，产生出"黄老道家"一词，道家和黄老道家之间是一脉相承的关系。道家的产生早于儒墨两家，并且是在批判儒墨两家基础上不断发展的学派。其思想渊源于战国以前的殷周时期，以杨朱"为我""贵己""轻物重生"这样一种尊重人的自然本性的自然无为主义为其思想基础，最终形成于老子的

《道德经》。《道德经》的产生是以"道"论为中心的道家世界观和理论体系正式形成的标志。至于其本身特征，司马谈对阴阳、儒、墨、法、名五家均有褒贬，唯独对道家只褒不贬，认为其"因阴阳之大顺，采儒、墨之善，撮名、法之要"。这里主要说明了道家的根基在于博采其他诸子学派之所长，可见其思想根基之深，思辨之精细，体系之完美。

从道家学派发展史来看，它可分为两个阶段[1]：第一阶段是形成于远古时代、贯穿整个战国时期的早期道家阶段，它又可分为春秋时期以老庄为代表的老庄学派（含关尹、列御寇）和战国时期以彭蒙、田骈、慎到、环渊、接子、季真、《管子》四篇为代表的稷下道家学派；第二阶段是成于战国末期、盛于西汉、衰竭于汉武帝时"罢黜百家，独尊儒术"、湮没于淮南王刘安自杀的黄老道家阶段。黄老道家也可分为三大派系：由稷下学派发展而成的齐国派，此派以河上众丈人、安期生、毛翕公、乐瑕公、乐臣公、盖公（曹参之师）等人为代表，善于著书立说、修黄老之言，为道家学派中的政论派；渊源于老庄环渊和荀子的楚国派，其传世的代表作有：《鹖冠子》《黄老帛书》，此派兼修养生与政论；还有以《吕氏春秋》《淮南子》的重术学派，此派可以说是道家的科技派。由此传承体系看，《管子》《吕氏春秋》和《淮南子》应属于道家系统。

道家的产生和发展几乎与儒家并行，道家和儒家是我国早期文化的两大重要组成部分，无论从学者数量还是学术影响力来看，儒家在西汉董仲舒以前的地位和发展速度还远不如道家。儒家走的是上层路线，提倡"学而优则仕"；道家则重修身养性路线，和下层百姓联系紧密，故其影响力远胜于儒家。因其强调"术"，道家文献中也不乏农术，其中，《管子》《吕氏春秋》和《淮南子》是我国道家论述农学思想较为集中的著作，现一一予以详尽考察和论述。

《管子》 它是管仲学派的著作集，书中杂糅诸子百家思想，是我国最早

---

[1]　参见吴光：《黄老之学通论》，浙江人民出版社 1985 年版。

的一部百科全书，因此很多学者将其视为杂家类著作，例如著名学者詹石窗教授就将其视为杂家著作①。但就其整体思想而言，其核心则为道家思想，因为即使其中占主要部分的法家思想也具有明显的道家特征，它在《形势》《宙合》《人问》中强调法的制定需依天地自然法则、顺民意、因事势。其他如修心术、修身术与器械论所包含的道家思想自不必多言，所以现今也有部分学者考证其为道家作品。例如，刘文英认为"《心术》上下、《白心》、《内业》四篇及《法法》、《任法》、《明法》、《君臣》等篇就其思想内容看，属于黄老道家的著作。它们同《黄帝四经》都是以道论法"②。本人秉承刘文英教授观点，将其视为道家著作，同时在参阅王毓瑚的《中国农学书录》和《中国农学史》后，认为《管子》③的农学思想主要体现在以下几方面④。

（一）以农为本、农商并举的思想

前文已述春秋战国是一个"礼崩乐坏"的动乱时期，这种动乱在生产力迅速发展的推动下打破了以农独撑天下的格局，工商业迅速发展，因此，正确处理农工商之间的关系是关乎国家经济稳定的大事，《管子》对其进行了认真探讨。管仲早年经商，对商业在社会生产中的作用有了一个比较全面和比较清醒的认识，所以他继承周朝"农不出，则乏其食，工不出，则乏其事，商不出，则三宝绝"的经验，对工商业抱支持的态度，其给予从事工商业者甚多扶持。《轻重乙》云："桓公曰：皮干筋角竹箭羽毛齿革，不足，为此有道乎？管子对曰：请以令为诸侯之商贾立客舍，一乘者有食，三乘者有刍菽，五乘者有伍养，天下之商贾归齐者若流水"。这段话主要论述了奖励和扶持经商者的办法和标准，为后人重视商业提供指导。但他极其重视农业的基础地位，他支持商业是以农业生产十分繁荣为前提和基础的，他同其他人一样把

---

① 参见詹石窗主编：《新编中国哲学史》，中国书店 2002 年版。
② 刘文英：《中国哲学史》（上卷），南开大学出版社 2002 年版，第 127 页。
③ 黎翔凤撰、梁运华整理：《管子校注》，中华书局 2004 年版。
④ 袁名泽：《管子农学思想及其现代意义》，《管子学刊》2009 年第 1 期。

农商关系定为本末关系，指出农业是国家富裕的根本保证和标志。《立政篇》中有："君之所务者五：故曰山泽救于火，草木植成，国之富也；沟渎遂于隘，障水安其藏，国之富也；桑麻植于野，五谷宜其地，国之富也；六畜育于家，瓜瓠荤菜百果备具，国之富也；工事无刻镂，女事无文章，国之富也"。指明国家富裕的标志是农业灌溉系统的发达程度、地面的山林和农作物种植面积和老百姓的家庭财产丰富程度。《治国篇》中说："王天下者何也，必国富而粟多也；夫富国多粟生于农，故先王贵之"。指出重农是王天下的根本。《国蓄篇》说："五谷食米，民之司命"。《八观篇》曰："彼民非五谷不食"。《牧民篇》曰："一农不耕，民或受之饥；一女不织，民或受之寒。不务天时则财不生，不务地利则仓廪不盈"。它们强调"耕织、五谷"为民命之本。只有在此基础上，才视商业是各地物资互通有无的行为，处于末流的地位，当农业生产与之发生矛盾时，人应该舍末求本。《治国篇》指出："凡为国之急者，必先禁末作文巧，末作文巧禁则民无所游食，民无所游食则必农。民事农则田垦，田垦则粟多，粟多则国富"。《权修篇》也说："地博而国贫者，野不辟也；故末产不禁则野不辟，野不辟，民无取，末产不禁，则民缓于时事而轻地利。轻地利而求田野之辟，仓廪之实，不可得也"。所以统治者不得轻视农业和农民，必须保农、稳农和重农，确保农民的生产时间和生活条件，使之按一定标准稳定富足地生活。《重令篇》说："何谓民之经产？畜长树艺，务时殖谷，力农垦草，禁止末事者，民之经产也"。《小匡篇》曰："桓公曰：'定民之居，成民之事奈何？'管子对曰：'士农工商四民者，国之石民也，不可使杂处，杂处则其言咙，其事乱'"。即只有确保农民的财产和集中群居，使其稳定地聚群而居，广大农民才不受士工商的影响，安心从事农业。至于农民的生活条件保障，最重要的是根据土地质量定税额，减免苛捐杂税。《乘马篇》明确指出："三岁修封，五岁修界，十岁更制，经正也。（十一仞见水轻征，十分去二三，二则去三四）〔一仞见水轻征，十分去一，二则去二，三则去三〕，四则去四，五则去半，比之于山。五尺见水，十分去一。（四则去三，三则去二，二则去一，三尺而见水）〔四则去二，三则去三，二则去四，一尺而见水]，比之于泽"。其次是注重节约，制定生活标准。关于农民的生活标准，《禁藏篇》指出："所以富民有要，食民有率，率三十亩而足于卒岁。岁兼美恶，亩取一石，则人有三十石，果蓏素食当十石，糠秕六畜当十石，则人有五十石，布帛麻丝，旁入奇利，未在其中也。故国有余藏，民有余食"。只有这样才能确保农民务农的积极性和农业的基础地位，保证其稳定发展。

（二）因时因地以制宜的土地利用思想

农业生产对象是生物有机体。所以，农业生产必然受到生物有机体本身发展规律的制约，还必然受到影响生物发展的如气候、土地、水、肥等外部条件的制约。这就要求农民具有适应、控制和改善自然、因时因地种植作物的能力。《管子》对此有专门的论述，《牧民篇》说："不务天时则财不生，不务地利则仓廪不盈"，总论遵时务地的重要。具体的耕作起始时间在《乘马篇》："正月令农始作，服于公田农耕。及雪释，耕始焉，芸卒焉"中得到了说明，还对春季的农事活动做了严格意义上的时间安排："管子对曰：一农之量壤百亩也，春事二十五日之内。桓公曰：何谓春事二十五日之内？管子对曰：日至六十日而阳冻释，七十[五]日而阴冻释。阴冻释而秥稷，百日不秥稷，故春事二十五日之内耳也。君过春而不止，民失其二十五日，则五衢之内阻弃之地也。春已失二十五日，而尚有起夏作，是春失其地，夏失其苗，秋起繇而无止，此之谓谷地数亡"。在《度地篇》中则更进一步地具体说明一年四季中每个季节的主要农事："春三月，天地干燥，水纠列之时也。山川涸落，天气下，地气上，万物交通。利以作土功之事，土乃益刚。树以荆棘，以固其地，杂之以柏杨，以备决水。当夏三月，利以疾草杀草薉，使令不欲扰，命曰不长。当秋三月，利以疾作，收敛毋留，一日把，百日铺。民毋男女，皆行于野。当冬三月，利以填塞空郄，缮边城，涂郭术，平度量，正权衡，虚牢狱，实廥仓，君修乐，与神明相望"。务农者只有认识这些农时，并不误农时，才不会造成农业减产和不适当的人为灾难。

《管子》农学思想的最大特色还在于它思考了土地类型和土地耕作制度，

提出一些具有高实效的土地经营制度。《管子》首先重视土地的开发利用，把它看作富民的政策之一。《牧民》说："地辟举则民留处"。《七法篇》有："轻民处，重民散，则地不辟；地不辟则六畜不育；六畜不育则国贫而用不足"。《霸言篇》也说："夫无土而欲富者忧"。在土地类型分析问题上，《管子》认为各种土地的肥力差别很大，耕种土地、化分土地和征税均要根据土地肥力而行。有必要对全国土地进行摸底清查，并根据对土地的了解确定耕作制度。《水地篇》认为"地者，万物之本原，诸生之根菀也"。《禁藏篇》说："户籍田结者，所以知贫富之不訾也；故善者必先知其田，乃知其人，田备然后民可足也"。所以，《八观篇》认为"夫国城大而田野浅狭者，其野不足以养其民；囷仓寡而台榭繁者，其藏不足以共其费。凡田野万家之众，可食之地，方五十里，可以为足矣。万家以下，则就山泽可矣；万家以上，则去山泽可矣。彼野悉辟而民无积者，国地小而食地浅也；田半垦而民有余食而粟米多者，国地大而食地博也。国地大而野不辟者，君好货而臣好利者也"。由此，它认为最好的土地经营制度就是实行均地和包产到户。《乘马篇》说："道曰：均地分力，使民知时也。民乃知时日之蚤晏，日月之不足，饥寒之至于身。是故夜寝蚤起，父子兄弟不忘其功，为而不倦，民不惮劳苦。故不均之为恶也，地利不可竭，民力不可殚"。这不是对已经盛行的土地私有制的否定，而是在土地私有制基础上力图建立高效的土地经营制度，为后来的土地经营制度提供了一个新的模式。

（三）改善技术求高产的田间耕作思想

尽管农业生产必然受到生物有机体本身发展规律和气候、土地、水、肥等外部条件的制约，但人们经过长期的观察和总结，已经认识到人可以创造条件提高劳动生产效率。所以人们极为重视积累生产经验，改善生产劳动技术，这在《管子》中有如下反映。

首先，要加强田间管理，勤于耕耘，深耕除草。《八观篇》说："行其田野，视其耕耘，计其农事，而饥饱之国可以知也。其耕之不深，耘之不谨，地宜不任，草田多秽，耕者不必肥，荒者不必烧，以人猥计其野，草田多而辟田少者，虽不水旱，饥国之野也"。因为深耕能使土松通气保肥，甚至除去病虫害。除草的目的是为了保证作物的肥料供给，通风通光，使作物受到充足的阳光照晒，预防病虫害。

其次，要做到灌溉适度、地性与物性协调、实行轮栽制度。水为生命体须臾不可缺乏的东西，维持形骸、输送养料、排送废物等生长环节均需水参与。水与土紧密相连，它通过作物的根吸收进入生命体，所以，过多或过少的水均会影响植物根系发达程度。轮栽原理的依据是不同的土壤肥力不同，即使同一土壤也会因为不同环境而肥力不同，再加上不同作物的根系发达程度不同，就需要不同时期种植不同的作物，以便作物充分吸收土壤肥力。"况禾之排泄，有自戕之性，毒蕴其中，未有不中毒而衰弱其体者。是其影响于地力而让产量之低落，为害甚大"①。所以轮栽前要特别注意分析土壤的类型，使土性与物性相协调。《地员篇》专门讨论了土壤的性质和肥力，将土壤分为上中下三等，共计九十种。并指出各种土地所适合种植的农作物各有十二种，共计三十六种。这种土壤分类法在当时除了《管子》外，只有《禹贡》和《周礼》提及。并且《管子》的独到之处就是认识了植物生长和土地位置高低条件有关，这集中反映在《地员篇》中，它说："凡草土之道，各有谷造。或高或下，各有草土。叶下于，下于（苋）[莞]，（苋）[莞]下于蒲，蒲下于苇，苇下于蘦，蘦下于蒌，蒌下于萧，萧下于薜，薜下于萑，萑下于茅。凡彼草物，有十二衰，各有所归"。这种关于地力与植物关系的认识，在中国古籍中还是第一次，《地员篇》堪称中国最古老的有关生态植物学的著作。

再次，春秋战国时期，我国的生产力水平已经提高到一个很高的高度，后来的生产工具此时已基本具备。所以，它十分重视生产工具和其他农业生产技术，在《小匡篇》《轻重乙》中多次提到农具的种类和使用农具的重要。例如《轻重乙》说："衡谓寡人曰：'一农之事必有一耜、一铫、一镰、

---

① 戴睿：《管子学案》，学林出版社1994年版，第90—91页。

一镈（nou）、一椎、一铚，然后成为农。一车必有一斤、一锯、一釭（gang）、一钻、一凿、一銶（qiu）、一轲，然后成为车。一女必有一刀、一锥、一箴、一铢，然后成为女。教民楼室钻燧，墐灶泄井，所以寿民也。粗、耒、耨、（怀）[橜]、铚、铒、（又）[乂]、橿、权渠，所以御春夏之事也，必具"。

（四）善对自然、以防为主的灾害观

农学生产直接面对大自然，故不可能彻底排除自然灾害。《管子》也因此极为重视对自然灾害的分析和防范。它首先提出了灾害的种类，《度地篇》说："桓公曰：愿闻五害之说。管仲对曰：水，一害也；旱，一害也；风雾雹霜，一害也；厉，一害也；虫，一害也。此谓五害。五害之属，水最为大。五害已除，人乃可治"。《幼官篇》和《幼官图篇》则重点论证了气候反常之害。《度地篇》紧接着分析了各种灾害产生的原因，尤其是认为气候反常是自然原因引起的，而其他很多灾害则是人为造成的。《度地篇》说："管仲对曰：冬作土功，发地藏，则夏多暴雨，秋霖不止。春不收枯骨朽脊，伐枯木而去之，则夏旱至矣。夏有大露原烟，噎下百草，人采食之伤人。人多疾病而不止，民乃恐殆"。因此《管子》设防治之法：首先，兴修水利以"决水潦，通沟渎，修障防，安水藏，使时水虽过度，无害于五谷；岁虽凶旱，有所粉获"；其次，"备之常时"；再次，保护森林植被"修火宪，敬山泽林薮积草；（夫）[天]财之所出，以时禁发焉，使民[足]于宫室之用，薪蒸之（所）积，虞师之事也"；最后，利用"天生一物，必需食，而自身亦为他物之食料也"的特点保持生态平衡，以物制物。另外，冬天烧荒可防来年蝗虫灾害，所以它也主张适度垦荒。

《吕氏春秋》 据《史记》等相关史书记载，《吕氏春秋》是先秦典籍中唯一可以确知写作年代的著作。此书虽为秦相国吕不韦召集门下宾客儒士集体编辑而成，集中反映了儒家思想的精神核质，但同时也基本反映了主持人吕不韦本人思想中深受道家思想影响的特质。这以《高诱注·序》的概括为

证，它说："然此书所尚，以道德为标的，以无为为纲纪，以忠义为品式，以公方为检格，与孟轲、孙卿、淮南、扬雄相表里也。是以著在《录》、《略》"①。由此可知，《吕氏春秋》兼具儒道之宗旨，因此，后人对待此书的归宿问题存在不同意见。詹石窗教授认为此"道德"为道家学派"道德"之意，无为乃道家行为准则，由此观之，此书乃道家之作。其道家思想具体体现在《有始》《寰道》《贵当》《贵因》《仲秋纪》《情欲》《贵公》以及其中的农学四篇，但它并非抄袭道家思想，而是在有些地方也摈弃了道家的不足之处，继承了《管子》中的精气说，具有比较浓厚的科学知识成分。从农学的角度看，部分章节对天文历法和有关物候有所记载，这对研究古代气候以及生产与气候的关系提供了原始资料。《上农》篇中提出重农意识，是整个《吕氏春秋》农学思想体系的总纲。全书中以《十二纪》中十二个月的气候、物候变化及相应的农事活动为经，以《任地》《辩土》《审时》集中讲述的"地宜""时宜"观和农业生产技术为纬，构建起庞大的重农思想体系和生态农学模式②。其中《任地》《辩土》《审时》是我国现存最早的三篇农学论文，所以，有些学者往往只将其《上农》《任地》《辩土》《审时》四篇③列为农学著作，实际上，这种做法不妥，因为该书的农学思想几乎贯穿其始终，即使是《十二纪》和《音律》等篇中也存在一些明显的农学思想，所以《吕氏春秋》在中国农学史上占有极为重要的地位，《中国农学史》以此将其作为重要农业典籍对其农学思想史进行了详细介绍，笔者将其归纳为如下几个方面。

（一）独特浓厚的重农意识

《吕氏春秋》以专题论证的形式将先秦重农意识明确化，这是先秦诸子百家没有过的先例，它不仅概括和总结先秦诸子百家的重农意识，而且丰富了原来意义上的重农意识。它首先提出"务本"的概念，"本"除视农业为国

---

① 转引自詹石窗主编：《新编中国哲学史》，中国书店 2002 年版，第 166 页。
② 参见张云飞：《中国农家》，宗教文化出版社 1996 年版。
③ 夏纬瑛：《吕氏春秋上农等四篇校释》，中华书局 1956 年版。

之根本外，同时也具儒家"功劳为荣富之本"和"修身自贤"，又是"治国治官之本"的思想。后来在《不苟论》的《贵当》篇中，才以寓言的形式论证以农为本的重要性，这个寓言故事是："齐人有好猎者，旷日持久而不得兽，入则愧其家室，出则愧其知友州里。惟其所以不得之故，则狗恶也。欲得良狗，则家贫无以。于是还疾耕。疾耕则家富，家富则有以求良狗，狗良则数得兽矣，田猎之获常过人矣。非独猎也，百事也尽然。霸王有不先耕而成霸王者，古今无有"，表明"求所欲需从根本下手"的道理。这种视农为根本的思想在《士容论》的《上农》篇中也很明确。首先指出重农的作用：重农能立素朴民风，尊主位，它说："古先圣王之所以导其民者，先务于农。民农非徒为地利也，贵其志也。民农则朴，朴则易用，易用则边境安，主位尊"；重农有助于少私义、立公法，它说："民农则重，重则少私义，少私义则公法立，力专一"；重农帮助农民安居乐业，促进社会和谐，它说："民农则其产复，其产复则重徙，重徙则死处而无二虑"；还从生产力角度分析了重农的必要，它说："上田夫食九人，下田夫食五人，可以益，不可以损。一人治之，十人食之，六畜皆在其中矣"；还提出了很多前人未曾有的观点。同时，《上农》篇还提出了一些重农措施：首先，要求各层统治阶级率先垂范，亲耕垄亩，妃嫔亲蚕于郊，桑于公田，它说："是故天子亲率诸侯耕帝藉田，大夫士皆有功业。是故当时之务，农不见于国，以教民尊地产也，后妃率九嫔蚕于郊，桑于公田，是以春秋冬夏皆有麻枲丝茧之功，以力妇教也"。其次，严禁有违农时，提出轻徭薄赋、野禁、四时之禁等。"故当时之务，不兴土功，不作师徒；农不上闻，不敢私藉于庸。野禁有五：地未辟易，不操麻，不出粪；齿年未长，不敢为园囿；量力不足，不敢渠地而耕；农不敢行贾；不敢为异事。为害于时也。然后制四时之禁：山不敢伐材下木，泽人不敢灰僇，缳网罝罦不敢出于门，罛罟不敢入于渊，泽非舟虞不敢缘名。为害其时也"。最后，社会管理中执行严格的地域管辖和职业管理制度，"苟非同姓，农不出御，女不外嫁，以安农也"。"凡民自七尺以上，属诸三官：农攻粟，工攻器，贾攻货"，以便于为农业生产提供有力的时间及人力保证。

（二）"时宜""地宜"思想

《吕氏春秋》中的"时"既具"时令"之意，又含客观条件、环境、时机等。如《十二纪》中的"时"为"时令"，它记载了每月的气候、物候，安排了相应的农事活动，《孝行览》的《首时》篇说："圣人之于事，似缓而急，似迟而速，以待时……故有道之士未遇时，隐匿分窜，勤以待时……事之难易，不在小大，务在知时……水冻方固，后稷不种，后稷之种必待春。故人虽智而不遇时，无功"。此"时"则为客观条件、环境、时机之意。在"天不再与，时不久留，能不两工，事在当之"中的"时"则为时机之意。《长攻》篇认为时机具有偶然性，它说："凡治乱存亡，安危强弱，必有其遇，然后可成，各一则不设……譬之若良农，辩土地之宜，谨耕耨之事，未必收也。然而收者，必此人也始，在于遇时雨。遇时雨，天地也，非良农所能为也"。故而要求人们要善于抓住时机，在有利时机下重视人力的作用，从老庄道家的消极无为转向了积极有为的思想境界。《必己》篇的"外物不可必"和《不广》篇的"智者之举事必因时，时不可必成，其人事则不广"，均强调农事须待时而动。但《慎人》篇则强调人力，它说："功名大立，天也。为是故，因不慎其人，不可。夫舜遇尧，天也。舜耕于历山，陶于河滨，钓于雷泽，天下说之，秀士从之，人也……舜之耕渔，其贤不肖与为天子同。其未遇时也，以其徒属堀地财，取水利，编蒲苇，结罘网，手足胼胝不居，然后免于冻馁之患"。人不仅可以抓住有利"时机"，而且审时度势，并创造出"良机、良时"，所以作者高度重视审时，专列一篇《审时》篇，具体论述审时之法：人们从其所种植的禾、黍、稻、菽、麦之茎和穗的形态去审时，它说："是故得时之穗兴，失时之稼约。茎相若，称之，得时者重，粟之多。量粟相若而舂之，得时者多米。量米相若而食之，得时者忍饥。是故得时之稼，其臭香，其味甘，其气章，百日食之，耳目聪明，心意睿智，四卫变强，凶气不入，身无苛殃"。

《吕氏春秋》继承了《禹贡》《周礼》中的土壤分类思想，这以《任地》

《辩土》篇为主要集中点，如果顾名思义的话，它们好像专论土地性质和耕作原则，实际上，《任地》篇除了论述如何使用土地外，还重点论述中耕方法和"土时"。《辩土》篇除了讨论辩土外，还讲了一整套与土地的性质和种类密不可分的农业生产过程。《辩土》篇强调要辩土而耕种，耕田要分辨土地的刚柔干湿、田地面积的大小、地势的高低等。作者提出"饱者荏之，坚者耕之，泽其靹而后之。上田则被其处，下田则尽其污。故亩欲广以平，甽欲小以深，下得阴，上得阳，然后咸生"。《任地》篇提出的十个问题中有九个是关于土地改良的，"凡耕之大方：力者欲柔，柔者欲力；息者欲劳，劳者欲息；棘者欲肥，肥者欲棘；急者欲缓，缓者欲急；湿者欲燥，燥者欲湿"。这既是土壤改良的原则，也是因地制宜的耕种方法。耕田如此，种田也须依田土肥瘠行事，并注意到了土地性质对种植数量和农作物收成的影响。文章说："树肥无使扶疏，树墝不欲专生而族居。肥而扶疏则多秕，墝而专居则多死。垆埴冥色，刚土柔种，免耕杀匿，使农事得"。

（三）精耕细作之法

《吕氏春秋》集中反映了春秋战国时期的农业科学技术水平，对我国后来形成精耕细作的农业生产特色做出了贡献，尤其是《辩土》篇和《任地》篇中对精耕细作的记述，直接导致后来的代田法和区种法产生，具体思想体现如下。

《吕氏春秋》全文提到了铚艾、耒、耜等铁制农具，但并未明确记载牛耕的使用，由此可知，人在农业生产过程中发挥着十分巨大的力量。因而它十分重视人力自身的作用，如《审分》篇中说："今以众地（耕地）者，公作则迟，有所匿其力也；分地则速，无所匿迟也。主亦有地，臣主同地，则臣有所匿其邪矣，主无所避其累矣"，就强调生产过程中应充分发挥人的积极性和主观能动性。在《慎人》《必己》和《不广》篇中对此也分别加以了论述。为了有效发挥人力的作用，《上农》和《审分》篇分别明确提出了分田制和鞠躬尽瘁、死而后已的思想，它说："故敬时爱日，非老不休，非疾不息，非死不舍"，强调抓住时机，疾耕力作。这种重劳力的思想成为精耕细作技术的思想基础。

精耕细作技术的第一个表现就是确定土地耕作制度。从书中所记"上田弃亩，下田弃甽"来看，当时这种"亩、甽"的土地制度具有井田制遗风。说明当时井田制已经相当普及了，它除有效使用土地外，还兼具夏纬瑛同志所说的"排水洗土"[①]，排除盐碱的作用。精耕细作的第二个表现就是土地处理技术。土地处理技术主要体现在：首先要以"地宜"为原则，择土耕种。其次要改良土壤，在《任地》篇中提出了改良土壤的五种原则。再次要讲求包括耕和耰在内的耕作法则，《辩土》篇明确指出"凡耕之道，必始于垆，为其寡泽而后枯。必厚其靹，为其唯厚而及"。《任地》篇也提出"耕泽耰旱，上田弃亩，下田弃甽。五耕五耰，必审以尽。其深殖之度，阴土必得。大草不生，又无螟蜮。今兹美禾，来兹美麦"等具体的操作规则。精耕细作的第三个表现为耕后的种植技术。种植技术以严防"三盗"之害为标准，即"上田则被其处，下田则尽其污。无与三盗任地"。"三盗"就是"大甽小亩的地窃""既种而无行且耕而不长的苗窃""草盛苗稀的草窃"。除"三盗"之法为将耕地做成"广而平的亩"和"小而深的甽"，在每五尺宽的亩上种行距和行宽各一尺的庄稼。播种时尽力做到依土地性质好坏"慎其种，勿使数，亦无使疏"。播种时，也要求覆土"于其施土，无使不足，亦无使有馀。厚土则蘖不通，薄土则蕃轓而不发"。中耕定苗要做到"故其耰也，长其兄而去其弟。树肥无使扶疏，树墽不欲专生而族居"。正如《审时》篇所说："是以人稼之容足，耰之容耰，据之容手。此之谓耕道"，以达到既利于通风、通光、保温、保湿，又利于除草中耕的目的。精耕细作的第四个表现为耕种及时。播种、中耕、收割均要及时、快，要严格遵守农时的约束。农时观在《任地》和《审时》中均有反映。尤其是《审时》篇，具体从得时的作物长相、收成、对病虫害的抵抗力、营养成分和味道等方面论述得时与失时效果的差别，强调得时的重要性。

---

① 转引自王毓瑚：《先秦农家言四篇别释》，农业出版社1981年版，第13页。

（四）生态农业观

汉语中的"生态"是外来语，是由英文"ecology"翻译而成。Ecology 起源于希腊语，由两个希腊词根"oikos"（住所、栖息地或生活环境）和"logos"（科学）拼构而成，其意为"关于生物的生活环境的科学"，即"生态学"。那么，"生态"一词，其含义就是生物与环境的关系，它包含生物与环境中的物理、化学因素如水、空气、阳光、温度、土壤等之间的关系和生物体与其他生物体之间如竞争、寄生、共生等关系两层含义。夏朝时期，我国就有了"天时""地宜"等生态观念，春秋战国时已发展为天地人三才关系观，因此，《吕氏春秋》也具有三才关系这种生态农业观，具体内容如下。

在哲学思辨方面，《吕氏春秋》首先思考了人在自然界中的地位，提出"人亦为物"。《有始》篇论述了世间万物均源于"无形、无名、恍兮惚兮"的"道"。因此，善待万物就是善待人类自身。它又以人体结构和具体器官阐述了"大同""众异"之意。它说："天地万物，一人之身也，此之谓大同。众，耳目鼻口也；众，五谷寒暑也，此之谓众异，则万物备也"。由是观之"大同"乃人具天地万物之形，"众异"乃"耳目鼻口，五谷寒暑"。众物各依其异而得其所为"平"，即"夫物合而成，离而生。知合知成，知离知生，则天地平矣。平也者，皆当察其情，处其形"。它还通过对自然万物周而复始运动形态的观察，提出了"圜道"观[1]，即世间万物的变化总处于自我循环之中，《大乐》篇说："天地车轮，终则复始，极则复反"。《圜道》篇有"日夜一周，圜道也。月躔二十八宿，轸与角属，圜道也"和"精行四时，一上一下各有遇，圜道也"。它们直观地、朴素地定义了"圜道"，认为"圜道"是阴阳二气在不断地分合、斗争、变化所形成的循环过程。后来又阐明了"圜道"的种类和层次性，大的循环主要有天地、日月循环，气循环，水循环，物循环，它们通过《十二纪·孟春》"天气下降，地气上腾"到季冬"出土

---

[1] 参见王启才：《〈吕氏春秋〉的生态观》，《江西社会科学》2002 年第 10 期。

牛，以送寒气"表现出来。《圜道》篇"云气西行，云云然，冬夏不辍；水泉东流，日夜不休；上不竭，下不满；小（泉）为大（海），重（水）为轻（云），圜道也"。这就是具有生态意义的水循环过程。水是众生物生存的自然条件和组成要素，其循环为生态系统中物质与能量交换提供了基础，起到调节气候、清洗大气、净化环境等作用。它还描述了物循环："物动则萌，萌而生，生而长，长而大，大而成，成乃衰，衰乃杀，杀乃藏，圜道也"。小循环有《任地》中"力者欲柔，柔者欲力""急者欲缓，缓者欲急"的养地循环观，"息者欲劳，劳者欲息"的休耕循环观，"今兹美禾，来兹美麦"的作物种植循环观，"地可使肥，又可使棘"的物能循环观等。对待"圜道"，人不能任意改变它，只能凭自己的主观能力认识、遵守并引导它。

在行为方面，它在肯定人力重要作用的基础上，再以"法天地""因自然"为指导思想提出了贵因论。"因"为"顺"之意，有"因物性""因时""因地""因势"等内涵。《贵当》说："性者万物之本也，不可长，不可短，因其固然而然之，此天地之数也"。《仲秋纪》说："凡举事无逆天数，必顺其时，乃因其类"，它们成为农事活动方面的指导方针。《贵因》从各个方面阐述了"贵莫如因，因则无敌"的道理，如"禹通三江、五湖，决伊阙，沟回陆，注之东海，因水之力也"，大禹治水，顺应地势，改造山河；"夫审天者，察列星而知四时，因也。推历者，视月行而知晦朔，因也"。人们在改造、利用自然时，需要从常见的自然现象出发，正如"审天""推历"者，需凭借星、月的变化而知四时、晦朔一样。《吕氏春秋》提出这种"贵因"思想，其目的在于尊重保护、利用和改造生命，以获得能满足人类所需要的健康食品。它首先根据"物从同"的经验提出保护自然资源，如《应同》篇"类固相召，气同则合，声比则应……夫覆巢毁卵，则凤凰不至；刳兽食胎，则麒麟不来；干泽涸渔，则龟龙不往。物之从同，不可为记"。《谕大》篇根据物性提出培育和改良品种的措施和方法，它说："务在事，事在大。地大则有常祥、不庭、歧毋、群抵、天翟、不周，山大则有虎、豹、熊、蝤蛆，水大则有蛟、龙、鼋、鼍、鳣、鲔……空中之无泽陂也，井中之无大鱼也，新林之无长木也。凡谋物之成也，必由广大众多长久，信也"。作者还认为，重"因"须发挥主观能动性，要有选择性。因为自然界万物之间的秩序从总体上来看虽然圆满和谐有序，但从微观层面看却是相生相利与相克相害并存。如《观表》说："凡居于天地之间、六合之内者，其务为相安利也，夫为相害危者，不可胜数"。《尽数》说："天生阴阳、寒暑、燥湿、四时之化、万物之变，莫不为利，莫不为害"。所以，人类之"因"的目的为"趋利避害"。《尽数》说："圣人察阴阳之宜，辨万物之利以便生，毕其数也。毕数之务，在乎去害"。当然，"因"又以自然为基础，须从大自然获得有关信息指导"因"。如《十二纪》具体分析了每季度、每月的物候，为人们审时提供了指导。《审时》篇则从得时和失时的禾、黍、稻、菽、麦等农作物茎和穗的长势、结果、形态去审时、因时。《任地》篇和《辩土》篇则具体考察了土地的形态和性质，提出"因地"思想，为我们建立生态农业提供了理论指导。

（五）农业灾害与荒政观

在前文论述"时宜""地宜"的基础上，《吕氏春秋》还根据历法和农业经验，总结诸子百家的思想，花了大量篇幅详细论述农业灾害和荒政思想。

它首先论证了灾害的种类。据其原文，论及的灾害主要体现在《十二纪》中，其主要种类有[①]：《孟春纪第一》和《季春纪第三》中与风调雨顺相悖逆的"风雨不时"之灾；《孟春纪第一》的"疾风暴雨"之灾；《季春纪第三》的"淫雨"之灾；《仲夏纪第五》的"雹霰"之灾；《孟春纪第一》《季夏纪第六》《季冬纪第十二》的"水潦"之灾；《仲冬纪第十一》的"水泉减竭"；《仲春纪第二》《孟夏纪第四》和《季秋纪第九》的"大水"之灾；《仲冬纪第十一》的"天时雨汁"；《季冬纪第十二》的"白露蚤降"；《孟春纪第一》《孟冬纪第十》《吕氏春秋·开春论第一》的"霜雪"之灾；《仲冬纪第十一》的"氛雾冥冥"；《仲春纪第二》《仲秋纪第八》的"大旱"之

---

① 参见王星光：《〈吕氏春秋〉与农业灾害探析》，《中国农史》2008 年第 4 期。

灾；《孟夏纪第四》《仲秋纪第八》《孟冬纪第十》的"暴风"之灾；《孟夏纪第四》《仲夏纪第五》《孟秋纪第七》的"虫蝗"之灾。此外，《十二纪》中还提到的灾疫，"风颏""疟疾""疾疠""大疫""胎夭多伤"、火灾等等。

其次，它阐明灾害种类之后，还具体分析了各种灾害的成因。《十二纪》认为水、旱、冰、霜、病虫害之灾是因气候反时造成的。如《孟春纪第一》说："孟春行夏令，则风雨不时，草木早槁，国乃有恐；行秋令，则民大疫，疾风暴雨数至，藜莠蓬蒿并兴；行冬令，则水潦为败，霜雪大挚，首种不入"。作者强调自然灾害的自然原因在于阴阳失调。再如《仲春纪第二》说："仲春行秋令，则其国大水，寒气总至，寇戎来征；行冬令，则阳气不胜，麦乃不熟，民多相掠；行夏令，则国乃大旱，暖气早来，虫螟为害"。另外，作者也看到了人类对大自然的破坏所带来的巨大影响，所以，认为人为破坏也是形成灾害的原因之一。

再次，《吕氏春秋》还具体论述了灾害防治和荒政思想。它认为自然界的万千生物各有其运行规律，人们只有充分认识、遵循这些规律，才能趋利避害。《十二纪》将其具体化，意在提醒百姓对各种自然灾害进行积极预防和准备，减少灾害带来的损失。《长利》《应同》《义赏》《十二纪》等文对防灾治灾的方法和长效机制均有精辟论述。首先主张人类要感恩自然，要善待植物和动物，保护生态环境和生态平衡是防止灾难发生的最根本措施。还提出人们要善于观察天象和气象变化，及时发现灾害的苗头，防患于未然。《恃君览第八·知分》要求人们正视、从容应对自然灾害。《慎大览第三·贵因》进一步提出"因则无敌"的贵因思想。政府和百姓要高度重视防治各种灾害，在灾害面前要做到权衡利益大小而有所取舍，《权勋》篇说："利不可两，忠不可兼。不去小利，则大利不得；不去小忠，则大忠不至。故小利，大利之残也；小忠，大忠之贼也。圣人去小取大"。要抓住时机，"慎人""必己"战胜灾害。为此，要遵守政府制定"安农、守时、野禁和四时之禁、民按类分属诸三官"的政策。

《淮南子》　原名《淮南鸿烈》，后来刘向称之为《淮南》，《隋书·经籍志》始称《淮南子》。是西汉淮南王刘安与其八大门人及"诸儒大山、小山之徒，共言论道德，总统仁义，而著此书"①，旨在为汉王朝提供治国方略。该书是一部具有"百科全书性质"的论著，对先秦诸子百家均有所涉及，在《汉书·艺文志》中著录为杂家类。但就其总的思想内涵来说，该书应属道家之作，因其旨"近《老子》，淡泊无为，蹈虚守静，出入经道"②是汉初黄老道家思想的集中体现，是"黄老学派的集大成者"③。因其"道"的意识贯穿全书，处处不忘论道、析道、申道、证道，尤其是其中的神仙黄白方术、重道延命方更显其道家色彩。该书作者认为：道是世间万物的总根源，道无处不在、无处不有，所以人事只有遵道而行才能进展顺利。《淮南子》的道家属性可从此断定，《道藏》也予以收藏并有多篇注释。但其作者似乎认识到《老子》"消极无为"思想之弊端，所以文中大胆突破此思想，极力阐述自己的辩证史观，提出"是故天下之事不可为也，因其自然而推之；万物之变不可究也，秉其要归之趣"。即天下之事和万物之变均可因其自然和秉其要归而推之或可究，体现出作者积极向上的进取精神，强调"络马首"的作用，认为即使"无为"也应该是积极"无为"，"若吾所谓无为者，私志不得入公道，嗜欲不得枉正术，循理而举事，因资而立，权自然之势，而曲故不得容者。自人君公卿至于庶人，不自强而功成者，天下未之有也"。强调"物有物道"基础上的"人伦之道、政道、农道"。以寓言、比兴手法阐明循道之必要和具体措施，尤以论证人际间的伦理道德和为政之道为甚。因本书字里行间并不直接论及"农道"，所以至今仍无人解读过其中的农学思想。但只要我们透过其文字的表面，对其内涵稍加哲理性思辨，就不难发现其中颇为浓密的农学思想，具体表现在如下几个方面。

（一）重农意识。重农意识是我国古代哲学著作和农书思想体系中的共有意识，《淮南子》也概莫能外。它首先阐述重农之因：在它的成书时代，人口

---

① 何宁：《淮南子集释》，中华书局 1998 年版，前言第 1 页。
② 刘文典撰，冯逸等点校：《淮南鸿烈集解》，中华书局 1989 年版，《点校说明》，第 1—2 页。
③ 詹石窗：《新编中国哲学史》，中国书店 2002 年版，第 186 页。

急剧增长，物资消费量急剧增加，而此时的生产力水平仍相对落后，农产品出现供不应求的局面，因而重农十分必要。《主术训》强调"食者，民之本也；民者，国之本也"。《诠言训》提出"为治之本，务在于安民；安民之本，在于足用"。《缪称训》也认为"根浅则末短，本伤则枝枯"。其次，它又阐述了重农的具体措施：统治者要与民休息，使之身体健壮。《人间训》说："解扁为东封，上计而入三倍。有司请赏之。文侯曰：'吾土地非益广也，人民非益众也，入何以三倍？'对曰：'以冬伐木而积之，于春浮之河而鬻之'。文侯曰：'民春以力耕，暑以强耘，秋以收敛，冬间无事，以伐林而积之，负轭而浮之河。是用民不得休息也，民以敝矣。虽有三倍之入，将焉用之！'此有功而可罪者也"。同时要为耕织等农业生产行为创造良好条件。《齐俗训》说："故神农之法曰：'丈夫丁壮而不耕，天下有受其饥者；妇人当年而不织，天下有受其寒者'。故身自耕，妻亲织，以为天下先。是故其耕不强者，无以养生；其织不强者，无以掩形。有余不足，各归其身"。还说："而欲民之去末反本，由是发其原而壅其流也。夫雕琢刻镂，伤农事者也；锦绣纂组，害女工者也。农事废，女工伤，则饥之本而寒之原也"。《主术训》说："耕之为事也劳，织之为事也扰，扰劳之事而民不舍者，知其可以衣食也。人之情不能无衣食，衣食之道，必始于耕织，万民之所公见也。物之若耕织者，始初甚劳，终必利也"。还说："夫水浊则鱼噞，政苛则民乱"。它还强调应该改进农业生产工具，对农民进行农业生产教育，普及农业知识，提高农民的生产技能。《氾论训》说："古者剡耜而耕，摩蜃而耨，木钩而樵，抱甀而汲，民劳而利薄。后世为之耒耜耰锄，斧柯而樵，桔槔而汲，民逸而利多焉。古者大川名谷，冲绝道路，不通往来也；乃为窬木方版，以为舟航。故地势有无，得相委输。乃为鞮蹻而超千里，肩荷负儋之勤也，而作为之楺轮建舆，驾马服牛，民以致远而不劳。为鸷禽猛兽之害伤人，而无以禁御也；而作为之铸金锻铁，以为兵刃，猛兽不能为害"。《主术训》强调"教民养育六畜，以时种树，务修田畴，滋植桑麻，肥墝高下，各因其宜，丘陵阪险不生五谷者，以树竹木。春伐枯槁，夏取果蓏，秋畜疏食，冬伐薪蒸，以为民资。是故生无乏用，死无转尸"。最后，它也阐述了可持续发展的生态农业思想。《泰族训》说："原蚕一岁再收，非不利也，然而王法禁之者，为其残桑也。离先稻熟，而农夫耨之，不以小利伤大获也"。

（二）"时宜、地宜、物宜"的三宜思想。这种思想以世间万物因禀不同之气所导致的物质差异性，以及宇宙运动的圜道说为其理论基础。就"时宜"来看，它首先阐述守时的必要性，《说林训》说："冬冰可折，夏木可结，时难得而易失"。《齐俗训》说："是故世异则事变，时移则俗易。故圣人论世而立法，随时而举事"。阐明"时难得而易失"和"时移则俗易、随时而举事"的道理。再重点论及何为"时"。此书的"时"类似于"机"，它有三个含义：气候季节之时、动植物生长变化之时和社会所造之时。它用了大量篇幅论证气候季节的"时宜"，突出了农业生产为何要恪守季节之时，《天文训》总论人通过气与天感通，告诉人们可以通过观察物候安排农事活动，还可以根据天干地支的方式推算不同年岁适宜种植的物产，这明显受到谶纬神学思想的影响，但对不同年岁的农业种植活动确有十分重要的启示作用。《时则训》则将这种气候季节的"时宜"具体化，先以类似于《月令》体裁的形式界定一年四季的每一月为孟仲季，再以月为序介绍每季每月的天象和物候现象，以此为据，说明每个月的农事活动和农事禁忌。其次分别介绍每个月出现的反常天气现象，及其预防和减灾措施。最后又创造出"五位"地理概念、"六合""时宜"概念，即每季中的每个月两两相对，两两相合。如两两不合，就很有可能出现灾荒。还提出"六度"标准，即"天为绳，地为准，春为规，夏为衡，秋为矩，冬为权"。《俶真训》提出动植物生长变化的"阶段论"，它认为万物生成均有三个阶段，"有始者，有未始有有始者，有未始有夫未始有有始者"，指明动植物本身之"时"，成为农业生产循序渐进的理论基础。《地形训》也论证了各类物种生长过程，认为物种之间可以相互转化。除了指明动植物本身之"时"，《淮南子》还论及社会所造之时，要求统治阶级树立重农意识，轻徭薄赋，勿夺农时，为农业生产创造一个良好的社会环境，因为"时难得而易失"，所以要求生产者抓住有利时机，注重生产效益，做到事半功倍。《淮南子》亦具有浓厚的"地宜"思想，"地"有三种含义：土地类型、地域和地势。其宗旨为论述它们对物产和物性的影响，使农民对因地制宜有个详细的了解。《地形训》继承和发扬《禹贡》《管子》的土地思想，详细介绍了全国土地类型，"何谓九州？东南神州曰农土，正南次州曰沃土，西南戎州曰滔土，正西弇州曰并土，正中冀州曰中土，西北台州曰肥土，正北济州曰成土，东北薄州曰隐土，正东阳州曰申土"。这为农业生产因地制宜提供了理论参考。它还认为土地的性质影响人和物的形性，例如"是故坚土人刚，弱土人肥，垆土人大，沙土人细，息土人美，耗土人丑""平土之人，慧而宜五谷"。因此，它还讨论了"土气"与物种性质的关系。"土地各以其类生，是故山气多男，泽气多女，障气多喑，风气多聋，林气多癃，木气多伛，岸下气多肿，石气多力，险阻气多瘿，暑气多夭，寒气多寿，谷气多痹，丘气多狂，衍气多仁，陵气多贪……煖湿生容，暖湿生于毛风，毛风生于湿玄，湿玄生于羽风，羽风生蚑介，蚑介生鳞薄，鳞薄生煖介"。说明物产及其性质具有很强的地域性，同一种物质因其生长在不同的地方，性质也不同，特产因此形成，"北方之美者，有幽都之筋角焉；东北方之美者，有斥山之文皮焉；中央之美者，有岱岳以生五谷桑麻，鱼盐出焉"。强调特产不能跨地域生产，除非能创造出与其原来生长环境相似或相同的条件，所以，人的生产活动必须因地制宜。如《说山训》说："鲁人身善制冠，妻善织履，往徙于越而大困穷，以其所修而游不用之乡。譬若树荷山上，而畜火井中。操钓上山，揭斧入渊，欲得所求，难也"。就地势而言，它指出，农产品虽同出一地，但由于地势高低导致气温不同，因此，人种植的植物和蓄养的动物种类、性质明显不同。"物宜"就是根据动植物的特性有选择性地进行生产或使用。其含义有农业生产中的"物宜"和农产品消费中的"物宜"两种。造成各种动植物特性差异的原因为"道"的物质差异性，也即各种动植物产生所禀元气之不同，即不同"时""气"对物性的作用不同。书中几乎所有章节均有对"道性"和"物性"的分析，如《天文训》说："毛羽者，飞行之类也，故属于阳；介鳞者，蛰伏之类也，故属于阴。日者，阳之主也，是故春夏则群兽除，日至而麋鹿解。月者，阴之宗也，是以月虚而鱼脑减，月死而嬴蛖膲。火上荨，水下流，故鸟飞而高，鱼动而下"。《地形训》说："鸟鱼皆生于阴，阴属于阳，故鸟鱼皆卵生。鱼游于水，鸟飞于云，故立冬燕雀入海，化为蛤。万物之生而各异类，蚕食而不饮，蝉饮而不食，蜉蝣不饮不食，介鳞者夏食而冬蛰，龁吞者八窍而卵生，嚼咽者九窍而胎生，四足者无羽翼，戴角者无上齿，无角者膏而无前，有角者指而无后，昼生者类父，夜生者似母，至阴生牝，至阳生牡。夫熊罴蛰藏，飞鸟时移"。"物宜"的实际应用主要体现在《齐俗训》的"柱不可以摘齿，筐不可以持屋，马不可以服重，牛不可以追速，铅不可以为刀，铜不可以为弩，铁不可以为舟，木不可以为釜。各用之于其所适，施之于其所宜，即万物一齐，而无由相过"中，指明了生产生活应因物性而用的道理。《说山训》的"耀蝉者务在明其火，钓鱼者务在芳其饵。明其火者，所以耀而致之也；芳其饵者，所以诱而利之也。欲致鱼者先通水，欲致鸟者先树木。水积而鱼聚，木茂而鸟集。好弋者先具缴与矰，好鱼者先具罟与罜，未有无其具而得其利"也具同样的内涵和目的。

（三）农业灾害观与荒政思想。农业生产对外部环境有很大的依赖性，自然条件和社会环境均对其有严重的制约作用，可以说，农业生产只有在风调雨顺的条件下才能获得高产，但就全国范围来说，风调雨顺几乎不可能。所以《淮南子》中的农业灾害观就包含自然灾害观和人为灾害观。它认为自然灾害因气、时两因素而成。从气的角度看，任何灾害均为阴阳二气失调的结果，阴阳五行之气的性质各不相同，如果某一种气占据五行中的绝对优势，就会为灾。如《天文训》以干支冲犯造成的阴阳失调对不同动植物影响为例，介绍了干支冲犯之灾的表现。《时则训》则更加详细说明一年四季反时之气之灾。认为只有《十二纪》中的每一个月两两相合，即出现"六合"时才风调雨顺，否则就是反时之灾。在人为灾害中，因为天人同构，人与天通过气相互感应，所以人正则天顺，否则就会出现人为之灾，如《原道训》说："今夫徙树者，失其阴阳之性，则莫不枯槁。故橘树之江北，则化而为枳；鸲鹆不过济；貉渡汶而死；形性不可易，势居不可移也"。统治者的失政主要体现在对"六合"的不良影响中，因此，该书具体分析了每个月失政所带来的恶果："故正月失政，七月凉风不至；二月失政，八月雷不藏；三月失政，九月不下霜；四月失政，十月不冻；五月失政，十一月蛰虫冬出其乡；六月失政，十二月草木不脱；七月失政，正月大寒不解；八月失政，二月雷不发；九月失政，三月春风不济；十月失政，四月草木不实；十一月失政，五月下雹霜；十二月失政，六月五谷疾狂"。在人为灾害中，尤以人破坏自然界所造成的灾害为甚。《本经训》说："逮至衰世，镌山石，锲金玉，擿蚌蜃，消铜铁，而万物不滋，刳胎杀夭，麒麟不游，覆巢毁卵，凤凰不翔，钻燧取火，构木为台，焚林而田，竭泽而渔。人械不足，畜藏有余，而万物不繁兆，萌芽卵胎而不成者，处之太半矣。积壤而丘处，粪田而种谷，掘地而井饮，疏川而为利，筑城而为固，拘兽以为畜，则阴阳缪戾，四时失叙，雷霆毁折，电霰降虐，气雾霜雪不霁，而万物燋夭。菅蒯秽，聚垺亩，芟野菼，长苗秀，草木之句萌、衔华、戴实而死者，不可胜数"。在阐述灾害原因之后，为了应对这些严重而又频繁的农业灾害，《淮南子》阐述了其浓密的荒政思想。首先要求统治阶级视农为本，重本轻末，切勿本末倒置。其次要求劳动人民积极认识各种时机，以勤为本，积极为社会创造财富，有备无患，"槁竹有火，弗钻不燃，土中有水，弗掘无泉……钓者静之，罛者扣舟，罩者抑之，罜者举之，为之异，得鱼一也……土壤布在田，能者以为富……清醠之美，始于耒耜；黼黻之美，在于杼轴"。最后，他反对奢侈和浪费，要求国民厉行节约，重视生产资料和生活资料的积累。《主训术》说："夫天地之大，计三年耕而余一年之食，率九年而有三年之畜，十八年而有六年之积，二十七年而有九年之储，虽涝旱灾害之殃，民莫困穷流亡也。故国无九年之畜，谓之不足；无六年之积，谓之悯急；无三年之畜，谓之穷乏。故有仁君明王，其取下有节，自养有度，则得承受于天地，而不离饥寒之患矣。若贪主暴君，挠于其下，侵渔其民，以适无穷之欲，则百姓无以被天和而履地德矣"。

（四）可持续发展的生态农业观。《淮南子》作为政治哲学著作，尤重人与自然的和谐。认为道乃万物之源，道存在于万物之中，认为人事必须合道，人们须遵道而行，显示出浓密的道家色彩。它阐述了何为遵道："所谓人者，偶睦智故，曲巧伪诈，所以俯仰于世人而与俗交者也。故牛岐蹄而戴角，马被髦而全足者，天也；络马之口，穿盾之牛者，人也。循天者，与道游者也；随人者，与俗交者也"。文中对农业灾害的这种分析，不乏注重保护自然资源的可持续发展的生态农业思想。它认为道生万物，因此，人和其他动植物同出一源，自然人与其他物种齐平，它们构成一个互动整体，谁也不可或缺。所以，它强调劳动者在农业生产过程中应"因其可"或"因其自然"。《泰族训》又具体解释了何为"因其可"或"因其自然"，它说："埏埴而为器，斫木而为舟，铄铁而为刃，铸金而为钟，因其可也。驾马服牛，令鸡司夜，令狗守门，因其自然也"。人不能凭借主观想象、借助于工具胡乱开采、种植、狩猎。所以，"因其可"或"因其自然"才是生态农业的本质。文中甚至直接劝告统治阶级和劳动人民注重可持续发展和农业生态性，如《主术训》说："故先王之法，畋不掩群，不取麛夭。不涸泽而渔，不焚林而猎。豺未祭兽，罝罦不得布于野；獭未祭鱼，网罟不得入于水；鹰隼未挚，罗网不得张于溪谷；草木未落，斤斧不得入山林；昆虫未蛰，不得以火烧田。孕育不得杀，殻卵不得探，鱼不长尺不得取，彘不期年不得食。是故草木之发若蒸气，禽兽之归若流泉，飞鸟之归若烟云，有所以致之也。故先王之政，四海之云至，而修封疆；虾蟆鸣燕降，而达路除道；阴降百泉，则修桥梁；昏张中则务种谷；大火中则种黍菽；虚中，则种宿麦；昴中，则收敛畜积，伐薪木"。

论及《淮南子》，就令人情不自禁地想起刘安与"豆腐"的关系，"豆腐"的发明也算道家思想对后来农业和农学的具体影响。其实，在刘安之前，我国早有加工黄豆的记载，已用原始自淀法创制出了"膏"。《山海经·海内经》记载："西南黑水之间，有都广之野，后稷葬焉。爰有膏菽、膏稻、膏黍，百谷自生，冬夏播琴"。这说明当时的人们已能用"菽、稻、黍"做"膏"。所谓"膏菽、膏稻、膏黍"，对于"膏菽"之"膏"的解释至关重要。《说文解字》解"膏"为："肥，从肉"。段玉裁注曰："肥当作脂"。朱骏声的《通训定声》解得更为细致："凝者曰'脂'，释者曰'膏'"。菽即黄豆，由此看来，"膏"就是用黄豆做成的像肥肉或像凝脂一样的东西，此"释"应为分解、磨碎之意。这与黄豆加工成豆腐需要分解、磨碎的过程吻合，看来今天"豆腐"之"腐"就是"释"的结果，与"膏菽"之"膏"完全同义。《山海经》一向被认为是"小说最古者"，先秦时期的诸子著作中无人提及它，这又说明它在春秋战国时期尚未刊行，直到郭璞之前，司马迁在《史记·大宛列传》中才提到此书，其言曰："《禹本记》、《山海经》所有怪物，余不敢言之也"。司马迁出生晚于淮南王刘安三十五年，生活在汉武帝时期，《史记》成书于汉武帝末世，依这句话可以看出，《山海经》在西汉中期才刊行于世。这就意味着《山海经》大致是西汉前期的产物，我们由此可以说早在两千一百多年前，中国确实已创制出了类似于今天豆腐之类的"膏"。但绝不是现代意义上的"豆腐"，现代豆腐的做法则为刘安所发明，据《汉书》卷四十四《淮南衡山济北王传第十四》中记载，此发明也非刘安有意为之，而是其在炼丹过程中巧遇所致。"淮南王安为人好书，鼓琴，不喜弋猎狗马驰骋，亦欲以行阴德拊循百姓，流名誉。招致宾客方术之士数千人，作为《内书》二十一篇，《外书》甚众，又有《中篇》八卷，言神仙黄白之术，亦二十余万言"。由此可知，刘安好道学，不惜重金广招方士，以求长生不老之术，所招方士之中较有名气者有苏非、李尚、田由、雷波、伍波、晋昌、毛被、左昊八人，号称"八公"。刘安与八公相伴，登北山而造炉，炼仙丹以求寿。他们炼丹时须取山中"珍珠""大泉""马跑"三泉清冽之水磨制黄豆汁，又欲以黄豆汁培育丹苗，不料炼丹未成，洒在地上的豆汁与盐卤化合成一片芳香诱人、白白嫩嫩的东西。当地一胆大农夫取而食之，竟然美味可口，便将此事告知刘安，刘安于是为其取名"豆腐"。北山也因此更名"八公山"，刘安也因此成豆腐的老祖宗，于是"刘安做豆腐——因错而成"的歇后语在淮南民间流传至今。考古发现也证实了刘安发明豆腐的史实。据《寿州志》记载："淮南王庙在五株山巅，遗址尚可考寻"。另据《水经注》记载，刘安庙内有刘安和八公的塑像。从出土文物看，豆腐发明于汉代的时间、地点可确信无疑。古城寿县 1965 年 4 月，在茶庵乡瓦房村汉墓中出土一灰陶水磨，该磨与现代八公山下豆腐坊用的水磨形状基本相同，现收藏在寿县城博物馆。

刘安发明豆腐后，"豆腐"一词的最早文字记载当为宋初陶穀的《清异录》。它说青阳丞时戢"洁己勤民，肉味不给，日市豆腐数个"①。此后，关于豆腐的诗文轶事层出不穷，据考证，记载刘安发明豆腐的古代典籍达45种之多。如《辞源》载曰："以豆为之。造法，水浸磨浆，去渣滓，煎成淀以盐卤汁，就釜收之。又有人缸内以石膏末收者。相传为汉淮南王刘安所造"。南宋大理学家朱熹也有八首素食诗，其中一首就提及到豆腐："种豆豆苗稀，力竭心已腐。早知淮南术，安坐获泉布"②。这是现存文献中最早视豆腐为"淮南术"者。明朝苏平写的《咏豆腐》诗说："传得淮南术最佳，皮肤退尽见精华。"叶子奇的《草木子·杂制篇》说："豆腐始于汉淮南王刘安，方士之术也"。明代著名药物学家李时珍，在其巨著《本草纲目》中，引《淮南子》《淮南万毕术》《淮南八公相鹤经》，对豆腐做了详细记载："豆腐之法，始于汉淮南王刘安"。

豆腐的问世，虽无直接的农学思想意义，但它既影响了当时人的饮食结构和饮食习惯，也为后人改善食物结构提供物质基础，使豆制品加工行业日趋发达，甚至深入到了寻常百姓家，为充分开发利用豆类植物提供了强大动力。如今，豆腐的种类越来越多，应用范围越来越广，豆腐不仅成为人们餐桌上的佳肴，而且也成了一种药膳，将其用于养生治病，而且成了一种必不可少的宗教素食。因此，从农产品加工和消费的角度看，《淮南子》也不乏其农学意义。

三、道教对先秦诸子百家农学思想的承继

前文已述，道教及其文化作为中华民族传统文化之集大成者，对我国远

---

① 陶穀：《清异录》，中华书局1991年版，第579页。
② 转引自李诩：《戒庵老人漫笔》，中华书局1982年版，第303页。

古文化典籍进行直接收录并加以发挥，如《中华道藏》第45册就收录了《搜神记》，同时，该册基本上收集了前人关于神仙、灵异等所作的传记。道教对远古神话加以吸收，以之为底板进行仙话创作，产生了道教的仙话集，凡是神话所揭示的东西，在道教仙话中也均有不同程度的体现。其次，道士所撰写的仙话大多源自于对远古神话的加工和改造，形式与内涵均与远古神话相类似。对远古文化中《易经》的继承相似于道教对神话的继承，道教首先对《周易》直接进行收录和阐述，这体现在《中华道藏》第16册的《周易图》中，在《中华道藏》第16册和第17册中，收集了道易类经文这一类道教研究周易的结果。对丰富和发展道教教理教义起了不可低估的作用，也为后人研究和利用易经做出了巨大的贡献。

但道教对先秦诸子百家思想的继承远比对神话、《易经》的继承复杂得多。其方式主要有两种：一是直接收录进《道藏》；二是在道教学者著述中引用，这属于间接继承。目前学术界对道教与先秦诸子百家关系研究的现状来看，最明显的著述就是李养正先生写的《道教与诸子百家》，书中从理论上详细论证了道教与道家、墨家、法家、兵家、杂家、儒家、方技、术数以及后来佛教的关系。为后学研究道教与先秦诸子关系提供了不可多得的系统资料。其他相关的资料大都集中在道教史、道教思想史，以及道教与中国传统文化、道教与传统文化等书目中，它们也纯粹从理论上进行研究。笔者从《道藏》收录中发现一些可以思考的问题。《道藏》中未见有儒家经典的收录，未收录的原因应该是基于道教的教理教义和儒家思想的差别，基于道教的宗教性需要，当然这并不意味着道教排斥儒家，相反，道教许多教理教义吸收了儒家思想，如上文已经提及到对《周易》的继承，尤其是吸收了汉朝董仲舒将儒家神学化后的谶纬神学和阴阳五行思想，使之成为道教"神学伦理的内核"[①]。从农学的角度看，道教也继承了儒家的农业哲学思想和其中的重农、稳农、保农措施。

---

① 詹石窗：《道教文化十五讲》，北京大学出版社2003年版，第35页。

　　道教十分重视墨家理论，墨家是先秦时期地位仅次于儒家的显学，其最大特点是重术、尚禹。正因为大禹具有心怀天下、为天下兴利除弊、勤奋朴素之圣心，才得到了道家庄子的推崇，所以《道藏》中收录《墨子》，这是道教继承墨家思想的重要体现。从农学思想的角度看，《墨子》所说："圣王作为舟车，以便民之事。其为舟车也，全固轻利，可以任重致远。其为用财少，而为利多，是以民乐而利之。农夫春耕夏耘，秋敛冬藏，息于聆缶之乐"①。这里描述了一幅农家乐的画面，显示出道教和墨家具有的重农、保农、稳农思想，同时也突出了墨家重"器"的思想，这对后来道教重视农业生产技术有深刻启示。还继承和发展了墨子"非乐、节用、节葬"等准宗教思想，也继承了墨家勤俭的精神品质。

　　在《中华道藏》第 24 册中，有《孙子注解》，它是军事家曹操、道士李荃、诗人杜牧等人对《孙子》所作的注疏，此外还有《孙子遗说》、张良著的《黄石公素书》，这些足以说明道教对兵家思想的继承。道教与兵家的这种关系首先渊源于春秋战国时期道家与兵家的关系。道家和兵家具有共同的渊源，周文王时期的姜太公既是道家的先驱，也是兵家的杰出人物，他提出的"尊贤上功"，符合"天道无常、常与善人"的原则，"孕育了后来道家等诸多学派的某些特点"②。所以，后来的《汉书·艺文志》道家类著录《太公》237 篇，包括《谋》81 篇、《言》71 篇、《兵》85 篇，由是可知兵家姜太公的道家性质。道家经典中也本多言兵事，有人甚至把《老子》看作一本纯粹的兵书，这虽然有点夸张，但也不能不令人深思。道教继承兵家思想还有一个重要原因，那就是道教把制服心猿意马、身心分离视为一场鏖战，所以主张身国同治，倡导修身治国与用兵的一致性，把兵家思想和修炼思想紧密结合，把兵家视为道教的修炼法门。从农学的角度看，道教也将农业生产视为一场鏖战，要求利用兵家策略打好农业之战，主要从农兵关系、兵与地的关系角度阐述重农的必要性。

---

① 《墨子》，《道藏》第 27 册，第 232 页。
② 王明：《道家与传统文化研究》，中国社会科学出版社 1995 年版，第 16 页。

　　道教对法家的继承与对墨家的继承相似，其方式是在《道藏》中直接著录，在今天的《中华道藏》中著录有法家的代表作《韩非子》，前文已述法家与道家的关系，我们还可以从《韩非子》本身找到法家与道家的关系，它始终坚持"道"的本体性，认为世间万物根源于道，道性决定物性。从农学思想继承的角度看，韩非子提出的固根论、因时因地以制宜思想、重农思想、工具论、勤俭思想、农业耕作技术论都成为道教农学思想的主要内容。尤其是其中的祭祀品的选择成为道教祭祀的主要思想，它说："夫黍者五谷之长也，祭先王为上盛。果蓏有六，而桃为下，祭先王不得入庙"①。还有韩非子主张农业生产必须开民心，开百姓智慧，否则于国于农不利，他说："今上急耕田垦草以厚民产也，而以上为酷。昔禹决江疏河而民聚瓦石，欲以击禹也。子产开亩树桑郑人谤訾。禹利天下，子产存郑，人皆以受谤，夫民智之不足用亦明矣"②。这种开民智的思想具有承上启下的作用，一方面是先秦重民思想的体现，另一方面也为道教树立农业教育思想提供了理论指导。

　　以上是本人对道教继承先秦诸子百家思想的原因和方式的一个肤浅探讨，至于对方技、术数、杂家思想、道家思想的继承原因和方式与对儒家、法家、兵家思想的继承原因和方式进行比对，就容易理解得多，故此略而不论。

---

　　① 《韩非子》，《道藏》第 27 册，第 372 页。
　　② 《韩非子》，《道藏》第 27 册，第 417 页。

第二章

汉魏两晋南北朝时期道教农学思想的初步显现

道教农学思想肇始于东汉末年，随道教创立而产生，既是我国古代传统文化的继承与发展，也是宗教和科学的奇特结合。东汉末期，我国精耕细作的农业模式已基本定型，具备了道教农学思想产生的经济基础。农学思想也随之变得非常丰富，具备了道教农学思想产生的理论基础。同时，道教组织已经开始建立，具有了道教农学思想产生的宗教组织基础。创教之初，道士们为了实现其广招信徒的宗教目的，常兼修农以自立和济世，以农修道。道教农学思想正是在宗教与农业生产相互交融的过程中逐步产生的，经过汉魏两晋南北朝道教名士对传统农学思想的融摄和创发，道教农学思想最终初步形成。

第一节　道教创教模式中的农学思想

一、道教创教模式与农业关系考论

两汉是宗教勃兴的时代。具体表现为儒学宗教化、道教产生、佛教传入，这表明两汉社会对宗教有着十分迫切的需要，这为诸多宗教的产生和勃兴提供了良好的土壤和气候。就道教产生来说，当时对黄老道家的崇尚和传统鬼神崇拜是道教产生的社会基础，神仙思想和阴阳术数合流为道教产生准备了理论基础。道教创教模式中农学思想的形成与其社会基础、理论基础有着深厚的渊源关系。

首先，早在原始社会和夏、商、周三代时期，就存在巫、道和农业生产关系紧密的历史传统。由道家发展而来的道教也自然继承了这一历史传统，不仅本身重农，而且继承了远古文化中神话、易经和先秦诸子百家著书中的农学思想、秦汉时期精耕细作的农业技术思想、农业哲学思想。更为重要的是，道教在创始和早期发展过程中，始终以农立教、以医传教、以农存教为行动指南。这可以从五斗米道、太平道创建有形宗教团派和具有道教思想雏形的《老子道德经河上公章句》《天官历包元太平经》以及道教早期经典《太平清领书》的形成过程略知一二。我们也由此可以看出道教创教与农业渊源深厚及其深刻的历史背景和自身原因。

其次，从社会背景来看，秦朝的灭亡给汉朝统治者提供了国家治理的思想启示，汉初统治者采纳曹参、贾谊等黄老道人的休养生息建议，崇本弃末，重在安民，出现了文景之治等历史上不曾有过的繁荣景象。因此，安居乐业、清静无为等黄老道家"无为"思想成为汉初统治者的精神支柱。后来以汉武帝为代表的汉皇继续崇道，信仰长生不死，寻仙访道，道家思想得到迅速传播，并上升到主流意识形态的地位。东汉末年，战乱不断，灾害频繁，疾病流行，饿殍遍野，整个社会极度动荡，人们为了躲避战争和疾病的摧残，纷纷逃往边远山区求生存，面对如此惨景，以"去乱世、致太平"为宗旨的早期道教非常重视我国传统"天、农、医、算"中具有济世活人的医术，"把它作为传教弘道、广纳徒众和扩大影响的一个有力手段，而且视医术为其救世、救己和度人的一种必备知识"[1]。道教因此得到广大民众的信赖和支持，发展迅速。在行医和传教的同时，道士也向广大教徒传授必要的农业知识促使农

---

① 盖建民：《道教医学》，宗教文化出版社2001年版，第7页。

民自救，以减轻社会动荡的压力，因此，农业知识的传播与应用如同道教医学，它们均成为道教和百姓安心立命的有效手段。在此过程中，道教农学思想得以产生，早期的道教经典和其他道门著述屡屡提到"农道"和"耕道"，这是道教农学思想形成的标志。例如《老子道德经河上公章句》的注文中有不少农道思想："师之所处，荆棘生焉。五谷伤害，国无储也。则农事废，饥寒并至，故盗贼多有"①。《黄帝阴符经》说："天地，万物之盗；万物，人之盗；人，万物之盗；三盗既宜，三才既安。"② 三盗不宜则为凶，三盗相宜则为吉。《抱朴子·内篇·遐览卷第十九》说："执杖即成林木，种物即生瓜果可食，画地为河，撮壤为山，坐致行厨，兴云起火，无所不做"③。这种带有宗教幻想的夸张手法使道教农学思想一产生就带有很强的宗教神秘性。《太平经》把饮食男女看成是人类生存、发展的基础，它认为天下大急有二：饮食，男女。小急（半急）为：能够满足人形体要求的衣服，认为只有农业才能解此三急。

再次，道教继承我国传统文化中人身与宇宙同源同构思想，认为治世与治身是统一的，治国治身均以维护治理对象内部机制和谐为目的，所以两者统一的基础在于道。治国应重在国家社会和谐稳定，治身也应该保持人身体内部和谐。但无论怎样，立身立国是治国治身的根本出发点，而要立身立国必须有充足的物质保障，所以，在以农业为主的时代，只有农业生产才能解决立身立国和治身治国的基础问题，因而两者都关心农业生产的命运。马林诺夫斯基和拉德克里夫—布朗对此做了有益的探索，马林诺夫斯基认为各种宗教的出现均是用来满足个人和社会的深刻需要的。在以农业为主的社会里，农业生产决定社会发展的命运，满足农业生产需要的宗教内涵远比纯粹满足个人需要的宗教内涵更受到社会的重视。早期道教的经书和仪式中不同程度地存在一些农学思想，传授此类道经、弘扬如此道法有济世、利人和利己之

---

① 《老子道德经河上公章句》，《道藏》第 12 册，第 15 页。
② 《黄帝阴符经》，《道藏》第 1 册，第 821 页。
③ 《抱朴子内篇》，《道藏》第 28 册，第 247 页。

功，不仅能度世而且能救己，使自己能安心立命。

最后，从道教的认识机制看，天人合一、天人相应的思维模式是我国古已有之的哲学思维模式，它认为人与宇宙同源同构，人与天地之间存在同声相应、同类相比的关系，气是人与天地之间互相感通的媒介，通过气使人善有善报，恶有恶报。以此为理论基础，道教设想出了一大批自然神来主宰自然，认为人可以祈求各种自然神以获得恩赐或者赦免。早期道教对这种在原始宗教的祖先崇拜、图腾崇拜、自然崇拜中神化了的动植物、山水江河湖泊、天气现象大加渲染，并将它们进一步深化、扩大化、体系化，以此方式加深广大百姓的宗教群体认同感、文化认同感，这对道教的成立和道教的迅速发展起了十分重要的促进作用。正是在这种思维模式的指导下，以标榜顺应天心、安心立命的早期道教必然具备重农意识，要救世必先自立成为早期道教徒宗教实践活动的指南。

此外，任何一种宗教，要想发展成为一股左右百姓思想意识的社会力量，就必须建立起相应的严密组织体系、规章制度和拥有一定数量的信徒。东汉末年，我国社会急剧动荡，农村成为被政府遗忘的角落，大多数人自生自灭。尤其是早期道教的主要发源地巴蜀、汉中、东南越人等区域，地处偏僻，崇山峻岭，商业和交通落后，大多数人以务农终其一生，借此自给自足，从而内心对务农有一种莫名的好感。所以，道教初创从发动农村下层群众开始，利用广大农民的重农心理，通过以医传道的方式吸收下层贫民入道①，在早期道教前就早已存在的丹鼎派"由于专为贵族服务且炼丹费用昂贵，常人无法问津，所以丹鼎派很难成为宗教势力"②。符箓派则以民间化倾向为主，采取简单易行的入会手续和修炼方式吸引百姓入会，由此促成了早期道教以农立教、以医传教、以农存教的创教模式，在此基础上最终导致五斗米道和太平道的产生。

---

① 参见盖建民：《道教医学》，宗教文化出版社 2001 年版，第 44 页。
② 任继愈主编：《中国道教史》，上海人民出版社 1990 年版，第 73—109 页。

二、五斗米道和太平道的农学思想

道教直接传承黄老道思想和管理体系，五斗米道就是这种思想和管理模式传承出来的新的典型代表，成为东汉后期在巴蜀一带出现的早期民间道教大派之一。其创始人张陵就是黄老道徒，有关其生平和主要事实均只见于《汉天师世家》和葛洪的《神仙传》，在其他正史资料中并不多见。据道教经典记载推知，道徒们尊其为道陵、天师、正一真人等。后人认为他"在舜帝时从神仙方术流行的东方江淮地区到四川巴蜀地区创立了道教"①。我们由此可知，他和于吉以及太平道的创始人张角均属于黄老道徒。因此，五斗米道经典中不乏浓厚的农学思想。

首先，他们既具有非常强烈的巫术和神仙方术思想，这以五斗米道采用"鬼道"方式传教为证，同时也兼具强烈的重农意识，这主要蕴含在其组织管理制度和经书《老子想尔注》中。其内涵除了具有远古神话、传统文化中的重农意识之外，更多的是具有宗教含义。首先确认农业的基础地位，同时也重视农民生活和生产条件的维护与稳定，其中以"五斗米"入道的做法就体现这种思想。

其次，从张道陵本人所撰写的、被《道藏》收录的道书来看，无不涉及论农，无不显示出他那种勤于农事、力耕而食的思想。如《老子道德经河上公章句》的《益证第五十五》以"农事废，不耕治""五谷伤害，国无储也"注解"田甚芜，仓甚虚"。五斗米道主张道陵则强调"陈力殖谷，栽令自足"②。主张信徒要自食其力，力耕而食。同时，他基于农业生产的艰辛、农业生产过程的长期性和农业生产环境的恶劣与多变，提出勤俭节约、爱护粮食、勤于积累等主张，具体做法是深挖洞、广积粮。后遇曹操征服蜀汉，张鲁为了保护教徒，保护粮食货物，认为"宝货仓库，国家之有，遂封

---

① 汤一介：《早期道教史》，昆仑出版社2006年版，第78页。
② 饶宗颐：《老子想尔注校证》，上海古籍出版社1991年版，第29页。

藏而去"①。

再次，五斗米道实行农兵教结合的组织制度，这也体现其农学意蕴。关于"五斗米道"名称的由来，史书多有记载，且说法不一。《三国志·张鲁传》中说："徒受道者出五斗米，故世号米贼"。《华阳国志·汉中志》说："其供道限出五斗米，故世谓之米道"。《水经注》说："鲁至行宽惠，百姓亲附，供道之费限五斗，故世号五斗米道"。不管史书如何记载，但有一点则是共同的，那就是：入道者需缴纳五斗米供道或用五斗米酬谢道师，所以早期道派用粮食作为入教的凭信，即"信米"已是不争的事实。这种入会仅需五斗米的做法既没加重农民的负担，又发扬了农民互相帮助的精神，迎合了农民的心理意识。既满足了农民心理上的需求，又为农民互相交往、互相帮助提供了组织保证。张陵之孙张鲁解决内困外忧等问题，雄居汉中之后，实行政教合一，以五斗米道教义施政理民，组织群众，练武种田，实行农兵教结合，使五斗米道得到进一步发展。盖建民教授在《道教科学思想发凡》中援引《要修科仪戒律钞》卷十指出农业生产对道教组织的重要性，云："家家立靖崇仰，信米五斗。以立造化，和五性之气。家口命籍，系之于米，年年依会，十月一日，同集天师治。付天仓及五十里亭中，以防凶年"②。这些事例折射出农业对道教组织创兴发展的重要性，折射出早期道教的农学意蕴。

东汉时期，几乎与五斗米道同时出现的另一道教分支，张角在东方创立的太平道，也是民间巫术与黄老道家思想相结合的产物。它"因信奉《太平经》而得名"③。但从根源上来讲，太平道并非张角创造，而是来源于于吉、宫崇所创立的"太平清领道"，张角只是从理论上继承了于吉、宫崇所采用的《太平经》，并将它作为自己创立教派的根据而已，属于于吉、宫崇一个系统的人。"太平道"创教模式中的农学思想与五斗米道极为类似，它主要体现在

① 张金涛：《中国龙虎山天师道》，江西人民出版社 2000 年版，第 8 页。
② 《要修科仪戒律钞》卷十，《道藏》第 6 册，第 966 页。
③ 卿希泰：《中国道教史》第一卷，四川人民出版社 1996 年版，第 201 页。

《太平经》、组织结构和组织活动中，《太平经》中的农学思想后文将予以仔细论证。现单就组织结构和组织活动予以论述。

早在太平道以前，已有多次带有浓厚宗教色彩的"妖巫"造反事件。如汉光武时曾发生两次"妖巫"事件：建武十七年的"南岳大师"事件；十九年的单臣、傅镇事件，另有安帝顺帝时的起义不绝于书。"太平道"的最大特点也在于利用宗教色彩举行史书上所称的黄巾起义，它力图推翻东汉政权，不少具有正统思想的道书因此称之为"旁门左道"。我们由此可以看出，张角只是利用了东汉后期的政治危机和天灾疾疫流行、人们渴望太平的良好时机对"妖巫"事件加以扩大化而已。为了举行起义和管理信众，张角采取以下大多与农业有关的措施：

首先，太平道非常重农。它一改过去"妖巫"尚"阳"习俗为尚"黄"，即效仿"黄帝教人安居乐业"。按照阴阳五行学说，"黄"属中央，意欲控制中央政权，使天下臣服。还有"黄"为土色，意在教人离乡不离土，显示出崇尚大禹那种心怀天下，为天下兴利除弊，勤奋朴素的"地德"精神，重视农业生产，安身立命是一种宗教意义上的重农意识，这也是"太平道"重农的一种体现。

其次，太平道也采取农兵教结合的组织制度。张角效仿张道陵将其信众划为"二十四治"、实行地域管辖制的做法，按地域将信众划为"三十六坊"，实行农兵教三合一的金字塔管理制度，激发他们自觉练兵、生产、从教的积极性，保障了教区内的治安稳定和农业生产的发展。按照《三国志·张鲁传》的记载："各领部众，多者为大祭酒，皆教以诚信不欺诈，有病自首其过。大都与黄巾相似，诸祭酒皆作义舍，如今之亭传，又置义米肉悬于义舍，行路者量腹取足，若过多，鬼道则病之。犯法者三原，然后乃行刑。不置长吏，皆以祭酒为治。民夷便乐之"[①]。可知太平道的创教模式和"五斗米道"极为相似，也属于早期道教那种以农立教、以医传教、农道合修的创教模

---

① （晋）陈寿撰：《三国志·张鲁传》，中华书局 1959 年版，第 263 页。

式。两者相比，只不过太平道的宗教信仰比"五斗米道"更浓厚，其教理教义内容比"五斗米道"更复杂、更形象。对信众的管理也类似于"五斗米道"，只不过没强迫每个信众入会时缴纳入会的义米而已。这种管理制度也折射出农业生产对太平道的创建、稳定、兴盛有着不可代替的作用。

早期道教创教模式包含农学思想并非个别现象，这种农学思想广泛存在于当时各个道派的经典中，成为当时具有普遍性的宗教重农意识。除了上述几个道派外，另有于吉的宣教方式、杜子恭道团、清水道等教派也是如此。于吉的宣教方式直接秉承于《太平青领书》，其重农意识自不必多说，据《志林》记载："初，顺帝时，琅琊宫崇诣阙上师于吉所得神书于曲阳泉水上，白素朱界，号《太平青领道》，凡百馀卷"①。《太平御览》卷六七三引《像天地品》也有类似思想，所以有人依此认为《太平青领书》或《太平经》为于吉所作，不管该结论是否正确，但于吉以《太平青领书》为宣教方针总毫无疑问。杜子恭道团的重农意识可从该道团的性质和指导方针看出，《三洞珠囊》卷一《救道品》引《道学传》第四卷说："及壮，识信精勤，宗事正一。少参天师治箓，以之化导，接济周普。不求信施，遂立治静，广宣救护"②。表明了杜子恭教派与五斗米道的关系，"他从小信奉天师道，立志继承三张的事业。他除了废除入道者需交纳信米五斗的规定"③外，其他的管理措施"都和三张之道极其相近"④。前文关于五斗米道重农已有详论，所以杜子恭教团重农意识自不必细说。清水道也是深受天师道影响的道派，其宣教模式和治教模式均类似于五斗米道。不仅如此，这种重农意识还被后来众多的新道派所吸收，如金元之际的全真道、大道教、太一教在创立过程中也将其作为一条重要方略，后文将有详述。

---

① 《志林》，《道藏》第 25 册，第 293 页。
② 《三洞珠囊》，《道藏》第 25 册，第 296 页。
③ 卿希泰：《中国道教史》第一卷，四川人民出版社 1996 年版，第 272 页。
④ 卿希泰：《中国道教史》第一卷，四川人民出版社 1996 年版，第 272 页。

三、创教时期经书中的农学思想

道教是一个崇尚造经的宗教，所以道教经典繁多，内容杂乱，成为一个汇集各种思想的"大葫芦"。但因道教发轫之时始于社会下层百姓，并没得到社会上层统治阶级的关注，所以在正史资料中很难找到道教创教时期的经典和其他史料。同时，因道教历史悠久，时空变迁复杂，且对经典的重视程度和保护技术程度不是很高等原因，导致道教创教时期的经典如今极为稀少，据目前可靠资料，现存经典只有15篇，它们分别是：两汉时期的《老子变化经》《正一指教斋仪》《老子说百八十戒序》《道德真经指归》《道德真经注》《金碧五相类参同契》《易林》《列仙传》《淮南鸿烈解》和《太平经》，汉末魏晋时期的《洞玄灵宝五岳古本真形图》《太上老君太素经》《老子想尔注》《黄帝九鼎神丹经诀》《九转流珠神仙九丹经》，所以它们是我们研究道教创教时期各种思想的宝贵资料。其中，农学思想比较丰富的经典有：《老子道德经河上公章句》《道德真经指归》《道德真经注》（王弼注）《列仙传》《淮南鸿烈解》《太平经》，现就其中的农学思想分别辑要如下。

《老子道德经河上公章句》 旨在阐发"治身者爱气则身全，治国者爱民则国安"的思想，但因身国同治理论的需要，所以注文中极度关注农事活动，将其视为关系国计民生大事，重农意识溢于言表。例如，它在《还淳第十九》中提出"农事修，公无私"①，正面说明农业重要，说明农业生产具有的"民利百倍"作用。然后又在《俭武第三十》和《益证第五十五》中分别以"农事废，田不修"和"农事废，不耕治"的反面事实来说明不务农所造成的"荆棘生焉"②和"田甚芜，仓甚虚"③等荒凉景象，以及因"农事废"所造

---

① 王卡点校：《老子道德经河上公章句》，中华书局1993年版，第75页。

② 王卡点校：《老子道德经河上公章句》，中华书局1993年版，第121页。

③ 王卡点校：《老子道德经河上公章句》，中华书局1993年版，第203—204页。

成的"五谷伤害,国无储也""五谷尽则伤人也"① "饥寒并至,故盗贼多有"②的社会惨象。针对这种因粮食短缺所引发的危及百姓生命和社会动荡现象,河上公疾呼偃兵息武,兴修农田,提出"（治国者）兵甲不用,却走马（治）农田"③的主张,给统治阶级提出重农措施。

《太平经》 作为早期道教的重要经典之一,上承老子遗教,又受汉代图谶神仙方术的影响,所以卷幅鸿达,内容丰富。其中的农学思想主要体现在以下几个方面④。

以三才关系为核心的农业哲学思想。"三才"概念起源于易学,最早见于《说卦》中"兼三才而两之"的说法。后来道家经典《老子》中也出现"故道大,天大,地大,人亦大。域中有四大,而人居其一焉。人法地,地法天,天法道,道法自然"的说法,从此,三才关系问题成为历代哲学家和农学家所关注的核心问题。崇尚自然、无为而治的道教也不断探讨三才关系,《太平经》最先提出处理三才关系的原则:他认为天地生人,人敬天地,将天喻为父,地喻为母,人喻为天地之子,所以三者是父母子关系,它说:"故天乃好生不伤也,故称君称父也。地以好养万物,故称良臣称母也。天地中和凡三气,内相与共为一家,反共治生,共养万物"。明确划分天地的地位和职责,天地互相交感而生养万物,使百姓懂得必须尊重天地。然后要求人们充分认识天道、地道,顺应天道与地道,在辛勤劳动的基础上顺利生产出自己所需要的东西,获得丰收。《太平经》还继承了道家"人为万物之灵"的思想,提出兴衰由人观,它说:"凡人兴衰,乃万物兴衰,贵贱于自人。人兴用文则文王,兴用武则武王,兴用金钱则金钱王,兴用财货则财货王"。

浓厚的农时观。从现有农学书籍来看,《吕氏春秋·辩土》最早把阴阳概念引进农学思想,它说:"下得阴,上得阳"。在这里,它是作为畎亩耕作的

---

① 王卡点校:《老子道德经河上公章句》,中华书局 1993 年版,第 121 页。
② 王卡点校:《老子道德经河上公章句》,中华书局 1993 年版,第 221 页。
③ 王卡点校:《老子道德经河上公章句》,中华书局 1993 年版,第 181 页。
④ 参见袁名泽:《〈太平经〉农学思想探微》,《中国农业大学学报（社科版）》2009 年第 1 期。

要求提出来的，此句中的阴，为"地"中的水分、熵和其他营养物质。阳为"天"中所包含的农作物生长所需要的阳光、能量和空气等因素，这里用阴阳来代替农作物生长发育所需的各种因子。《太平经》虽然也继承了古时的"阴、阳"概念，但"阴、阳"含义有所变化，由原来的指称物质变成指称属性与功能，并且已具有阳尊阴卑之意蕴。此时，也与五行五方密切相关，所以《太平经》的农时观具有杂糅阴阳五行五方以定农事的特点。它首先总论了四时五行之气对万物生长的作用。"万物者，随四时五行而衰兴，而生长自养，是其弟子也。不能尽力随其时气，而生长实老终，为不顺之弟子，其年物伤人，反共罪过。其时气不和，为时气得重过"。然后，它再具体论述五行五方与物生长的关系，以下三句话明确指明了五行五方之气的关系："故东南生，西南养，西北施。春东首，夏南首，秋西首，冬北首，四季首其角"。最后，它又阐明阴阳五行四时之间的关系，及这种关系对万物生长的作用，四时之气与五行之气密不可分，但五行四时之气又各不相同，不同季节对应不同之气，所以一年四季会因阴阳差异产生变化，并且这种变化周延不已。各季内部的每个月之间也有不同的阴阳结合，出现月与月之间的物候、气候差。这就要求人们恪守农时。它说："天地者，主造出生凡事之两手也。四时者，主传养凡物之两手也。五行者，主传成凡物相付与之两手也"。

合理用地的"地宜"思想。它首先思考了为何要合理利用土地和保护土地。从土地来源看，"水王则火少气，火少气则化成灰，化成灰则变成土，便名为火，付气于土也。土得王起地，与金水属西北"。认为土地的形成是一个漫长的过程。随后，《太平经》再系统阐明一系列利用和保护土地的具体措施。它强调保存与恢复地力。土地是农业基本生产资料，"物以类相感动，比若土地，良土其物善，天亦付归之，薄土其物恶，天亦付归之，不夺其材力所生长也"。保护土地就必须保护森林，《太平经》凸显爱护花草树木以及森林的重要。从论述护林的原因到种树的方法和要求均有其独特之处，它认为种树时要注意选择善种、善地、善时，以尽地宜、时宜之效，才能获得好木和大片森林。"人有命树生天土各过，其春生三月命树桑，夏生三月命树枣李，秋生三月命梓梗，冬生三月命槐柏。皆有主树之吏，命且欲尽，其树半生，命尽枯落，主吏伐树"。

农业经营思想。为了满足自身需要和社会分工的需要，它呼吁勤于农事、重节约与积蓄、农商结合。首先必须勤于农事，它上承老子中"上士闻道，勤而行之"（第四十章）、"朝甚除，田甚荒，仓甚虚"（第五十三章）等思想，以此劝勉人们以勤为本，它说："人所求而得者，天以顺其所求，不负焉也"。在强调勤的基础上，它又呼吁节约和重视积蓄。其中的积蓄既包括积蓄生活资料，还包括积蓄生产力水平。它认为"天地乃生凡财物，可以养人者，然有大急，乃后求索之，不可卒得也，令人穷困矣。今积谷乃满仓，可以备饥饿也"，强调了积累物质生活资料的原因和必要性。在农业生产力积累方面，主要强调对役畜的使用和保护，它说："轻贱诸谷，用食犬猪，田夫便去"。

综上所述，《太平经》中十分丰富的农学思想在道教史上起了承上启下的作用，上承《吕氏春秋》《洞灵真经》《管子》等书中的农学思想，下为后来道教教理教义的重要来源，以其独特的宗教教义深深影响了我国古人的思想和传统农业发展，对道教后来许多新农学思想的提出和应用起了奠基作用，是一部值得研究的道教农学经典。

《淮南鸿烈解》 据《道藏》第 28 册记载，其作者为西汉刘安，原题《太尉祭酒许慎记上》。现《中华道藏》第 24 册有收录，普遍认为它为汉代作品，但后学认为这有托名之嫌，因《淮南子》就是刘安之作，共 28 卷。从其序言来看，作者以《淮南子》为底板对其进行注解，基本上保持《淮南子》基本思想和精神，我们由此可以说此书作者并非刘安。作者的自序又显示出该书的道家性质，它说："然其大较，归之于道。号曰鸿烈，鸿，大也；烈，明也。以为大明道之言也。故夫学者，不论淮南，则不知大道之深也。是以先贤通儒，述作之士，莫不援采以验经传……建安十年，辟司空掾，除东郡朴阳令。睹时人少为淮南者，惧遂陵迟，于是以朝铺事毕之间，乃深思先师之训，参以经传道家之言，比方其事，为之注解，悉载本文，并举音读。典农中郎将并揖，借八卷剌之，会揖身丧，遂亡不得。至十七年，迁监河东，复更补足"①。此经典的农学思想也在此初步显现。后学经过对该经典的仔细品味，现将其中的农学思想阐述如下。

重农思想。纵观我国古代农学思想史，重农意识是我国古代农学思想的共识，这与农业在历代国民经济中的地位和作用密切相关。《淮南鸿烈解》当然不乏这种意识，但它论述重农意识之方法又与其他农书或经典有些差别。它首先从农业产生的角度强调重农之必要，它说："古者，民茹草饮水，采树木之实，食蠃蠬之肉，时多疾病毒伤之害。害，患也。于是神农乃始教民播植五谷，菽、麦、黍、稷、桑也。相土地宜，燥湿肥墝高下，相，视也。燥，干也。墝，埔也。高，陵也。下，湿也。尝百草之滋味，水泉之甘苦，令民知所避就。当此之时二日而遇七十毒。此神农之为也"②。这说明农业产生的根源在于人类要避毒，如果没有农业的产生，人类就无法生存。接着又从人们日常生活离不开农业的角度予以论证，它说："食者，民之本也。民者，国之本也。国者，君之本也"③。"耕之为事也劳，织之为事也扰。扰劳之事，而民不舍者，知其可以衣食也。人之情不能无衣食，衣食之道必始于耕织，万民之所容见也。物之若耕织者，始初甚劳，终必利也众"④。其明确性甚于前一角度。最后又从反面论证如果农业得不到重视，会影响社会治理甚或人类生存。它说："农事废，女工伤，则饥之本，而寒之原也。夫饥寒并至，能不犯法干诛者，古今之未闻也"⑤。这种浓厚的重农意识对于统治者采取便农利农措施具有强烈的警示作用。

农道关系思想。因此经典的作者是道门人士，所以他明确站在道家立场从三个角度论述了农道关系。

他继承我国原始文化中的"气"本论思想，认为万物乃阴阳和合的产物。

---

① 《淮南鸿烈解》，《道藏》第 28 册，第 1 页。
② 《淮南鸿烈解》，《道藏》第 28 册，第 150 页。
③ 《淮南鸿烈解》，《道藏》第 28 册，第 70 页。
④ 《淮南鸿烈解》，《道藏》第 28 册，第 72 页。
⑤ 《淮南鸿烈解》，《道藏》第 28 册，第 87 页。

它说："天地合和其气，故生阴阳，陶化万物"。所以万物生长和健康发展必须保持内外阴阳平衡，否则不死即为灾。同时，作者也看到"道"与物的关系，他认为道性决定物性，不同时空条件下，其物性也必然不同，所以，它说："万物之生而各异类，蚕食而不饮，蝉饮而不食，蜉蝣不饮不食，介鳞者夏食而冬蛰……昼生者类父，夜生者似母。至阴生牝，至阳生牡"①。这种物性差别为我们农业生产因物性而种提供了理论指导，如，它认为水和土地性质决定农作物的种植，它说："白水宜玉，黑水宜砥，砥则卓石也。青水宜碧，赤水宜丹，黄水宜金，清水宜龟，汾水濛浊而宜麻，济水通和而宜麦，河水中浊而宜菽，雒水轻利而宜禾，渭水多力而宜黍，汉水重安而宜竹，江水肥仁而宜稻。平土之人慧而宜五谷"②。这种思想在实际农业生产中转化为"三宜"观。因我国地域广大，阴阳之气各有差异，所以各地农业生产对象存在明显差别。在农业生产中，要注意时、地的差别，就此提出"因"的思想，即顺物性顺时顺地以生产的思想。当然，此时的"因"是从理论上去论述为何"因"，与"因时因地以制宜思想"中的具体"因"是有一定差别的。其内涵主要是"因自然"之意，有类似于道家"无为"之意。它说："修道理之数，因天地之自然，则六合不足均也。是故禹之决渎也，因水以为师；神农之播谷也，因苗以为教。以水性自下，决使东流，以为后世师法也"③。特别强调"天"乃自然，最好的"因"就是尊崇自然，不得以人力干预，所以它说："所谓天者，纯粹朴素，质宜皓白，未始有与杂糅者也。所谓人者，偶睟智故，曲巧伪诈，所以俛仰于世人，而与俗交者。循天者，与道游者也。随人者，与俗交者也"。但作者在继承道家无为思想的基础上，又继承了老子"骆马首"思想，即在遵道基础上再施以人力，这样就阐述了农业生产中道与人为的关系。还强调了发展农业生产必须在因自然基础上使天地人三者有机结合起来，它说："是故人君者，上因天时，下尽地财，中用人力，是以群生

---

① 《淮南鸿烈解》，《道藏》第 28 册，第 30 页。
② 《淮南鸿烈解》，《道藏》第 28 册，第 30 页。
③ 《淮南鸿烈解》，《道藏》第 28 册，第 4 页。

遂长，五谷蕃植。教民养育六畜，以时种树，务修田畴，滋植桑麻，肥墝高下，各因其宜"①。这样既继承了道家无为思想，同时在"夫地势，水东流，人必事焉，然后水潦得谷行。水势东流，人必事而通之，使得循谷而行也。禾稼春生，人必加功焉，故五谷得遂长。加功，谓是荐是蓘，耘耔之也。遂，成也。听其自流，待其自生，则鲧、禹之功不立，而后稷之智不用"②中也突出了农业生产中人力劳动的重要性。

可持续发展的生态农业思想。农业生产以动植物适度繁殖为顺利生产的基本条件，正是由于动植物的适度繁殖与遗传才使农业生产顺利进行，因此，农业生产必须注意新旧物种之间的衔接性，必须注意农业生产的可持续发展。这种思想也是我国古农学思想中的一个重要内容，《淮南鸿烈解》对此予以高度重视，进行了详细阐述和论证。首先，它从乱砍滥伐、乱捕滥杀所造成的恶果等反面事实来说明农业可持续发展的必要性。它说："焚林而猎，烧燎大木，山无峻干，林无柘梓"③。如果焚林而猎，不仅会造成山无幼雏，也会造成山无峻干、林无柘梓的结果，会严重破坏动植物繁殖的规律和繁殖速度，为下轮农业生产种下恶果，影响人们正常的生活需要。那么，为了保护正常的农业生态环境，它又根据道家无为思想提出"昔者神农之治天下也，神不驰于胸中，言释神安静，不躁动也。智不出于四域，信身在中。怀其仁成之心，甘雨时降，五谷蕃植。春生夏长，秋收冬藏。月省时考，岁终献功"④。也就是说，对待农业环境中的各种野生动植物必须做到"神不驰于胸中，智不出于四域，怀其仁成之心"。总的原则是"孕育不得杀，㲉卵不得探，鱼不长尺不得取，彘不期年不得食。皆为尽物"⑤。即使对待农作物也有必要如此，否则也会破坏农作物的正常生长，更不利于农业生产的发展。其次，它还在《明堂·月令》中以月令的形式提出具体的采伐渔猎要求，它说："豺未祭兽，

---

① 《淮南鸿烈解》，《道藏》第 28 册，第 70 页。
② 《淮南鸿烈解》，《道藏》第 28 册，第 151 页。
③ 《淮南鸿烈解》，《道藏》第 28 册，第 59 页。
④ 《淮南鸿烈解》，《道藏》第 28 册，第 61 页。
⑤ 《淮南鸿烈解》，《道藏》第 28 册，第 70 页。

置罢不得布于野；獭未祭鱼，网罟不得入于水；鹰隼未挚，罗网不得张于溪谷；草木未落，斤斧不得入山林；昆虫未蛰，不得以火烧田"①。它虽然没提到具体月份，但它以一些具体的时节活动暗藏时间，例如，十月祭兽，孟春之月獭祭鱼，立秋鹰挚，冬月昆虫蛰藏。这样就给百姓进行渔猎生产设定了一个时间范围，从而达到保护野生动植物的目的。

三宜思想。《淮南鸿烈解》中的"三宜"思想主要体现在"天文训上下""地形上下""时则训上下"三部分中，具体论证了时与物的关系、土与物性的关系、时与农事的关系、灾害原因。提出了因时、因地、因物性以制宜的"三宜"思想。

就时与物的关系来说，本文中的"时"综合了我国古代农学思想中的观点，具有"时机""时令""阶段"等含义。围绕这些含义首先论证了各种动植物生命活动具有明显的时节性，动植物生长的时令性，它说："孟春之月……东风解冻……蛰虫始振苏，鱼上负冰，獭祭鱼……仲春之月……桃李始花，苍庚鸣，鹰化为鸠……季春之月……桐始花，田鼠化为鴽，虹始见，萍始生，天子鸟始采舟，荐鲔于寝庙，乃为麦祈实……孟夏之月……蝼蝈鸣，丘蚓出，王瓜生，苦菜秀……仲夏之月，小暑至，螳螂生，羞以含桃，先荐庙……孟秋之月……凉风至，白露降，寒蝉鸣，鹰乃祭鸟，用始行戮……孟冬之月……水始冰，地始冻，雉入大水为蜃，虹藏不见……仲冬之月……省妇事。乃命大酋，秫稻必齐，麹蘖必时……季冬之月……命有司，大傩旁磔，出土牛"②。我们由此可见各个季节不同的物产，如果反季则违反了自然无为的思想，即使能种出反季东西，人食之则并无顺季之物的味道和作用。也论述了物性由时气决定，它说："八主风，风主虫，虫故八月而化。鸟鱼皆生于阴，阴属于阳，故鸟鱼皆卵生。鱼游于水，鸟飞于云，故立冬燕雀入海，化为蛤。万物之生而各异类，蚕食而不饮，蝉饮而不食，蜉蝣不饮不食，介鳞

---

① 《淮南鸿烈解》，《道藏》第28册，第70页。
② 《淮南鸿烈解》，《道藏》第28册，第33—42页。

者夏食而冬蛰。夜生者似母。至阴生牝，至阳生牡。夫熊罴蛰藏，飞鸟时移"①。既然物种由时气决定，那么时气的时间差异性又非常明显，农事活动也因此具有比较明显的时间差异性，我们安排农事就应该准确把握"时"。还论述了物种转化的阶段性，它说："蚕食而不饮，二十二日而化；蝉饮而不食，三十日而蜕，蜉蝣不食不饮，三日而死"②。突出了物种变化的渐进性，要求我们进行农业生产时也需循序渐进。它提出了因时而作、因时选择种养的观点，它说："正月可树杨。二月兴农播谷，其树杏。三月官乡，其树李。四月官田，其树桃。五月官相，其树榆。六月官少内，其树梓。七月官库，其树楝。八月官尉，其树拓。九月官候，其树槐。十月官司马，其树檀。十一月官都尉，其树枣。十二月官狱，其树檿"③。它以月令的形式对每一个月的农事活动做了安排，很明显具有因时而作的思想，也是对月令思想的继承。

就土地与物的关系而言，它首先继承了我国传统农学思想的土地观，尤其是《禹贡》中对土地进行种类划分的思想，它说："东南神州曰农土，正南次州曰沃土，西南戎州曰滔土，正西弇州曰并土，正中冀州曰中土，西北台州曰肥土，正北济州曰成土，东北薄州曰隐土，正东阳州曰申土"④。这种土地分类法一方面说明我国对土地性质的了解，另一方面也说明土地性质差异与农业生产差异性之间的关系。再后来补充说明了土地性质与物性之间的关系，它说："食水者善游能寒，食土者无心而慧，食木者多力而讷，食草者善走而愚，食叶者有丝而蛾，食肉者勇敢而捍，食气者神明而寿，食谷者知慧而夭，不食者不死而神"⑤。它虽然表面上说明食物对动物或人心性的影响，实际上是说明土地性质决定食物性质差异性，所以暗含了土地性质和物性之间的关系。同时，也提出了土地性质与人形的关系，它说："坚土人刚，弱土人肥，垆土人大，沙土人细，息土人美，耗土人丑"。这句话实际上是对土地

---

① 《淮南鸿烈解》，《道藏》第 28 册，第 30 页。
② 《淮南鸿烈解》，《道藏》第 28 册，第 135 页。
③ 《淮南鸿烈解》，《道藏》第 28 册，第 33—42 页。
④ 《淮南鸿烈解》，《道藏》第 28 册，第 27 页。
⑤ 《淮南鸿烈解》，《道藏》第 28 册，第 29 页。

性质与物性之间关系的进一步说明。最后论证了土地性质与物产、与农事之间的关系。它说："东方川谷之所注，日月之所出，其地宜麦，多虎豹。南方阳气之所积，暑湿居之，其地宜稻，多兕象。西方高土川谷出焉，日月入焉，其地宜黍，多毛犀。北方幽晦不明，天之所闭也，寒水之所积也，蛰虫之所伏也，禽兽而寿。其地宜菽，菽，豆也。多犬马。中央四达，风气之所通，雨露之所会也。其地宜禾，多牛羊及六畜"。它在这里以分方位的手段对土地与农事活动甚至物产进行说明。

就其灾害观来说，它主要分析了反时之灾。认为反时之灾形成的原因，既有自然界的阴阳失调，也有人力耽误农时之因。就自然界的阴阳失调来说，其原始的理论根据就是《易经》和《易传》的不当令，即春天不行春令，夏天不行夏令，秋天不行秋令，冬天不行冬令等原因所致。所以作者在文中仔细例举了每季度每个月的反时之灾的表现。就人力原因来说，主要是因农民耽误农时所致，它认为这也属于明显的反时之灾。所以作者在文中提出顺时而动、顺势而动的思想，它说："夫地势，水东流，人必事焉，然后水潦得谷行。水势东流，人必事而通之，使得循谷而行也。禾稼春生，人必加功焉，故五谷得遂长。听其自流，待其自生，则鲧、禹之功不立，而后稷之智不用"[①]。所以农业生产必须抓住有利时机顺势而动，不能随意听其自然，随意听其自然就等于懒惰。

耕道思想。《淮南鸿烈解》中的农业技术思想，除了上文已经论及的利用物候、天象以定农时，土地分类思想、三宜思想、注意农业可持续发展等思想之外，还主要论述了工具及其重要性，提出农业生产必须注意效益的思想。

就工具论来说，指出各种农业工具的制造材料，要做到各种工具利用各种不同的原料，它说："铅不可以为刀，铜不可以为弩，铁不可以为舟，木不可以为釜"。然后它又指出，要做到不同农活使用不同生产工具，不同农作物使用不同工具，这就是文中所说的"各用之于其所适，施之于其所宜，即万

---

① 《淮南鸿烈解》，《道藏》第28册，第151页。

物一齐"。只有这样才能做到"无由相过"。所以文中特别具体分析了每种工具的使用范围，它说："古者剡耜而耕，摩蜃而耨，木钩而樵，抱甀而汲，后世为之耒耜櫌，锄斧柯而樵，桔槔而汲"①。点明了各种农具的作用，对我们正确使用农具提供了有益的参考，甚或可以说，它使我们知道了农具的具体种类和功能。同时，它还提醒我们，对待生物性农具必须注意维护与恢复其使用能力，这一点文中以牛马为例予以了说明，它说："马不可以服重，牛不可以追速"。这意味生物性农具不能过分使用，例如马不能超过其负重量，牛不能任意驱使，不能尽可能求快。否则就不能循环使用，这也可以说是一种可持续性农业发展思想。

就其农业效益观来说，《淮南鸿烈解》非常重视农业生产的效益，它认为农业生产必须以生产效益为核心，它说："治疽不择善恶丑肉而并割之，农夫不察苗莠而并耘之，岂不虚哉"②。即在农业生产过程中，如果盲目行事就会造成徒劳无功的结果，农业生产劳动必须是劳动过程与劳动成果的紧密结合，它还说："螟蚕一岁再收，螟，再也。非不利也，然而王法禁之者，为其残桑也。离先稻熟，而农夫耨之，稻米随而生者为离，与稻相似。耨之，为其少实。不以小利伤大获也"③。文中以"螟蚕一岁再收而残桑，离先稻熟而农夫耨之"为例说明农事活动重视效益的必要性，提高农业效益的方法就在于"不以小利伤大获也"。这是《淮南鸿烈解》农学思想的特色之所在。

农业社会伦理思想。由于道家一直坚持"气本论"，它认为人和其他世间万物均产生于气，人和其他世间万物同源同构，人和他们之间可以通过"气"相互感通，因此，《淮南鸿烈解》中十分重视农业社会环境的构建，从而提出其农业社会伦理思想，其内容除了人需为善思想外，还强调人们之间必须紧密团结，必须勤于农事，重视积蓄以备荒等。

首先，它强调人尽其才、勤于农事，它说："上因天时，下尽地财，中用

---

① 《淮南鸿烈解》，《道藏》第28册，第98页。
② 《淮南鸿烈解》，《道藏》第28册，第128页。
③ 《淮南鸿烈解》，《道藏》第28册，第166页。

人力，是以群生遂长"。我们从这里可以看出，要想达到农作物"群生遂长"的目的，必须促进天地人三者的有机结合，这当然离不开人力劳动。对此，它还进一步说"夫地势，水东流，人必事焉，然后水潦得谷行。水势东流，人必事而通之，使得循谷而行也。禾稼春生，人必加功焉，故五谷得遂长。听其自流，待其自生，则鲧、禹之功不立，而后稷之智不用"①。还直接说明勤劳是丰衣足食的基础，它说："田野不修，民食不足，后稷乃教之辟地垦草，粪土种谷，令百姓家给人足"②。

其次，它还看到农业生产环境对农业生产的巨大影响，也看到生命个体在自然环境面前力量的渺小，所以它主张人类在农业生产过程中，尤其是在自然灾害面前必须团结一致。它说："众人相一，则百人有余力矣。是故任一人之力者，则乌获不足恃；不能胜，故不恃也。乘众人之制者，则天下不足有也。人众力强，以天下为小，故曰不足有也"③。这里从正反两方面论证了团结一致的重要性，它首先从正面说"众人相一，则百人有余力矣"，然后又从反面说"任一人之力者，则乌获不足恃"，最后点明团结的力量巨大，"乘众人之制者，则天下不足有也"，显现出作者匠心独运，用心良苦。

再次，该书还要求人们重视积蓄。它说："夫民之为生也，一人跖耒而耕，不过十亩。中田之获，卒岁之收，不过亩四石，妻子老弱仰而食之。时有澇旱灾害之患，潦久而水辽也。有以给上之征赋车马兵革之费。由此观之，则人之生，闵矣"④。这里从四个方面说明了重视积蓄的原因，第一是人的生产能力有限。第二是土地生产能力有限。第三是灾害时有发生，灾害发生时农业生产不能顺利进行，还会损人财物。第四是上缴国家税收，这影响了本已不高的农业家庭收入。文章中还进一步说明积蓄的方法，它说："天地之大，计三年耕而余一年之食，率九年而有三年之畜，十八年而有六年之积。

① 《淮南鸿烈解》，《道藏》第28册，第151页。
② 《淮南鸿烈解》，《道藏》第28册，第141页。
③ 《淮南鸿烈解》，《道藏》第28册，第64页。
④ 《淮南鸿烈解》，《道藏》第28册，第70页。

二十七年而有九年之储，虽涝旱灾害之殃，民莫因穷流亡也。故国无九年之畜，谓之不足；无六年之积，谓之闵急；闵，忧。病，急。无三年之畜，谓之穷乏"[①]。说明积蓄在于日积月累，减少浪费，做到每耕种三年就积累一年的粮食，这样就能应对一定程度的灾害。

《道德真经指归》   又名《老子指归》。汉严遵（字君平）撰。依据其中的《君平说二经目》可知作者严君平的身份，它说："严君平者，蜀郡成都人也，君平生西汉中叶，王莽篡治，遂隐遁场和，盖上世之真人也"。很显然，作者是西汉中叶的一位隐士，因而该文也为西汉时之著述。而《道德真经注》又名《河上公章句》。据传为西汉初隐士河上公撰，传授汉文帝。一说出于东汉。我们由此可知它也出自两汉，所以此两著作均为两汉时期作品，均为隐士所作，均是对《道德经》的注解，所以其意指也基本相同，也可就其中的农学思想进行通论。

首先它们具体论述了何为"道"、何为"德"，以及"道"与"德"化生万物的区别。它们都认为"道"虽然是世界本体，但它不能直接生成万物，具体的事物是由"一"生成的，而它们都认为"一"就是"德"，所以说："道能然成于万物，而万物不能然成于道。一能为生生之始，而非有形之生不能生于一，故云始生生者而生不能生也"。又说："一者，道之子，神明之母，大和之宗，天地之祖。于神为无，于道为有，于神为大，于道为小"。接着点明"德"的功能，直接说明"德"生成具体事物，它说："德，一也。一主布气而畜养。物形之，一为万物设形象也。势成之。一为万物作寒暑之势以成之。是以万物莫不遵道而贵德"。这就要求我们在实际工作中"遵道而贵德"。

既然世间万物是由"道""德"构成，那么宇宙时空也由其构成，所以它们还说明了"道德"与"时"的关系，它们认为"时"由阴阳分合而成，所以守时也就是遵道，如果不守时，就是反道，就会遭到"道"的惩罚，它们说："田甚芜，农事废，不耕治而失时也。仓甚虚，五谷伤害，国无储也"。

---

① 《淮南鸿烈解》，《道藏》第28册，第70页。

为了守时，除了利用物候、气候等手段和工具预测外，利用工具提高劳动效率也是一种手段，它们说："人之器而不用。器谓农人之器。不征实夺民之时"。这种说法在道教经典中是不多见的。既然"时"由"道"产生，所以人的农业行动也需由"时"决定，不能率性而行，它们说："故阴之至也，当此之时，处温室，临炉火，重狐络，袭毛绵。阳之至也，当此之时，入沉清泉，出衣绤纷，燕高台，服寒石"。

既然人的生活活动和农业生产活动均受"时"的限制，那么具有重农思想也是必然的，它们说："农事废，田不修。天应之以杀气，即伤五谷，五谷尽，即伤人也"。即人越懒惰或者越轻视农业，那么则出现伤五谷的"杀气"，人食后则伤人，由此说明重农的必要。后文又说："秉术操数，简织贱耕，田秽不修，节莠并生，田苗不起，因仓虚空。田甚芜，仓甚虚"。还有说："珍好之物滋生彰者，则农事废，饥寒近至，故盗贼多有"。这些句子简单明了地说明重农之必要性。

第二节　魏晋南北朝时期高道之农论举例

在我国传统农业社会里，因生产力水平低下，农业生产技术落后，远不能满足人们对农产品的生活需求，因而重农意识成为我国古代优良传统，这既由各个朝代的生产力水平所决定，也由各个社会群体和各生命个体生活的客观环境所决定。就道教初创时期而言，它的经济来源经历了三个不同阶段：曹魏政权前的道教为民间道教，道士生活来源和道教管理完全靠自己生产、自给自足；张鲁投降曹操之后的短暂时期，道教很大一部分生活来源由曹魏政权供给；随着曹魏政权结束，后来的统治者虽然崇道，但主要目的是利用道教为其生活服务，其重视程度远不如曹魏政权，道教大的经济来源又回归到自给自足，这种自给自足的生产生活状况决定了道教中的高道和领袖人物必须具有重农意识，促使他们具有丰富的农学思想。从《道藏》所收集的资料看，此时的高道大都在其著作中阐发了自己的农学思想，现以陶弘景和葛洪为例说明其中情况。

一、葛洪著述中的农学思想

葛洪（284—364），字稚川，自号抱朴子，晋丹阳郡句容（今江苏句容县）人。三国方士葛玄之侄孙，世称"小仙翁"。年十三时，因其父去世而家道中落，受尽人间疾苦，乃"饥寒困瘁，躬执耕穑，承星履草，密勿畴袭……伐薪卖之，以给纸笔，就营田园处，以柴火写书……常乏纸，每所写，反复有字，人尠能读也……"[①]。他曾因军功受封为关内侯，后隐居罗浮山炼丹。著有《抱朴子》《肘后备急方》《西京杂记》等。《仙苑编珠》卷上引《道学传》云："葛洪字稚川，读书万卷，求勾漏令，意在丹砂。著内外篇凡一百一十六篇，碑诔诗赋百卷，檄章牋表三十卷，《神仙传》十卷，《良吏传》十卷，《隐逸传》十卷，《集异传》十卷，抄五经史百家之言方伎杂事三百一十卷，《金匮药方》百卷，《肘后要方》四卷。年八十一，兀然若睡而蜕"[②]。其农学思想主要体现在《神仙传》和《抱朴子内篇》中，内容包括"农道"和"耕道"两部分。

（一）其"农道"内容十分广泛，他既关心医学，又关心农业生产的发展，依然采取农医并重的模式担负起振兴道教的责任。这两种思想均要求他具有强烈的物性观念，所以在其许多著作中首先论证物性。认为道是物的本源，道是可变的，道性决定物性，道性不同，则物性也不同，这种思想不仅使他成为医学家，而且对我们的农业生产起了很大的指导作用。但他又指出"道"不能直接转化为物，只有转化为"炁"之后，道才能成为万物的基础。所以我们人类自身养生和培植农作物均须以"循道、固根"为本，如他在《抱朴子内篇》中说："夫木槿杨柳，断殖之更生，倒之亦生，横之亦生。生

---

① 《晋书》卷72，《道葛洪传》第六册，第1910—1911页。
② 《仙苑编珠》，《道藏》第11册，第23页。

之易者，莫过斯木也。然埋之既浅，又未得久，乍刻乍剥，或摇或拔，虽壅以膏壤，浸以春泽，犹不脱于枯瘁者，以其根荄不固，不暇吐其萌芽，津液不得遂结其生气也"①。即农作物进入生长期之后，必须尊崇自然无为之道，听其自身生长，不要任意动其根，破坏其本已存在的生长规律。

但因万物起源时所秉之"炁"的差别，万物的物性也随之不同，这种物性差别又成为人类有选择性地进行培植和消费的基础。他在《抱朴子内篇》说："谓夏必长，而荠荾枯焉。谓冬必凋，而竹栢茂焉"，说明不同物种有不同的生长规律。另外，他又说："辕豚以优畜晚卒，良马以陟峻早毙，寒虫以适己倍寿，南林以处温长茂，接煞气则彫瘁于凝霜，值阳和则郁蔼而条秀"②，强调不同的动植物生长过程对其环境和生长条件的要求不同。针对这种现象，我们每一个生产者均需"因时、因地、因物性"行事。在农作物消费上，虽然他依然坚持以医学养生为出发点和目的，但对我们一般人的日常生活消费仍提供了必要的理论指导。按其观点，我们每个人均需按农作物特性和身体需要进行消费，同时要求两者必须匹配，不然会"病从口入"。又如，他在《抱朴子内篇》说："又孝经援神契曰，椒姜御湿，菖蒲益聪，巨胜延年，威喜辟兵"③。只有同时弄清这些物质属性和人的体质特征之后进行理性消费，才能既满足日常生活，又能养生。

在农业生产方面，他最重视"勤"。他说："然未有不耕而获嘉禾，未有不勤而获长生度世也。芸锄草三四顷，并皆生细石中，多荒秽，治之勤苦不可论"④。认为人须勤于耕耘之因在于杂草过度生长和细石、荒秽干扰了农作物的正常生长，导致农业生产事倍功半，甚至颗粒无收。其次，他认为，如果在生产过程中盲目"勤于农事"，也将无所收获，因此，勤前必须关注农作物生长的必备条件，如果"空耕石田，而望千仓之收，用力虽尽，不得其所

---

① 《抱朴子内篇》，《道藏》第 28 册，第 220 页。
② 《抱朴子内篇》，《道藏》第 28 册，第 189 页。
③ 《抱朴子内篇》，《道藏》第 28 册，第 208、209 页。
④ 《抱朴子内篇》，《道藏》第 28 册，第 226、250 页。

也"。只有基本的必备条件具备，才有可能劳有所得。当然，"勤"还需注意抓住"时"，善于使用工具，只有这样，才能事半功倍，夺得丰收。所以他说："厥田虽沃，水泽虽美，而为之失天时，耕锄又不至，登稼被垄，不获不刈，顷亩虽多，犹无获也"，即要求我们要及时"耕锄、收获"。当然，他认为农业生产是一个长期的、周而复始的过程，所以在农业生产中必须持之以恒，把握动植物生长周期进行播种耕作和收获，强调农业生产劳动的周期性和长期性，以及其循序渐进性。在农产品消费方面，他重视日积月累，所以他说："千仓万箱，非一耕所得；干天之木，非旬日所长；不测之渊，起于汀滢；陶朱之资，必积百千"①。他内心充满对优良品种的渴望，还以道门人士所具有的幻想形式阐述了许多珍奇物种的种类与培育，指出优良品种对于农业生产的重要，这是作为高道的葛洪对人类终极关怀的体现。如他说："上有木禾，高四丈九尺，其穗盈车，有珠玉树沙棠琅玕碧瑰之树，玉李玉瓜玉桃，其实形如世间桃李，但为光明洞彻而坚，须以玉井水洗之，便软而可食"②。这对人们改良农作物品种有着十分重要的启示。

　　他还认为修道与务农之间有许多相通之处，所以主张农道合修，竭力寻找两者之间的结合点，甚至认为务农也是修道的一种方式。除鼓吹修道的身体作用外，还认为修道能为农业生产驱灾避灾。例如他说："远近圣人，赖君之德，无水旱疾疠螟蝗之灾。山无刺草毒木及虎狼之厉"，他认为圣人远离这些灾害是他们修道的结果。"又有一人种黍于山中，尝患猕猴食之。闻象有道，从乞辟猴法"③。以下这个故事也具体说明了修道对农业生产的神奇作用："山中百虫莘兽，游戏杏下，竟不生草，有如耘治也。于是杏子大熟，君异于杏林下作笔仓。语时人曰：欲买杏者，不须来报，径自取之，得将谷一器置仓中，即自往取一器杏。云：每有一谷少而取杏多者，即有三四头虎噬逐之。此人怖惧而走，杏即倾覆，虎乃还去。到家量杏，一如谷少。又有人空往偷

---

① 《抱朴子内篇》，《道藏》第 28 册，第 218 页。
② 《抱朴子内篇》，《道藏》第 28 册，第 250 页。
③ 葛洪：《神仙传》卷五，学苑出版社 1998 年版，第 116、245、246 页。

杏。虎逐之到其家，乃喝之至死。家人知是偷杏，遂送杏还，叩头谢过，死者即活"①。这里以修道喻具有耘治功能的百虫莘兽和护园功能的老虎所具有的神奇感知功能。

（二）其"耕道"即农业生产技术也及时反映了当时的生产力水平，主要体现在其《抱朴子》和《备急方》中，其内容主要有以下几个方面：他充分挖掘和注意培植一些新奇农作物品种，在《抱朴子》中所收录的一种枣树被《齐民要术》收录，说明他相当重视果树栽培和对优良品种的渴求。葛洪在《抱朴子》提到养蚕过程中的"叶粉"添食技术，说明养蚕技术已经发展到一个很高的水平，成为魏晋南北朝时期反映蚕桑技术较之秦汉时期有明显进步的代表性史籍记载。

在畜牧技术方面，秦汉时期的家畜饲养管理技术也有相当大的进步，但到葛洪时代，这种技术进步更加明显，其成果也被葛洪记录在其《肘后卒救方》中，此书后称《肘后备急方》，内有《治牛马六畜水谷疫疠诸病方》，出于为牧民"备急"的目的，他详细介绍了十三种家畜病及治法，为缺医少药的农民提供一些急性病和常见病的防治方法和抢救措施，也为旅途中的畜养者提供一些必备的应急疗法，他所介绍的方法和药物都是简单易行和容易取得的药物，起到了真正帮助和实惠于牧民的目的，反映了当时兽医学术的发展水平。还如《肘后备急方》卷八指出："马远行到歇处，良久，与空草，熟刷。刷罢饮，饮竟，当饲。困时与料必病"。即说明马经过长途骑乘或劳役后至歇处，不能即时喂精料和水，只有待其消除疲劳之后才能给其洗漱和进食，这是饲养方法中要中之要，这是其喂马实践经验的总结。此书中还介绍了一种羊疽疮方、牛皮蝇蛆病方，它可能是针对羊鼻蝇蛆病、疥螨虫病或其他病所给出的高效药方，药方为："附子八分，藜芦二分，末敷之，虫自然出"。另外，葛洪虽仍不明白马的便秘疝、痉挛疝、胞转三种病的病理，但也曾积极探索过它们的救治方法，反映了当时兽医对这三种病有一定程度的认识，

① 葛洪：《神仙传》卷五，学苑出版社1998年版，第255页。

特别是针对胞转症（膀胱痉挛麻痹的闭尿症），他的方法是用直肠内摩法，腹下以木棍刮擦法治疗，或者直肠掏结："以手内大孔探却粪，大效。探法：剪指甲，以油涂手，恐损破马肠"。这些方法虽然后来被证实是错误的，但也为隋唐的起卧入手治疗法积累了经验，成为我国兽医学的一项宝贵遗产。另外，对马的蹄病（它称之为疽蹄），他也提出了用卵石铺地，使马站立在干燥地面的一种护理方法，这对蹄漏的防治显然很有积极意义。尽管如此，但由于它不是专业书籍，故不能代表当时畜牧业发展的全部水平。

二、陶弘景著述中的农学思想

陶弘景（456—536），字通明，号华阳隐居，卒谥贞白先生，人称"山中宰相"。南朝梁时丹阳秣陵（今江苏南京）人，开创了茅山宗[①]，成为南齐南梁时期的茅山道教代表人物之一。《历世真仙体道通鉴》[②] 卷二十四中有其传记。其思想直接渊源于老庄哲学和葛洪的神仙道教思想，又兼收并蓄了历代儒释思想。对农学、历算、地理、医药等都有一定研究，可以说是我国道教中一位百科全书似的人物。其主要理论贡献在于医药本草和道教理论两个方面，医药本草类的著作有：《本草经集注》七卷（原书已佚，现在敦煌发现残本）《陶氏效验方》《补阙肘后百一方》《陶隐居本草》《药总诀》等等。在《本草经集注》中共载药物730种，并首创沿用至今的药物分类方法，以玉石、草木、虫、兽、果、菜、米实分类，其内容为历代本草书籍收载，对我国传统本草学的发展有一定的影响。道教理论著作有《真诰》《真灵位业图》。他虽然无专门的农学著作，但由于农学与医学有着密不可分的关系，所以也不可避免存在一定程度的农学思想。其农学思想主要体现在其《真诰》《药总诀》《名医别录》中，既论述了"农道"，又论述了"耕道"。

（一）就其"农道"思想来说，陶弘景作为茅山派开山祖师，深谙道教

---

① 卿希泰：《中国道教史》第一卷，四川人民出版社1996年版，第504页。
② 《历世真仙体道通鉴》卷二十四，《道藏》第5册，第239—244页。

的遵道和重农传统，故其农道思想内涵丰富，且以对人类的终极关怀为目的。"宗教本质上是对社会和人生的终极关怀，它不仅提供一个无限性的宇宙本体作为人类的终极关怀，而且对困惑着人们的生命和心灵本质、出生、死亡乃至性的秘密作出解释"①。他继承道家的道论，将"道"作为宇宙的无限本体和人类的终极信仰。在其著作中也多次讨论道与物的关系，认为道是万物之源，且存在于有形的万物之中，从此点来讲，万物"齐一"。但"道"并非万物的直接本体，万物只有通过"道"的转化体"炁"才得以形成，正由于世间万物产生时所禀"炁"的差异性，才导致了世间万物的差异性。他在《真诰》中就以"竹子"为例讨论了世间万物的物性差异。并从宗教神秘性的角度讨论了"竹子"栽种的注意点，他说："我案《九合内志文》曰：竹者为北机上精，受气于玄轩之宿也。所以圆虚内鲜，重阴含素，亦皆植根敷实，结繁众多矣"。他依据这种物性的认识，还探索了世间万物不同特性对人身体的不同作用，写成《本草经集注》七卷，首创独特的药物分类方法，成为一名著名的道教医师和道教药物学家。同时，他还深入田间地头寻找新的物种，其著述中提到不少新农作物，如《名医别录》说："菜中有菘（白菜），最为常食"。这对开发新的蔬菜和其他新的农作物有着深刻的启迪作用。

同时，他这种分类法也有利于人们正确消费农作物。首先，他的文章不厌其烦地介绍农作物消费时的具体加工措施，如他在《真诰卷十八》中的《握真辅第二》一文中，提到做饭和对大米的加工工具：舂、大釜、小釜、甑、斧。其次，他秉着"养生、重生、长生"原则对各种食用动植物特性和营养成分进行了独到的分析，甚或已经注意到各种农产品之间的搭配禁忌，论述了农产品消费宜忌。例如《养性延命录》中说："春不食肝，夏不食心，秋不食肺，冬不食肾，四季不食脾，如能不食此五脏，尤顺天理……饱食讫即卧成病背疼……白蜜勿合李子同食，伤五内。人食酪，勿食酢，变为血瘕及尿血……鸡、兔、犬肉，不可合食……食兔肉，勿食乾姜，成霍乱……空

---

① 胡孚琛：《道教与丹道》，中央编译出版社 2008 年版，第 12 页。

腹勿食生果，令人膈上热，骨蒸，作痈疽。铜器盖食，汗出落食中，食之发疮肉疽……羊肝，勿合椒食，伤人心。胡瓜合羊肉食之发热"①。这种物质之间的搭配禁忌对一般人的消费有非常大的指导作用，因为它指出了对各种疾病的预防作用，保障了人们的生命健康，因此有人把它看成是医学思想。其实，它是对食物物性的充分认识，仍属于农学思想中的消费问题。以下观点才属于真正意义上的医学观，他说："世人之食桃当以补身，不知桃皮之胜也，桃皮别自有方"②，因此处的桃皮是作为一种治病的药方在使用。他强调农产品消费还需注意行善，要注意对道人、病人和穷人施惠和解救，用具体事实说明行善的报答。他说："太虚真人曰：饭凡人百，不如饭一善人，饭善人千，不如饭一学道者，寒栖山林者……李忠晋初东平太守，忠祖父田舍人耳，而多行阴德，常大雪寒冻而不覆积稻，常露谷于园庭，恒恐鸟雀饥死，其用心如此"③。

在农业生产方面，他首先强调"勤"，鼓吹大力垦荒，因为尽管茅山地理位置优越，土地质量非常好，但其土地还未充分开发，所以他以开垦宅基地进行耕种为例说明"勤"的重要。他说："今父老相传言，乃言大茅之西北平地，棠梨树间名下薄处，言是司命君故宅，耕垦至肥良，多见砖瓦故物。今当垦赤石田，赤石田，今中茅西十许里，有大溏食涧水，隐居今更筑治为田十余顷"。在种植方面，他看到了人需要的多样性，主张多种作物同时种植，进行多种经营，他说："有仙人展上公者，于伏龙地植李，弥满其地……其常向人说：昔在华阳下食白李，味异美，忆之未久，而忽已三千年矣。有郭四朝又于其处种五果，又此地可种奈，所谓福乡之奈，以除灾厉。秦时道士周太宾，及巴陵侯姜叔茂者，来住勾曲山下，又种五果，并五辛菜……常卖以市丹砂而用之。今山间犹有韭薤，即其遗种也"④。《名医别录》说："菜中有

① 《养性延命录》，《道藏》第 18 册，第 478—479 页。
② 《真诰》，《道藏》第 20 册，第 520 页。
③ 《真诰》，《道藏》第 20 册，第 524、580 页。
④ 《真诰》，《道藏》第 20 册，第 567—568 页。

崧（白菜），最为常食"。崧由"葑"（芜菁）类蔬菜演变而成，到南北朝时，它在北方亦有种植，但似乎不普遍，而在江南却成为重要蔬菜品种，且在相当长时期内仍沿用旧名。白菜在江南的崛起是中国蔬菜栽培史上影响深远的一件事，在其书中录入"菩荙"这一较早就从西域传入中国的蔬菜。由此可见，当时茅山的果蔬种植相当丰富。另外，他还主张培植像"郳都稻名重思，其米如石榴，子粒异大，色味如菱，亦以上献仙官"[①] 和具有宗教想象和夸张的"火枣交梨"等优良品种。主张利用已有的自然水源进行灌溉，主张在水源丰富的地区进行劳作，他说："此田虽食洞水，旱时微少，塘又难立。今塘尚决，补筑当用数百夫，则可溉田十许顷，隐居馆中门人亦于此随水播植，常愿修复此塘，以追远迹，兼为百姓之惠也"。

陶弘景在修道的同时觉察到了修道与务农之间的微妙关系，所以主张"农道合修"，将务农作为一种修道方式，所以在其著作中常以务农喻修道。他说："腊月开花法以杏桃树火印、水印，用新汲水二斗二升浇树，念水、火、土咒，应时开花……种麦法用小麦一升，地长阔五十步作畦子，以五方印烧灰，井花水二升，念诸圣咒及五方神咒讫，各念七遍，水浸麦子。每月八日酉时种下，戌时生苗，寅时用五方神印浇遍，至辰时又浇，巳时秀穗，午时黄熟收之，得麦五升五合，念火咒讫服之，十日不思量早食，可以延年，此是绝食之法……种粟法用粟米半升，地长阔五十二步，木印烧灰，井花水调浇，至申酉时苗生，戌时秀，子时收。净室中打，候子乾二日，半升煎粥食，令人不老……求雨法以五方印埋于地上，念诸圣咒及水咒讫，结水印，其雨便下滂沱；要住，结火印，念火咒讫，即住；化风法以土印埋于巽地上，念诸圣明及土咒讫，结土印，立便倒树摧山大风；要住，结木印，念木咒讫，风即止"。这段文字意在修道，但重在说明务农与修道的关系，说明农业生产对于修道的积极意义。

（二）"耕道"思想主要表现在对各种农业技术的探讨和改造。在养蚕技

---

① 《真诰》，《道藏》第 20 册，第 580 页。

术方面，陶弘景在其《药总诀》中首次记载了盐渍杀蛹储茧法，他说："凡藏茧，必用盐宫"，成为我国养蚕史上此类方法的最早记载。在畜牧技术方面，他结合自己的亲身体验增补葛洪的《肘后卒救方》，使之成为《肘后百一方》。在农产品加工技术方面，唐朝引进熬糖法前，我国制糖方法已很难考证，但很少提到"煎"，从《名医别录》中"今出江东为胜，庐陵已有好者，广州一种数年生，皆如大竹，长丈余，取汁以为砂糖"的记述来看，此法似乎主要是通过太阳暴晒的方法将蔗汁浓缩为固体，然后加以粉碎制糖。这种煎糖法在我国农学史上也是首次记载。他还介绍了不少的新品种及其消费方法，例如，据《证类本草》卷二十五中"大豆黄卷"条下引陶弘景谓"豆蘖"即大豆黄卷，供药用。豆芽既可入药，当可供食用。以是可知汉代已有用大豆制造豆芽的技术。

第三节　魏晋南北朝时期道教经典中的农学思想

一、道教经书中的农学思想概述

道教产生于政治动乱、灾害频繁的东汉末年，后来又遇到三国两晋南北朝的政治分裂，真是生逢其时。到了魏晋南北朝时期，又出现一个政治分离动荡的局面，这是道教发展的黄金时期，并且此时的道教已有和政府高层合作的经验，尽管此时道教已经得不到政府的高度重视，转向民间化，但道教组织领导者一直试图重返过去的繁荣，所以纷纷改革，同时进行理论创新。所以出现了"到了东晋以后，南方有葛洪，刘宋时有陆修静，萧梁时有陶弘景，北方有寇谦之等，道教领袖人物整顿了道教组织，编辑了道教经典，在上层取得了帝王、贵族的信任，在下层争取了群众的支持，终于成了中国三大宗教之一"①。由此可以看出，魏晋南北朝时期是我国道教崇尚造经时期，

---

① 胡道静等：《藏外道书·序言》，巴蜀书社1992年版，第2页。

从《道藏》收集的经书来看，出于魏晋南北朝的就有四百三十余篇。这些经书内容繁多杂乱，除了论"道"、修道、道易、阴阳五行学说外，其他内容均与农业或农学有关，例如农兵关系、天文学、工具论、积蓄、三才关系、重农意识、动植物生存或生产条件、农业起源观、时与农事观、土地观、灾害观、仪式与农业关系观、物候气候与农事关系观、庙产及其来源、农产品消费观、农业生产技术和农产品加工技术等内容。

从农学角度看，此时期农学思想颇为丰富的经典以及它们的主要思想主要有以下几方面。《上清黄气阳精三道顺行经》，它以宗教幻想的方式主要介绍了一些诸如莲花和大树等优良品种，似乎早期的上清派经典均有此幻想。《洞真太上太霄琅书》则具体介绍了送租的必要、山居之家以简为妙、心力与农业收成的关系、灾害种类及其发生原因，勤俭的必要和表现。《真诰》则具体介绍了杂交技术的幻想、食物与养生的关系、施舍道人的必要性，土宜思想、优良品种的幻想、耕种灌溉技术以及农业社会伦理思想。《元始五老赤书玉篇真文天书经》首先论述"道"的化物功能，其次从道易的角度论证年度收成与该年属性的关系。《太上洞玄灵宝五符序》的农学思想颇为丰富，它首先论证农业的起源和物种的变化，其次说明人与自然的关系，说明土地性质决定物性、时节决定物性，说明农业生产活动与农时的关系，最后说明了农产品加工与消费的办法。《五岳真形图序论》也有较为丰富的农学思想，它说明土质与生产的关系，说明农家乐的思想，注重说明动植物品种改良的意义和方法，说明耕作技术、农产品加工与消费。《洞神八帝妙精经》中与农有涉的话语不多，但农学思想较丰富，它首先说明"道"的作用，以及"道"与物性的关系，具有一定程度的规模养殖思想，以及防护自然灾害的意识。《洞神八帝元变经》虽与《洞神八帝妙精经》均产生于东晋时期，但其农学思想和话语要丰富得多，它首先从"易"的角度论述年度属性与农业收成的关系，也论述了农作物生长、农业生产与时的关系，还论证了农产品消费过程中所需注意的原则，主张净、俭原则，注重积累原则。《太上灵宝元阳妙经》中农学思想极为丰富，它可以代表此时的道教农学思想水平，它阐述了修道可以避灾，农产品加工与消费方法、心理等消费思想，勤与苦行的必要，也略论了农业生产技术、物性决定论、生产目的和农家乐思想。《太上妙法本相经》有《道藏》收藏本和敦煌本之分，但不管如何，两者的农学思想均非常丰富：《正统道藏》本中论道及其对物性的决定作用，突出人力的作用，强调农业须以勤为本以及人力胜天，也论述了农业生产技术思想，强调物种和物性可变，主张人力劳作必须顺天应地守农时，具有一定程度上的农业社会伦理思想；其敦煌本除了以上思想外，还专门阐述了以下理念：农业可持续发展的生态农业理念，农家乐理念，农业生产中的中耕技术、施肥技术理念，爱护役畜理念，还有一定程度的物候理念。《正一法文天师教戒科经》中首先论证了道与神的关系，其次说明了农业神的种类，分别例举了主田种之神、主六畜之神、主渔捕之神，突出农业生产过程中敬畏神灵的必要。《冲虚至德真经》首先论道，其次说明物种可变及其变化举例，再论述三才关系，重在说明人与万物同源同构，再论述时地与农业生产、物性的关系，消费与物性的关系，具有强烈的护生意识。《抱朴子内篇》中首先阐述农作物生长的条件和农业生产的条件，其次说明物性决定论和物性可变论，说明勤劳、循序渐进的必要性，说明了优良品种的重要作用，修道与务农的关系，说明固根的必要。《刘子》中的《贵农》篇可说是一篇道教农学专论。《上清道宝经》则主要是说明农作物品种的改良，重点介绍各农产品的物性，意在突出因物性消费和因物性种植的思想。《太上赤文洞神三录》为南北朝时期陶弘景的作品，本经典主要农业特色在于它重在介绍农业生产过程中各种农作物的种植方法。

　　以上是对汉魏两晋南北朝时期道教经典中农学思想的总揽，概述了此时期道教经典中的农学思想的大貌，至于这一时期经典的主要农学思想还有待于具体分析，下文将对这一时期颇具代表性的经典进行具体分析。

二、道教经典中的农论举要

　　《五岳真形图序论》　是据《汉武帝内外传》《抱朴子遐览篇》《五岳真形图序》等有关内容编撰而成，编撰者不详，故而到底出自何时，未曾知道，由于内引葛洪之说，又因《通论》《秘书省续四库全书》均有著录①，《云笈七签》中作为卷七九加以收录，以此推论当出于魏晋时期。

其内容大部分为神话故事，例如，记叙西王母授汉武帝《五岳真形图》之故事、东方朔为汉武帝说十洲之故事、三天太上道君授《真形图》之故事、葛玄说祭图之法等故事，所以其中农学思想也就暗含在这些故事中，具体有如下内容。本经典以宗教幻想形式介绍一系列的优良品种，例如"三千年一实"的仙桃，"桃之甘美，口有盈味"。此类优良品种在经典中另有"风生兽""夜光兽"之类的动物，还有"惊精香"之类的植物，该植物一种六名，还有"扶桑芝"等，"其味绝甘香耳""地生黄金、白玉、瓦石状仙人，身亦有长十丈者，亦有长五六尺者"②。当然这种本于宗教幻想的、人间少有的动植物有其自然生成的独特条件，此环境非人间所能具备的，它说："中夏地薄，种之不生"。这里既说明神仙世界条件的优越，也含有现实世界农学思想中土地分类思想和地宜思想，除此之外，也有些环境是可以通过人间改造而成的，所以作者在描绘"祖洲、瀛洲、炎洲、长洲、凤麟洲"等仙境的基础上，强调"勤劳"之必要，它说："仙家数万，耕田种芝草，课计顷亩，如种稻状"。我们由此可知，仙境的形成是他们辛勤劳动的结果，作者于是强调勤于农事的必要，尤其是仙境的描绘中也暗示着农家乐思想，即自给自足的以农为本思想。

《洞神八帝元变经》　撰人不详，约出于东晋。系洞神部古经之一。卷前有未署名的作者自序，据此自序称：魏永平元年有仙人授刘助召役八帝之术。后有沙门惠宗撰文传于世。此经述召役八大鬼神以预知吉凶之术，全文十五篇。其中《提纲纪目》为全文总纲，概述修此书之要。《神图行能》有八大鬼神之图像、名字所行职司以及冠服等。其他十三篇分述召役八大鬼神之法术、禁忌以及效应等③。其中的农学思想包括在总纲以及第十三篇中，其具体

---

①　任继愈：《道藏提要》，中国社会科学出版社 2005 年版，第 620 页。
②　《五岳真形图序论》，《道藏》第 32 册，第 632 页。
③　任继愈：《道藏提要》，中国社会科学出版社 2005 年版，第 580 页。

内容如下。

它首先阐述了时与物的关系、时与农时的关系，其独特之处在于它认为万物的产生和繁茂为"时"之产物，它说："两仪兴用，谓之大造，大造所要，必计阴阳，阴阳所宗，依于日月，日月所树，名曰四时，四时呈劾，谓之通变。通变致功，能成万物，万物所生，莫不因时之所用……万象潜萌，时堪引就，品物盛兴，时登迁易"①。这是对时与物关系的总论，后来又进一步说明各"时"的差别性，文章说："春为上时，夏为次时，秋冬为下时"。这种上中下时之分以不同"时"对物的化生功能为据，它说："常以仲季秋二，春夏孟一月，此之三朔，并为上时……春者，乃是青升玄退之初，万物咸新之始……夏中犹有晚鸟稚卵，故以夏为次时。所以秋冬为下时者，恐鸟卵淹败腐，药势不新，致术迟验故也"②。正是因为这种不同的化生功能，又提出农业生产以及其他活动必须"因时而动"，所以文章说："故时切妙密，厥用必然。为功必就，时不可失。凡诸动时，莫不因时……故失之秋毫，差之千里。是以立功之士，必寝志于候时之境，栖神于应机之域"。文章强调"凡诸动时，莫不因时。故失之秋毫，差之千里"③。这给人们尊时而动提出十分严重的警示。

文章并没有涉及具体的农业生产技术，而是在论"道"与"时"关系的基础上直接论述农产品消费问题，文章首先论及消费必须重视节俭，文章说："衣食者，人事之急也……其要者也，必去奢节俭，雅素为真，或着葛巾，或鹿皮冠，裙衫或裙襦，帛袜或氎靴，并得充用，衣裳新净"④。至于为何要节俭，文章从修道和养生以及敬神的角度予以了阐发，文章说："术人日得再食，食粥食盐，亦得食饭与果。食常欲少，不可饱，令体内虚弱，弱即神祇易着，强即召神难成……祭神以去，弥须敬切俨然，不得趣作出。入碎磕蹲

---

① 《洞神八帝元变经》，《道藏》第 28 册，第 396 页。
② 《洞神八帝元变经》，《道藏》第 28 册，第 397 页。
③ 《洞神八帝元变经》，《道藏》第 28 册，第 397 页。
④ 《洞神八帝元变经》，《道藏》第 28 册，第 401 页。

蹋，以忤神威，兼乱术人之想，想乱不精，术必迟验"①。这段话就包含了以上三种角度，首先从精神的角度阐发人食之前必先具有敬神的消费理念。其次从修道和养生的角度进行阐发，使人们明白食之道理。同时指出，为了确保灾荒之年正常生存，丰年和平时必须注重积累，指出："如人钻火，预储十五日调水及食菜等，皆令备足"②。这里就强调了有备无患。最后文章指出，消费过程除了注意节俭外，还需注意"净"，指出"净"是消费的根本原则。文章说："采茅时，若灵茅三脊者最良，必无可取，但令鲜洁，不得轻示秽污，使神不响……酒醇清，不得添和，使有灰水。酒必须自酝，事不得已，始可外求……特须新净，不得腐败，微烧令熟"③。这里从采茅须净、酒不得杂、不得有灰尘、须亲自酿造等方面的"净"、敬神之物不得"腐败、生"等方面阐述了"净"的含义。当然，文中还指出，敬神时不得妇女为之，把妇女视为不净之源，这种思想是重男轻女的表现，是值得我们批判的。

《太上灵宝元阳妙经》 据《中华道藏》第4册介绍，是经简称《元阳经》。撰人不详，约出于南北朝。原本卷数不详。现存十卷。但据《道藏提要》介绍："是经卷十，对于老君尊崇备至，以老君为元始天尊之直接传人，是说见于唐代，则是经盖隋唐间所制"。本文依《中华道藏》之说，将其列入此阶段加以论说。"是经分为七品，假托元阳妙乐真人演说是经，故经中多为元始天尊与元阳妙乐真人问答之辞"④。故本经的农学思想也多以对话形式出现，其主要内容如下。

首先，论证勤与苦行的必要，它分析了农业生产中成本与收获并非正比例关系，由于农作物受自然环境的影响，开花怀孕多，而成熟者少，所以指出勤与苦行的必要，它说："又如鱼母，多有胎子，成就者少。又如果树，华多实少……犹如真金三种试之，乃知堪烧打磨，试彼苦行，亦复如是"⑤。尤

---

① 《洞神八帝元变经》，《道藏》第28册，第401页。
② 《洞神八帝元变经》，《道藏》第28册，第401页。
③ 《洞神八帝元变经》，《道藏》第28册，第402页。
④ 任继愈：《道藏提要》，中国社会科学出版社2005年版，第152页。
⑤ 《太上灵宝元阳妙经》，《道藏》第5册，第932页。

其是自然灾害时农作物损失更惨重，它说："所谓诸病，能消灭一切乐事，譬如雨雹，伤毁苗稼，损于谷实……卒降暴雨，破坏山林、树木，土石、沙碟，一切诸物"①。此时更需积累，也更需要勤与苦修。

其次，它指出农业生产的目的在于满足人的生活需要，人也只有年岁有余才能国泰民安，所以它把农业视为幸福的根源，其中所描绘的农家乐情景就可以与仙境媲美，它说："人种树为得荫凉，为得花果及以材木"。强调正是由于农业生产才造就了仙境的美妙，它说："国土缅平，无有沙积，其地七宝庄严，无有沟坑，其诸树木华果茂盛，无时不有，若有众生闻其华香，身心清净……复有一大河水，其水香美，其河有种种之华，种种之香"②。还说："世界严净，其土如脂，多诸宝树，处处行树，园林台树，清净莲池，花果茂盛。一切众生，受乐其中"③。我们由此可以看出，仙境无非就是花草树木、美食妙音、祥和安乐所组成的境界，这就是典型的农家乐思想。

本经典中的农业生产技术体现在两方面，一是田间操作技术，二是农产品加工技术。就田间操作技术来说，首先，它认为要善于保护和使用农业生产工具，它说："善男子，如善牧牛，设牛放逸，善男子，如欲济水，善护舟航船筏之具；如临路人，善护骑乘；如田夫布种，善念粪几"④。这里就指出了保护工具的重要，也提到了"粪秽"之类的农家肥，说明作者也重视农业肥料使用。其次，它还提到中耕技术的重要作用，它说："天尊，譬如农夫于秋月时深耕其地能除秽草，天尊，譬如耕田，秋耕为上"。这里不仅具有浓厚的耕作技术思想，而且具有浓厚的农道合修思想。作者还就农产品加工消费也进行了描述，他说："从牛出乳，从乳出酪，从酪生酥，从酥生甘美法味，若有服者，众疾皆愈，所有诸药，悉入其中"⑤。这种食物结构就不逊色于仙境之美味了。

----

① 《太上灵宝元阳妙经》，《道藏》第5册，第923页。
② 《太上灵宝元阳妙经》，《道藏》第5册，第974页。
③ 《太上元阳经》，《敦煌道藏》第2册，第760页。
④ 《太上灵宝元阳妙经》，《道藏》第5册，第970页。
⑤ 《太上灵宝元阳妙经》，《道藏》第5册，第931页。

《太上妙法本相经》 简称《本相经》。撰人不详，约出于南北朝。原本卷数不详。现存残本三卷，保存在《正统道藏》太平部中。此经卷上用辩夫与天尊问答之形式；卷中《普言》系天尊宣演；卷下《普说》，乃天尊与四方之四虞、四来、野母、不钩等十二种外道之问难对答，以解释老子之言，阐释学道求仙及因果业缘等事。大抵以道为本，学道之人应抱道执德，又剖析外道驳无宿业因缘之说，强调师之重要皆应以无为无欲为旨等论。除此之外，《敦煌道藏》中也有22卷，可见原经典至少有20余卷，它是一部道教大经典，其中的 P2357 号抄本、S3173 号抄本（卷上）、P2396 号抄本、P2429 号抄本、S2122 号抄本、P2389 号抄本、P2476 号抄本、P2388 号抄本、P3091 号抄本、贞松堂号抄本、天津艺术博物馆藏本 289 + 182、P2755 号残抄本（卷下）均为此经典的部分内容，它们的立论主要依据《道德经》，并受《灵宝经》的影响①。其中的农学思想十分丰富，尤以敦煌本为甚，从《敦煌道藏》所有经文来看，只有此文与农关系最密，可以说是《敦煌道藏》中唯一将农与道直接结合的经文，其大致内容如下。

其"道"论部分首先论述了道物之间相互依存的关系。认为道是万物生存的基础，它说："众生无道性，则匠无所加……人不可去其道，鱼不可离其水。人去道则亡，鱼离水则死"②。这里既说明"物道"是人类活动的基础，也说明了物与道之间相互依存的关系。它又说："吾见鱼止水之中，虎居长林，燕雀依人，蚯蚓居穴，类气受性，各有所禀"③。这里具体说明了各种物质不同的物性，认为道性决定物性。但由于道本身具有可变性，且又具有化生功能，所以物性和道性均可变，人们可以利用这种道和物的可变性进行生产，一方面物道又有其相对稳定性，使世间万物得以遗传和繁衍，并保持代际之间的性质相对稳定，所以它说："所以知之，吾种禾禾生，种林林生，种

---

① 任继愈：《道藏提要》，中国社会科学出版社 2005 年版，第 539 页。
② 《太上妙法本相经》，《道藏》第 24 册，第 865 页。
③ 《太上妙法本相经》，《道藏》第 24 册，第 869 页。

梨梨生，种麦麦生。米见种禾，异类而生，类类相生，种种相因"①。但因道性和物性均有可变性和差异性，所以人们只能顺道、因时因地因物以制宜。又因为人与道之间存在因果报应的关系，人们应该善待自然、善待万物，这也意味着善待人类自己。

它已经注意到在农业生产中物变的条件性，它指出人应该积极创造条件，为物的转变做准备，这首先需要"勤"，同时也需要发挥人的主观能动性，所以它说："其朴不雕，不可成器；其荒不耕，终不成柔。何以故？朴不雕刻，终致朽弊；荒田不垦，荆棘茂盛"②。如果人不雕刻和耕种，其器不成，其田必荒，这突出了"勤"的必要。在"譬作田耨，恃天而雨者，将不遂其愿，不如先治渠堰，引水溉灌，定可获也"③ 中，则视发挥人的主观能动性和"勤"同等重要。当然，它同时也看到了"勤"与生产工具的关系，强调改进和利用劳动工具，提高生产力水平。认为充分利用外界力量是充分发挥人的能动性的前提条件，它说："譬如入海采于众宝，先知投简名刺之法，牢船铁，深张帆，设轩之诣宝所缀，沉浮船，乃发沙石炮炉，营坎湔取，若多若寡，来往莫蹶……譬如漏船渡水，水满必没，湍浮广水，中流必沉"④。突出了人要想确保自己行为的有效性，必须充分认识外界环境对物性的影响。又如"譬如伐木，非斧不剋，譬如钻火，非木不得，譬如深井，非索不获。置谷臼中，坐视不春，岂得精之？是故一切所造，因功乃成"⑤。如果要使自己的农业劳动达到事半功倍的效果，还必须注意时空变化与农业生产的关系，它说："一切所造，皆须计其理，物乃可伦之耳。农夫坐计撩之，宜荒宜肥，宜高宜下，不可效"⑥。这强调了"农计"的重要性，它提出"八风"的物候观，以便于做出正确的"农计"，提示人们准确把握农事安排的方法。除此之

① 《太上妙法本相经》，《敦煌道藏》第 4 册，第 1775 页。
② 《太上妙法本相经》，《道藏》第 24 册，第 867 页。
③ 《太上妙法本相经》，《道藏》第 24 册，第 860 页。
④ 《太上妙法本相经》，《道藏》第 24 册，第 861 页。
⑤ 《太上妙法本相经》，《道藏》第 24 册，第 868 页。
⑥ 《太上妙法本相经》，《敦煌道藏》第 4 册，第 1826 页。

外，还须重视对土地类型的观察，因地而种。"则可世旱就于下田，若时水就于高田，若地久矣。是以真人观斯四事，去离而不墟浓则稠种之，若地痟薄则希种之，相行，终成于至真，故去彼取此。地授种，必获所愿"①。这里就突出了仔细观察后的因地制宜在生产中占有重要地位。

在农业生产技术上，它一改过去重视中耕施肥的做法，强调在种植前施足底肥，使植物达到固内的效果，以便于增强植物抵抗力，生命力旺盛，结实多而良。它说："譬如肥生，以内居脂则肤肥妍。松柏所以经冬不零，以膏处其内；竹木所以遭霜不彤，以衣在其里"②。到了植物生长期，则需选择最佳时机进行中耕，松土除草，净化农作物生长的外在环境，因此，它又重点阐述了田间技术的要点和重要性，它以果树为例说明中耕时需以深其根为原则。它说："譬如种植，但深其根，离落四面，则可成林，责花得花，责果得果，丰饴饥乏，足以济物，深根固叶，永无拔期。若种植危根，其叶必悴，花亦俱落"③。同时又以麻之中耕目的说明中耕的松土除草目的，它说："麻有大质，止器不躯，惨地虽多，失其丈质，泽良侠墟，前缩希稠，锄绊秽类，耨其异党，除长去锄，骨坚皮厚，祈循纤理"④。为了达到高产的目的，它又以宗教幻想的形式说明农业生产必须选择和培育优良品种，认为这是提高农作物抗病抗灾能力、获得丰收的前提条件。它说："纯和之国信道，中有异食，名自然天厨更米，长七寸，一种九收。其土有酒泉，七里一池，其味如酒蜜，甘美香滑，饮之醉饱，不更有厌"⑤。最后，它认为实行轮作制也有助于恢复地力，提高土地生产效率，它说："譬如佃田，随种而种，因种而生，若改其种，则改种之。是故一地可易百种"⑥。

---

① 《太上妙法本相经》，《敦煌道藏》第4册，第1826页。
② 《太上妙法本相经》，《中华道藏》第5册，第41页。
③ 《太上妙法本相经》，《中华道藏》第4册，第42页。
④ 《太上妙法本相经》，《敦煌道藏》第4册，第1816页。
⑤ 《太上妙法本相经》，《中华道藏》第4册，第47页。
⑥ 《太上妙法本相经》，《道藏》第24册，第862页。

三、《刘子》之《贵农》中的农学思想

《刘子》另有一名《刘子新论》，《正统道藏》本无序言，也未标明撰写人，《郡斋读书志》《直斋书录解题》及《玉海》卷五十三并言刘画孔昭撰。《道藏》以外的单行本有袁孝政序，题刘书撰。余嘉锡《四库提纲辩证》卷十四引唐张鷟《朝野佥载》定为刘画撰。旧于书或题刘勰，或云刘歆、刘孝标撰，均误，余氏考证足可以祛惑①。《刘子》十卷，共计有五十五篇，其中《清神》《防欲》《去情》等主要宣传黄老清心寡欲、韬光养晦之旨，《九流》并兼有儒、墨、农、名、法、阴阳、纵横、杂诸家之论。《正统道藏》所收录的题为"播州录事参军袁孝政注"的《刘子》也具有类似于《化书》的重农思想，主要体现在《刘子》卷三中。《刘子》卷三中有《贵农》专篇，具有浓厚的重农思想，是一篇典型的农学著作，山东大学姜生教授之高足撰写的《中国道教农业史——农业思想初探》把其农业思想概括为农本、系民以地、仓有所储、轻徭薄赋以爱民等几个方面，但笔者认为其农学思想的主要内容有如下几个方面。

首先，它明确分析了农业对国家和普通老百姓所起的作用，说明农业在国家经济生活中的重要地位，点明重农之因。它说："衣食者，民之本也；民者，国之本也。民恃衣食犹鱼之须水，国之恃民如人之倚足。鱼无水则不得而生，人失足必不可以步，国失民不可以治"②。这是总论，是对我国早已存在的"民以食为天，国以民为本"思想的继承与发扬。接着它又从反面论证不重耕织的行为乃家国贫乱之源，对此进行更进一步的详细论述，它说："是以其耕不强者无以养其生，其织不力者无以盖其形。衣食饶足，奸邪不生，安乐无事，天下和平"③。

其次，它具体指出如何重农，首先要求统治阶级亲耕垄亩，自躬桑蚕，

---

① 参见任继愈：《道藏提要》，中国社会科学出版社 2005 年版，第 468 页。
② 《刘子》卷三《贵农第十一》，《道藏》第 21 册，第 737 页。
③ 《刘子》卷三《贵农第十一》，《道藏》第 21 册，第 737—738 页。

以达到劝农的目的。它说："国非无良农也，而主者亲耕；世非无蚕妾也，而后妃躬桑，上可以供宗庙，下可以劝兆民"①。这分析了统治阶级的亲耕和躬桑对农民的劝农作用，调动农民务农的积极性。统治者亲躬垄亩桑蚕之后，还需树立勤俭实用的思想，去掉奢侈浪费的生活观念，必须处理好农工商之间的关系，视农为本，视商为末，它说："衣食为民之本，而工巧为其末也。是以雕文刻镂伤于农事，锦织綦组害于女工。农事伤，则饥之本也；女工害，则寒之源也"②。即要求统治者重本轻末，防止"雕文刻镂伤于农事，锦绣茶组害于女工"。又进一步明确指出："珠玉止于虚玩，而谷帛有实用也。假使天下瓦砾悉化为和璞，砂石皆变为隋珠，如值水旱之岁、琼粒之年，则璧不可以御寒，珠未可以充饥也"③。

最后，它为统治阶级提供两个具有可操作性的重农措施，具体指导全国人民如何重农，概括起来，主要有两点措施：一是要求全国去奢戒骄，重视积蓄。它说："室如悬磬，草木不可以当粮。故先王制国有九年之储，可以备非常救灾厄也"④。二是确保农业劳动力的素质和数量。它思考了国家生活物资不够的具体原因，认为真正从事农业生产劳动的人数太少，素质不高，导致国家物资匮乏。所以它极力劝说增加务农人数，禁止增加弃本从末的游食者数量，它说："谷之所以不积者，在于游食者多而农人少故也"⑤。为了增加真正务农人数，还要求统治者宣扬以农为傲思想、敬授民时、劝课农桑、轻徭薄赋。它说："是以先王敬授民时，劝课农桑，省游食之人，减赋役之费，则仓廪充实，颂声作矣"⑥。因此，要求统治者厉行节约，切戒奢侈浪费。

从上文中我们不难看出，其内容完全反映了农道两家"以农为本"的思想。《正统道藏》收入带有农家思想的道家著作，也显道教重农的本色。

---

① 《刘子》卷三《贵农第十一》，《道藏》第21册，第737页。
② 《刘子》卷三《贵农第十一》，《道藏》第21册，第738页。
③ 《刘子》卷三《贵农第十一》，《道藏》第21册，第738页。
④ 《刘子》卷三《贵农第十一》，《道藏》第21册，第738页。
⑤ 《刘子》卷三《贵农第十一》，《道藏》第21册，第738页。
⑥ 《刘子》卷三《贵农第十一》，《道藏》第21册，第738页。

第三章

唐宋时期道教农学思想的繁荣

产生于东汉末年的道教经过魏晋南北朝时期陶弘景、葛洪、陆修静、寇谦之等人的改革创新，取得了长足发展，组织上由民间道教上升为官方道教、宫观道教，理论上创造出了大量经典，教理教义分别迎合了统治阶级和下层百姓的需要，斋醮科仪以及神仙谱系已经形成，道教发展充满了生机和活力，为道教繁荣打下深刻基础。因此，隋唐宋时期道教步入繁荣期，其发展速度明显比南北朝时期快，此时的道教发展达到了巅峰阶段，其具体表现为理论上继续不断创新，出现了类似于杜光庭的大批道教理论家，因而产生了许多新经典；道教文献整理工作进一步创新，许多道教经典装进了《开元道藏》这个"大葫芦"，其中的农学思想，尤其是"药农"思想可以说成为此时期道教思想的一个突出特色；不仅如此，此时期还出现了不少专门的道教农书。从《道藏》收集的经书来看，出于唐宋时期的就有七百来篇，专门的道教农书有七部。从农学的角度考察这些经书和农书，发现它们除了阐述魏晋南北朝时期经典已经具备的农学内涵外，还开始关注和论证宫观经济及其管理、道士内部职业专门化等内容。这是本时期道教农学思想的重要特征，可以说道教农学思想也随道教组织的发展和理论的创新而到达顶峰阶段。

第一节　道教经典中的农学思想述要

一、道教经典中的农学思想概述

　　道教在隋唐宋时期的发展，不仅体现在组织上的壮大，而且体现在道教经典理论上的创新。此时期的道教经典既体现隋唐时期富足的生活气息，非常重视医药养生，又有宋代那种因国家分崩离析的压抑和无奈，因此，非常重视身心内养和实用技术，所以此时期的道教经典与"术"紧紧相连，其中的实用技术内涵十分丰富。从农学的角度总体分析，唐朝时期富含农学思想的经典如下：《太上大道玉清经》主要探讨物性与时地的关系、道与物性的关系、农业禁忌、农业灾害、优良品种推介、修道与务农的关系等主要内容。《太上一乘海空智藏经》主要探讨了农道合修思想，道与物性、消费的关系，突出勤的重要，强调人能改变自己的命运思想，论述了三才关系，呼吁敬农、爱农，具体介绍了一些田间操作技术。《赤松子章历》主要探讨灾害形成原因及其预防措施，突出遵时而做的重要性，并从宗教的角度论述养蚕问题。从整体考察唐宋时期对《道德真经》的几种注解，便可得到这几种注解中所包含的农学思想完整体系，既有时气道三者与物的关系，又有农业技术问题，这些思想尤其体现在《道德真经广圣义》中，它具体论述了农作物的起源、农时和土地的种类及其与物性的关系，介绍了相关农业技术和农业生产工具，提及度量制度及其相关的农业赋税制度，强调勤俭以备荒灾思想。《道德真经藏室纂微篇》在强调依自然规律无为行事的基础上发挥人力作用的重要，论述重农思想、物性与时地道的关系、灾害发生原因。《南华真经注疏》中因《庄子》本身内容多论及动植物外，还结合了当时农业生产的特点，论证了物性和时、地、道的关系，强调顺自然顺道而为的思想，也论及了勤的必要，介绍了农业生产技术和农业生产工具，强调生态农业模式。《通玄真经注》中宣扬了轮回说，说明道与物的关系，提出重农思想，也论述农时的含义及农业灾害防治思想，论述人与自然的关系，提出生态农业模式。《九转流珠神仙九丹经》中论述物性差别，以采芝之法说明农时的重要，其中的方位思想具有荒诞不经的迷信之嫌，也论述了劳动工具的重要性。《黄帝内经素问补注释文》重点论述时、天气与物性的关系，也论及了农产品的加工与消费问题、物种变化问题。《素问六气玄珠密语》则主要讲述农业灾害的预防，说明了星象、天象与自然灾害的关系，也论述了物候思想、道与物的关系。《意林》中具体论述了万物生长的条件性，还主要论述了物性差异问题，探讨了农业生产技术，提出保护役畜和报应思想，论述了农商关系、天人关系，论述了农业生产中价值与使用价值的关系。

　　至于宋朝时期道教经典中的农学思想，我们通过对《道藏》所收录经典的分析发现，北宋时期的道教经典除少数为创作外，其他大部分经典是对春秋战国和秦汉时期道家代表人物的经典做注释，在注释过程中蕴含作者本人的农学思想，富含农学思想的主要经典有：《太清金阙玉华仙书八极神章三皇内秘文》，它首先论述了万物的来源，论述了太极的作用以及道与物的关系、万物生长的条件，提出报应说、三才关系，最后以灵芝为例说明万物之间特性的差异，说明种植方法因为物性而异。《道德真经集注》论述了重农意识，提出重视积蓄的思想，论述了恪守农时的必要性，简单探讨了种植技术。《道德真经疏义》中的农学思想极为丰富，它首先论述了道在万物形成过程中的作用，提出了依道而行的自然无为思想，重点讨论了重农意识的内涵和措施，指出重农当以固民为本，提出勤俭持家、重视积蓄的思想，也探讨了农业技术和农业生产工具等方面的问题。《道德真经集注》重点论述物性，强调人力和工具在农业生产中的重要性，提出生态农业思想，指出消费以求温饱无害为安，指出在农业生产过程中认识万物特性的方法论。《道德真经取善集》的特点在于论述农业生产过程中必须重视改良生产工具。《南华真经口义》是对《庄子》的阐释，因《庄子》本身的"动植物情结"，导致后来凡是对《庄子》进行阐释者也脱不了这层底子，本经典虽然极为重视道寓于物、顺自然的无为思想，指出物种生长变化有其自然规律，但也强调"络马首"思想，主张农业生产需以勤为本，主张利用工具进行有计划的生产，所以文章提出耕种之计。提出了名实这一哲学问题在农业生产中应用的必要性。《南华真经义海纂微》首先论证了道与物的关系，指出道性决定物性、物性可变，正是因为物种可变，要求务农者在农业生产中顺物性、顺自然而为。再论证了时地与道的关系，强调要因时因地而行，介绍了一些基本的物候学思想，为人们准确把握农时提供了指导，同时也探讨了天灾形成的原因，意在为人们防灾御灾提供指导。该经典利用大量篇幅介绍一些农业生产技术和农产品消费技术，介绍一些常用的农业生产工具和消费加工工具，也说明了热力备耕的注意点，最后，该经典既强调了从事农业生产的必要性，也要求人们在日常消费中注重积蓄，因此，该经典是一部具有比较丰富农学思想的经典。《冲虚至德真经解》首先论证道物关系，说明时地对农业生产的重要作用。其次，论证了三才关系，指出在因自然的同时发挥人力作用的重要性。最后，说明农业生产技术和工具的重要作用，指出在耕作时以固根为本。《周易参同契发挥》的重要特点就在于将《周易》思想用之于农业生产，以便于确定农时，并说明了物性和农时之间的密切关系，最后也介绍了一些技术性问题，文中说明了田间劳动要点和一些工具的使用。《天原发微》也是一部农学思想比较丰富的经典，它首先也如其他经典一样论证道物关系，并且具体论证阴阳五行与物性的关系，甚至具体到天象与物性的关系。该经典最大的特点在于重点介绍天象、节气，为农业生产提供指导。文中不厌其烦地介绍二十四节气的决定方法，重点介绍不同节气的物候，然后指出节气与农事安排之间的关系，所以该经典对农业生产具有非常重要的指导意义。《紫阳真人悟真篇注疏》的特点在于反对辟谷，认为人必须依道进行必要的饮食和其他消费，论证物性与道性之间的关系，指出道寓于万物之中，道乃万物变化之根基。然后重点介绍四季变化、二十四节气变化，意在帮助人们正确地确定农时、农事，突出农时的重要。也讨论了三才关系，突出人力在农业生产过程中的决定作用。《图经衍义本草》虽是一部医学本草类经典，是从药物学去探讨农产品消费问题的经典，但该经典的技术性含量较高。文中首先继承道教重道的传统，讨论了道物关系，突出人消费万物必须依物性而为。然后从医学治病、养生的角度具体探讨农产品及其他物产消费技术问题，主要涉及农产品种植技术问题、酿造技术问题，甚至是造盐技术问题，所以与其将其视为一部医学本草类经典，还不如将其视为一部富含农学思想的经典。《太上感应篇》中的农学思想如下：它首先也讨论了道物关系，指出道性决定物性，但该经典还具体论及物性变化的渐进性，既说明了物种可变，又说明了物种变化的复杂性，告诉人们可以培育一些优良品种。并由此具体到神与农的关系，将道寓于神中，因而过渡到宗教仪式与农业生产的关系，从中指出一些农业禁忌，重点突出农产品消费时要以净为原则。由于农业生产过程和作物生长变化过程的漫长，所以人们必须勤俭持家，必须爱惜粮食。最后该经典的特点在于突出垦田、兴修水利的必要性，这是道教经典中最具特色之处，因为从道教史来看，道教突出水利建设必要性的经典和其他记载少之又少。

　　到了南宋时期，这种注释道家主要代表人物著述的创作方法明显隐退，转而主要创写经典，所以本时期道教经典的特点为注释道家代表人物著作和创造经典有机结合，同时还注重《道藏》的编辑工作。从农学的角度看，此时期富含农学思想的主要经典如下，现分别予以介绍：首先是对《元始无量度人上品妙经》所作的一些诠释所产生的经典，如《元始无量度人上品妙经法》《元始无量度人上品妙经四注》《元始无量度人上品妙经注卷上》《元始无量度人上品妙经内义》等，它们各自所包含的农学思想是少之又少的，但综合起来考察，其中的农学思想就十分丰富了，几乎涉及气论、三才观、阴阳五行观和寰道观等农业哲学问题，也涉及农业生产和消费技术思想，还涉及农业灾害观等问题。其次是《无上妙道文始真经》及对其所作的注释《文始真经注》，这两部经典农学思想也十分丰富，但唯一遗憾的是几乎没有论及农业生产技术问题。前者只论及物性问题，它认为世间万物皆有精气神魂魄，万物生长有其特定的道，即有特定的条件，人只有依靠这些条件充分发挥自己的主观能动性，做到又勤又专，才能获得农业生产丰收和快速发展。后者在继承前者内容和精神的基础上还论及了农业生产的气候环境，指出了气候的形成及其反映，要求人们正确把握物候，以便一边防灾御灾。然后突出了万物生长的条件和过程，尤其是人所起的作用，要求人们依道而行，正确处理好天地人三才关系，做到建立良好的生态农业模式。再次，此时期对《通玄真经》也做过一些注释，以《通玄真经注》和《通玄真经纂义》为代表。其中的农学思想正如上文所说的对《文史真经》所作的注解一样，在此不论。《皇极经世》中农学思想的特点亦如《文史真经》的两篇注释，只是从理论上论证物性与道的关系，进而论证万物生长和变化的条件，这样论述的目的在于要求在农业生产过程中充分发挥人的主观能动性和勤劳力作的精神，在进行食物消费时要依据个人特点和物性进行消费。但该经典最大的特点还在于论述了农业生产过程中施肥的重要性。《玄天上帝启圣录》中的农学思想比较系统，并且具有比较明显的实用价值，主要有以下几方面的内容：首先它阐释了嫁接技术的结果，为培育优良品种提供了可参考的意见。其次围绕灾害防御救治问题进行了深刻阐述，它首先提出利用物候知识预防灾害，具体介绍了一些物候知识。其次描述了几次有代表性的灾害现象，说明人进行灾害防御的必要性，再阐明救灾措施，当然这是利用一些宗教神话予以说明，并且极力推崇道教救灾的力量。《灵宝无量度人上经大法》的农学思想内容与上述之经典基本相同，但在论及自然灾害的同时，论及了反时之害。该经典的第二个内容是消费饮食问题。主张利用优质土地培育优良品种，提高消费水准。《三洞群仙录》首先将老子神化，并赋予其无所不能的力量，也论及了道与物性的关系，具体到土地性质与物产的关系，说明优良品种的培养需以优质土地作保证。然后再介绍一些农业种植技术，同时提出了役畜和保护役畜的思想。不仅如此，还阐述了"时"的含义，论述了时与农事安排之间的密切关系，其主要特点在于论述了声音与气候变化之间的关系。《庐山太平兴国宫采访真君事实璧无暇》中的农道部分只突出了勤的必要，但其中也包含护役畜的思想，论述了道与民的关系，说明各宫观庙宇庙产来源均离不开农业生产，以这种特有的方式说明了农业生产的重要。《云笈七签》是一部道经总集，其中农学思想也是博采众长。

由于道教历史悠久以及经典保存技术之故，所以很多经典的具体年代有待于细考，今按《中华道藏》中介绍对其进行时代归类，但由于本书的研究重点在于考证和挖掘道教史中的农学思想，而不在于经典的版本和时代考证，所以，经典的时代问题不是主要考证内容，故而不予重视，此问题将参照其他文献进行分类。

二、富含农学思想的道教经典举要

《太上大道玉清经》　此经典的编撰时代在现代道教研究成果中众说纷纭，有的认为为唐代所作，有的认为该经典出于南北朝，本书采用唐代之说。从农学的角度看，其中的思想十分丰富，并且自成体系。它首先论证道与物性的关系，物性与时、地的关系，认为万物生长成熟并非一个自然过程，皆有"道"的影响，它说："百谷熟成，皆由道恩，非自然也。道德不自彰，真人不恃功"①。这里就直接点明"道"的影响，意在崇道。后文继续探讨"道"的这种作用，它将"道"直接神化，点明"道"的影响就是神的作用，文中说："又敕五帝、地祇，合和百谷，生长药草……又命收风列仙，以调和气，淳熟人行，芳卉药草，处处姜茂；五谷结实，冬夏成熟"②。这里指明各种药草和农作物的生长成熟均为五帝和收风列仙的直接作用，后文还指明了各种农业神对人的影响，以及它们对人的教育和启迪作用，例如它说："或就乞食，止宿其所，教立屋舍，变生为熟……或作医巫，为其愈疾，或作农夫，教其种植"③。总之，在道教看来，农业生产活动的源头在于"道"及其实体——神。当然在论述"道"与农的关系时，它也继承了我国古代农业哲学思想，看到了物性与时、地的关系。首先认为时地对物性有极其重要的作用，例如春雨润泽万物、利其生长。良土能提供充足的营养给农作物，使其获得

---

① 《道藏》第 33 册，第 282 页。
② 《道藏》第 33 册，第 281—282 页。
③ 《道藏》第 33 册，第 286 页。

好的收成。但该经典又指出，物性是根本，是农业生产获得良好收成的基础和内因，离开这个内因，农业生产就徒劳无功，所以它说："良地而种秭稗，终不变成粳粱五谷"①和"譬如春雨，是物皆润，独有枯木而不受洽，纵不润者，益其朽烂，终不能生枝叶花果"②。其次，它对农业灾害进行了探讨。该经典不仅对农业灾害的起因有所探讨，而且对农业灾害的破坏力度和表现也有所重点说明，但其主要目的在于警示人们努力预防灾害，所以后文又从物候的角度对气与时节的关系进行了描述，它转引大悲天尊《八节宝经》说："立春之日，温气始生。云宫开东北之门，三司进朝，以定善恶。春分之日，和气始成……立夏之日，喧气始生……夏至之日，炎气始成……立秋之日，清气始生……秋分之日，凉气始成……立冬之息，严气始生……冬至之日，凝气始成"③。这种时气变化的描述对人们准确把握农事活动有十分重要的意义。再次，它进行了优良品种推介。这种对优良品种的推介，根源于道教的宗教属性和目的。道教为了增强自己在百姓中的影响力，增加自己的吸引力，往往虚构一个干净富足舒适的神仙世界，实际上，这神仙世界的吃穿住行无非就是现实世界的夸张与纯化，因而，对这种神仙世界的描述，就成为农业生产不断改进农业耕作技术和增加农作物品种的强大动力。例如它说："嘉禾瑞草，合根离颖。一树十枝，随时四熟。仙娥布野，荣绢亘原。络织成文，以充衣裳……灵芝夜光，遍挺园苑。神禽奇兽，驯押墙庑。麟凤群萃，晨夕和鸣"④。文中所描绘的"嘉禾""瑞草""一树十枝""仙娥""灵芝""神禽奇兽"等，实际上就是以夸张和幻想形式描绘出来的农作物。在一般的道教经典中，这种描述往往多有所见。最后，它论述了修道与务农的关系等主要内容，提出了一些农业禁忌。农道合修是道教传统的修行方法，将修道与务农有机结合起来的理论根据是我国传统的气论，在这种理论中，它认为世间

----

① 《道藏》第 33 册，第 295 页。
② 《道藏》第 33 册，第 306 页。
③ 《道藏》第 33 册，第 326 页。
④ 《道藏》第 33 册，第 343 页。

万物均产生于"道","道"化生为"气",世间万物之间通过"气"来相互感通，所以凡有良"气"者必有好的回报。它又认为人的良气来源于人的心性平和，而要达到心性平和，就必须磨炼，务农就是磨炼的最好方法。因而在农道合修过程中产生很多的农业禁忌，例如它说："诸善男女应当内外持法，不得侵毁精舍；不得抽剔藩篱；不得盗伐果林；不得盗师果子；不得割师田地；不得费耗师谷帛"①。它还认为修道与务农能有机结合起来，是有其现实根据的，它认为修道与务农的方法和步骤十分相似，两者均为一个循序渐进的过程，它说："善男子，修道树因，譬如良农，三阳之时，善役调牛，钩引悬树，陡捍绵密，踏乘通泞，加以好粪；次选良种，治择芜秽，温湿宜之；然后调树，芸耗莠稗，壅护苗根，晨夕看视，无令六畜侵食践蹋。如是苗子三月假生，萋蔚繁盛，水陆通美，无有蝥螣。凉秋结实，高下通熟"②。最后，它点明农道合修的结果，认为只有勤于修炼、勤于务农，才能得到所要得到的东西、修成正果。它说："如是良农，终卒获利，不可称量。善男子，汝等大众于道福田勤行修习，心无懈倦。如彼良农，必获果报而不差也……汝诸王等，精修至道而不懈者，未有不成上圣者也。譬如良农，善能播植，既植其母，必得其子。汝守太平之道，焉得不处常乐……未有学而不成，未有种而不生"③。文中点明有劳动、有付出就有果实，就有回报。勤于福田，心无懈倦，则果报不差，从而教育人们培养勤、重农思想。

《太上一乘海空智藏经》 我们依《道藏提要》转引唐朝玄嶷的《甄正论》所云："自唐以来，既有益州道士黎兴，澧州道士方长，共造《海空经》十卷"，可知此经约为唐初所作。此经典分为十品，每品一卷，故十卷④。全文模仿释典，以众所周知的实物为言说对象，阐明最完备的普度众生之法。全文均体现出系统的农学思想，具体内容上文已经略述，现仔细阐述如下：

---

① 《道藏》第 33 册，第 293 页。
② 《道藏》第 33 册，第 353 页。
③ 《道藏》第 33 册，第 353、355 页。
④ 参见任继愈主编：《道藏提要》，中国社会科学出版社 2005 年版，第 6 页。

首先，它论证了道与物性、消费的关系。道教继承道家思想，视道为万物之源，这早在老子《道德经》中已阐明，"道生一，一生二，二生三，三生万物"。但该经典中则对此思想有重大突破，它认为"道"生成万物之后，"道"就隐藏到万物体内，决定并支配着万物的性质与变化。所以文中有言，"善男子，譬如甘雨，润于一切，若山若泽，若高若下，是诸草木，无不蒙益。善男子，譬如稻谷，能生芽茎，长生花果，结实甘露，施于四方，一切众生，无不饱足"①。其中"善男子"即为"道"，它具有"润于一切，施于四方"的功能，能使"是诸事诸草木"和"一切众生""无不蒙益"，简单明了地揭示出"道"的作用。"道"产生万物之后，"道"和万物之间不再是生与被生的关系，而是显隐关系，"道"从此就不能直接被人体证，只能通过修道方式才能感知，所以文中说："若父母生，父母生己，生无所生，无生之生。譬如花果，花生无果，果生无花。道生之生，亦复如是……譬如莲花，从淤泥生，泥生之生，亦不是泥，亦不非泥。道性之生，亦复如是。亦是父母，亦非父母。善男子，譬如人屋，人寄屋生，屋非有人。道性之生，亦复如是。如木寄生，随木而生，生非木种。道性之生，亦复如是"②。这种思想从农学的角度看，其意义在于说明万物之所以能产生，就是因为物种本身具有化生万物的性质与功能。物种性质是有其规律性的，人们不能随意改变物种性质，认识物种性质必须认识同类物质的普遍性，即隐藏在物质背后的"道"。在进行品种改良时也需遵循一定的规律，只能在不改变同类事物普遍性的基础上进行。其次，它阐述了农道合修思想，呼吁敬农、爱农。该经典阐述农道合修思想时，首先直接把修道喻为耕种"福田"，并把田分为四种："田有四种。一者不净田，二者净田，三者亦净亦不净田，四者亦净净田"③。这对广大非专业宗教人士正确理解农道合修含义有非常重要的帮助。同时，该经典还往往用"善男子"这一具体事物指称"道"这一抽象名词，从这一

---

① 《道藏》第 1 册，第 639 页。
② 《道藏》第 1 册，第 653 页。
③ 《道藏》第 1 册，第 625 页。

称呼来看，我们已知道"善男子"是修道的结果，该经典一再阐述"善男子"的体现，这就告诉我们如何进行农道合修。认为天下修道者既要"施敬田"，也要"施悲田"，即要"礼拜十方三界天尊，供养三宝，以是因缘，是名敬田。慈悲供养，不择畜生，以是因缘，是名悲田"①。总之，该经典对农道合修的内涵做了系统的解释，对农道合修的方法也有明确的阐述，真正有助于各位农业生产劳动者树立宗教情怀，也有助于专业宗教人士仔细感悟农业生产的方法及其对修道的启示。再次，论述了勤的重要性，具体介绍了一些田间操作技术。无论修道还是务农均以勤为本，因为两者均为一个有着具体步骤的系统工程，所以该经典强调了勤的重要性。它说："我今供养，犹如诸国，勤力农作，得大耕牛，良田平正，无诸丘墟，恶芜荒秽，荆棘毒草"②。这里强调在使用有效农业工具的基础上，如果能亲历农作，则能达到"良田平正，无诸丘墟，恶芜荒秽，荆棘毒草"的结果，即勤能使田地得到开垦和平整，也能使田地得到耕种，铲除杂草，甚至可以达到文中所描述的"尔时国西有一大城，号为宝聚，周匝围绕四百余里。此城庄严，世界第一，比于八方，华丽特甚，地势平正，无有丘坑、山林险阻。多生甘果，树木枝条，两两相对，花实芬芳，四时郁茂"的仙境③。以具体事例说明了勤对农业生产的重要性。不仅如此，在农业生产耕作过程中，由于"一阴一阳谓之道"，即"道"为矛盾统一体，所以生产过程中经常出现良莠并存的耕作形式，这需要持之以恒的中耕除草，这种中耕不仅需要技术，也需要勤，它说："如田农夫，于秋月时，勤耕深地，能除秽草"④。这句话虽然简短，但含义丰富，首先它说明中耕的技术性，这种技术性表现在注意观察和把握好农时，还要注意勤耕深地，这样才能以便于农作物在秋月之后准备过冬的养料，然后说明中耕的目的在于"除秽草"。所以一句简短的话就道破了中耕的技术要点。

---

① 《道藏》第 1 册，第 690 页。
② 《道藏》第 1 册，第 672 页。
③ 《道藏》第 1 册，第 608 页。
④ 《道藏》第 1 册，第 679 页。

《道德真经广圣义》 唐末杜光庭撰，全文八十一章，与《道德经》匹配，每章皆首载经文，次列明皇注，复次为明皇疏，后为杜氏疏义①。前文已述，该经典是一部富含农学思想的经典，它具体论述了农作物的起源、农时和土地的种类及其与物性的关系，介绍了相关农业技术和农业生产工具，提及度量制度及其相关的农业赋税制度，强调勤俭以备荒灾思想。现分别阐述如下。

首先论证了整个国家和社会必须重农，它说："理国之本，养人为先……却甲马于三边，辟田畴于四野。深耕浅种，家给国肥，食为人天，邦之大务也"②。指出了农业生产对社会和谐与发展的影响，突出了农业的基础地位。在论及农作物起源时说："老君以清汉元年，号大成子，下为师，说《太上元精经》，教以化生之道，播百谷以代烹杀，和百药以救百病，尝桑得禾、柳得稻、榆得黍、愧得豆、桃得小麦、杏得大麦、荆得麻"③。该经典在这里犹如其他经典一样，崇拜个人英雄主义，这是其宗教性质所决定的，当然这种说法也是错误的，企图说明各种农作物是"道"及其化身的产物，尤其是后文所说的"天道以吉凶之应、阴阳之数、善恶之报，以平笼万物，物在其中，无所逃隐……夫天以气禀之于物，物则受气于天，是形于地，是则天地为万物之本。物之善恶生死，皆受命于天，天无网罗机械以制于物，但恢恢广远，无不包容。飞行动植，风云气象，阴阳寒暑，昼夜生死，皆在包罗之内，无所逃失"④。充分肯定了道性决定物性思想的普适性，其中的"天"为"道"的别称。但同时也看到了各种不同的农作物产生根源不同，因而各种农作物的特性也不同，从这一点来说，这种观点也有可取之处，尤其是后文提到"麦宜下田，今种陵陂，非其所也……木之性也，曲则为轮，直则为桶"⑤。这种因地制宜、因性而用的思想就深刻反映了道教那种道与物的关系思想内涵。

---

① 参见任继愈主编：《道藏提要》，中国社会科学出版社 2005 年版，第 313 页。
② 《道德真经广圣义》，《道藏》第 14 册，第 489 页。
③ 《道藏》第 14 册，第 319 页。
④ 《道藏》第 14 册，第 552 页。
⑤ 《道藏》第 14 册，第 486、487 页。

正因为道教崇道，又极力将"道"比附于老庄的道家代表，所以道教极力主张对其祭祀，其仪式中的物、动作，均与农密不可分，至于道教仪式与农业的关系，笔者曾经撰文发表，不再论述。在论述道性决定物性基础上，由于道性的差异性，该经又进一步形而下地论证了时地的种类及其与物性的关系。首先认为不同的"时"对农作物和农业生产的作用不同，文中有多处提到这种观点，它引《邠诗》《礼经》《阴符经》《白虎通》《学记》《内则》《王制》中的相关语言进行论证一年四季的不同作用，要求农业生产不误农时，它说："春日迟迟，采繁祁祁，仓庚既鸣，春之候也。采蔡，生蚕之时，蔡，播嵩也。帝出乎震，物生于东。春主发生，夏为长养。万物肃杀于西，秋主杀也。藏伏于北，冬主藏也"①。还说："日主昼而不能于夜，月主夜而不能于昼，春职于生而无长养收藏之功，夏职于长而无收藏发生之力，秋主于成而无生长闭藏之用，冬主于藏而无生长肃杀之效，风职于散而不能于润，雨主于润而不能于散"②。正是由于春夏秋冬四季不同之职，才导致不同农作物的生灭时间不同，才有不同季节轮回不止的农事生产活动。至于因地制宜的思想在前文已述，不复论及。该经典在论证了道物关系等哲学思想之后，还出现一个重要特点，它表现出对农业技术的高度重视，文中利用大量篇幅论及农业生产工具，这种论述，既介绍农业生产工具的起源和构成，也介绍了不同生产工具的使用价值。它说："《周礼》弓人为弓，聚榦、角、筋、胶、丝、漆六材以其时，六材既聚，巧者和之。相榦欲赤黑而阳声，射远者用势，射深者用直。相角欲青白而丰末，凡角秋杀者厚，春杀者薄，犀牛之角直而泽，老牛之角弥而眡。三色既具，戴者为良，则可以冬折榦，夏理筋，春液角，秋合丝、胶、漆，寒定体则张之不流。材美工巧，为之以时，谓之三均。均三谓之九和。上制六尺六寸，中制六尺三寸，下制六尺"③。这里它以弓的制作为例说明了农业生产工具产生的机理。它还说："筌者以竹为之，取鱼之器

---

① 《道德真经广圣义》，《道藏》第 14 册，第 437 页。
② 《道藏》第 14 册，第 414—415 页。
③ 《道藏》第 14 册，第 556—557 页。

也。蹄者，以绳为之，取兔之器也。鱼兔既得，则筌蹄可忘。若执筌蹄，乃非鱼兔矣……匠者以钩绳，圆者则矩之使方，方者则规之使圆，曲者绳之使直，直者钩之使曲"①。这里就阐明了农业生产工具得以产生的目的和使用价值。在经典中还具体说明了使用劳动工具进行技术操作的过程，它说："用耜耕之。耜广五寸，两耜为耦耜，耜广一尺，长沮桀溺耦而耕是也。亩广六尺，以一尺耜耕，垡为畎以通，水流畎然，因名畎也"②。该经典最主要的特点是继承了我国古代诸如《管子》《春秋》等书籍中所提到的农业制度，论及到农业度量衡制度，这为农业生产的顺利进行提供了基本保障，因为农业生产中土地的丈量、肥料量的把握、农产品的分配等均须以度量衡制度为标准。它说："度之所起起于忽，十忽为丝，十丝为厘，十厘为毫，十毫为分，十分为寸，十寸为尺，十尺为丈，三尺为跬，六尺为步，七尺为仞，八尺为寻，倍寻为常，三百步为里，二千九百三十二里为度矣。量之所起起于圭，六粟为圭，十圭为抄，十抄为撮，十撮为勺，十勺为合，十合为升，十升为斗，十斗为石，四升为豆，四豆为瓯，四瓯为釜，四釜为钟，十六斗为庾，六斗四升为斛，十六斗亦为籔，十六斛为秉。《聘礼》又云十斗曰斛，十六斗曰籔，十籔曰秉。郑玄又云斗二升曰斛矣。衡之所起起于黍，十黍为絫，十絫为铢，二十四铢为两，六铢为分，十六两为斤，三十斤为钧，四钧为硕，二十两为镒是矣。此四等之数，盖人间筹算之法"③。既有用来丈量土地的"度"的标准，又有用于称重量的"量"的标准。这种度量衡标准得到道教的推崇，充分体现出道教的重农意识。当然这种度量衡标准主要体现政府制定的初衷在于方便征税，要征税首先得清楚把握土地面积，需要"度"的标准，要知道征税额，就得把握"量"的标准。在道教宫观经济中，也常常将庙产承包出去，也存在征租现象，所以对度量衡制度的推崇是自然之事。道教的征租额虽然比政府征税额小得多，但也是参考政府标准制定的，文中指

---

① 《道藏》第 14 册，第 407、487 页。
② 《道德真经广圣义》，《道藏》第 14 册，第 419 页。
③ 《道藏》第 14 册，第 422 页。

出："千里之内所纳有五等，百里纳禾藁，二百里纳穗，三百里纳秸藁，四百里纳粟，五百里纳米"[①]。这种对度量衡制度的详细记载在道教经典中为数不多，这成为该经典中农学思想的突出特色。当然，道教宫观为了确保自己收入稳妥，为了兼顾雇农或其他承包者的利益，道教宫观除了鼓吹勤俭外，还注意对农业灾害的防御，所以文中具有明显的农业灾害防御思想。它把自然灾害的原因归结为人类的影响，以地震为例说："老君曰：夫天地之气，不失其序。若过其序，人乱之也。阳伏而不能出，阴迫而不能蒸，于是有地震"[②]。当然，此观点并不一定准确，但这种观点警告人们重视人力对自然界的破坏作用，不能为所欲为，要以尊重自然为根本出发点，这种顺自然而为的思想是值得我们借鉴的。

《道德真经疏义》　宋朝赵志坚注。其中的农学思想极为丰富，它首先论述了道在万物形成过程中的作用，提出了依道而行的自然无为思想，提出勤俭持家、重视积蓄的思想，重点讨论了重农意识的内涵和措施，指出重农当以固民为本，也探讨了农业技术和农业生产工具等方面的问题。

它首先继承道家的道本论和生成论观点，认为道乃万物之源，并且道生成万物之后，隐藏于万物之中，道和物之间是显隐关系，而非生灭关系，该经典对这种思想的阐述是以江河湖海的形成为例进行的，"道"对万物的作用则是以雨露、源泉为例说明。它说："其在地也，疏为江河，聚为沼沚，包之反流全一，为泉之深，视之不见水端，为海之大"[③]。说明了道生成万物的道理。接着说："其善利万物，在天为雨露之类，而万物蒙其泽；在地为渊泉之类，而万物受其施"。说明了道善利万物的作用，因此，我们人类的行为要以道为基础，顺自然而为。首先，要正确把握事物的道，避免做无用功，文中说："桂可食，故伐之。漆可用，故割之"[④]。因为道在生成万物时，道性已转

---

①　《道藏》第 14 册，第 501 页。
②　《道藏》第 14 册，第 465 页。
③　《道藏》第 12 册，第 411 页。
④　《道藏》第 12 册，第 441 页。

移到具体事物中，所以人力活动不必要过分，否则会犯揠苗助长的错误，这种思想在文中表现得十分明显，它说："且物之生，成理自足，从而增之，祇以为赘，如揠苗助长，劝成殆事。是皆以人助天，其祸福特未定也"①。接着它又具体解释何为"顺自然"，这是它不同于其他经典的独特之处，它说："顺其自然，勿搂勿扰而已"②。

当然，作者在要求人们行为顺自然的同时，也看到了人进行农事活动时发挥主观能动性的必要，因为"道"是阴阳对立的矛盾统一体，所以，各种外部环境帮助农作物生长的同时，也存在各种干扰，因而要求我们人类以其行为排除各种干扰，创造有利于农作物生长的环境。文章十分强调依时而动、勤于农事的作用。在勤的同时，要注意积累，生活中以俭为贵，因为农作物的生长成熟有一个固定的周期，不可能一蹴而就，所以，文章特强调"俭"和积累的作用。它说："甘其食，美其服，安其俗，乐其业。徽宗注曰：耕而食，织而衣……止分故甘，去华故美，不扰故安，存生故乐……甘其食，在于止分，不在于献饮食。美其服，在于去华，不在于服文采"③。它不仅指出生活要俭朴，而且阐明了生活俭朴的标准在于"止分""去华"。也指出在俭的同时要勤于农事，因我国古代就有"一夫不耕，或受之饥；一女不织，或受之寒"的思想。强调勤于农事重在未雨绸缪，日积月累，它说："孟子举《诗·鸱鸮》：迨天之未阴雨，彻彼桑土，绸缪牖户……土始一块，总合成田，水始一勺，总合成川"④。这为我国古代农民如何进行生产、生活提供了参考标准和行动指南。

在重农方面，它不仅突出了农业的基础地位，关乎国计民生的作用，而且指明了普天之下如何重农。认为重农首先应该贵农，其次富民，它指出："凡以农者，国之本也。土者所以能长且久，实本是道……富庶者兴治之本，

---

① 《道藏》第 12 册，第 502 页。
② 《道藏》第 12 册，第 506 页。
③ 《道藏》第 12 册，第 542、543 页。
④ 《道藏》第 12 册，第 516 页。

欲出致治之道，必在能兴治之本"①。富民的措施在于减轻农民苛捐杂税，使之终岁衣食无忧，安于农事，这既是对我国古代仁政义政思想的继承，也是道家无为思想和善行的体现。它说："民之饥，以其上食税之多也，是以饥。徽宗注曰：赋重则田莱多荒，民不足于食。疏义曰：孟子曰：易其田畴，薄其税敛，民可使富也，食之以时，用之以礼，财不可胜用也。圣人之治天下，所以使民含哺而嬉，鼓腹而游，日用饮食，乐岁终身饱者，非特不重其赋，以养民而已，盖有以使之弃末趋本故也"②。所以，在道教发展过程中，实施轻徭薄赋，道教宫观经济发展相当迅速，成为"富可敌国"的发展势头。

在农业生产技术方面，该经典主张"无为"与"络马首"相结合，既讲究农业工具的更新、发展与应用，又讲究具体的田间操作要求。但同时对生产工具的作用又有害怕的思想，怕产生"纯白不备之机心"，对生产工具的应用采取暧昧的态度，所以文中显现出重视田间操作技术的应用。它说："昔封人为禾，耕而鲁莽，耘而灭裂，乃各随其所报，及深耕而熟耰，则其禾繁以滋"③，点明了耕耘的具体标准在于"深耕而熟耰"。这对我国古代传统的精耕细作的农业生产模式有着十分重要的指导意义。

《南华真经注疏》 此经典为唐朝成玄英所撰，共三十五卷，为宋以后人所编辑④。在先秦道家代表人物的著述中，《老子》具有高度的形而上学性，整个体系具有高超的哲理思辨性。而《庄子》在继承《老子》思想体系的基础上向形而下的求道、证道、体道、悟道的方法转变，它提出"道在屎尿，道在瓦泥"和"道不可传授"的观点。所以《庄子》认为要想完备地求道证道，只能躬耕陇亩，直接接触各种有形物质实体，因而《庄子》全篇多寓言，多具体的物质名称，充满了动植物情结，至于这一点，本人亦撰文加以论述，在此不多赘述。《南华真经注疏》是唐朝皇帝和道士成玄英对《庄子》的注

---

① 《道藏》第 12 册，第 498 页。
② 《道藏》第 12 册，第 535 页。
③ 《道藏》第 12 册，第 532 页。
④ 参见任继愈主编：《道藏提要》，中国社会科学出版社 2005 年版，第 322 页。

释，立论高远，体系完备，内容丰富，将《庄子》本身内容与唐朝的现实紧密相连，所以其中的动植物情结和知识十分丰富。

就农学角度看，它论证了物性和时、地、道的关系，看到了万物生长的条件性，强调顺自然顺道而为的思想；介绍了农业生产技术和农业生产工具；也论及了勤和积累的必要；强调生态农业模式。

在道家看来，道性决定物性，所以道的差异性决定了物性的不同，文中以"朝菌见天即死，蟪蛄夏生秋死，冥灵五百岁而花生，大椿八千岁而奚落，麋与鹿而食长荇茂草，氐弋鸦鸟便嗜腐鼠，蜈蚣食蛇。骐骥骅骝，一日而驰千里，捕鼠不如狸性，氐休夜撮蚤，察毫末，昼出瞋目而不见丘山，羊肉不慕蚁，蚁慕羊肉"等事例说明物性的不同，认为这种物性差别不是人类的力量所能赋予的，而是事物自生的，是在道的影响下自发形成的。它说："万物职职，皆从无为殖。（注：皆自殖耳）夫春生夏长，庶物繁多，孰使其然？皆自殖耳。寻其源流，从无为种植"①。这里明确指出"庶物繁多，皆自殖耳"。如果人力进行过多干预，那就会改变物性，所以道家、道教医书认为，凡是经过人类加工的中药材不再具有原来意义上的药性，主张不轻易使用人工农产品和人工中药材。至于道性为何不同，它认为道与时地之间关系紧密，不同时空条件产生不同的道，时空变化，则道性变化。它说："是时为帝者也，当其所须则无贱，非其时则无贵，贵贱有时，谁能常也"。这里就强调了"时"的重要，这种时空差异性决定了世间万物生长的条件性差异，因此，我们从事农业生产时要注意万物生长的条件差异性，要顺自然而行，因时制宜、因地制宜。例如它说："大物生于大处。井蛙不可以语于海者，拘于墟也；夏虫不可以语于冰者，笃于时也"②。这里就暗含小地方不能生出大物，大物也不能生活在小地方，不能对不同时空条件下的物质寄予相同的要求，施予相同的人力，我们只能顺自然条件差异而为。至于何为顺自然而为，文中指出："天地以万物为体，而万物必以自然为正，自然者，不为而自然者也……天下

---

① 《道藏》第 16 册，第 504 页。
② 《道藏》第 16 册，第 274、485 页。

有常然。夫天下万物，各有常分……水则冬凝而夏释，鱼则春聚而秋散，斯出自天然，非假诸物……在形既然，于性亦尔"①。我们由此可以看出，顺自然之行为就是"非假诸物，尊万物之常然、常分"之行为。

　　当然，这种顺自然并不等于人力无能、无为，我们在世间万物面前并不是什么都不做，而是要积极地发挥主观能动性去认识万物生长的条件，并利用这些认识努力去创造条件，巩固万物生长的环境，促成万物保持原有性质的快速生长，所以该经典也十分重视对农业生产工具和技术的阐发。该经典一改《庄子》中那种害怕使用工具所产生的"纯白不备之机心"的担忧，主张积极利用工具，文中多次提到农业生产工具及其使用。它说："罔罟布以事畋渔，耒耨刺以修农业……春雨日时，草木怒生，铫耨于是乎始修……夫爱马者，以筐盛矢，以蜃盛溺……鼓箕箓，播扬土，简精粗也……禹捉耜掘地，操橐负土，躬自辛苦以导川原，于是舟楫往来，九州杂易"②。尽管这里的文字不多，但所提及的工具可非常齐备，从渔猎到农业生产，从畜牧业工具到消费工具，再到水利工具都有提及，真可谓是该经典重视工具使用的最明显之处。为了进一步消除某些人认为利用工具进行生产就是有为的错误观点，文章又指出："斧能刻木而工能用斧，各当其能，则天理自然，非有为也……青春时节，时雨之日，凡百草木，萌动而生，于是农具方始修理。此明顺时而动，不逆物情也"③。这里明确告诉人们使用工具时达到"各当其能"和"顺时而动，不逆物情"的思想高度，就不是有为，不会改变物性。既然如此，人在使用工具时，如果听其自然，顺工具之性而行则不必有负罪感。它说："人牵引之则俛下，舍放之则仰上。俛仰上下，引舍以人，委顺无心，故无罪"④，这对纠正以前错误的工具理性具有明显的效果。

　　工具只是农业生产的基本手段，其效果如何还和其使用者的素质与生产

---

① 《道藏》第 16 册，第 280、393 页。
② 《道藏》第 16 册，第 336、402、616、661 页。
③ 《道藏》第 16 册，第 447、616 页。
④ 《道藏》第 16 册，第 466 页。

技术经验密切相关，因此，文中也十分关注农业技术，即介绍了农业生产的田间技术，它说："耕地不深，锄治不熟，至秋收时，嘉实不多，耕垦既深，锄耰而熟，于是禾苗繁茂"①。我们从此处可知，虽有锄头，但如果耕治不深，锄治不熟，则生产还是收成不高，所以，工具虽然重要，但农业生产收成好坏主要取决于人的基本技能。不仅农业生产如此，在畜牧业过程中也须讲究技术，该经典虽没有介绍具体的饲养技术，只是间接提到要注意爱护牲畜，保持牲畜居所干净整洁。但它具体介绍了我国早已有之的相畜术，它说："凡今问于屠人买猪之法，云：践豕之股脚之间，难肥之处，愈知豕之肥瘦之意况也。何者？近下难肥之处有肉，足知易肥之处足脂。亦犹屎溺卑下之处有道，则明清虚之地皆遍也"②。这里介绍了相猪法，即通过考察猪的体长和后腿难肥之处的肥瘦判断猪种之优劣。

文中论述了勤于积累的重要性，那是笔者基于农业生产的周期性和人的消费欲望的无限性所提出的观点。农业生产的周期性基于气候的季节变化以及农作物生长周而复始的周期性产生，这种周期性导致农业生产具有一定的时间限制，即农作物生长均受到农作物本身和气候变化的约束，人的生产能力也有一定限度的，不可能一劳永逸。同时，农作物生长过程中，一些外部因素会严重干扰其正常生长，所以一方面要求"勤"，另一方面要求人们继承《庄子》中本已存在的勤俭思想，重视节俭和财富的积累，它说："山中之木，杞梓之徒，为有材用，横遭寇伐。膏能明照，以充灯炬，为其有用，故被煎烧。岂独膏木，在人亦尔。桂可食，故伐之；漆可用，故割之"③。说明人类消费品均来源于农业生产所提供的原材料，同时也说明人的消费范围之广、威力之大。正是由于这种消费能力和非劳动时间的存在，以及农业灾害的发生等，均要求我们必须重视积累。它说："适莽苍者，三餐而反，腹犹果然；

---

① 《道藏》第 16 册，第 600 页。
② 《道藏》第 16 册，第 550 页。
③ 《道藏》第 16 册，第 342 页。

适百里者，宿舂粮；适千里者，三月聚粮"①。这里以直白的语言道出了勤于积累的必要性，使本已有限的物质能帮助人们于危难应急之时。

人们在积累财富的同时，也在不停地提高生产技术，进行物种转化，培育优良品种，同时进行生态农业的生产，确保人们生活富足健康。物种转化本在大自然界中早已存在，我们只要认识其规律就可以顺势而行，它说："种有几？〔注〕变化种数，不可胜计。〔疏〕阴阳造物，转变无穷，论其种类，不可胜计之也"②，这里说明人类进行物种转化的可行性。当然，物种之间的转化有其自在的内在机理，不能任意进行转化，它说："奔蜂细腰，能化桑虫为己子，而不能化藿蠋。越鸡小，不能伏鹄卵；蜀鸡大，必能之也"③。所以，在物种转化的同时须遵循一定的客观规律，注意物种本身特点，奉行无为的原则，让其自化。它说："夫蛴螬变化而为蝉，蛇从皮内而蜕出者，皆不自觉知也。而蛴螬灭于前，蝉自生于后，非因蛴螬而有蝉，蝉亦不待蛴螬而生也"④。也就是说，在蝉、蛇、蛴螬形成过程中不能破坏其自然形成过程，我们只能正确把握其变化规律，创造最佳条件促使其自我生成，只有这样，才能生产出"东方有大鱼焉，行者一日过鱼头，七日过鱼尾；产三日，碧海为之变红"⑤之类的优良品种，才能彻底解决人们的衣食受制于大自然的局面，使人类真正步入自由发展的阶段。

《南华真经义海纂微》　据《道藏提要》考证，此经典为褚伯秀编辑。卷前有刘辰孙及汤汉等三序，均作于咸淳元年（1265年）。卷后伯秀自跋书于咸淳庚午年（1270年）。是书草创于景定癸亥年（1263年），历七年而成。刊于咸淳年中⑥。它虽然和《南华真经注疏》一样同为对《庄子》的注释，但其农学思想却比《南华真经注疏》丰富得多，两者相比，其特点在于对物候

---

① 《道藏》第16册，第276页。
② 《道藏》第16册，第508页。
③ 《道藏》第16册，第560页。
④ 《道藏》第16册，第623页。
⑤ 《道藏》第16册，第274页。
⑥ 参见任继愈主编：《道藏提要》，中国社会科学出版社2005年版，第317页。

知识的简介和对灾害的论述与防御。

它首先论证了道性决定物性，要求在农业生产中顺物性、顺自然而为。其次，论证了道的时空表现，强调要因时因地而行。接下来介绍了一些基本的物候学知识，探讨了天灾形成的原因，意在指导人们防灾御灾。同时，该经典利用大量篇幅介绍了一些农业生产工具、生产消费技术。最后，该经典既强调了从事农业生产的必要性，也要求人们在日常消费中注重积蓄。现分别论述如下。

"道"在道教经典中是一个至关重要的核心概念，有关它的论述对道教经典起着决定性作用，对道的人格化和神化是道家思想的体现，所以，一般的道教经典都会论及这一问题。就该经典中论述道与物的关系来说，有三个方面：一、道性决定物性，道既具有普适性，又具有特殊性，正因为道的普适性，才使万物同源同构，但道性决定物性，也正由于道和时空结合而具有特殊性，才使万物之间有相互区别，它说："蝼蚁有知而至微，稊稗无知而有生，瓦甓无生而有形，屎溺有形而臭腐者也。若是而为道，则道无不在可知。故前四者虽不同，而无不具道之体，犹言之有周遍咸其指一也"①。因而要求我们顺自然而为，顺道而为，它说："土有形而无生，木有生而无知，马有知而无义，三者虽殊，而善治之者，莫不因其性而不违其自然，循其理而不示其或使，故马尽其能，而埴木尽其用"②。即要求我们在对物进行治理时，要"因其性""循其理"而为之，文中一再强调"天有经，物有情，乱而逆之，玄天所以不成。玄者妙之体，天言自然也。鸟兽昆虫，皆具性命之理，顺理则安，逆理则乱。今强治之，是解其群而使夜鸣也"③。只有这样，才能达到"马尽其能"和"檀木尽其用"的效果。二、道与时空紧密结合，形成道的各种具体表现，使道在不同季节和不同地方有明显的差异性，因此也决定人类活动能否顺利进行，它说："阴阳则相照以日月，相合以天地，相治以风

① 《道藏》第15册，第515页。
② 《道藏》第15册，第322页。
③ 《道藏》第15册，第350页。

雨；四时则相代以寒暑，相生以春夏，相杀以秋冬。为有阴阳、四时、欲恶、雌雄，于是桥起、安危、祸福悉由之矣"①。所以，在农业生产中要因时因地而行，它以养鸟为例说明不顺物性而为的悲剧。认为"同类之雌雄，各有以相感，得类则其化不难，此皆造物自然之理，性命之不可变，时道之不可壅者"②。这里暗含了各种自然灾害形成的根本原因在于"反时"，论述了各种自然灾害形成的原因，除了自然界本身原因外，人类的不合道行为也是自然灾害形成的根本原因。它说："云气未族而雨，则阴阳失其理；草木未黄而落，则万物失其道。以至日月昏晦，皆非神人之治也"③，以及"乱天之经，逆物之惰，玄天弗成；解兽之群，而鸟皆夜鸣；灾及草木，祸及昆虫"④。前者是自然本身造成的，后者是人类不当行为造成的。人类要想自己的行为合道，必须对自然的道及其体现有充分的认识，所以文中又具体介绍了各种物候知识，以帮助人们认识自然之道。它说："人闻禽鸟之音。如鹊则报喜，鸦则报凶，鹳鸣知雨，布谷鸣催耕，可听之为准"⑤。当然，在道教经典中，具体介绍物候知识的不仅仅只有此经典，只要具有涉农思想的经典均有介绍，这为人们战胜自然灾害提供了理论指导。

　　该经典还十分重视农业生产力。首先，它详细介绍了一些农业生产技术，还介绍了一些农业生产工具，表现出很强的农业生产技术思想。从农业技术的角度看，它既介绍了相马、相狗技术，它说："吾相狗也。下之质执饱而止，是狸德也；中之质若视日，上之质若亡其一……吾相狗，又不若相马也。吾相马，直者中绳，曲者中钩，方者中矩，圆者中规……是国马也，而未若天下马也"⑥。这里不仅指出相狗与相马的区别，而且指出了相马也有不同的层次要求。又论述了耕道，即耕作技术。它说："封人推己治田之事亦然。明

---

① 《道藏》第15册，第594页。
② 《道藏》第15册，第424页。
③ 《道藏》第15册，第345页。
④ 《道藏》第15册，第348页。
⑤ 《道藏》第16册，第32页。
⑥ 《道藏》第16册，第116页。

年遂变所用之法，而深耕熟耰，其禾繁滋，终年厌餐，用力多则报亦侈也。人之治形理心，亦如之。遁天，逃其自然，故离性灭情，亡神以循众人之所为，动之死地者也"①。这里既强调务农须以心从事，也指出"深耕熟耰"的必要。更主要的是它还提出了在遵循天道地道基础上发挥人的主观能动性的必要性，在这一点上，它以鲁遂弟子夏日成冰、冬日出火的例子来说明，人只要充分认识自然之理，则可达到"虽违时而有可召之理"的效果。不仅如此，文中还十分重视农业工具的应用和改进，它首先阐明了自己的农业技术哲学思想，它突破了以前道家那种"有机事必有机心，有机心则纯白不备"的消极工具论，看到了生产力不断发展是历史发展的必然趋势，主张顺历史潮流积极利用生产工具。它说："圣人之于天下，抱一以周万，游内以应外，人之所为不可不为，器存所用不可不用，则机械在物而不在心，机事在时而不在械……机械之作特通其变，使民不倦而已。机械由于机心，机心必亏纯白，是识一而不知二，治内而不治外，此假修浑沌者，不免夫惊世之患也"②。这里既点明了"机械在物不在心"的思想，又指出以前道家那种消极工具论错误的根源在于"识一而不知二，治内而不治外"，对后人培养积极工具论产生重要影响。其次，文中还提出了一些具体的农业生产工具，这说明该经典的作者十分了解生产力发展水平和工具应用的社会实际情况。还提出了对农业生产工具应顺时而用的思想，例如，前文所提到的"机事在时而不在械"就有这种思想，此外还有"春雨至而草木怒生，人修田器以锄拔之，岂有心于伐草木哉！为耕种计，不得不然"③，此处指明春雨过后人修田器的作用在于"为耕种计"，即拔除杂草和耕田松土。最后，该经典还具有十分强烈的重农意识。首先，他指出农业生产的重要作用，它说："故所食皆甘，所服皆美，乐俗安居，何知帝力？邻国相望而无攻掠之忧，鸡犬相闻而有阜丰之乐，

---

① 《道藏》第 15 册，第 585 页。
② 《道藏》第 15 册，第 378 页。
③ 《道藏》第 15 册，第 608 页。

民至老死不相往来，则耕凿自给，无求于外"①。此处虽然是以简练语言描绘一幅生动的农家乐图景，但其中包含了农业生产对于稳定民众生活、对于养成良好的社会风气和高尚的社会道德准则有着十分重要的意义。其次，其重农思想中包含有十分浓厚的重视农业生产力思想，前文所引的关于农业生产工具的利用之句就是这种思想的体现。此外，其重农思想中还包括重视积蓄的意识，此文对灾害的描绘意在于唤醒民众需做好丰年积蓄以备荒的思想。所以文中一方面介绍农产品加工技术，进行精细消费、充分利用的思想，提出了一大批的农产品加工工具，介绍了许多农产品的加工过程。也直接指出"以事为常者，各治其职事也。以衣食为主者，务农桑也。蕃息者，鸡、豚、狗、彘之畜。蓄藏者，仓廪府库之积"②，即不仅要务农桑，而且要重视粮食家禽家畜的积蓄。总之，该经典的重农意识十分明显独特，对百姓的生活具有十分重要的影响。

《天原发微》　此经有《四库全书》本和《道藏》本，两者关于成书时代之说相差甚远，《四库全书》本认为元贞年间刊行此经。《道藏》本认为此经为鲍云龙撰写，鲍云龙为宋代人，入元不仕以终，此经因云龙以秦汉以来言天者或拘于术数，或沦于空虚，致天人之故于郁而不明，因取《易》注大节目撰是书。故由此可看出，此经典重在言天③。我们由此可以断定该经典出于宋元之际，为宋元时代的又一具有浓厚农学思想的道教经典，它虽重在言天，但其言天意指在于"观天象以明人事"，在于为农业生产服务，在道教农学史上占有十分重要的地位。其中的农学思想体现在以下几个方面。

本经典重在说明道与物的关系，认为道性决定物性。它在论述这一思想时又表现出其独特之处，即从易学史的角度分两个层次来说明论证，所以文中所引、所提及的语句均为儒家或道家易学大师名言。

首先，直接论证道物关系，它继承我国道物关系史观点，认为道为天地

① 《道藏》第 15 册，第 334 页。
② 《道藏》第 16 册，第 137 页。
③ 参见任继愈主编：《道藏提要》，中国社会科学出版社 2005 年版，第 571 页。

万物之本，且具有化生功能，道性决定物性，这是典型的道家观点，它引朱子之言说："道为天地之本，天地为万物之本。以天地观万物，则万物为万物。以道观天地，则天地亦为万物"①。指出道为万物之本，道与万物之间那种"齐一"关系。当然，道生成万物以后去处如何，文章并没有像其他经典那样说明"隐于万物之中"。该经典只是说明在不同的物体深处隐藏一个共同的"气"，物体不同绝不是"气"不同，而是"理"不同。文中说："本乎天者亲上，凡动物首皆同上，人类是也。本乎地者亲下，凡植物首皆向下，草木是也。禽兽首多横，所以无智。天道便是上面，脑子下面便生许多物事。论万物之一原，则理同而气异。观万物之异体，则气犹相近而理绝不同"②。这明显是朱子的理气关系论，我们由此可以知道该经典出现在朱子之后，为宋元时期作品。因而能利用朱子语言解决道隐于万物深处的道理，解决万物差异性不是直接来源于道，而是直接源于"气"的差异性。当然，该经典又不满足于这样说明，它又具体论证了"气"的时空差异性，指出物的时空差异性因"气"性不同所致，它说："天有春夏秋冬，气候不齐。地有东西南北，一定不易"③。就"地"的差异性而言，它说："天不足西北，地不满东南。是以东南多水，西北多山"④。还引孔子的话说："河效灵，而《图》、《书》出……邹鲁多儒雅，燕赵多豪杰，山之东西多将相，皆所以相与经纬乎中国也"⑤。这里就明显说明了各地特产形成的原因，这里虽然没有明确指出是"气"的结果，但强调了"天"的作用，而"天"是"道"的代名词。就"时"的差异性而言，该经典主要结合一年四季和二十四节气对气候物产的影响进行论述，这是该经典主要论述内容，也是该经典的主要特色。

其次，它又结合阴阳五行理论论证道物关系。它吸纳《易》的说法，论证世间万物的产生皆为阴阳相互推动的结果，它说："太柔为水，太刚为火。

① 《道藏》第 27 册，第 594 页。
② 《道藏》第 27 册，第 595 页。
③ 《道藏》第 27 册，第 592 页。
④ 《道藏》第 27 册，第 601 页。
⑤ 《道藏》第 27 册，第 603 页。

少柔为土，少刚为石。其化则为走飞草木色声气味。阳生动物，阴生植物……虽至微至细，草木鸟兽皆然。如鲤鱼上有三十六鳞，阴数。龙背上有八十一鳞，阳数。龟背中间五段，五行也。两边各四段，八卦也。周围二十四段，二十四气也。至于草木、雌雄、银杏、桐梓、牝牡、麻竹皆然……又有阴阳推之，飞阳走阴，动阳植阴，马阳牛阴，角阳尾阴，皆不逃乎阴阳之数"①。这里分别说明"阴""阳"所产生的物种是不同的，由此也导致物性明显不同。不仅如此，它还将五行理论应用到物性的说明中去，它引众多的易学大师之名言说："水润而又下，火炎而又上，木曲而又直，金从而又革，土兼四方而具生之德……咸苦酸辛甘者，五行之味也……五味以五谷为主。以《月令》推之，可见五谷之配五行者，麦为木，黍为火，稷为土，麻为金，菽为水。以五畜言，鸡为木，羊为火，牛为土，犬为金，豕为水。以五果言，则栗水、李木、杏火、桃金、枣土。是数者皆质具于地而切于民之生养，不可一日无也。其运此气而在天则为五行，其凝此质而在地则为五材……水雨霖，火雨露，土雨蒙，石雨雹。水风凉，火风热，土风和，石风冽。水云黑，火云赤，土云黄，石云白。水雷玄，火雷虩，土雷连，石雷霹"②。这不仅说明了各类物种的性质差异，而且按照五行理论对世间万物进行了简单分类，对把握物性进行合理种植有益，对于我们进行农产品的消费也具有指导作用。

该经典意在"原天"，即推究"天"形成原因和各种变化之理，所以该经典还重在说明气候形成原因，及其与农时的关系。它对气候形成的原因进行探讨时，所选角度独特，认为气候形成原因是与海陆位置、地面面积大小及地球运转有关。它说："春游过东三万里，夏游过南三万里，秋西冬北亦然。譬如大盘盛水，以虚器浮其中，四边定四方。若器浮过东三寸，以一寸折万里，则去西三寸。亦如地之深于水，上蹉过东方三万里，则远去西方三万里矣。南北亦然。然则冬夏昼夜之长短，非日出没之所为，乃地之游转四

---

① 《道藏》第 27 册，第 609 页。
② 《道藏》第 27 册，第 613—614 页。

方而然尔。朱子曰：《周礼》以土圭之法，测土深，正日景，以求地中。日南，则景短多暑；日北，则景长多寒；日东，则景夕多风；日西，则景朝多阴。曰：日近东自是多风，如海边诸郡，风极多。每如期而至，春必东风，夏必南风。旷土无山可限，故风各以其方至"。这里引我国早已存在的《周礼》内容说明了我国东西南北经纬度的跨度，论证了我国东西南北的昼夜时间差异，探讨了风产生的基本原因。由此探讨了天象与物性、与农时的关系，它说："暑变物之性，寒变物之情，昼变物之形，夜变物之体。雨化物之走，风化物之飞，露化物之草，雷化物之木。走飞草木交，而动植之应尽……暑寒昼夜，变乎性情形体。雨风露雷，化乎走飞草木。性情形体本乎天，而感乎地。走飞草木本乎地，而应乎天"①。这里就分别说明昼夜寒暑与世间万物之间的化生和依赖关系，具体论证了昼夜寒暑对万物形体化生和性情形成的决定作用。由于昼夜寒暑的这种作用，致使农业生产具有很强的季节性，因而该经典也论证了天象与农时的关系，它说："民星房星为农祥。在东七星中，立春日晨星中于午，为农祥。占曰百谷熟。农文人，在南斗西南，老农主稿也。天鸡主候时以催耕。牵牛，见河东牛郎耕，河西织女织"②。主要介绍星象与农业收成、星象与农时的关系，对于农民把握农时，合理安排农事具有指导意义。

该经典除了论证道物关系、"原天"以及介绍天象与农时的关系之外，还花了大量篇幅介绍物候知识，重在说明二十四节气的形成及其与农时、农事的关系，为农业生产过程中合理把握农时提供一些必要的指导，这也是笔者重点介绍该经典的原因。该经典具体介绍如何划分一年四季，何为二十四节气及其具体的日期，指出："凡二十四气，三分之气间五日有余，故年有七十二候也……统而论之，四时四六二十四也。分而言之，有节有气有候，各有条而不乱"③。使农民对一年四季的物候变化有个清醒的认识，所以也有人认

①《道藏》第 27 册，第 618 页。
②《道藏》第 27 册，第 644 页。
③《道藏》第 27 册，第 661、662 页。

为该经典是道教天文学的重要成果和体现，因而有人将其视为道教天文学著作。接下来，该经典结合《周易》和易学知识，利用一些具体的动植物形体和性状变化说明一年四季二十四节气的不同物候，为人们合理安排农事农时提供宝贵的技术指导。它说：

> 正月东风解冻者，春风发散寒冻之气也……通卦验云：立春雊雏鸡乳，雨水降条风至……动摇草木有声，故曰草木萌动。是为可耕之候。二月桃始华，应惊蛰候……三月桐始华，田鼠化为鴑也……四月蝼蝈也……五月螳螂生……六月温风始至，温厚之气至季夏而极也……七月凉风至，寒候也。白露降，金色也。寒蝉鸣，得阴气之正……八月鸿雁来。孟春言自外来于内，此又言自北而来南。玄鸟归，为仲秋之候……九月鸿雁来宾，云仲秋来者为主，季秋来者为宾……十月水始冰。季秋，霜降至此始冰，履霜坚冰至也……十一月鹖鴠不鸣者，盖鸟之夜鸣求旦，乃阴类而求阳……十二月雁北乡者，自南而趋北。早者则此月北乡，晚者二月乃北乡。此七十二候，各有其义。触景兴思，可以寓感时动物之叹，故特书之①。

总之，该经典虽然是以"原天"为主要内容，重在介绍天象、星象以及物候，但其根本落脚点在于"观天象以明人事"，这是秉承《周易》的宗旨，所以笔者以其为一部农学思想十分丰富的经典，在此处加以重点介绍。

《文始真经注》　此经典为宋末元初道士牛道淳撰。"一名《文始真经直解》，是对《文始真经》所做的注解，是注篇目同孙定传本，卷后载葛仙翁撰后序亦同孙定本，唯将文中《关尹子》依《文始真经》体例行文，全文共分为九卷。按《中华道藏》阐释，《文始真经》的三字改为尹真人《文始经》。牛道淳注每篇八章，逐句阐发，以真空为源，全真为道，了悟为宗，融儒释

---

① 《道藏》第27册，第661—664页。

道三教思想于一炉，其旨在于'因指见月，忘指而真月昭彰，因解悟经，忘解而真经洞彻'。'见知双泯，究悟俱忘'。颇近禅宗之指"①。来源为"关令尹喜，周大夫也。老子西游，喜望见有紫气浮关，知真人当过，候物色而候之，果得老子。老子亦知其奇，为著书。喜既得老子书，亦自著书九篇，名《关尹子》。老子授经后，西出大散关，复会于成都青羊肆，赐号文始先生，所著书，后为《文始真经》"②。所以，《文始真经》也就是《关尹子》，《文始真经注》也就是对《关尹子》所做的注解。从文章的内容来看，文中所涉及的农学思想有如下几个方面。

首先，它论述了道物关系，提出了道性决定物性，物性在一定条件下可以转变的思想。它认为道是形成世间万物的前提条件，有什么样的道就有什么样的物，道性决定物性，例如文中所说："天地虽大，不能芽空中之核，果木有核者，埋于土内，则生芽长成树，复结果生核，核复埋土生芽，芽又长成树，生核，如此相生"③。此句意在说明"道"是生成万物的基础，如果事物本身不包含"道"，则该同类事物不可能产生，这里的"道"意为"生机"和"条件"。核成为大树的前提条件是核中有生机，再加上有土这些必要的外在条件。当然这些生机又是特定的，各种不同的生命体有不同的生机和条件，这些生机和条件是不能随意转化的，正是这些生机和条件决定物的差异性。"蛟，蛟而已，不能为龙，不能为蛇为龟，为鱼为蛤"④。这里以"蛟"为例说明蛟就是"蛟"，它与龙蛇鱼龟等其他动物有明显的区别，虽然同为爬行类的水生动物，但不能相互等同，这就是道性决定物性的典型例子。当然，该经典认为，世间万物又是相互转化的，例如，文中说："无有升而不降，无有降而不升，属乎阳自升，属乎阴自降，升降往来，周流不息，所以生生化化而无极矣"⑤。这里就说明整个世界就处在一个无极的变化体系当中。

---

① 参见任继愈主编：《道藏提要》，中国社会科学出版社 2005 年版，第 314 页。
② 张继禹主编：《中华道藏》第 8 册，华夏出版社 2004 年版，第 22 页。
③ 《道藏》第 14 册，第 638 页。
④ 《道藏》第 14 册，第 630 页。
⑤ 《道藏》第 14 册，第 617 页。

当然这种转化是有条件的，就像万物的产生有条件一样，但这种条件又能被人所认识和利用，从而人能促使物种转化。该经典的作者将五行以果核与树相互转化为例说明人对这些条件的认识、利用和把握，它说："果木之中，有子核埋于土内，必待雨阴水之滋润，晴阳火之熏蒸，然后核生芽，芽长成树，树复结果核，核依前种之，水火土三者滋润熏蒸，复生芽长树结果核，相生无有尽期也"①。文中指明了果核成树所需的水土光三个外在条件，只有同时满足这三个条件果才能变为树。同时，该经典的作者还以"五行"与"五虫"的关系说明万物间相互转化的条件，它说："五行者，木火土金水也。五虫者，鳞羽倮毛甲也。以五行作五虫，可任论动植之物也，故云可胜言哉也……人之五情，则属五行也，五情者，喜属火，怒属木，思属土，忧属金，恐属水。五情既属五行，五行阴阳造化，陶镕天地万物，驱役死生去来，无有休息之期也……羽虫盛者，毛虫不育，毛虫盛者，鳞虫不育，知五行互用者，可以忘我"②。作者认为，五行作五虫可以穷尽一切生物转化之理，即使人的五情也可比作五行，故而知人之身体健康变化之故。同时作者也看到了五行之间的生克变化，正是这种生克变化造成物种之间的生克影响。

其次，该经典也看到了人与天地之间相互影响的关系，看到了人在生产或物种转化中的重要作用。它认为人之形气均来源于天地造化，即人是自然的产物，人依赖自然而生存。它说："五物可以养形，无一物非吾之形，五味可以养气，无一物非吾之气，是故吾之形气，天地万物……天地万物之形，因阴阳五行造化而有，吾形亦因阴阳五行造化而有，以此论之，天地之间，无一物非吾之形也，故云五物可以养形，无一物非吾之形。以五行之气，造化酸咸甘辛苦之五味，人食之，保养五脏之气，万物因五行之气而有，吾之身亦因五行之气而有。以此论之，则无一物非吾之气，如上所说，则天地万物皆吾形吾气也，故云五味可以养气，无一物非吾之气，是故吾之形气，

---

① 《道藏》第 14 册，第 644 页。
② 《道藏》第 14 册，第 642、664 页。

天地万物也"①。所以，人类要想健康快乐的生存，必须保证大自然提供给我们的"五物"和"气"的质量，注重大自然变化发展的生态性。不仅人的形气来源于外在自然，即使人的习性也来源于外在自然，它说："耕种之夫，使牛久，共牛近，习性刚悍愚憨，故云耕夫习牛则犷也。畋猎之夫，逐杀虎豹久，共虎近，习性勇猛大胆也，故云猎夫习虎则勇也。渔取水族之夫，久近于水，习性能沉没于水而取物也，故云渔夫习水则沉也。征战之夫，惯骑骏马久，近于马，习性便捷轻健也，故云战夫习马则健也。人性本来清静，但因习情染执久同物性，如上所说，习牛习虎习水习马之四者，则犷则勇则沉则健，岂不以物性习为我之情性也，故云万物可以为我也"②。说明人的职业、接触的自然对象对人的性情所造成的影响，形成我们的职业习惯。它们强调了大自然对人类本身的强烈影响，强调人须尊重自然规律，人须维护大自然本身发展的规律。它说："鸟兽草木生时不得不生，长时不得不长，老时不得不老，死时不得不死，生长老死四者，大化之流行，虽天地之广大，圣人之神通，亦不能暂留系，而使不生长老死也，故云天地不能留，圣人亦不能系也"③。人不能凭借自己的智力去任意改变自然。当然，它还说明人在大自然面前不是无能为力的，认为人能凭借自己的主观能动性去认识、利用自然规律。它说："人即小天地，天地即大人，风雨雷电，天地所为也，人亦能之，人衣摇扇，虚空得风来，人以气嘘呵物得水生，此风雨之象也。人以水灌注于水则声鸣，人以两石相击而火光迸流，此雷电之象也，人能知此说者，呼召风雨，立兴雷电，不为难矣"④。作者在此明显看到了人类本身的力量，看到了人在大自然面前可为之事，为我们人类从事农业生产提供了理论支持。

最后，作者基于阴阳五行思想指出，人在进行生产活动时必须具体情况具体对待，做到因地制宜、因时制宜。该经典认为阴阳五行致使各种物种具

① 《道藏》第14册，第662页。
② 《道藏》第14册，第662页。
③ 《道藏》第14册，第677页。
④ 《道藏》第14册，第621页。

有明显的时空性，从而要求我们严格遵守时空的差异性，只有这样，人的活动，尤其是农业生产活动才能取得事半功倍的效果。它说："莲花夏开，菊花秋开，天不能使莲花冬开，而菊花春开也，是以圣人不逆天之四季，不违时之通塞也，故云天不能冬莲春菊，是以圣人不违时也"①。此处说明世间万物荣衰的季节性，并且明确指出"圣人不逆天之四季，不违时之通塞"，强调"时"不可违，必须因时制宜。因为"时"与"地"是紧密联系的，所以不同地区有不同的地气，因此形成特产，如果在自然条件下盲目引种生产，则会造成劳而无功的后果。文中说："洛者，嵩洛之地也，橘者，柑子也，多生江南暖处，移来嵩山洛水之畔栽种之，而变为枳也。汶山所出之水为之汶江，在吴越之地也，狐络生于江北高原山野，将到江南下湿之地则死也，此二者地气使然也"②。这里就解释了造成这种现象的深层次原因，这为我们因地制宜提供了理论依据。

《太上感应篇》　为李昌龄注。宋《秘书省续编到四库阙书目·子类·道家》著录。书内有《虚静天师颂》。虚静亦作虚靖，系正一道三十代天师张继先于徽宗四年所受赐号。继先卒于钦宗靖康二年。胡莹微《进太上感应篇表》称该篇出自《宝藏》。《宝藏》即《琼章宝藏》，乃抄录《正和万寿道藏》而成。《太上感应篇》盖造于北宋末年③。该经典现存三十篇，乃由八卷本析卷而成。现有一卷本和八卷本两种，元时为一卷本，明代有一卷和八卷两本。字数不多，仅千余字。注者以故事形式讲述了二十六个善事、一百七十个恶事，意在宣扬天人感应、天神难欺、劝善惩恶的思想，融宋明理学于其中，因而流传很广，历代都有详注。注者在讲述故事时大都以农为喻，所以其中的农学思想也十分丰富，在道教农学史上占有极为重要的地位。其中的农学思想有如下几个方面的内容。

该经典具有丰富的农业哲学思想，阐述了三才关系，宣扬因果报应思想，

---

① 《道藏》第14册，第684页。

② 《道藏》第14册，第684页。

③ 参见任继愈主编：《道藏提要》，中国社会科学出版社2005年版，第479页。

主张扬善惩恶。它认为在三才关系中，人为三才之大，天地各有职责，天地人三者之间相互影响。它说："人处三才之大，体天地之和，得人形，生中土，不为易得。夫天运四时之元，地禀五行之秀，生五谷百果，以养斯民"①。人在天地中因得天地之恩惠而能形成、生存，天地之职责就在于"以养斯民"。所以，人要爱护天地等自然环境，勿使天地遭到破坏，否则会遭天谴、遭地惩。这种思想在道教早期经典《太平经》中有所体现，该经典也继承了道教早期这种思想，宣扬因果报应思想，它说："善恶之报，如影随形。传曰：善恶之报，而以形影为言者，谓作善得善，作恶得恶，亦犹形之必有影也……赞曰：理有施报，出于自然。如种五谷。刈获有年。如植荆棘，久则蔓延"②。这里作者就以种五谷和植荆棘等农业活动为例指出人的行为与其结果之间"如影相随"的——对应关系。同时，该经典的作者也以务农为喻，一再强调"行善在于积累"的思想，它说："易称善恶，必以积言。勿以其事，责诸目前"③。这里以《周易》之言为其论证依据，突出行善务在积累。同时作者还是不忘以农事为喻予以论证，它说："大抵善贵乎积，知之不可不为，为之不可不力。譬如种物，初虽至微，灌溉培植，不见其长，有时而大"④。这里以种物为喻，说明积善的影响和效果变化也是一个由小到大的自然过程，有时积善虽然像务农中的"灌溉培植，不见其长"，但只要坚持不懈，就会出现一个"有时而大"的自然过程。这里就告诫我们，行善时要以无为之心而行，不要以急功近利之思想"责诸目前"，这是典型的道家"无为"思想，对我们每一个人不无启示。

该经典还具体论述了一些农事活动。例如论述垦田和兴修水利的必要，论述培植优良品种对于农业生产发展的重要性。作者在论述垦田和兴修水利时大多以具体事例论证，它说："高通议赋知唐州，土旷人寡，历五代至本

---

① 《道藏》第 27 册，第 82 页。
② 《道藏》第 27 册，第 6—7 页。
③ 《道藏》第 27 册，第 7 页。
④ 《道藏》第 27 册，第 55 页。

朝，领县四，户六千百五十有五。公至，相视田原，知其可耕所不至者，人力耳。于是大募两河流民，计口受田，增户一万一千三百八十有一，给田三万一千三百二十有八。乃至山林蓁莽之地，悉变为良田"①。这里讲述的是唐州知州招募劳力开田垦荒，使唐州变成富庶之地的具体经过，因而论证了集中劳力开田垦荒的必要性，认识到安抚农民、保证充裕的劳力是农业生产发展的必要条件。该经典还以具体事例说明兴修水利对农业生产发展的重要性，它说：

> 张学士纶为江淮发运副使，疏五渠，导太湖，以灌民田。复岁租米者，六十万斛。许司封逖，知兴元，大修山河、堰溉民田者，四万余顷。鲁冀州有开初知确山，兴废陂以灌民田者，已数千顷。程修撰师孟知石州，凡汾晋诸州山谷，有水可以灌民田者，悉相其地，酾而为渠，开田凡一千余顷。许公规知丹阳，适大旱，公冒禁决练湖以救民田，岁大获者一万余顷。练湖冒决者死。陈谏议省华初知栎阳邑，有郑白渠可以引水灌民田，久为邻邑疆占。公至，陈本末，申诸司，由是壅遏之弊，一旦尽去。水利均及灌民田者，一千余顷。王刑部济初主龙溪簿县，有陂塘绵亘数十里，先为大姓输课，而独专其利。公至，悉夺以灌民田，由是一邑无怨尤之患。苗待制时中，初主宁陵簿邑，有古河岁久淹废。公至，请发卒疏导，以灌民田。由是一邑之田，尽成沃壤②。

像这种极力劝说百姓兴修水利的事例在道教农学思想中是不多见的，道教农学思想中记载兴修水利的事例大多为全真道的经典所记载，元朝至元十六年所立的《栖云王真人开水涝记》记述了一则全真道士王志谨在终南山地区兴修农田水利的珍贵史料。因为全真道为北方道派，生活在北方缺水区，所以十分重视水利建设。不仅如此，该经典还十分重视对农业生产过程中优良

① 《道藏》第 27 册，第 72—73 页。
② 《道藏》第 27 册，第 73 页。

品种的培育，它以牡丹品种改良为例加以说明，它说："沼家有一本牡丹，每花开无虑三百余朵，色丹如血，棱如金含，加以餅子顶上，各有丝纹，一一如自然蛱蝶之状，真奇品也"①。这里并非对仙境的描述，而是描述牡丹中的极品，是对这种优良品种的赞赏和欣慰，反映了作者对优良品种的向往和追求。

　　该经典也论述了农业生产的重要性，含有浓厚的重农思想，因而涉及农产品的消费问题。作者认为，人们的日常生活须以俭为本，一是因为农业生产周期较长，新旧农产品之间交替更换周期较长，而人们的日常生活则周期短且消费量大，很容易导致食物短缺现象的发生，所以人们日常生活必须以俭为本。它说："大抵人以食为天，一日不食，如饥火何。是以圣人务农重谷，天子亲耕以劝农，春夏祈谷于上帝"②。人的生产力水平也极为有限，所以更需以俭为本。即使生产力程度很高，人们的生活也需以俭为本，因为自然界会非固定时空地产生一些自然灾害，人类为了安全防护自然灾害，生活也需以俭为本。它说："然则五谷，可散弃乎？昔三川饥，物斛翔踊，民至采山芋野葛以给，死者无虑十五"③。作者还从宗教信仰的角度宣扬因果报应思想，认为浪费粮食是最大的恶事。它说："惜人不知天地育养之恩，轻弃五谷，厌舍丝麻，使农耕之夫、纺织之妇，身勤而不得饱，力竭而不得御寒，又纵而不恤其劳，曾无爱惜。此其所以为神明所责，天地不佑也"④。"上帝以麦大熟，人不知爱，使收其二，吾故为民请之。少顷，风雨大作，麦败十二。于此益知所谓五谷诚不可辄弃散也。况人受用，各有定数，譬如有钱千贯，日用一百，则万日方尽。日用一贯，则千日乃尽。与其千日，孰若万日方尽乎"⑤？认为这是天地神灵以灾荒饥饿的形式对人类奢侈浪费行为的惩罚。同时认为在进行农产品消费时须以"净"为本。把"净"视为人间美德，如果随意在粮食中掺杂秽物，则会遭天谴，遭地惩。对于这种观点的论述，作者

---

① 《道藏》第 27 册，第 91 页。
② 《道藏》第 27 册，第 82 页。
③ 《道藏》第 27 册，第 82 页。
④ 《道藏》第 27 册，第 82 页。
⑤ 《道藏》第 27 册，第 82 页。

是以拭眼禅师抖落秽物于粥中时其身上光气自落的故事和崖永寿用已下粪的田中水润米而被雷击的故事予以论证的。

此外，该经典还论及宗教仪式与农的关系，它说："又如供养真武，夏月不可用李子，冬月不可用石榴。延降上真，不可烧乳头香"①。这里虽然是从宗教忌讳上来讲敬奉不同神灵时对供品有不同要求，但也说明对农产品的消费要因时因地因人而异。该经典还从宗教的角度论述农业生产的因时性，作者还对一年四季中的二十四节气不同的主管神灵进行了描绘，表面看是说明不同节气不同的神灵主管，但实际上是说明不同节气有不同的气候、物候，不同的节气有不同的农事，这为我们因时而事提供了一种暗示，要求我们准确把握不同农时特征，并按时而动。

三、《化书》及其农学思想

《化书》的作者谭峭为五代道士，从少酷爱黄老之学，中年遍游终南山、太白、太行之后，最终隐于青城山，专事道教研究，专攻著述，《化书》就是其著述中的道教哲学著作。是书曾著录于《宋史·艺文志·杂家类》，且称为宋齐丘所著，实乃误也。因谭峭曾作此书时求序于南唐大臣宋齐丘，宋齐丘乃窃为己作而序之，因而《化书》曾一时名为《齐丘子》。陈景元作《化书跋》时提及到陈抟所言"吾师友谭景升，始于终南著《化书》"。《续道藏》有谭子《化书》六卷，《道藏辑要》中有明道士王一清《化书注》，不分卷②。

《化书》全书分为六卷：道化、术化、德化、仁化、食化、俭化，共11篇，合计110章。其中道化、术化为本体论之自然观，意在明了出生死、入神化之道。德化、仁化、食化、俭化为政治观、伦理观，它们发挥老庄思想论修身治世之道。"大抵本齐物以言道化，本虚无以言术化，本无为以言德化，本道德以言仁化，本税多民饥以言食化，三宝之一为俭，本之以言俭

---

① 《道藏》第27册，第130页。
② 参见任继愈主编：《道藏提要》，中国社会科学出版社2005年版，第481页。

化"①。强调万物皆化，时时在变。阐述了"虚化万物""一切皆化"的道教"化生"哲学思想，具体分析了道化、术化、仁化、德化、食化等情况，以及各种动植物之间、有情和无情之间的相互转化关系，从中明了超脱生死、修身治世之道。是书以"化"为名，概纵万物变化之道，突出"世事无常""人心无常""物性无常"之理。它说："道之委也，虚化神，神化气，气化形，形生而万物所以塞也。道之用也，形化气，气化神，神化虚，虚明而万物所以通也"②。总论万物化生之因，后来说："蛇化为龟，雀化为蛤，老枫化为羽人，朽麦化为蝴蝶，自无情而之有情也。山蚯化为百合，自有情而之无情也"③，以及"虚化神，神化气，气化血，血化形，形化婴，婴化童，童化少，少化壮，壮化老，老化死，死复化为虚，虚复化为神，神复化为气，气复化为物，化化不间，由环之无穷。夫万物非欲生，不得不生，万物非欲死，不得不死。达此理者，虚而乳之，神可以不化，形可以不生"④。总论整个世间万物的化生概况，突出我国早已存在的寰道论，认为万物之化皆出之于道以虚无为体，给我们构建一个万物化生的基本模式。

但它在阐述"一切皆化"的道教"化生"哲学思想的同时，还专题阐述了道教重农思想，这种重农思想主要体现在其《食化》篇中，除了重提农业乃天下"兴亡之机"的基础地位外，还阐发了"我耕我食，我蚕我衣"的自耕自织以自养的思想和"食为五常之本，食以俭为本"的饮食伦理观。以下三点值得人们重视。

其一，它看到了衣食对于人的生命存在的必要性，认为农业生产乃民生之本，这种重农思想来自于《太平经》，是继承《太平经》中"三急"思想的结果，《太平经》视"饮食、衣饰、男女"为天下人之三急，所以谭峭认为"民事之急，无甚于食"。提出食为民之本、民之急，乃至食为五常之本的

---

① 参见任继愈主编：《道藏提要》，中国社会科学出版社 2005 年版，第 481 页。
② 丁祯彦、李似珍点校：《化书》卷五《食化·七夺》，中华书局 1996 年标点本，第 1 页。
③ 丁祯彦、李似珍点校：《化书》卷五《食化·七夺》，中华书局 1996 年标点本，第 2 页。
④ 丁祯彦、李似珍点校：《化书》卷五《食化·七夺》，中华书局 1996 年标点本，第 13 页。

观点，表明了《化书》对粮食与民生关系的极大重视。可见其重农之甚。其次，它还看到了农业粮食生产对于治理国家的意义，提出粮食生产是天下"兴亡之机"。文章以"疮者人之痛，火者人之急，而民喻饥谓之疮，比饿谓之火，盖情有所切也。夫鲍鱼与腐尸无异，鱼逐鱼夷与足垢无殊，而人常食之。饱犹若是，饥则可致"①设喻，以疮和火喻饥饿之苦，借鲍鱼与腐尸、鱼逐鱼夷与足垢说明人因饥饿被迫铤而走险的状况，由此说明粮食与天下兴亡之关系。明确提出"苟其饥也无所不食，苟其迫也无所不为。斯所以为兴亡之机"②。强调粮食是国家"兴亡之机"的原因在于粮食对于社会人伦教化的重要性：文中明确地认为"教之善也在于食，教之不善也在于食"③。即人心能否向善，其关键在于"食"。文章依据《管子》中早已存在的"仓廪实而知礼节，民不足而可治者，未之闻也"的观点指出"是知君无食必不仁，臣无食必不义，士无食必不礼，民无食必不智，万类无食必不信。是以食为五常之本，五常为食之末。苟王者能均其衣，能让其食，则乾黎相悦，仁之至也；父子相爱，义之至也；饥饱相让，礼之至也……"④。看到了农业与人心的相互支撑关系，从而显示出道教重农、尚农的思想特征。

其二，《化书》提出了重农意识，看到了农业生产的基础地位，重视农业生产的劳动力保障，提出了人人自耕以自养的思想，主张"我耕我食，我蚕我衣"⑤。即不管什么人，均要我吃我自己种地所得的粮食，我自己喂蚕，自己纺丝，自己做成衣服自己穿，由此使有劳动能力的人均能达到"自食其力"的地步。这样既能开发荒野之地，又能生产足够的粮食，使整个国家的人们过上安稳生活。同时，它认识到农民过着"缲葛镊之衣""食橡栎之实"生活的原因在于统治者强加在农民头上的赋税太重，真正属于劳动者自己的粮食太少所致，因而坚决反对苛捐杂税。它指出了十种不农而获、减少百姓粮食

① 丁祯彦、李似珍点校：《化书》卷五《食化·兴亡》，中华书局1996年标点本，第57页。
② 丁祯彦、李似珍点校：《化书》卷五《食化·兴亡》，中华书局1996年标点本，第57页。
③ 丁祯彦、李似珍点校：《化书》卷五《食化·鸱鸢》，中华书局1996年标点本，第59页。
④ 丁祯彦、李似珍点校：《化书》卷五《食化·鸱鸢》，中华书局1996年标点本，第59页。
⑤ 丁祯彦、李似珍点校：《化书》卷六《俭化·悭号》，中华书局1996年标点本，第64页。

的人，它说："王者夺其一，卿士夺其一，兵吏夺其一，战伐夺其一，工艺夺其一，商贾夺其一，道释之族夺其一"①。所以它主张统治阶级也应该躬耕垄亩，降低赋税，应该减少非农人口，以便对百姓采取轻徭薄赋的休养生息政策，只有这样才能稳定农民务农之心，也只有这样，才能真正做到"我耕我食，我蚕我衣"。由此谭峭提出"均食"主张，即在全国范围内依农业劳动量平均食物，他说："能均其食者，天下可以治"。他认为这才是解决人人自耕自养的根本措施，又说："食均则仁义生，仁义生则礼乐序，礼乐序则民不怨，民不怨则神不怒，太平之业也"②，看到了"均食"对于培养老百姓和统治阶级的"仁义"之心，构建社会伦理道德体系，构建整个社会的"礼乐序"有着不可替代的作用。

其三，为了解决粮食困难，为了应对各种自然灾害，人们稳定生活和国家的长治久安，光靠"均食"还不行，因此，他提出了"食以俭为本"的观点。他继承老子"吾有三宝，一曰俭，二曰慈，三曰不敢为天下先"的思想，在文中提出"俭者，均食之道也"③。谭峭在此认为"俭"不仅为食之本，也认为俭为均食之道。我们由此可以看出谭峭那种忧国忧民、重视农业等物质生产部门、厉行节约的思想，他在文中多次提到"守一之道莫过乎俭"。指出俭乃救世之道，一人知俭则一家富，王者知俭则天下富。所以要求统治者"于己无所兴，于民无所取，我耕我食，我蚕我衣，妻子不寒，俾仆不饥"。对统治阶级提出了严厉的"尚俭"措施。同时，他还十分注意饮食伦理观念的培养与履行，提出"食为五常之本，五常为食之末"的饮食伦理观，将"五常"和食有机结合起来，认为两者是有机的互动关系。首先，将儒家伦理仁、义、理、智、信"五常"确立的条件归之于"食"，只有社会先提供充足的"食"，"五常"才能得到很好的实施和发挥。其次，假如人心有"五常"，真能为善，才能真正做到"我耕我食，我蚕我衣"。

① 丁祯彦、李似珍点校：《化书》卷五《食化·七夺》，中华书局1996年标点本，第51页。
② 丁祯彦、李似珍点校：《化书》卷五《食化·奢僭》，中华书局1996年标点本，第53页。
③ 丁祯彦、李似珍点校：《化书》卷六《俭化·太平》，中华书局1996年标点本，第61页。

第二节　道门农书及其农学思想详论

一、《亢仓子》及其《农道篇》的农学思想

根据《道藏》中"亢仓子者，姓庚桑，名楚，陈人也。得老君之道，能以耳视而自听。叔孙告鲁君，闻之大惊，使上卿厚礼以致之"[①]的记载，《农道篇》是亢仓子（庚桑楚）的作品，著录在《洞灵真经》中，属其中的第八篇。《亢仓子》原名《庚桑子》。案在《庄子·庚桑楚》中有庚桑楚居于畏垒之说，但《庚桑楚》此书在《汉书·艺文志》和《隋书·经籍志》中均未见著录，可见在隋以前此书并未存在。但近来有学者根据《道藏》考证曰："旧本题庚桑楚撰，唐柳宗元尝辨其伪。襄阳处士王士元谓庄子作庚桑子，太史公、列子作《亢仓子》，其实一也。取诸子文义类者补其亡。今此书乃士元补亡者"[②]。认为此书系摘录《庄子》等古书改编而成。是说早已有之，如晁公武《郡斋读书志》中称是书为士元补亡者。《孟浩然集》中有宣称王士元序，该序作者自称于终南"修《亢仓子》九篇"。还有唐天宝九年韦滔之序也称王士元"藻思清远，深鉴文理，常游山水，不在人间，著《亢仓子》数篇传之于代"。还有《唐新语》亦曰："道家有庚桑子者，世无其书。开元末，处士王源撰《亢仓子》两卷补之"[③]。我们由以上考证可以看出，现在流传的《亢仓子》并非亢仓子所著，实乃唐代襄阳处士王士元的著作。其内容十分丰富，大多摘抄各种古籍而成，但能自成体系，其主旨为修身治国安天下，不出儒道两家之言，其中的《农道篇》力书重农之主张，并阐述农业耕作技术，颇有农学价值，但很多思想仍然是承袭我国古代农书思想而来，甚至是抄袭

---

① 《道藏》第15册，参见陈垣：《道家金石略》，文物出版社1998年版，第132页。
② 《道藏》第15册，参见陈垣：《道家金石略》，文物出版社1998年版，第132页。
③ 参见任继愈主编：《道藏提要》，中国社会科学出版社2005年版，第289页。

其中原话论证，其中大部分抄自《吕氏春秋》，其具体内容有如下几个方面。

首先，《农道篇》（第八篇）继承我国古代早已存在的视农为本、视工商为末的重农思想，具体论述了"农道"。文中明确指出："古先圣王之所以茂耕织者，以为本教也。是故天子躬率诸候耕籍田……"①。强调"以茂耕织者以为本教也"，要求统治阶级亲为表率，躬耕垄亩。何璨释《农道篇》题云："谷者，人之天；理国之道务以农为本"。这是从人的生理需要论证了"谷物"等粮食和农业生产对于人的生存的决定作用，把"谷"喻为"天"，农喻为"本"。它还用"古先圣王之所以理人者，先务农人，农人非徒为坠利也，贵行其志也。人农则朴，朴则易用，易用则边境安，安则主位尊……"②来说明重农对治理国家的作用，指出"务农"不仅可以"坠利"，不仅保证农民个体生命的存在与延续，而且可以"行其志"，看到了农业生产对于人们思想道德品质的决定性作用，指出"人农则朴，朴则易用"为国家长治久安的根本。准确点出了《农道篇》的写作旨要，从正面论述了重农的意义。同时作者运用正反对比论证方法从反面指出"人舍本事末"会造成"不一令""兀（其）产约""轻流徙""好知多诈""巧法令""是非颠倒"等危害。也就是文章所说的"人舍本而事末，则不一令；不一令则不可以守，不可以战。人舍本而事末则兀（其）产约，兀（其）产约则轻流徙，轻流徙则国家时有灾患……人舍本而事末则好知，好知则多诈，多诈则巧法令，巧法令则以是为非，以非为是"③。我们通过比较《农道篇》和《吕氏春秋》，不难看出作者此处完全引用《吕氏春秋·上农》中的语言，从反面说明治理国家必须以农为本的道理。摘抄古籍是本书最大的特色，所以也富有很强的说服力。

其次，《农道篇》中还具有明显的重时思想。要求农事生产正确把握农时、不误农时，提倡"敬时爱日"。这一思想显然也来源于《吕氏春秋·上农》中的不误农时思想，继承了《吕氏春秋》中与农业有关的天文历法和物

---

① 《洞灵真经》，《道藏》第 11 册，第 565 页。
② 《洞灵真经》，《道藏》第 11 册，第 565 页。
③ 《洞灵真经》，《道藏》第 11 册，第 564 页。

候，以及生产与气候的关系思想。当然，作者也看到了农时给农作物生长和农业收成所带来的影响，所以作者说"迨时而作，过时而止"，认为农事之根本就在于顺时而行。而顺时的根本在于审时，因此，它也继承了《吕氏春秋》中的审时原则："是故得时之穗兴，失时之稼约。茎相若，称之，得时者重，粟之多。量粟相若而舂之，得时者多米。量米相若而食之，得时者忍饥。是故得时之稼，其臭香，其味甘，其气章，百日食之，耳目聪明，心意睿智，四卫变强，凶气不入，身无苛殃"。以供人们去准确把握良好的农事时机。为了保证这种不误农时思想的顺利实施，文中强调守时的关键在于注重劳力的投入，在农业生产紧张时，为了不失农时，即使是老弱之人也要投入耕作，以便"趋时"。它说："无失人时，迨时而作，过时而止。老弱之力可使尽起"①。这也是《吕氏春秋》和我国传统农书中普遍存在的保证农业劳动力安心务农的思想，《吕氏春秋》中的《慎人》篇"功名大立，天也。为是故，因不慎其人，不可。夫舜遇尧，天也。舜耕于历山，陶于河滨，钓于雷泽，天下说之，秀士从之，人也。舜之耕渔，其贤不肖与为天子同。其未遇时也，以其徒属堀地财，取水利，编蒲苇，结罘网，手足胼胝不居，然后免于冻馁之患"就强调了人力的作用。

再次，《农道篇》中也有十分明显的"耕道"思想。重视"耕道"是道教农学思想的显著特征，故而"耕道"思想也是《洞灵真经》农学思想精华之所在。它引用《吕氏春秋》中"生之者天也，养之者地也。是以稼之容足，耨之容耰，耘之容手，是谓耕道"②句中的"耕道"一词，说明"耕道"之意为农业生产技术观。具体说来，有如下几个方面的内容。

它首先提出"下得阴，上得阳，然后咸生"，即"下阴谓水润，上阳谓日气"③的农田整治和田间耕作思想。明确提出农田整治要以做到水土光三者良好搭配为目的，以便保证田间作物有充足的阳光和水分供应。而要达到此目

---

① 《洞灵真经》，《道藏》第11册，第565页。
② 《洞灵真经》，《道藏》第11册，第565页。
③ 《洞灵真经》，《道藏》第11册，第565页。

的，则在田亩整治过程中必须做到"圳欲深以端，亩欲沃以平"。注云："端正直也，圳深直则水流疾；亩沃平则润泽匀"。即供水、排水系统必须做到高低交错平坦才行。土地整治达到要求后，在后来的农业种植过程中要仔细关注每个环节，下种或者插秧时要行与行之间疏密得当，它说："慎其种，勿使数，亦勿使疎。于其施土，无使不足，亦无使有余"。何璨注云："施土谓施种于土也。种不足则伤疎而费地；种有余则伤密而损谷。不费不损取其中也"①，以及"立苗有行，故速成，强弱不相害，故远大。正兀行，通其中，疏气冷风。则有收而多功，率稼望之有余，就之则疏，是坠之窃也"②。下种、插秧后，要注意及时中耕，适当施肥。所以，作者也看到了作物疏密与施肥的关系，它说："树肥无使扶疎，树墝不欲专生而独居。肥而扶疎则多粃，墝而专居则多死"③。何璨注云："墝瘠地专主独居不耐风旱"。认为苗疏则多施肥，密则少施。如果施肥过少，作物过稀，则易受风寒，反之，如果施肥过多，苗则会"肥而扶疎则多粃"。作者还十分重视田间管理和中耕，因为农作物的生长状况和收成状况还与中耕、田间管理密切相关。首先它强调，中耕也需重时机，重气候。文中说："夫耨必以旱，使坠肥而土缓"。何璨注云："夫锄必用旱时，旱时则草易死而土脉肥缓也"④。强调中耕须以干旱时节为主。同时指出了中耕的具体任务有两个：即除去粃苗，云："凡苗之患不俱生而俱死（注云：生不齐则大苗凌小，小苗不茂），是以先生者美米，后生者为粃（注云：强者凌弱，故后生者不实）。是故其耨也，（养）其兄而去其弟（注云：以人喻苗也。先生为兄，后生为弟也）"⑤。所以耨田时去留要有选择，要即时除去粃苗，保护强壮之苗。同时中耕时还须除去杂草，但除去粃苗和杂草时不可伤及正常禾苗，文章说："不除则芜，除之则虚，是岂伤之

---

① 何璨注：《洞灵真经》，《道藏》第 16 册，第 750 页。
② 何璨注：《洞灵真经》，《道藏》第 11 册，第 750 页。
③ 何璨注：《洞灵真经》，《道藏》第 11 册，第 750 页。
④ 何璨注：《洞灵真经》，《道藏》第 16 册，第 750 页。
⑤ 何璨注：《洞灵真经》，《道藏》第 16 册，第 750—751 页。

也"。注云："除治也。草盛而除之，苗则虚矣，是人事伤之也"①。这些语句就明确指出了中耕的目的和要求，只有达到这些要求，中耕才能更好地有助于作物生长。

《农学篇》所含之上述农学思想，实际上是对《吕氏春秋》农学思想的继承和发展，有很多语言直接来源于《吕氏春秋》，是《吕氏春秋》四篇农学著作和作者自身之"农道""耕道"思想相结合的产物。作者的道士身份使该书带有浓厚的道家色彩，是值得我们重视和深入研究的一篇重要道教文献。

二、《山居要术》及其农学思想

《山居要术》三卷为唐代一位自称和靖处士的修道士王旻所著，约于先天元年至天宝十四年（712—755）间成书。是一部典型的道教农书，现在编入《宋史·艺文志》农家类中，笔者有如下详细考证。

今人一般以为此书早已失传，甚或是王毓瑚、潘法连这样的大家、中国农业遗产研究室等具有较强科研能力的研究团体也有如此之说，但此观点一直遭到不同人士的质疑，以致不乏对其进行考证之人，近来有学者通过各种渠道已经在不同的地方发现了《山居要术》原文，否定了原以为此书失传之说。笔者为了研究《山居要术》的道教农学思想，通过期刊网搜索，发现了上海中医药大学吴佐忻的《山居要术考》，该文重点对《山居要术》来源做了系统考证，它说："一个例外是，1983 年上海古籍出版社出版的王重民《中国善本书提要》（旧稿写于 1939—1949 年之间）说，《居家必用事类全集》'戊集载王旻《山居录》……皆有用之书，久无传本'。王重民虽然没有用更多的文字来讨论此书，但是对此书的下落作了明确提示。据此，笔者检阅了元人编集的《居家必用事类全集·戊集》及有关文献资料作了考证，取得初步的结果与认识"②。笔者按图索骥，最终在《居家必用事类全集·戊

① 何璨注：《洞灵真经》，《道藏》第 16 册，第 750 页。
② 吴佐忻：《山居要术考》，《医古文知识》2003 年第 3 期。

集》中发现了王旻的《山居录》。此《山居录》就是《山居要术》，这可以以最近在日本发现的、韩鄂所著的《四时纂要》朝鲜本中所引其资料为证。还有从内容上看，全集所收集的"种山药法也明显不是王旻的文章，山药先是避唐代宗李豫（762—779 在位）讳，尔后又避宋英宗赵曙（1064—1067 在位）讳，由薯蓣改名而来，不过这则资料仅见全集本，未见他书记载，也可重视。而全集本所收载的'种薯蓣'则没有避唐宋两帝之讳，是王旻原文的一个印证"[①]。现在在《续修四库全书 1184 子部·杂家类》中有原文。笔者在研究过程中就找到了此文，阅读了此书，由此我们可以断定，《山居杂录》《山居录》《山居要术》实乃异名同体，均出自王旻之手已是无疑之事实。

《居家必用事类全集》"戊集"所载王旻之《山居录》，实际上在《道藏》中早有相关记载。据《历世真仙体道通鉴》记载："王旻者，居洛阳青罗山。乡里见之已数百岁，常有少容。茸居幽胜，多植芝术药苗，栽培花木，皆有方法。著《山居杂录》三篇"[②]。我们由此可知《山居杂录》乃唐代道士王旻所著。只是后人出于对宗教的误解而忽视或者轻视对道教经典考证，重视对儒家类经典考证，使之长期以来没有得到学界应有的重视罢了。所以，此书的复出反映了我国学术界进行科研时所存在的一些学风问题，要么是资料本身太复杂，要么是国人研究时存在浮躁学风，要么是某种政治原因所致。但所幸的是它最终还是浮出了水面，纳入了学人眼中。它的复出在我国古农学、中医药学的研究中闪出耀眼的光辉，它填补了《齐民要术》和《四时纂要》之间的农书空白，使我国古农学史完整的链条又一次得以重新链接。

《山居要术》所反映的是道士的山居生活所必备的技能技巧，故不同于其他农书，《居家必用事类全集》中的戊集整体上包含平原地带的农作物种植要点、山居录和文房实用三部分。就《山居录》看，其独特的内容主要体现在以下几个方面：山居总论、作园篱法、种药类、种诸果木法类、花草类、竹木类。就该书整体特色来看，其最明显之处就在于对山区植物，特别是药用

---

① 吴佐忻：《山居要术考》，《医古文知识》2003 年第 3 期。
② 《历世真仙体道通鉴》，《道藏》第 5 册，第 282—283 页。

植物栽培经验进行了具体总结。这种总结是山居隐者由靠采集山药转变为种植山药经验的体现，它是唐宋农学思想发展的一大特色，药草栽培从此进入我国传统农书之中。

在《种药类》中，它首先总体上介绍了种药之"耕道"：作药畦法，然后再具体说明种枸杞、百合、甘露子、牛膝、合欢、车前子、苡米、紫苏、葳蕤、伏明、襄荷、胡麻、地黄、薯蓣、天门冬、麦门冬、商陆、魔芋、大葫芦、芜菁、萝卜（尤其是四季萝卜）、槐芽、山药，以及其他家用蔬菜的种植方法。尤其是其中的种芜菁、罗匐（芦菔）等方法明显不同于《齐民要术》中的方法。还详细记载了四季萝卜的种法。为了使槐树挺直，并保证槐芽的数、质量，作者首次介绍了槐麻混植的生产方式，"这可能是种植木本蔬菜的最早记载，不过这种木本蔬菜后来似乎消失了"①。另外，该书中有关薯蓣、苡米、紫苏、橘、茶等种植方法都是首次记载。其中对薯蓣种植的记载最特别，其技术要点就是要防止薯根扩散和向深处发展，所以最好的办法就是盆栽。首次出现种苡米法，并且对苡米依据加工上的特性做了分类，大致分为难加工的"薏苡"和易加工的"赣米"。有种魔芋的方法和加工魔芋的"料理法"。首次记载了种紫苏和种橘的方法，尤其是其中关于柑橘害虫生物防治的记载，使当代学者纠正了《南方草木状》中最早记载用黄猄蚁防止柑橘害虫的错误方法，转而认为《山居要术》成为我国用黄猄蚁防止柑橘害虫的最早记载，因为发现《南方草木状》是宋代作品②。韩鄂的《四时纂要》中所引其资料是十分丰富的，所以，前人认为种茶、种菌最早源于《四时纂要》③和采用嫁接（无性杂交）技术种植大葫芦法最早源于《四时纂要》的说法④也有可能不成立，因这些方法早就记载在《山居录》中。以上观点均有待于后人详细考证。

----

① 曾雄生：《中国农学史》，福建人民出版社 2008 年版，第 356 页。
② 曾雄生：《中国农学史》，福建人民出版社 2008 年版，第 356 页。
③ 缪启愉：《四时纂要校释》，农业出版社 1981 年版，第 6 页。
④ 胡道静：《读〈四时纂要〉札记》，载于《农书·农史论集》，农业出版社 1985 年版，第 27 页。

在《种诸果木法类》中，不仅现今的诸果树木几乎均有记载，而且其中的果树栽培和护理方法等对当今果树栽培有极为重要的意义，尤其是其中的"嫁果树法""使果实不落法""摘果实法""治果子百虫法""皂角树不结法""辟五果虫法""止鸦鹊食果法"等方法均在我国农学史上占有十分重要的地位，至今仍在对果树的生态防治中使用。在《花草类》中所提及的"种盆内花树法""种牡丹花肥盛花头健法""推花法""治花被麝香触法"（花树中间种数株蒜，或以艾叶、硫磺末等于上风向焚之即可）这些方法在我国古农书中均为首次记载。在《竹木类》中介绍的"治竹法""插树""栽树法""移栽树法""收茶子法"，均为作者本人亲自实践的结果，至今具有比较明显的实践意义。

当然，《山居录》的作者王旻①是一个山居道士，因此，在其著作中也或多或少地渗透一些宗教神秘思想和道教重生养生思想，他自然重视药草种植和山区动植物种养，其作品以药材种植为主，当然这也是为了突出"山居"之意义。就宗教神秘思想而言，具体体现在对种植作物的吉凶日判定和种养存在许多禁忌上，文中说"栽竹木吉凶日""伐木伐松不蛀日""种谷吉凶""耕田吉凶""浸谷吉凶""烧田吉凶""治园馆吉日吉神""种五谷果蔬吉凶"等等，无一不透露出宗教神秘性，尽管此做法有一定的神秘性，但我们当然只能对其进行辩证否定，因其中也还是包含着对农事中"时"的思考，是"农时"观的另一种说法，具有明显的"守农时"观念，作者在文中专门用"种植上时"一小节予以说明，因而使文章更加增添了农业哲学的意蕴。

三、《陈旉农书》及其农学思想

《农书》或《陈旉农书》三卷，是我国历史上有名的农书之一，历来为农学家所重视，但从宗教学的角度予以研究的却是少之又少。但此书曾受到

---

① 关于王旻身份的考证，可见《历世真仙体道通鉴》和卿希泰主编：《中国道教史》第二卷，四川人民出版社 1996 年版，第 168 页。

盖建民教授的高度重视，他曾撰写了《全真子陈旉农学思想考述》一文，发表于《宗教学研究》2000 年第 4 期上，该文又对陈旉生平和该书的版本、内容进行了详细考论。后来，他又在其《道教科学思想发凡》一书的《农道合修——道教农学思想索引：成体系的农学思想》一章中，依据我国已故农学家万国鼎先生的《陈旉农书校注》一书重新对《陈旉农书》进行了进一步详细论证。

按盖建民教授考证，关于陈旉生平，除该书外几乎没有相关文献记载，只能根据农书中的序、跋略知如下：陈旉自号"西山隐居全真子"，又号"如是庵全真子"。因"全真子"是典型的全真教道士道号，故知陈旉乃全真道士。从由其同时代的丹阳人洪兴祖所做后序中的"所至即种药治圃以自给"，且因其所隐居的西山有两处，但均在江苏，可知其是一名云游于江苏一带的、自耕自足的道士。至于《陈旉农书》的刊行，版本较多，当今计有《永乐大典》本、《四库全书》本、《函海》本、《知不足斋》本等。此外，《传世藏书·科技卷》中也有原文可查，但至今未见有单行本行世。现据此书原文对《陈旉农书》中所蕴含的农学思想做一个扼要概述。

《陈旉农书》可分为上卷、中卷、下卷。上卷是全书的中心和主体，占全书的三分之二，共有十四章，分别以农业生产经营中的十二宜为篇名总论全书的农学思想：即"财力之宜篇第一""地势之宜篇第二""耕耨之宜篇第三""天时之宜篇第四""六种之宜篇第五""居处之宜篇第六""粪田之宜篇第七""薅耘之宜篇第八""节用之宜篇第九""稽功之宜篇第十""器用之宜篇第十一""念虑之宜篇第十二"，此十二宜后另附"祈报篇"和"善其根苗篇"两篇。中卷"牛说"，叙述了耕牛在农耕中的地位，表达了作者爱惜役畜的思想。下卷"蚕桑"，论述了养蚕收茧及桑树种植管理。该书农学思想主要体现在上卷和下卷两部分，纵观全书，可概括为以下四个方面。

首先，陈旉的重农意识十分浓厚。主要体现在以下两方面。一方面，他亲耕垄亩，种药务农。正如前文所说"所至即种药治圃以自给"。正是这种躬耕垄亩的务实精神，既使他生活自给，也使他对"民之大事在农"之意身有体会。更为重要的是，为他撰写农书积累了丰富的农事经验和素材。另一方面，他非常重视农业教育和农业生产知识的传授，其特色在于通过撰写农书，甚或是厘清原有农书中错误的途径进行。希望"以待当世君子，采取以献于上，然后锓版流布"，从而"使天下之民，咸究其利。"①

其次，陈旉继承了我国古代农学史和哲学史上的"三才"观，且依据道教《阴符经》中的三才互盗思想提出"时宜、地宜"观。其"时宜"观表现在"天时之宜篇第四"篇中，他引老子道法自然思想，强调"四序乱而不能生成万物"②和"故农事必知天地之时宜，则生之、蓄之、长之、育之、成之、熟之，无不遂也"③的思想，将道家纯粹无为的思想和道教"络马首"思想有机结合起来，成为道教农学思想的闪光点。其"地宜"思想主要体现在"地势之宜篇第二"和"居处之宜篇第六"两篇中，前者看到了地形、地势对农业生产、经营的影响，强调农业生产和土地经营要因地形地势而行。后者则受到农业谚语"近家无瘦田，摇田不富人"④的影响，要求农民选择近田之地进行居住，便于精耕细作，提出"居民去田近，则色色利便，易以集事"⑤的思想，独具特色地表达了他那种人工构建"地宜"思想的方法论。

再次，陈旉依据其劳作经验阐述了其"耕道"思想。它主要体现在"耕耨之宜篇第三""六种之宜篇第五""粪田之宜篇第七""薅耘之宜篇第八""器用之宜篇第十一"等篇中。下卷"蚕桑"部分虽专论蚕道，但过于专业，故其"耕道"内涵主要位于上卷。"耕耨之宜篇第三"为耕地和松土的整地方法。"薅耘之宜篇第八"为中耕除草等田间管理方法。"器用之宜篇第十一"主要论述农具与农业生产之间的关系，阐述改进农业工具和重视农业生产力发展的思想。"六种之宜篇第五"主要为生态防病虫害法及充分利用地力

① 《陈旉自序》，万国鼎校注：《陈旉农书校注·跋》，农业出版社1965年版，第65页。
② 《天时之宜篇第四》，万国鼎校注：《陈旉农书校注·跋》，农业出版社1965年版，第27页。
③ 《天时之宜篇第四》，万国鼎校注：《陈旉农书校注·跋》，农业出版社1965年版，第27页。
④ 《居处之宜篇第六》，万国鼎校注：《陈旉农书校注·跋》，农业出版社1965年版，第33页。
⑤ 《居处之宜篇第六》，万国鼎校注：《陈旉农书校注·跋》，农业出版社1965年版，第33页。

提高农业生产率的方法。"粪田之宜篇第七"则是《陈旉农书》中最具创造力的部分，提出了关于积肥、造肥和施肥等前人未曾有过的观点。例如，它提出了粪屋积肥、沤池积肥等广开肥源的积肥、制肥法，也提出了制造火粪、堆肥发酵等增进肥效、避免损失的增肥法。还纠正了过去农书中只重视基肥和种肥，很少提到追肥的理论缺陷，提出了"用肥得理"和"宜屡耘而屡肥"的追肥观，这对保护土壤肥力，保证农作物健康生长，提高农业产量有十分重要的意义。他以此为基点提出了其"地力常新壮"土壤学思想，有力批判了地力渐减论，即地力随着耕种年限而衰减的传统观念，通过批立结合的方式指出："或谓土敝则草木不长，气衰则生物不遂，凡田土种三五年，其力已乏。斯语殆不然也，是未深思也"[1] 和"若能时加新沃之土壤，以粪治之，则益精熟肥美，其力常新壮矣，抑何敝何衰之有"[2]。其所附的"善其根苗篇"主要从遵道的角度阐述农业生产中的循序渐进原则，在耕耘过程中以坚固农作物根本为要。当然，陈旉作为一名道士，必然具有其宗教信仰的思想局限性，这导致其农书中不乏一些神秘主义思想。例如，"祈报篇"专言农事祈禳，不仅声称"有其事必有其治，故农事有祈焉，有报焉"[3]，而且过分强调农业春祭、秋报等祭祀礼仪，宣扬通过"祈祷巫祝"可以达到"顺丰年、逆时雨、宁风旱、弭灾兵、远罪疾"[4]，使耕牛作物免除疫疠虫害等等。基于此，我们对《陈旉农书》应抱着辩证否定即"取其精华、去其糟粕"的态度去学习、应用。

最后，陈旉还提出了独具特色的农业经营思想。这主要体现在"财力之宜篇第一""节用之宜篇第九""稽功之宜篇第十""念虑之宜篇第十二"以及下卷的"蚕桑"中。"财力之宜篇第一"指出农业生产规模要与经济实力相称，认为生产不在于多广虚，而在于少精实，他说："凡从事于务者，皆当

① 《粪田之宜篇第七》，万国鼎校注：《陈旉农书校注·跋》，农业出版社1965年版，第34页。
② 《粪田之宜篇第七》，万国鼎校注：《陈旉农书校注·跋》，农业出版社1965年版，第34页。
③ 《祈报篇》，万国鼎校注：《陈旉农书校注·跋》，农业出版社1965年版，第42页。
④ 《祈报篇》，万国鼎校注：《陈旉农书校注·跋》，农业出版社1965年版，第43—44页。

量力而为之，不可苟且，贪多务得，以致终无成遂也"①。继承和发展我国早已有之的"多虚不如少实，广种不如狭收"②精耕细作农业思想，极力主张"农之治田，在连阡跨陌之多，唯其财力相称，则丰穰可期也审矣"③。在"稽功之宜篇第十"和"念虑之宜篇第十二"中则发挥《管子》《小匡篇》中所阐发的"士农工商四民者，国之石民也，不可使杂处，杂处则其言咙，其事乱"的思想，对统治阶级提出了务必使农民专心耕地务农的治国理念和要求，也要求务农者专心致志，尽自己最大力量务农。"节用之宜篇第九"除了继承我国古代重农思想外，还提倡备荒，所以它说："古者一年耕，必有三年之食。三年耕，必有九年之食。以三十年之通，虽有旱干水溢，民无菜色者，良有以也"④。还直接引老子的"能知其所不知者上也。不能知其所不知者疾矣。夫惟病病，是以不病。圣人不病，以其病病，是以不病"⑤来说明防患于未然之必要。同时，陈旉所构建的整个农学体系还具有农业系统规划思想，《农书》之"居处之宜篇""地势之宜篇"中所阐述的农舍安置、土地利用等都是这一思想的体现。当然，陈旉十分重视"耕道"，他在《蚕桑》中说"古人种桑育蚕，莫不有法。不知法，未有能得者，纵或得之，亦幸而已矣。盖法可以为常，而幸不可以为常也。今一或幸焉，则曰是无法也"⑥。他提出农业生产过程中应进行多种农作物套种，建构立体式农业生产结构的主张，具有多种经营的农业生产模式。例如，"地势之宜篇第二"中针对高田种植，提出其独具特色的立体式农业生产模式，它说："凿筑陂塘，约十亩田即损二三亩以潴蓄水，碇之上，疏植桑柘，可以系牛，水中养鱼"。这可以说既是一种充分利用土地的思想，也不愧是一种具有多种经营意识的生态农业观，同时还是一种舍小利赚大利的经济效益观。

---

① 《财力之宜篇第一》，万国鼎校注：《陈旉农书校注·跋》，农业出版社1965年版，第23页。
② 《财力之宜篇第一》，万国鼎校注：《陈旉农书校注·跋》，农业出版社1965年版，第23页。
③ 《财力之宜篇第一》，万国鼎校注：《陈旉农书校注·跋》，农业出版社1965年版，第23页。
④ 《节用之宜篇第九》，万国鼎校注：《陈旉农书校注·跋》，农业出版社1965年版，第36页。
⑤ 《节用之宜篇第九》，万国鼎校注：《陈旉农书校注·跋》，农业出版社1965年版，第38页。
⑥ 《蚕桑叙》，万国鼎校注：《陈旉农书校注·跋》，农业出版社1965年版，第53页。

四、陈翥的《桐谱》农学思想

除以上所列举的几位高道著述农书外，还有一本陈翥所著的、被《宋史·艺文志·农家类》著录的《桐谱》一卷。它是道士所著的唯一一本专业性农书。

《桐谱》书名最早见于陈振孙的《直斋书录解题》，它实际上并非一人所著，只不过多有遗失，据《中国农学书录》记载，南宋丁黼也曾著《桐谱》一卷，只是"本书未见于历来各家书目，只在乾隆期间的《江南通志·艺文志·农圃类》加以著录，书或许是不存在，或者早已佚失"[①]。现在所见的仅为陈翥所著、后被《宋史·艺文志·农家类》著录的《桐谱》一卷。此书在后来《宋史·艺文志·农家类》和《安徽通志》等资料中均有著录。

据盖建民教授考证，陈翥生活于宋真宗、仁宗年间（公元 1009—1061），他以《桐谱》一书彪炳农史。他自称子翔，讳子四，号桐竹老君、咸聱子。北宋池州府铜陵（今安徽铜陵）人。陈翥是一个典型的由儒及道的道教学者。出身于一个富有的乡绅家庭，早年热衷科举，但屡试不中，仕途渺茫，这才对儒学死心，在四十岁以后便隐居家乡，"退以治生"，在村后西山南面垦地植桐种竹，躬耕垄亩，著书立说。所撰书籍达 26 部 180 卷，内容涉及天文、地理、儒、释、道、农、医、卜算等方面，惜只有《桐谱》[②] 一书流传下来。现在版本有《唐宋丛书》本（第二函第十四册）、《说郛丛书》本（第一百零九册）、《适园丛书》本（第十二集）、《丛书集成》本（第一千三百五十二册）、《植物名实图考长编》（卷十九）著录[③]。

从该书序言来看，序言作于皇祐元年，阐明作者撰写此书的目的为"补农家说"。全书一卷十篇，其名分别为：《叙源》《类属》《种植》《所宜》《所出》《采斫》《器用》《杂说》《记志》《诗赋》。总结和推介了北宋以前泡

---

① 曾雄生：《中国农学史》，福建人民出版社 2008 年版，第 366 页。
② 陈翥：《桐谱》，载《丛书集成》本，商务印书馆 2010 年版。
③ 曾雄生：《中国农学史》，福建人民出版社 2008 年版，第 366 页。

桐栽培经验，主要内容如下。

首先，讨论了桐树的名实问题，辨析了"桐、梧"之名，指出两者"其实一也"，但他对桐树本身仔细观察之后，根据自己的经验，参考以往的记载，对桐树做了一个不同于《齐民要术》分类的分类，突破了以前仅将桐树分为"白桐"和"青桐"的局限，而以叶形、花色、果实和材质为分类根据，把泡桐分为"六种（白花桐、紫花桐、油桐、刺桐、梧桐、赪桐）三类（梧桐、油桐和泡桐）"①。继承和发展了古代源远流长的辨物辨类理论，把分类学理论推上一个新高度。其次，它介绍了桐树本身的生态、生物学特征、利用价值、产地分布及其生长环境。指出桐树为柔木、阳木，"桐独受阴阳之淳气"，因此开春冬之两花，且每次开花有先后，而异于群木也。桐树全身是宝，"其叶味苦寒无毒，主恶蚀疮。荫皮主五痔，杀三虫，疗贲豚气病。其花饲猪，肥大三倍"。"桐之性不奈低湿，惟喜高平之地，如植于沙湿低下泉润之处，则必枯矣"。"岂独蜀之为美，植之亦可以为器。江南之地尤多"。再次，他介绍了自己和以往的一些种植、采伐与利用技术和经验。在育苗造林方法上，有天然下种、播种育苗、压条育苗、分根育苗、分蘖造林和分根造林等。在抚育管理方面，记载了修枝技术、施锄技术、保苗技术、林间保理等。对泡桐的材质特征和经济用途也有详尽论述。

曾雄生在其《中国农学史》中认为，陈翥《桐谱》无论在中国还是在世界上都是最早论述桐树的专著，因它是我国现存的古农书中唯一一本桐树专著，是我国最早系统研究泡桐生长过程规律和实用价值的著作。对我国植桐技术和国外泡桐研究有明显的指导作用，它的问世结束了中国农学史上无植桐专著的历史。据盖建民教授的考据和界定，陈翥为道教学者，假如这种说法能够成立，那么，此书又可以说是道教农学思想对我国传统农学思想的一大贡献。

---

① 曾雄生：《中国农学史》，福建人民出版社 2008 年版，第 365 页。

第四章

元明清时期道教农学思想的进一步发展

　　道教经过汉魏两晋南北朝发展之后，无论从组织上，还是从思想体系上，兴教方法上均走上了成熟。唐宋时期，由于上层统治阶级对道教的重视与利用，道教此时又进入发展的黄金时期，度牒的道士人数、宫观数量突飞猛进，道教经典的收集已经开始产生，可以说，唐宋时期的道教是我国道教史上的鼎盛时期。南宋末年，国家崩析，战祸连绵，道教的发展暂时遇到瓶颈，但由于以全真道为代表的新道教的艰苦努力，终于得到了金政权、元朝统治者的重视和利用，从而使道教有进一步的发展，道教继续走宋代以来的内丹道路，强调内修与外修的有机结合。农道合修思想在整个道教体系中占有十分重要的地位，全真道的水利建设思想达到前所未有的高度，明朝统治者重视道教经典收藏，统治者中部分代表极力鼓吹农道合修，并身体力行，从而使道教农学思想进一步发展，表现在经典中的农学思想明显，道士农书和受道家思想影响的农书数量进一步增多。

第一节　金元新道教的农学思想概要

一、道教农道合修思想发展概况

自从 1127 年我国北宋王朝灭亡后，在南宋一百多年的历史中，南北文化交流中断，双方呈现出明显不同的特征。尖锐的民族矛盾和道教本身发展的趋势，使这一时期道教发展依然迅猛，新的道派不断涌现，南宋时期南方的净明道、清微派、内丹派南宗比较盛行。北方金国道教发展为以后元朝时期道教发展定下了基调。即元朝时期道教的道派就是金国道派的发展和组合。金元之际兴起的新道派有太一教、大道教和全真教三派。后人将此新道派总称为新道教，该词最早见于史学家陈垣先生所著的《南宋初河北新道教考》一书中，该书还就新道教产生发展的社会历史原因做了精辟的分析，此处从略。

其中太一教最先创立，直到元末才消失，其创始人为萧抱珍，因该教尊奉在中原地区早已根深蒂固的太一神而得名，授太一三元法术。但由于此道派中关于教义的经籍文献全部遗失，所以并未留下著述，只在金元文人集中保存一些有关太一教的碑记、传记、诗文和墓碑。此外，还有地方史志中也略有提及，这些资料成为后来陈垣先生撰著《南宋初河北新道教考》一书的主要根据，因金皇统五年创设"屯田制"，授予数万女真、契丹人的猛安谋克户官田耕种，而太一信仰、敬天拜神、祈禳治病的太一道士与女真的巫师同类，所以深得女真接受，这大概与女真的耕作生活密切相关，因而其中的农学思想自然十分丰富，只可惜其中的农学思想并无史料可考，所以此处无法论及。只是到了元朝第六祖萧全祐时，才有相关资料显示其农道合修的思想，例如，王恽于大德元年九月所做的《大都宛平县京西乡创建太一集仙观记》中说："良田果植，隶大司农者，量宜颁赐，置为恒产。遂赐顺之坎上故营屯地四千余亩。复虑未臻丰赡，元贞改号，岁七月，又赐苑平县京西乡冯家里隶司农籍栗林，尽界全祐"①。这里可以看出太一道对土地、对农业生产的重视，反映了太一道农道合修的思想内容。这可以说是太一道农学思想中难得的珍贵佐证资料。

大道教，又称真大道，创始于太一道之后，亦于元末灭绝，教祖、道士著述全部遗失，无本派教史传世。对于其教史的考察，只能以《元史·释老传》和程巨夫、吴澄、虞集、宋濂等文人集为根据。20 世纪，陈垣先生根据在北京艺风堂拓片中所找到的几通关于大道教的碑刻，而撰写了《南宋初河北新道教考》一书，对大道教做了首次考述。后来又出现了袁国藩的《元代真大道教考》和陈智超的《真大道教的新史料》，二文对大道教分别做了考察。根据他们的考述，可知大道教创教人为沧州乐陵人刘德仁，号无忧子。据杜成宽撰于至元十五年的《络京猴山改建先天宫记》《重修隆阳宫碑记》和宋濂的《宋学士文集》卷三十五的《书刘真人事》等文稿记载，刘德仁于金熙宗皇统二年遇高人授以《道德经》要诀，开始传播大道教。因大道教创始于田园荒芜、资食匮乏的宋金交战时期，所以大道教以解决温饱问题、安定社会秩序为己任，它与北宋道教旧派无直接相承关系，独创九条教规，是道教史上独具特色的教派，以农为立教之本，主张力耕自养，悯贫救苦，田璞撰《隆阳宫碑》以《老子》之说解释大道教之教旨为"饮食绝弃五荤，口不贪于味也，治生以耕耘蚕织为业，四体不贪安逸"②。还有元张英在其《汴梁路许州长社县创建天宝宫碑》中说："慈俭不争，往往自庐而居，凿而饮，耕而食，蚕而衣"③。后来的元大道教道士赵清琳在其《大道延祥观碑》中说："不务化缘，日用衣食，自力耕桑赡足之"④。这种教风在金元战乱不断、人民生活极为困苦的年代颇有号召力，正如元代吴澄所撰《天宝宫碑》所云："吾教之兴，自金人得中土时，有刘祖师，避俗出家，绝去嗜欲，摒弃酒肉，

---

① 王恽：《大都宛平县京西乡创建太一集仙观记》，《秋涧集》卷40，《道家金石略》，第857 页。
② 卿希泰主编：《中国道教史》第三卷，四川人民出版社1996 年版，第24 页。
③ 卿希泰主编：《中国道教史》第三卷，四川人民出版社1996 年版，第24 页。
④ 陈垣：《南宋初河北新道教考》第三卷，中华书局1962 年版，第87 页。

勤力耕种，自给衣食，耐艰难辛苦，朴俭慈悯，志在利物，戒行严洁，一时翕然宗之"①。百姓纷纷入教，教门兴盛一时。还可以从刘德仁为大道教所立的九条教规内容看出大道教的重农意识。这九条教规第四条规定就是："远势利，安贱贫，力耕而食，量入为用；毋事博弈，毋习盗窃"，特别强调"不务化缘，日用衣食，自力耕桑"②。我们由此可见刘德仁创立的大道教所具有的那种重农情怀。所以，这些道派到了元朝时，除了理论创造上略显逊色外，其组织发展和演变较唐宋有过之而不及，这是因为大元帝国继续采取兼容并蓄的宽松宗教政策，这以《万寿宫披云真人令旨碑》中所记："今上皇帝（世祖）圣旨里：但属宫观田地、水土、竹苇、碾磨、园林，解典库、浴堂、店舍、铺席、醋醭，不拣甚么差发休要者。索要呵，也休与者。钦此"③为证。也可看出元朝时期道教各教派那种自食其力、自耕自衣的农道合修思想。尽管大道教在元朝时期分化为天宝宫和玉虚宫两派，但其重农思想、农道合修思想依旧。例如，大道教第五祖师太玄真人郦希成也继承了这一传统，在重修隆阳宫过程时，"运石启地，剪荆棘而构屋筑垣，载枣殖桑而垦田野，载离寒暑，已成其趣"④。第十一祖师郑进元在位时，"益昌平之阡，为地七十亩，树而周垣之。买园亩百余于故都之东，种柳于宫阴故河之墒，岁用以裕"⑤。

二、全真教的农学思想概述

在新教派中，全真派出现最晚，但势力最大，其创始人是王重阳，他抓住金廷重视道教的有利形势而创立，后因王处一的养生术而得到金廷重视和扶持。金世宗后，活动重心回到山东半岛。教中骨干的文化素质在新道教诸派中最高，"这使全真教的教理教义教制，明显带有地主阶级文化的烙印"⑥，

① 《天宝宫碑》，陈垣等：《道家金石略》，文物出版社 1998 年版，第 828 页。
② 《大道教延祥观碑》，陈垣等：《道家金石略》，文物出版社 1998 年版，第 822 页。
③ 陈垣等：《道家金石略》，文物出版社 1998 年版，第 631 页。
④ 《重修隆阳宫碑》，陈垣等：《道家金石略》，文物出版社 1998 年版，第 823 页。
⑤ 《郑真人碑》，《雪楼集》卷十七，载《道家金石略》，第 826—827 页。
⑥ 卿希泰主编：《中国道教史》第三卷，四川人民出版社 1996 年版，第 30 页。

也使该派理论创新能力最强，"留下的著述史料也最丰富，约占新道教史料的三分之二以上"①。就反映在这些著述中的农学思想来说，主要有以下几个方面。

（一）全真道视农为立教之本，具有比较明显的重农意识。陈垣先生认为：全真道创教初期，采取"以异迹惊人，畸行感人，惠泽德人"②的方式来传教，因此非常成功。其"异迹"和"畸行"就是带领信徒艰苦奋斗，垦荒种地以自给，并选择近农、利农的地址创设宫观，如《大元奉元明道宫修建碑铭并序》云："邀食于地，邀乐于天，果瓜在圃，稼穑在田"③。由"其逊让似儒，其勤苦似墨，其慈爱似佛。至于塊守质朴，淡无营为则又类夫"④ 和"士农工贾各有业……天下之人耕而食，蚕而衣，养生送死而无憾。"⑤ 可见，全真道创教时期士农工商各敬其业，人民自给自足，俭朴刻苦之教风，形成全真道士在修建宫观时，自力更生，常常历尽艰难困苦，披荆斩棘垦荒种地。这有修建开阳观时的史料为证，"其辟土垦田积十余顷"⑥。还有《创建真常观记》所详述的全真道士李真常创建真常观的艰苦过程为证："暇日稍稍，芟除荆棘，辇去瓦砾，发地而土壤膏腴，凿井而水甘冽，遂茸治蔬圃，种艺杂木，版筑斧斤之工未尝施设而道宫琳宇，幽栖高隐之气象已班班于目中矣"⑦。《顺德府通真观碑》中也有"观之南别置蔬圃以资道众"的记载。全真道此等自给自足的道风大概是因为深受佛教"农禅"制度的影响而形成的，因其内容类似于佛教禅宗"一日不作，一日不食"的"农禅"制度。禅宗这一制度首见于唐代百丈禅师怀海制订的著名《百丈清规》，其中规定僧伽必须参加农业生产，自食其力。因此，全真教有许多文献详细描写这种自给自足的快乐生活。如《渐悟集》中的《葡萄诗》说："葡萄根蒂蟠虬，龙须围绕，枝

① 卿希泰主编：《中国道教史》第三卷，四川人民出版社 1996 年版，第 29 页。
② 陈垣等：《南宋初河北新道教考》，中华书局 1962 年版，第 37 页。
③ 陈垣等：《道家金石略》，文物出版社 1998 年版，第 789 页。
④ 《甘水仙源录》卷九，《道藏》第 19 册，第 803 页。
⑤ 《甘水仙源录》卷九，《道藏》第 19 册，第 797 页。
⑥ 《修建开阳观碑》，《甘水仙源录》卷十，《道藏》第 19 册，第 804 页。
⑦ 《创建真常观记》，《甘水仙源录》卷九，《道藏》第 19 册，第 802 页。

枝叶叶青青好。三光照曜结云棚，就中几穗非常宝。初似琉璃，终成玛瑙，攒攒簇簇圆圆小。数珠相似恐人偷，马风嗅了归蓬岛"①。《乐集目录》和《稽溪集》中也有很多诗词写种植、畜牧、丰收的农家乐生活。

（二）全真道教徒为了提高农业生产效率，非常重视"耕道"。首先，全真道徒因生产力水平低下的局限，也提倡以勤为本。因农业生产是在"破"中求"立"，所以，如果离开"勤"，则无以务农。《洛阳楼云观碑》中说："剪荒榛枳棘之丛；解秽除纷，树火枣交梨之木。朝勤暮止，日改月化，几二十年，是观浸兴。附近门墙，膏腴之田六百亩，栽培覆护果实之木千余株，桧柏萧森，门庭清肃。养生储蓄，取诸左右而丰；敬接方来，兼有自他之利"②。其次，全真道也看重"农事与时地"的关系，强调"勤"以"时宜""地宜"为基础。所以《紫微东墅因寄一十二咏》则重在突出农时。强调农事活动要做到和"时""地"协调，做到因地制宜，因此，全真道比较重视对土地性质的了解，它说："载师掌任土之法，以尘里任国中之地，以场圃任园地，以宅田、土田、贾田任近郊之地，以官田、牛田、赏田、牧田任远郊之地，以公邑之田任甸地，以家邑之田任稍地，以小都之田任县地，以大都之田任畺地"③。这是以人居环境为中心来划分土地种类，确定征税标准，加强对土地的管理和使用。还说："其导民也，水处者渔，林处者採，谷处者牧，陵处者田。地宜其事，事宜其械，械宜其材。皋泽织网，陵坂耕田，如是则民得以所有易所无，以所工易所拙"④。这段文字所包含的因地制宜思想就更加明显，重点突出农业生产中的一个"勤"字，我们也可以由此看出全真道的"勤"是有时、地限制的"勤"，是巧妙利用工具的"勤"，它说"器械者，因时变而制宜适"。《草堂集》中也说："三田常用铁牛耕，种得黄芽渐渐生。法雨时时浇灌频。转滋荣，採摘归来上玉京"⑤。这是以农事活动须

---

① 《渐悟集》，《道藏》第25册，第458页。
② 《洛阳楼云观碑》，《云山集》，《道藏》第25册，第413页。
③ 《易象图说外篇》，《道藏》第3册，第254页。
④ 《通玄真经》，《道藏》第16册，第711页。
⑤ 《草堂集》，《道藏》第25册，第485页。

勤和借助工具来比喻修道须勤和使用工具，借此喻全真道的"农道合修"。《重阳全真集》则将修道喻为中耕，它说："善友问耕种助道：世间凡冗莫相与，清静精研礼念初。慧照时时频剔拨，心田日日细耕锄。增添福炷油休绝，剿剪烦苛草尽除。登莹苗丰功行满，登苗携去献毗卢"①。两者的共同点在于"心田日日细耕锄，剿剪烦苛草尽除"。再次，为了改造农作物品种，以求获得高产和人类所需要的农作物种类，全真道非常重视使用嫁接技术进行品种改良。《玄宗直指万法同归》提出接木说："花木之树极多，其色不可眼，其味不可口者，皆为常木。虽然，亦有博接之道也。当其芽叶之始萌，良工剪去其常梢，博之以嘉梗，周之以草，按固之以泥涂，然后条风吹之，膏泽润之，则新条发于旧梢之上。向之酸涩者，易为甘美。常木易为奇葩，色可以眼，味可以口，众人莫不悦其美，而尝其实也"②。我们由此可以看出，全真道已经能有效利用嫁接技术改良品种了。最后，全真道还看到了农业生产工具的使用价值，相当重视生产工具的应用。《道德真经集义》说："农者天下大本，而其业至粗也。六经之教则与之言耕耘收敛之候，末耜镈铚之具，其可谓形而愈下者矣。然而四时之化于此器乎托体焉，百谷之种于此器乎成实焉"③。但也认为，农业工具的使用也有"时"的限制，它认为在农作物种植和护理过程中不能以工具损坏作物生长规律，因此全真道十分突出固根的重要性。《道德真经四子古道集解》引《通玄经》曰："草木之有根，故再实之木，其根必伤"④。突出根不可伤的道理，要求种栽后一段时间必须护根，中耕的任务在于及时除草，但中耕过程中尤其要重视护根。《道德真经四子古道集解》说："种苗，深耕而厚耨之，及秋自穰"⑤。

（三）全真道教徒非常重视改善农业生产环境。农业环境是农业生产外部条件的总汇，是一个具有对立矛盾性的统一体。所以我们在农业生产过程中

① 《重阳全真集》，《道藏》第 25 册，第 694 页。
② 《玄宗直指万法同归》，《道藏》第 23 册，第 922 页。
③ 《道德真经集义》，《道藏》第 14 册，第 107 页。
④ 《道德真经四子古道集解》，《道藏》第 12 册，第 56 页。
⑤ 《道德真经论》，《道藏》第 12 册，第 288 页。

必须净化环境，去除不利于生产的阻碍因素，如《玄真经纂义》说："夫畜鱼者，必去其猵獭，养禽兽者，必除其豺狼"①。同时水利也是农业之本，全真道地处北方，虽然大都选择水利条件较好、土地较肥沃的地方建观，但这样好的环境毕竟数量极为有限，大部分地区仍以干旱为主，为了生存，也必须大力兴修农田水利。元朝至元十六年所立的《栖云王真人开水涝记》石碑就记述了一则全真道士王志谨在终南山地区兴修农田水利的珍贵史料。滋节录如下：

> 终南涝谷之水，关中名水也，渊源浩瀚，随地形之高下，批崖赴壑，枝分其流，去山一舍，径入于渭。然无疏导之功，初不能为民用。丁未春，栖云真人王公领门众百余，祀香祖师之重阳宫，至自忻梁，寻馆于会仙堂之西庑，爱其山水名秀。一日，杖藜缓步，周览四境，语其徒曰："兹地形胜，其有如此。宫垣之西，甘水翼之，已为壮观，若使一水由东而来，环抱是宫，可谓双龙盘护，真万世之福田也，其可得乎！"即与一二尊宿，亲为按视，抵东南涝谷之口，行度其地，可凿渠引而致之。于是闻诸时官，太傅移剌保俭、总管田德灿二君深嘉赏焉，遂给以府檄，明谕乡井民庶，应有所犯地土，无致梗塞。公乃鸠会道侣，仅千余人，挥袂如云，荷插如雨，趋役赴功，其事具举，曾不三旬，大有告成之庆。涝之水源源而来，自宫东而北，萦迂周折，复西合于甘，连延二十余里，穿村度落，莲塘柳岸，蔬圃稻畦，潇然有江乡风景，上下营磨，凡数十区。虽秦土膏沃，但以雨泽不恒，多害耕作。自时厥后，众集其居，农勤其务，辟荆榛之野，为桑麻之地，岁时丰登，了无旱干之患②。

碑文中的王志谨，自幼师事郝大通，得全真性命之传，内心具有以"高

---

① 《通玄真经纂义》，《道藏》第 16 册，第 814 页。
② 《栖云王真人开水涝记》，陈垣等：《道家金石略》，文物出版社 1998 年版，第 621 页。

明博大之器，为时所重，尝游历四方，每至其处，辄以兴利济人"① 为己任的、普度众生的优良品质，这是其率道众千余人开凿渠道、引涝水灌田的根本原因。

（四）全真道还非常重视农产品的消费。农业生产的目的在于保证人们能进行稳定和有效的消费，尽管全真道提倡生活俭朴，实行苦修，例如《长春真人本行碑》就记载："师（指丘长春）乃入石磻溪穴居，日乞一食，行则一蓑，虽箪瓢不置也，人谓之簑衣先生"② 。但其生存条件还是少不了必要的农产品消费，所以，全真道对农产品的生活消费也十分重视。首先，全真道认为农产品消费要以利于养生为原则进行，而要想进行有利于养生的消费，先必须了解各种农产品的属性。《三元延寿参赞书》中具体介绍了食物、果实、米谷、菜蔬、飞禽、走兽、虫鱼类等不同农产品的特性，帮助道徒进行有利于养生的生活消费。在此基础上，全真道还要求在生活消费过程中以"净"为原则，做到精细。《神人所说三元威仪观行经》详细介绍了人们日常生活中厨房炊事所需注意的问题，现节录如下：

> 道士教人择米，有五事。何等为五？一者，当自量视多少；二者，不得有草；三者，择鼠屎；四者，不得令有积；五者，向净地。
>
> 道士教人洗米，有五事。何等为五？一者，当用坚器；二者，用净水；三者，五易水令净；四者，内着屏处；五者，覆上令密。
>
> 道士教澡釜，有五事。何等为五？一者，不得持水大撞釜底；二者，当便盈器受海水出奔之；三者，当满水；四者，净澡木盖覆上；五者，暮覆之，当令坚。
>
> 道士教人装米，有五事。何等为五？一者，当教待气出所装；二者，当随气上米，稍稍炊之；三者，安正瓶，不得令气泄；四者，看米瓶中，当随覆上；五者，己熟下之，亦当覆上，莫使用路。

---

① 《栖云王真人开水涝记》，陈垣等：《道家金石略》，文物出版社1998年版，第621页。
② 《甘水仙源录》卷二，《道藏》第19册，第734页。

　　道士使人择菜，有五事。何等为五？一者，当去根；二者，当令等；三者，不得令青黄合；四者，当使澡净；五者，皆当着净处。

　　道士教人作羹，有五事。何等为五？一者，当教如次内物；二者，令孰；三者，令味调；四者，当自观，令净洁；五者，已熟，当去下火覆之。①

　　我们由此可以看出全真道对于农产品消费细节的精细程度，这要求消费过程中的任何一个环节均需严格遵守"净"的原则，达到消费与道教教义重生、养生、长生的宗旨无缝吻合。

　　元朝的《历世真仙体道通鉴》系列经典首先论及农家乐思想，再论及三才关系，强调勤的重要性，论及生产工具、水利建设和田间技术方法，论及优良品种培育的意义，也论及消费须以俭为原则的思想。

第二节　金元时期道书及其农学思想

一、道书的新体征及其农学思想概述

　　公元1127年我国进入南宋时期，在以后一百多年的历史中，南北双方争主天下，因此，南北文化交流中断，尖锐的民族矛盾和道教本身发展的趋势，使这一时期道教发展依然迅猛，组织不断扩大，新的道派不断涌现，但南北道派呈现出明显不同的特色。南方的净明道、清微派、内丹派南宗比较盛行，整体实力和影响力远不如北方的新道教。金元之际，北方兴起的新道派有太一教、大道教和全真教三派，它们的发展为以后元朝道教的发展定下了基调，即元朝时期道教的发展就是金道派的发展和组合。所以，研究这个时期的道教，主要就是研究净明道、清微派、内丹派南宗、太一教、大道教和全真教，

_____

① 《神人所说三元威仪观行经》，《敦煌道藏》第4册，第2282页。

尤其是全真教、清微派、内丹派南宗，它们所创造的经典不仅数量多，从《中华道藏》收录情况来看，明显标明出于南宋、金元时期的道教经典有197部，并且金、元时期者居多，创新能力和影响力远远高于南宋的道派经典，可以说，此时期是道教发展过程中又一个仅次于唐宋时期的理论创新高峰。而且品质高，具有较高的文化气息，富有诗情画意，大多以诗词形式行文，尤其是全真教的经文富有韵律和情感。既反映宋金对峙时那种分崩离析的压抑和无奈，又反映元朝时期那种忧国忧民的民族情怀，这是道家道教思想主旨的体现。所以也非常重视身心内养和实用技术，此时期的道教经典也多与"术"紧紧相连，净明道、清微派、内丹派南宗、全真道重视内养调息，全真道还重视生产和治国方术，也正是全真道的这种民族情怀对元朝统治者的影响，才使元朝统治者改变治国方略，才使元朝统治者重农，才使汉族人生活环境有所改变，才达到了民族团结的大好局面。全真道的农学思想前文已经概述，此处不论。

从农学的角度总体分析，此时期富含农学思想的主要经典要分南方的南宋政权、北方的金国和元朝统治者三方面来讨论。

宋元时期，南方富含农学思想的道教经典主要有：《洞玄灵宝自然九天生神章经解》《洞玄灵宝自然九天生神章经解义》《洞玄灵宝自然九天生神章经注卷》。这三篇经典是对《洞玄灵宝自然九天生神章经》所做的注解，对它们进行整体考察会发现，它们不仅论述了精气神形的关系、道与物的关系，而且论证了性命关系、道物关系，提出了勤能多获的思想，宣扬了轮回论，提倡报恩以多获。《元始无量度人上品妙经注卷》主要论述农业生产与时空的关系，主要是继承我国早已有之的时宜、地宜观，它主要考察了一国之土地的异同点、农业生产中一年四季的不同时机表现，提倡在进行农产品消费时要以节约、俭为本。《太上说中斗大魁掌算伏魔神咒经》具有纯粹宗教论农倾向，具体论证了道与农、道教仪式与农业关系。《太上玄灵北斗本命延生真经注》和《太上玄灵北斗本命延生真经注解》主要论证道与物的关系，认为道为万物之源，道转化为气，再由气生成万物，还论证了三才关系。《文始真经言外旨》具体论证了方位与物产的关系，认识到人力资源的重要，强调在生产过程中应保证人力资源的投入和稳定，具有明显的重农意识。《太上济度章赦》中主要论述神与农业的关系，主要是探讨农业灾害形成原因及其防御措施。《雨阳气候亲机》为雷法之一，其主要目的是用以观测气候之变化，全书有"诸雷气候"等三十九图，主要根据"云气在日月星辰和银河等处之时间、位置、颜色、形状和移动方向等来预测旱涝阴晴以及风雨雷电等出现之时间、位置和强弱等，其间虽有神话迷信等不科学成分，但也是道士长期观测气象之经验记载和总结，对观测天象有一定的参考价值"①。

元朝时期，富含农学思想的道教经典主要有：此时期对《无量度人上品妙经》所做的注卷较多，例如，有《太上洞玄灵宝无量度人上品妙经注》和《元始无量度人上品妙经批注》，但其中的农学思想较少，故不论。《太上洞玄灵宝天尊说救苦妙经注解》中论述了气与生命的关系，意在论证保生则须保气的思想，这对我们农业生产有重要启示。此外，该经典还论述了生命与环境的关系，提出了生命存在的条件，指出人的生产不能破坏动植物生存的环境和条件，应以动植物自然生存为主。《太上老君说常清静妙经纂图解注》《太上升玄消灾护命妙经注》《太上升玄说消灾护命妙经注》《无上赤文洞古真经注》《高上玉皇本行经髓》直接论述道与农的关系。《玉清无极总真文昌大洞仙经注》主要论及《大洞》中的易学理论，主要强调农业时空观，提出了重农轻商的主张，视农商为本末关系，指出人与万物的关系，强调在农业生产中以固根为本，重视对优良品种的培育，论述饮食的必要性，强调消费应以俭为本的思想。下文有详细介绍。《元始天尊说梓潼帝君本愿经》也论述了道与农的关系。《梓桐帝君化书》中的农学思想十分丰富，既从宗教的角度论证，例如，它宣扬因果报应思想，认为世间万物存在感应论，所以要求人们爱生护生，在消费过程中生活从俭，提倡薄葬。也从农业技术角度加以论证，它即有耕作技术的说明，也有农业政策方面的论证。下文有详细论证。

---

① 任继愈主编：《道藏提要》，中国社会科学出版社 2004 年版，第 618 页。

《道德真经藏室微开题科文疏》主要论述农作物和农业的起源，探讨了道德关系，将其比之于花果与根的关系。例举了陈景元时以农为主的宫观经济状况。《玄经原旨发挥》论述了农作物与农业的起源，揭示了道与物的关系，探讨了八卦与人、自然及世间万物的关系。《道德真经衍义手钞》则具有很强的农业技术思想，它既论述了农业优良品种培育的必要性，又论述了人与自然的关系，还论述了农业工具的双刃性。《道德真经集义》虽然是对《道德真经》的解释，但在解释时多以农为喻，故而具有比较明显的农学思想，其内容十分丰富，主要有道物关系；人与自然的关系，提出人应顺自然之道而行；农业时空观；役畜思想；农业工具论，以及农业水利工程的重要性，下文将有专门论述。《道德真经注》则专门论述役畜思想、工具论，及开发土地耕种的重要性。《道德真经三解》则具体论道易，提出减轻赋税的农业政策。《通玄真经纂义》同样具有消费过程中以俭为原则思想，要求重视积蓄。论述三才关系，主张以自然而行，具有明显的生态思想。提出农业工具论思想，主张因地制宜。《谷神篇》论述了土地和人的形成。《修真十书》论述了田间技术、饮食消费的必要性与原则，宣扬神灵万能、神灵至上思想，探讨农业灾害的原因。《易象图说外篇》以论述农业生产中的因地制宜思想为主，旁而论及城市的设置、土地种类、丈量、分配与使用；其次，论述交通、水利条件对于农业生产的重要；论述农时重要和农时的把握方法，提出农兵合一的制度；具有比较明显的重农意识，提出农民承担税赋的标准，下文将有专门论述。《三元延寿参赞书》从保生养生的角度去论述各种农产品的特性和消费要点，以及消费的时节性和消费禁忌。《清河真人北游语录》中论及了土地性质对农业的影响，农时的种类和把握方法，指出守农时的重要性，要求人们顺自然而行。《葆光集》说明种植的重要性和艰辛，同时介绍了一些物候谚语。《云山集》指出农时与农事的关系，强调勤的必要性。《中和集》中介绍了种葫芦与修道步骤。《全真坐钵捷法》主要论及度量法。《还真集》主要是以农事喻修道步骤，所以也就重点介绍了渔业中的垂钓、林业中的砍伐、农业中的耕种、畜牧业中的放牧步骤。《玄天圣帝启圣录》中也具体介绍了嫁接技术、物候知识，介绍了祭祀中所用农产品的时节禁忌，论述各种自然灾害的严重性，以及备灾思想。《道法心传》介绍了把握气候的方法。《徐仙翰藻》主要论述神与农的关系，介绍了一些物产特性，以及应付自然灾害的宗教方法和科学方法。

北方金国富含农学思想的道教经典主要有：《太上老君说常清静经注》《元始天尊说得道了身经》《元始天尊说太古经注》《太上赤文洞古经注》《太上太清天童护命妙经》。《道德真经四子古道集解》中有丰富的农学思想，首先，它具有明显的重农思想，提出了统治阶级减赋安民的农业政策。其次，它既论述道与物的关系，说明万物生长的自然条件性，又论述了农时的表现和重要，要求人们以勤俭为本。最后，它还论及农业技术和三才关系，具有比较明显的农业技术哲学思想。下文将有专门论述。《冲虚至德真经四解》首先论证道物关系，认为道性决定物性，还论及了三才关系，说明人与自然的关系，主张顺自然而行。再具体论证农时含义及因时制宜的思想。再提出自己的消费思想，主张消费以俭为原则。《黄帝阴符经注》均论证道物关系、三才关系。《玄宗直指万法同归》中的"接木说"重点说明嫁接技术的步骤。《重阳全真集》论述了物种转化的条件和所遵循的规律，论述了农与道的关系。《丹阳神光灿》和《晋真人语录》论述勤的必要性。《水云集》和《乐集目录》主要论及役畜思想。《离峰老人集》和《悟真集》均说明农家乐的情景。《洞渊集》也如此，但相比前两者还多论述了农业工具和饮食消费原则。

二、道书中的农学思想举要

《玉清无极总真文昌大洞仙经注》 《大洞仙经》乃《大洞真经》之南宋传本，亦称为《梓潼文昌经本》或《蜀本》，此经注为元朝卫琪所撰，全书分为十卷。卷一为序图，即有序、自序，还附有十三图。卷二为本经中的前言。卷三至卷十为经文及其注释，正经仅载"大洞玉经"及道君序言，其体例近乎《太上无极总真文昌大洞仙经》，仅分三十六章。注本有三十八章，各章注文后附有文昌帝君"玄契"一节。注本兼收儒释道三家之说，而以"理学"为本，此乃该注本的宗旨①。正因秉承"理学"之旨，故多探求生命和天地存在之理，其中多有提及农业，农学思想乃成其重要的思想内涵，具体体现如下。

首先，它认为天言的体现途径有"四时行焉"和"百物生焉"两种方式，所以它强调"天"为万物之本，此"天"乃自然之意，故要求我们保护自然，顺应自然。当然，它强调顺自然既含顺农业生产对象本身之自然，也强调顺农业生产对象得以生存的外界自然。在论及保护自然时，继承了道家道教早期经典中的言语和方式，强调天人同构，并且将人体各器官比之为地球表面的各种地表和植被，例如它说："昔天地未判，元炁始凝，形如鸡子，中有混沌氏生焉……两仪方定，以身中九宫之炁，上结九天，下凝九地，炁中之神主九天，炁中之灵主九地，以心肾为坎离日月，五脏真炁为五星，九窍之精为北斗，以呼吸为巽风，以声音为震雷，以津液炁血为兑泽，以身体为艮山，堪舆河岳……形居坤腹而光射乾首，是为星辰"②。这里就以"炁"为基础说明了自然环境形成的原因，这种说法完全类似于《太平经》中的说法，可以说，它是对《太平经》思想的继承，论及保护农业生产的自然环境之重要。此处不仅论述天人同构的道理，而且贵在说明天地之间各种实相形成的原因，它认为各种实相形成的根源在于"元炁"。因而论述了农业生产中的另一种重要思想，即确保农业生产对象之"元气"或"固根"，这也可以说是顺农业生产对象本身之自然的理论基础。在此基础上，它就顺理成章地提出确保农业生产对象之"元气"或"固根"的主张，所以文中说："混沌氏飞神升化于九天之上，是为混沌自然元始天尊。身中虫虱化为甲子十二相二十八禽。须发毫毛为草木，形化为土，骨化为石，涕唾津液血尿化为江海河渎，唯中和之炁集而为人"③。按照文中此处之意，保护农业生产对象之元

① 参见任继愈主编：《道藏提要》，中国社会科学出版社 2004 年版，第 47 页。
② 《道藏》第 2 册，第 668 页。
③ 《道藏》第 2 册，第 668 页。

气，就是"固根"，当然元气来源于天，应之于地，所以，不能破坏农业生产对象与天地之间自然形成的紧密关系。这是该经典对于农业生产尤其是农业中耕过程中提出的技术理论要点。

其次，它又继承道家道教早已有之的宗教幻想思想，描述了一系列的仙境及其神仙所食之食物，这一点前文早有论述。按其实际来看，这种仙境和神仙所食之食物并非真正的存在，而是采取夸张的手法对于人间环境和食物的优化、净化。但从农业技术上来看，这种神仙所食之食物和所用之器物启示了我们培育优良品种的必要性和可能性。他引用古诗"紫精天上毓华林，绛实朱柯竹叶深，咀嚼繁英人不老，下观鸟兔换光阴"①来说明"紫精毓华林，乃上清境紫精天，有毓华林，叶如竹，华如镜，实如李，天人得而食之，长年不老而登上仙"②。这里它把神仙形成的原因直接归为他们所食的植物，同时，对毓华林的描述就能激发起人们培育"叶如竹，华如镜，实如李"优良植物品种的欲望，又加上"天人得而食之，长年不老而登上仙"，更能加强人们对此种优良品种培育的动力。最后一句"然非下界所能见也"虽然给人们一种悲观沉闷的感觉，但也唤醒人们思考下界为何不能见的原因，从而给人们一种改造农业生产环境和改进农业生产技术的启示，这也与《太平经》中的土地利用思想一脉相承。《太平经》中说："物以类相感动，比若土地，良土其物善，天亦付归之，薄土其物恶，天亦付归之，不夺其材力所生长也"，这里不仅说明物性与土地性质间的关系，也说明了因地制宜思想，使我们明白要想培育优良品种，首先必须改造土壤。除此之外，优良的品种培育还与人类的农业生产技术密切相关，此经典对此技术没有涉及。

最后，此经典还论及了农产品消费问题。它认为饮食为人生存的根本，它说："人无根本，饮食为先"③。就像《太平经》中所说的人有三急，其中饮食也是其中之一。人只有满足饮食欲望之后才能心静如水，专心劳动。所

---

① 《道藏》第 2 册，第 633 页。
② 《道藏》第 2 册，第 633 页。
③ 《道藏》第 2 册，第 666 页。

以它又说:"礼义生于富足,盗贼起于贫穷"①。因而又表现出一种强烈的重农思想,重本轻末思想。同时,由于作者处于以农为主的南宋时期,所以作者在对生命认识的基础上提出饮食以俭为本,反对浪费,反对对某种食物过度嗜好。它说:"五味令人口爽,五味者,酸苦甜辛咸,嗜之者夭寿"②,这既提倡俭,又重视饮食养生。所以,作者在此基础上进而提出"食其时,百骸理,淡薄正气,停人嗜,辛辣耗真炁,嗜盐酱,人夭寿,凡有所嗜,皆伤五脏,不如食淡,精神爽,洞虚妙行也"③。这里,作者阐明了"食其时"和"食淡"的观点。至于如何"食其时",作者又紧密结合其长生久视的养生之道阐明了其饮食技术思想。它说:"味者,春酸夏苦、秋辛冬卤,四季甘,若能随时吐纳本藏之味,津液下灌脾胃,则气脉通畅,含英咀华,滋味善美爽快,体貌悦怿,手足轻便,自得长生久视之道。吐纳五味之法,呼呵嘘呬吹,各随四季能去疾"④。这段话阐明了三个观点,首先,它认为人在不同的季节应食不同性质的食物,只有这样,人的身体才会适应不同季节的气候变化所带来的温湿变化。其次,使用食物时还需配合不同的养生之法,以利于食物下咽,减轻食道和消化系统的负担。最后,它强调使用食物时要有神助之,并且随津液下灌脾胃,这样才能自得长生久视之道,所以,作者后文说"既有饮食,无神主之,不得消化",强调了"食神"的作用。当然,这个食神在作者看来是"元君",是"阴神"。而在有着长期尚阴思想的国度里,它们又是类似"女仙",是"极贵之神"。所以又有十分尊重女性的道家思想,这与农业生产的本质是相吻合的。

《梓潼帝君化书》 梓潼帝君即文昌帝君,相传为司禄之神,旧时文人多崇祀之,亦为道释所崇拜,此经典叙述文昌帝君历世显化之事实,以帝君鸾坛降笔写成,全书系自传体,作于元末,此说由该经典的前自序中所言"元

---

① 《道藏》第2册,第662页。
② 《道藏》第2册,第650页。
③ 《道藏》第2册,第651页。
④ 《道藏》第2册,第651页。

延佑三年，元仁宗加封梓潼神为'辅元开化文昌司禄宏仁帝君'。又赐庙额为'佑文成化之祠'"，可知该经典所作时间。叙后有跋。全书分为九十七化，每化一节，每节为诗话体之传记，以神话形式讲述文始之史实，然所言之事皆有历史资料之记载，其内容以宣扬赏善罚恶、善恶报应思想为主题，集儒释道三家之说，以道为主①。由于此主题之故，文中必以农事为喻，故多农学思想，具体体现如下。

首先，该经典继承我国元代以前的重农思想，尤其是五代时期谭峭所著《化书》中的重农思想，作者采用《化书》为名就表明了作者的这一重农心志。《化书》重农思想主要体现在其《食化》篇中，主要是重提农业乃天下"兴亡之机"的基础地位。但在《梓桐帝君化书》中则主要体现在要求民力作和轻徭薄赋两方面，当然也包含有一种宗教幻想，想依靠神的力量来帮助百姓和道门中人解决缺粮少衣的窘境。它首先说："臣所部民少壮力作，老者休息，非不孝也……春耕夏种，冬祭天地，非不敬也，视田之美，尽以方隅，许为粢盛"②。此句就反映了人尽其才，少壮一年四季均辛苦劳累，以尽方隅之地力的状况，正是因为这种状况才导致了文中所描述的"老者休息""视田之美"和"许为粢盛"的繁荣景象。同时也提出"征徭不惮悴"的思想，要求统治者重视安民重农的政策，在征税和摊派徭役时以"不惮悴"为原则，只有这样，才能保证农业劳动时间和农业生产中的人力投入，才能真正保证农业生产的顺利进行。该经典还用一个例子说明了地主重视劳动力的情况，它说："张千十富室也，租其田而食者八十余家，授田之日即有约，旧有男子，力能耕获者留之，厥后所生，断不容留，率以为常"③。说明这种政策已经深入到具体的实践层面。最后，笔者还从宗教本身的特点出发阐明了神的力量，它说："予奏上帝，有旨取罗密所蓄之谷，凡五千斛两之，予乃敕喻风师发罗之屋，谷随风旋，自空而雨，各以色聚，遍于郊衢，一邑之人无不饱

---

① 参见任继愈主编：《道藏提要》，中国社会科学出版社 2004 年版，第 74 页。
② 《道藏》第 3 册，第 305 页。
③ 《道藏》第 3 册，第 304 页。

饭。罗之蓄藏，一日而尽，邑人感许之惠，往往酬还，幸罗之灾，从而称快"①。这里就幻想出道士恳请上帝施恩救助灾人的情况，我们不愿对此做任何的评价，但至少可以从中看出道教那种急人之所急的良好心愿。

其次，该经典还阐述了农业生产技术和浓厚的护生思想。在论及农业生产时，以种植桃树为例，说明了种植的具体过程，指出种植过程中既要"培牵之、灌溉之"，又要"剔其枝叶"和"加以粪壤"，只有这样才能得到嘉禾实穗。但是，以上的种植过程又需要以人的智慧为条件，必须等待时机，只有等到时令既至才能施之，否则会出现"用心过勤"而破坏农业生产对象自然的生长条件，导致其"终不成实"的结果，这是不智。所以农业生产过程中的技术使用和勤必须以时机为条件，时机不至勿乱动，时机至用工具勤。这是该经典的一个特色之处，当然，这种思想早在此道家经典中也体现过，但在本文中则是一个主要的农学思想。在我国古代农业生产中，农业工具相对落后，所以，牛、马甚至狗在农业生产中起着十分重要的作用，因而，该经典强调护生思想，尤其是对食杀牛者深恶痛绝。它说："凡食牛肉者，上天有太牢星，地下有太牢山，专治食牛之人，受苦万劫，杀牛之人，万劫无赦，多遭疫疠而死"②。当然，这种护生意识还有其宗教原因，各宗教认为众生平等，均为父母所生，它说："至若猪羊犬豕、羽毛鳞介、湿化卵胎，皆受父母生成，因差一念，见出万形"③。所以，人类无权剥夺各种动物的生存权，我们应该保护各种生命。该经典企图用因果报应思想使人们放弃食肉心理，从而培养强烈的护生意识。它说："中年生五子皆无指，口累所迫，过命之訾，不足度日，凄惶无聊，寻有癞疾，肌肤破裂，脓血流溃，见者掩鼻矣"④。此处主要是对为了贪欲而杀害动物的报应进行描述，类似的还有"郡民多于溪涧，或于山泽，捃取蚌蠙，渔猎鱼鳖，甚至断剥蛙鳖，供应主需，枉杀螺蟹，

---

① 《道藏》第 3 册，第 305 页。
② 《道藏》第 3 册，第 325 页。
③ 《道藏》第 3 册，第 325 页。
④ 《道藏》第 3 册，第 315 页。

以给口累。百千之命，不供一饱，亿万之灵，始克一飧，是致积累物命，冥漠无归，炁化生蝗，复害田稻，以绝民命，此盖物命相偿之报，而人未知之也”[①]。这里说明农业灾害就是对人们恶意伤害田间地头的各种生命所致，这种说法是由其宗教本质所决定的。当然，该经典不仅从反面加以恐吓，而且还从正面说明爱护众生自会有好报的思想。例如它说：“具奏于天，欲得行下田祖秉畀炎火，以去螟螣之患，于是阴云尽合，电雷以风，蝗即尽耳，一郡有秋，农夫胥庆。咸淳丁卯，春旱不雨，农业失时，万民咨嗟，户口换散……敕五龙之水，曲施雨泽，数日而足，自是农耕不失，而民业始安。及至夏秋，虫蝗复作，间为苗害……夜雨天一之水，雨洗冥漠之灵，尽赫秋阳之威，一去蟊贼之害”[②]。这里连续举出三个例子说明护生的良好回报，作者运用正反对比手法突出了护生的效果，使人们自觉接受道教的教理教义。

最后，该经典还具体阐明了以俭为本的消费思想。这体现在日常消费和死后安葬两个方面。前面的护生意识从某种意识上来说也是各位俗人生活贪欲所致，正是由于“亿万之灵，始无一俭”的这种贪欲才导致“积累物命，冥漠无归”的后果。这也就是从反面要求我们日常生活必须以俭为本，否则会招来厄运，具体内容前文已述。在死后安葬方面，该经典也继承我国古代墨家的薄葬思想，主张以俭为主，即要求死后不必大操大办，简单埋葬就行，同时，在棺木上，也主张以便宜实用为原则，只有这样才能既保护环境，又能达到经济上惠及子孙的结果。该经典并没有以讲道理形式进行劝说，而是继承《庄子》的风格，以寓言和故事为主进行劝说，使读者有一种身临其境，感同身受的效果。例如它说：“乾道中，蜀之中江王千者，初其父母自买香木棺，以备身后，王易以杉木，已而又货之，易以株板，及亡母，则又留株板欲自用，但市松棺，敛母而葬”[③]。这对后人培养勤俭节约思想具有十分重要的启迪作用。

---

① 《道藏》第3册，第325页。
② 《道藏》第3册，第326页。
③ 《道藏》第3册，第323页。

《道德真经四子古道集解》　该经典有作者于大定十九年所做的自序，这解释了作者著述此书的原因在于"因观诸家解注，言多放诞，互起异端，失其古道本真，良可叹也。独庄、列、文、庚四子之书，迺老氏门人亲授五千言教，各注撰，义与相同"。故摭其四子，引其真经，集为一篇，因目之曰《四子古道义》。此集解引《南华经》《冲虚经》《通玄经》《洞灵经》为证，阐述己意①。正因为该经典论及以上四经，所以该经典多言草木，多言农事以喻修道，多农学思想之故就在于此。其中的农学思想也体现在以下几个方面。

首先，该经典有着明显的重农意识。在以农为主的农业社会里，重农是主要的经济思想，我国自古以来一直有之，早在春秋战国时期的诸子百家中这种重农意识就已十分明显，而地处西北的金朝农业生产更加艰难，物产相对贫乏，所以该经典的作者在注释《道德经》时旁征博引说明其重农思想。例如，它说："田甚芜，《洞灵经》曰：人舍本事末。古者圣王之所以治人者，先务农人，农人则朴，朴则易用，则边境安。人农则童，童则少私爱而公法玄。《通玄经》论神农之法曰：丈夫丁壮不耕，天下有受其饥者，妇人当年不织，天下有受其寒者。故帝亲耕，后亲织，以为天下先。是故耕者不强，无以养生，织者不力，无以衣形。衣食饶裕，奸邪不生"②。这里就突出了农业生产在国家经济生活中的基础地位，指出了重农的原因。至于重农的具体方法，作者也指出统治者必须安民，保证农时，安民则须以民为本，它引《通玄经》说："食者，人之本也。民者，国之基也"③。因此要求统治者采取富民政策，它指出，要想富民，统治者则须无为，保持政策的稳定性，其次带头务农，所以它说："《洞灵经》曰：农攻食，工攻器，商攻货，谷者人之天，是以兴王务农。王不务农，是弃人也，王而弃人，将何国哉。《通玄经》曰：帝王富其民，霸王富其地，危国富其吏，治国若不足，亡国困仓虚，故曰上

---

① 参见任继愈主编：《道藏提要》，中国社会科学出版社2004年版，第296页。
② 《道藏》第12册，第88—89页。
③ 《道藏》第12册，第93页。

无事而民自富"①。除此之外，统治者还必须去贪欲，实行轻徭薄赋的税收政策，一方面使民有自己的财产，另一方面保证农业劳动力的数量和质量，同时也保证农业生产时间。文中引《通玄经》十分尖锐地指出了这一点，它说："民有饥色，非命夭亡，饿殍而卒。以其上食税之多。且民之为生也，一人蹠来而耕，不益十亩，中田之收，不过四石，妻子老弱仰之以食，或时有水旱灾害之患，以奉上求，即人主憨之矣。是以饥"②。同时，统治者须劝民务农，它说："古先圣王之所以茂耕织者，以为本教也，劝民农地产也。使民重死而不远徙"③。因而，作者藉此详细论证重农思想的内容。

其次，该经典充分论证了三才关系这一传统的农业哲学思想。它认为天地人对于世间万物的作用彼此之间存在很大的差异性，例如它说："《通玄经》曰：天道为文，地道为理，阴阳为纪，四时为使，命之曰道"④。这里就指出了天、地、阴阳、四时四者之间的区别，但同时，三者之间构成一个紧密配合、相互作用的有机整体，世间万物的生长离不开三者的有机作用，所以，为人主者，在指导农业生产时，必须将三者有机地结合起来，所以它说："故人主者，上因天时，下尽地利，中用人力"⑤。天生万物之精、气，地长万物之形，人依时而动，为万物生长排除干扰，改善条件。这三者在农作物生长过程中均不可或缺。它引《南华经》《通玄经》说明天的作用，它说："《南华经》曰：天道运而无所积，故万物成。利而不害，《通玄经》曰：日出于地，万物蕃息。雷之动也，万物启，雨之润也，万物解"⑥。这里既说明天对万物那种大公无私、尽职尽责的大道精神，同时也说明天对万物作用的表现，它通过日月、风雷、雨旱等天气现象表现出来。人力在农作物生长过程的作用主要是依天时之启示，发挥人的主观能动性应时而动，改善农作物生长的

---

① 《道藏》第 12 册，第 89 页。
② 《道藏》第 12 册，第 109 页。
③ 《道藏》第 12 册，第 112 页。
④ 《道藏》第 12 册，第 86 页。
⑤ 《道藏》第 12 册，第 93 页。
⑥ 《道藏》第 12 册，第 114 页。

外在条件，但在此基础上不能破坏农作物生长本身的规律，既要掌握农作物生长的普遍规律，又要掌握它们的特殊性。例如，人可以"春伐枯槁，夏收百果，秋蓄蔬食，冬取薪蒸"①，但又要做到"夫井蛙不可以语于海者，拘于井之墟也；夏虫不可以语于冰者，笃于夏之时也"②。只有这样，人力的作用才会有助于农作物的健康生长。

最后，该经典十分强调农时的重要性。此文中的农时，主要指农作物生长的外在时机，它认为这种外在时机对于农作物生长具有十分重要的意义，是客观的，是不可失的，所以它说："足用之本，在于不夺时"③。这里就明显把"不夺时"视为"足用之本"，指出了守农时的重要性。同时，它还从哲学的高度对"时"加以了论证，认为守时就是遵道、顺道而行。它说："天道为文，地道为理，阴阳为纪，四时为使，命之曰道。甘雨以时，五谷蕃植，万物生成"④。这里把四时视为天地、阴阳的使者，是它们的道的体现，它说："《通玄经》曰：春生万物。万物春分而生，生之畜之。长之育之，《通玄经》曰：夏长万物。万物正夏而长，长之育之。成之熟之，《通玄经》曰：秋收万物。万物秋分而成，成之熟之。养之覆之。《通玄经》曰：冬藏万物。收藏畜积而不加富，布施禀受而不益贫，养之覆之"⑤。所以要求人们善于捕捉一年中农业生产对象在四季中不同的表现，看到不同季节对动植物生长的不同影响，所以文中指出："春伐枯槁，夏收百果，秋蓄蔬食，冬取薪蒸，以为民资"⑥。由此看来，农民在一年四季过程中的劳动量是十分巨大的，因而要求统治者重农、安农，保证农业生产劳动量的投入。所以它说："不夺时之本，在于省事"⑦。这虽然是针对统治阶级而言，但对农民来说也不无借鉴意义。统治者需保持政策稳定性，须轻徭薄赋，以保证农民有充裕的物质生活和适

---

① 《道藏》第 12 册，第 93 页。
② 《道藏》第 12 册，第 78 页。
③ 《道藏》第 12 册，第 89 页。
④ 《道藏》第 12 册，第 86 页。
⑤ 《道藏》第 12 册，第 86 页。
⑥ 《道藏》第 12 册，第 93 页。
⑦ 《道藏》第 12 册，第 89 页。

当的休息时间，以便于能迅速恢复体力。而对于农民本身来说也应该这样，因为农业生产是一个漫长过程，一年四季中不同季节有不同的生产活动，所以，要求农民除了务农之外无需去干其他的事情，以便于有充足的体力进行农业生产。

《道德真经集义》 该经典在《道藏》中同名者的有两部，都收录于洞神部玉诀类中，现又收录于《中华道藏》第12册中。但这两部经典既不同时代，又不同作者，所以内容完全不同。《道藏》第13册著录的为明朝洪武年间的危大有注，四十三代天师三洞弟子张宇初在其序言中声称其注释之因在于"史氏列之申韩间，世因称之黄老刑名，则与道家者流之所谓大殊，不能无病焉。古今注疏凡百余家，各持其见，而必以辞理该赏者为善，苟理塞义晦，辞虽工无取焉"①。即认为史氏所列有病和"各持其见，辞虽工无取焉"。而采取"探索诸家，择其尤善者，类编成集"②的方法注释，其注释的目的在于"使善味之者求之言外，践之身心，则葆炼存养之道内充，而修齐治平之事亦外著矣"③。《道藏》第14册著录的为凝远大师常德路玄妙观提点观事刘惟永编集，前朝奉大夫大府寺簿兼枢密院编修丁易东校正。"是书创始于元至大初，历十余年，至元真二年乃成，后由惟永与其徒募捐刊印"④。原书有三十一卷，分为八十一章，后在《道藏》收录时把它分为《道德真经集义大旨》三卷和《道德真经集义》二十卷，故缺失较多。笔者今之所言者乃元朝刘惟永编集、丁易东校正的《道德真经集义》。本书每章分三个层次展开论述，首先有总说概括本章意旨，其次例举经文原文，最后集诸家之注释，含自己的注释，所以内容十分丰富。由于多举农事之例论事，所以，其中的农学思想也十分丰富，具体表现如下。

首先，该经典具体论述了道与物的关系。在老子《道德经》中，道与物

---

① 危大有注：《道德真经集义》，《道藏》第16册，第539页。
② 危大有注：《道德真经集义》，《道藏》第16册，第539页。
③ 危大有注：《道德真经集义》，《道藏》第16册，第539页。
④ 参见任继愈主编：《道藏提要》，中国社会科学出版社2004年版，第313页。

的关系为本体与化生的关系，道为世间万物的母体，世间万物为道所生，道生成万物之后，它并未消亡，而是隐于所生物质之后，两者之间变成了显隐关系。该经典也继承了老子以上观点，道本身至大，也至小，常处于无常的变化之中，所以它说："盖大道之体，故常于无，当其混沌太无之时，在上则无高天，无日月，无星辰，无云霞，无雾露，无雷霆，无风雨，无霜雪，不过杳杳而冥冥，在下则无厚地，无山川，无河海，无溪谷，无草木，无兽无禽，无人无邦国，不过默默而昏昏。乃大道之体，故云常无也"[1]。正因为如此，所以人不知大道之所处，也非常人所见所闻，欲需体道悟道，则需与具体事物接触，只有在"常有"中才能感知大道，正如它所说："大道自然，化生万物，在天则成日月星汉等之象，在地则成山川草木等之形，在人则成身体发肤等之质，故谓之常有，则欲要使人以观其境也"[2]。"且如根安而植，柯叶而茂，芽而萌，穗而实，翼而飞，足而走，鳞而跃，喙而鸣且啄，息而食且蓄，千态万状，皆自道而生"。这两段文字不仅说明了"道"的化生功能，也说明道隐于万物之中的道理，所以，道本身虽无形、无名，但其名可随不同事物而名，世间万物虽不同，但其根源均为"道"，这就是中国哲学史上著名的"齐物论"观点。它还说："盖道之在天地间万，于事物无有定名，在四序则名春夏秋冬，在四大则名火风地水，于五行则名金木水火土，在五常则名仁义礼智信，在天文则名日月星辰，在地理则名山川河海，在日则名昼夜晦明，在人则名视听言动，在万物则名荣枯消长，在一气则名动静刚柔，名有不可胜数，多皆道之发施，初无定名，故曰非常名也"[3]。因而使我们明白体道、悟道、证道的关键内涵，也使我们明白人与万物之间的关系。

其次，该经典具体论述了人与自然的关系。实际上，这一观点是上述观点的继承与发扬，上述已经论证了道能化生万物，且道寓于世间万物之中，这不能不让我们明白一个道理，那就是，虽然万物从根源上来讲万物齐一，

---

① 《道藏》第 14 册，第 117 页。
② 《道藏》第 14 册，第 113 页。
③ 《道藏》第 14 册，第 117 页。

但至于具体的万物形态和特征，又因所禀"道""炁"之方式与程度不同而不同。该经典以人为例对此加以了论证，它说："物生于天地之间，同禀乎一气，得其气之全者，形之长，得其气之弱者，形之短。故古之人多长七尺，今之人不过五尺。古之人长而魁伟者，一气之降也，今之人短小而削弱者，一气之浸微也"①。这种说法早在春秋时期孔子也曾论述过，《淮南子》中也有所说明，正因物质形态与特征不同，所以处理不同事物、对付不同的物质所用的方法和手段也不同。并且认为，人的行为只有顺道，才会有事半功倍的效果。它说："若夫水用船，砂用鸠，泥用橇，山用樏，夏渎冬陂，因高而田，因下而池，故非吾所谓为也，乃无为矣。圣人之无为也，因循任下，责成不劳，谋无失策，举无遗事，言为文章，行为表则，进退应时，动静循理"②。这样因事而异的顺道行为才是真正的无为行为，因为它并非个人主观愿望决定，而是循事物之理而行，是由外在决定内在的行为，只有这样的无为才是该经典所要推崇的行为。

再次，该经典论述了因时因地以制宜的思想。按照道家观点，时、地皆为道的产物，且它们又有不同的特殊性，所以我们在进行农业生产时，也要针对其特殊性做出不同举动，这是因时因地以制宜的思想基础。要想真正做到因时因地制宜，首先必须了解时和地的不同表现，否则也是盲动，所以该经典指出："结刍为狗，当祭则用，已事而弃，是刍狗之时贵时贱者也。天地之生化万物，而递相代谢，实其似之。稻秀而麦枯，瓜生而荞死，麋鹿之解角也，春冬相反。鸿燕之宾去也，南北相避。物之种性有万不同者，于此而皆可类推也"③。这里说明什么活动用什么东西，什么季节有什么不同的活动，这些皆为"时"也。文章又接着进一步解释说："譬如结刍为狗以祭祀，其未陈也，盛以箧衍，巾以文绣，非爱也，乃时也。及其已陈也，行者践其首脊，樵者取而郁之，非不爱也，亦时也。夫春夏生长，亦如刍狗之未陈，秋冬凋

①《道藏》第 14 册，第 136 页。
②《道藏》第 14 册，第 155 页。
③《道藏》第 14 册，第 199 页。

落，亦如刍狗之已陈，皆时也"①。这里比上文更加清楚明了地说明何为
"时"。在解释"时""地"的基础上，再论证"随时举事""因地为利"的
妙处，它说："随时举事，事无不济，此其所谓事善能者也。春泮冬凝，时之
使然，因地为利，势之使然。壅之则止，决之则流，使民以时，动合其宜。
此所谓动善时者也"②。通过这种理论教化，人们深知守时因地的重要性，这
是作者阐发其农学思想的主要出发点。最后，为了让人们进一步明白"时"
"地"的含义，该经典将"时""地"归结为"气"，"时"有时气，"地"有
地气，万物及其特性皆气使然，"气"的这种作用又像水润万物一样悄无声
息。所以该经典说"气至，则万物皆不知其所以然而然也"③。这里暗示人们，
要想真正做到因时因地以制宜，人心必须向外感知不同的"气"。只要感知
"气"的不同，就有可能做到因时因地制宜。

最后，该经典通过其农业工具论阐述了其农业技术哲学思想。该经典在
秉承道为万物之本思想的基础上，提出"器"即工具，亦为圣人法道之用之
结果，所以该经典说："器者，有形之类也。圣人法道之用，制以为器，画卦
观象，制以文字，剡木为舟，纠木为械，断木为杆，掘地为臼，弦木为弧，
纠木为矢，制为宫室，结为网害，服牛乘马，负重致远，铸金为兵，揭竿为
旗，斲木为耙，揉木为耒。一事以上以利天下，此皆分道之用以为器物尔"。
指出圣人造"器"的根本目的在于"用"，在于帮助人们方便生活，有利于
生产。它说："有无异相，在有为体，在无为用。阴阳之运，万物之理也。车
之用在运，器之用在盛，室之用在虚。妙用出于至无，变化藏于不累"④。这
里指出了"体""用"的区别，也说明"用"之产生的出发点。至于农业生
产中所使用的"器"，其产生机理不外乎于此，但其产生的作用是不可估量
的，所以作者十分重视农业工具的使用，它说："农者天下大本，而其业至粗

①《道藏》第14册，第203页。
②《道藏》第14册，第245页。
③《道藏》第14册，第219页。
④《道藏》第14册，第298页。

也。六经之教则与之言耕耘收敛之候，耒耜镈铚之具，其可谓形而愈下者矣。然而四时之化于此器乎讬体焉，百谷之种于此器乎成实焉，则虽天地元气其妙入于不可名者，亦皆讬此以著其用"①。这里既阐发了农业生产工具的产生机理，也说明了农业生产工具在生产过程中的重要作用。所以该经典极力推崇农业生产工具的发明、改进与使用，具有比较深厚的农业工具论和农业技术哲学思想。

《易象图说外篇》 是书为元末作品，因作者自序写于元至正二十四年，时值元末，全书在《辽志》《补辽志》《元志》和《道藏》第3册中均有著录，均题清江后学张理仲纯述。原分为内篇和外篇，但按其自序则不分两种，黄镇成序亦称"著为《易象图说》一编"，可知内篇和外篇本为一书。分书之后，《内篇》四部，《外篇》三部，其分篇盖本于朱子之《易学启蒙》。《四库全书总目提要》中说："其于元会运世之升降，岁时寒暑之进退，日月行度之盈缩，一切推本于图书"②。作者自序亦曰："其言不本于先儒传注之旨"。可见图书之学本出自于道家，因是《道藏》收之。其言亦多言天象，意为百姓准确掌握农时服务，故笔者在此多言其中之农学思想，具体内容如下。

首先，该经典具有比较浓厚的重农思想。该经典继承我国早已有之的重农思想，主张以农为本，休养生息，轻徭薄赋以安民。但该经典的独特之处在于，统治阶级不能任意确定税收标准，而是应该根据土地面积和土地质量确定税收标准，这样才能确保农民有足够的生活物资保证生活安定。所以，该经典十分重视土地面积的丈量，依据所丈量的土地面积确定纳税人和纳税额，例如，它说："衍沃之地为井，湿皋之地为牧。九夫为牧，率二牧而当一井……五百七十六夫出田税……五万六千七百夫出田税，三万二千四百夫治浍……凡四县，一县税入于王……凡四甸，一甸税入于王也。六十夫地当止有三十家，使出马一匹、士一人、徒二人"③。这里首先指出行政区划的划分

---

① 《道藏》第14册，第107页。
② 参见任继愈主编：《道藏提要》，中国社会科学出版社2004年版，第71页。
③ 《道藏》第3册，第256、257页。

以土地面积为基础，根据土地面积划分为"井""牧""县""都"等行政区划，在此基础上，则以人为标准确定税收标准和税额。从文中来看，税种不仅缴纳农业税，还有征收马匹、车和劳役等，但总的来说，税额对于普通老百姓来说不是很重，例如它说："采地食者，皆四之一，其制三等"①。即税率为四分之一，税收按地方和中央不同等级保存。这种思想是对《管子》《淮南子》《吕氏春秋》中重农思想的继承和发扬，对减轻我国农民负担，对保护农业生产过程中劳动力的投入具有明显的积极意义。同时，该经典重视劳动力投入的另一个重要表现是，它主张实施农兵合一制度，使兵无战争时则农，有战争时则兵，这样既可保家卫国，又可减轻国家军费开支，增强国家经济实力，它说："小司徒乃会万民之卒伍而用之。五人为伍，五伍为两，四两为卒，五卒为旅，五旅为师，五师为军，以起军旅，以作田役，以此追胥，以令贡赋……以起军旅，谓征伐也。以作田役，谓田猎役作也。以比追胥，追谓逐寇，胥谓伺捕盗贼。以令贡赋，贡谓九谷山泽之材，赋谓出车徒给徭役也"②。这里不仅解释了农兵合一制度的实施办法，也揭示了农兵合一制度下军旅所具有的征伐、作田役、追胥三大功能，还特别指明此处的贡赋之特殊意味。

其次，该经典阐明了完善的土地利用思想。基于提高农业生产效率和确定合理税收标准的需要，该经典继承我国《禹贡》《周礼》《孟子》《管子》等书中所包含的早期土地利用思想，大量阐述了道教的土地利用思想，这可能在整个《道藏》中所收入的道教经典中是独一无二的。该经典认为，城市设计与规划应该与土地位置、面积等紧密结合，严格控制其规模，它说："王国百里为郊，二百里为州，三百里为野，四百里为县，五百里为都"③。这里就规定了不同级别的城市规模和所辖土地面积，甚至也论及城中住户数量，郊区所任之地根据城市规模不同而不同，它说："百里为一节，五十里为近

---

① 《道藏》第 3 册，第 257 页。
② 《道藏》第 3 册，第 255 页。
③ 《道藏》第 3 册，第 255 页。

郊，百里之内为远郊。郊地四同，中置六乡七万五千家，其余地以任九等之田……远郊之外为甸，其余地以任公邑之田。稍外为县，县地二十八同，以任小都之田。县外为置，置地三十六同，以任大都之田"①。在此基础上，该经典继续发挥《吕氏春秋》中的任地思想，先对其可利用的土地进行分类，根据土壤肥力，将其划分为三等，它说："辨其野之土，上地、中地、下地，以颁田里"②。不仅如此，该经典还针对不同等级的土地利用效率提出了"轮耕"思想，它说："上地，夫一廛，田百亩，菜五十亩，余夫亦如之。中地，夫一廛，田百亩，菜百亩，余夫亦如之。下地，夫一廛，田百亩，菜二百亩，余夫亦如之……盖菜者，休不耕之地也。一易之地，家二百亩，则耕者百亩，休不耕者百亩。休一年而后耕，故谓之一易。再易之地，家三百亩，则耕者百亩，休不耕者二百亩。休三年而复耕，故谓之再易。上地则无休不耕者故也"③。这种休耕轮作思想是我国传统农学思想中最具影响力的土地利用思想，道教能在其经典中进行充分论及，说明道教对土地利用和土地经营的重视。

再次，该经典阐发了农业技术体系。由于该经典重在论述土地利用思想，所以该经典中阐发农业技术体系时也围绕这一主题进行。它继承我国古代的土圭之法，以此方法测量土深、正日景，以求了解天气变化情况和最佳的生产时间。在农业生产过程中，该经典十分重视改善农业生产所需的水利条件，所以，作者在经典中以图的形式重点论证和分析了"井田制"，作者画出"万夫之图"和"一成之图"，对古时的"井田制"做了充分的补充和说明，构成了农业生产中的水利技术体系。它说："凡治野、夫间有遂，遂上有径；十夫有沟，沟上有畛；百夫有洫，洫上有涂；千夫有浍，浍上有道；万夫有川，川上有路，以达于畿"④。这里作者提出了"治野"的总原则，他认为"治野"总的指导思想在于"阡陌交通"，水利灌溉，即所谓达到古时的"洗土"

① 《道藏》第3册，第254—255页。
② 《道藏》第3册，第255页。
③ 《道藏》第3册，第255页。
④ 《道藏》第3册，第256页。

条件即可。至于具体的方法和要求，作者分别在"万夫之图"和"一成之图"中予以说明，当然，这两幅图的侧重点各不相同，前者在于强调水利设施"遂、沟、油、沧皆所以通水于川也"和道路设施"径、吟、涂、道、路皆所以通车徒于国都也"。而后者强调修渠、筑路过程中的具体操作方法，它说："按匠人为沟洫，耜广五寸。二耜为耦，一耦之伐，广尺深尺谓之畎。田首倍之，广二尺，深二尺，谓之遂。九夫为井，井间广四尺，深四尺，谓之沟。方十里为成，成间广八尺，深八尺，谓之洫。方百里为同，同间。广二寻，深二仞，谓之浍。畎纵遂横，沟纵洫横，浍纵自然之川横"①。这里介绍了修渠过程中的具体技术要求，给人们构建农田水利灌溉网络提供了良好的技术指导，这也是道教重视小水利建设的主要体现。从各种道教经典、宫观志和《道家金石略》来看，道教史中虽然不曾出现过大型水利建设工程，但道教的小水利建设则是我国农业生产史上、水利建设史上具有突出特色的闪光点。

第三节　明清道书和道门农书中的农学思想举要

一、《道书十二种》中的农学思想

该时期的道书由于《道藏》编辑较早，所以明清时期很多道书未曾收入《正统道藏》，笔者只能根据《藏外道书》和《续道藏》以及明朝后期以后的一些其他资料去寻找，我在寻找过程中发现《藏外道书》中也有很多具有丰富农学思想的经典，例如，《药地炮庄》因阐释《庄子》而多言草木禽兽，故多农学思想。纵观史料，对被世人尊为《冲虚经》的《列子》八篇，尽管做注者甚少，"在晋则有张湛，在唐则有卢重元"，但在该时期则有石埭杨文会仁山著有《冲虚经发隐》，该经典的农学思想比上文更加丰富。胡朴安民国

---

① 《道藏》第3册，第256页。

23 年撰《庄子章义》中的农学思想也如《药地炮庄》般丰富。《关帝明圣经全集》则主要论及草木、五谷的种植要点。《张三丰先生全集》则主要讲述道士所过的农家乐生活情景，介绍一些诸如果木嫁接技术。《玉造》中以农喻道的行文风格非常明显，着重言修道的工夫，这里以农作物种植与土地性质优劣的关系为喻。以上诸经典的农学思想由于篇幅的关系，只能在此略述一二，不再详细介绍。刘一明所著《道书十二种》是《藏外道书》中农学思想最丰富的道书集。本课题下文将重点介绍。

刘一明是清乾嘉时期长期活动于西北地区陕甘宁三省的龙门派第十一代徒裔，据清《金县志》中介绍，他是山西曲沃人，自号悟元子、素朴子、被褐散人。于乾隆年间开始访龛谷老人于兴隆山，随之定居于此四十余年，期间购置田亩为香火之资，真正过着农道合修的生活，正如他自己所说："山右鄙夫，新田懒汉，不喜荣华，只求恬澹"①。后于汉南遇仙留丈人，由此"邃玄教，精易理，擅养生，长医术，是当时著名的内丹家、医学家"②。在定居兴隆山期间，撰著了大量关于易学、内丹和医学的道书，后来于嘉庆年间将自己所撰道书集结成《道书十二种》，除此之外，还撰有未曾收录于此的《道德经会义》《周易注略》《三易读法》，以及医书《经验杂方》《经验奇方》《眼科启蒙》《杂疫证治》等。

在本书论述隋唐道教农学思想时，曾提及《敦煌道藏》中的一部重要经典《太上妙法本相经》，该经典记录了我国西北地区农业生产的许多经验，对我国西北地区农业生产起了重要的作用。历史翻到清朝中叶，西北地区道教发展又出现了一个新的高潮，该高潮的推动人是清乾嘉时期道教龙门派的著名学者刘一明，他在道教发展过程中的主要贡献在于撰写了《道书十二种》，主要阐述内丹理论，他在阐述内丹理论时，继承了道教以农喻道的优良传统，通过农业生活细节来表述丹道修炼理论，所以，《道书十二种》存在不少农学理论。这可从其《悟道录》序中所说得知，它说："道之在天地间，无物不

---

① 刘一明：《会心外集》卷下，《自乐记》，《藏外道书》第 8 册，第 698 页。
② 卿希泰：《中国道教史》第四卷，四川人民出版社 1996 年版，第 158 页。

具，无处不有，上而日月星辰云电雷雨。下而山川草木鸟兽人物，以及蠕动含灵、有情无情等物，无非道气运用……学者若能远取诸物，近取诸身，以有象穷无象，以有形辨无形，极深研几，志念不退，功力日久，必自有得"①。由是观之，《道书十二种》中的农学思想是其个人农道合修的结果，是其农道合修经验的总结，现将这些农学思想概述如下。

首先，该经典集论证了农业生产需尊物道而行，否则徒劳无功。自从《庄子》提出"道无所不在，在蝼蚁，在屎溺，在稊稗，在瓦劈"之后，人们求道正道体道悟道的过程由语言以及言传身教转到向自然外界索求。从此，道徒关注草木鸟兽以及自然活动、人类本身的活动成为其修道的主要途径和方式，因而，以后的很多道书均有形而下的趋势，《道书十二种》就是通过对物、物性的描述来表达道性的特点和修持的方法，它认为世间万物各有其道，道不同，物性亦不同，例如它说："莲干空，故出淤泥而分外净；菊花迟，故遇秋霜而分外鲜。盖中空则外物不能染，花迟则气足而耐寒。吾之观此，因悟的修内御外之道矣"②。这里对比莲花和菊花的品性，重在突出造成两者这种差别的根本内因在于其道性不同，因而要求农民在种植莲花和菊花时不可颠倒时节，也不可颠倒水路位置，后来又归结到修道这一根本宗旨，指出观莲菊之差别意在于"悟修内御外之道"，这里是明显的农道合修思想。它又说："作酒必用曲，无曲不成酒；造粥必用米，无米难成粥。盖曲本有酒气，故能成酒；米原是谷精，故能成粥，以其各从其类也。吾之观此，因悟的性命同类相从之道矣"③。这里以作酒必须用本身含有酒气的曲和能成粥的米作原料为例阐述简单的"种瓜得瓜，种豆得豆"的因果关系道理，说明不同道是产生不同物质的根本基础，离开了该道所产生的就是彼物，而不是生产者所需求的此物了。又如："种黍即得黍，种麻即得麻，麻不成黍，黍不成麻，

① 《长春真人西游记》，中华书局1985年版，第11页。
② 《长春真人西游记》，中华书局1985年版，第14页。
③ 《长春真人西游记》，中华书局1985年版，第8页。

种异也。吾之观此，因悟的造作因果之道矣"①。这里就比上文更直接说明世间万物各有其道的差别性，更加直接说明农业生产"种黍即得黍，种麻即得麻，麻不成黍，黍不成麻"的道理。不仅农作物种植如此，家禽家畜的饲养也是如此，它也应该顺动物之道而行，取其所长，避其所短，才能取得丰硕效果，它说："鹦鹉舌利，孔雀尾文，獐兽脐香，狐狸皮贵。龟灵蚌珠蚧尾"②。这里就点明了为何要饲养这些动物，我们饲养这些动物的目的是什么，甚至怎样去饲养这些动物，这对我们农业生产不能不说是有指导意义的。后来，该经典又对这种农道合修思想进行了一次大总结，它说："竹破须将竹补宜，抱鸡当用卵为之，万般非类徒劳力。竹破竹补，抱鸡用卵，以类求也。三相类曰：同类易施工兮，非种难为巧。若非其类，不是真种，万般作用，徒劳力耳"③。这里义正词严地指出"万般非类徒劳力"，其原因是"同类易施工兮，非种难为巧"。只有找到事物的道，以道而行，则农事成矣。

其次，该经典集论证因时因地制宜的农业生产观。"草木初而开花，既而结实，各随其时，故得长生。若失其时，乃死之兆，特以反常故也。吾之观此，因悟得与时偕行之道矣"④。这里指出草木顺应时序开花结实，这是农业生产须尊时而动的自然基础，一年四季气温和降水的不同变化，农作物生长也有明显的季节性，例如，春生夏长，秋熟冬眠。同时也给人的生产提出不同的要求，春播夏耕，秋收冬藏。这是历年农业生产亘古不变的规律，谁破坏这规律乃"死之兆也"，因为顺时而动对农业生产来说是十分重要的。接下来，该经典从实践层面上分析了为何要依时而动的原因，它说："风雨正春深，耕锄不费力，大地皆黄金"⑤。这句话就是农谚"春雨贵如油"的翻版，话中有两层含义，首先说明春天的气候情况，春天气温逐日升高，雨水充沛，所以大地充分接受了春风春雨的滋润，土地松软，所以句中说"耕锄不费

① 《长春真人西游记》，中华书局 1985 年版，第 11—12 页。
② 胡道静、李一氓：《藏外道书》第八册，巴蜀书社 1992 年版，第 700 页。
③ 《长春真人西游记》，中华书局 1985 年版，第 352 页。
④ 《长春真人西游记》，中华书局 1985 年版，第 7 页。
⑤ 胡道静、李一氓：《藏外道书》第八册，巴蜀书社 1992 年版，第 568 页。

力"。田间地头积累了丰腴的水资源，如果这个时候能及时下种春播，动植物就会得到良好的生长环境，为农作物健康成长、获得丰收打下基础，所以说"大地皆黄金"。因而，这句话的第二层含义是要求我们把握好春天这种"风雨正春深，耕锄不费力"的耕作时刻，即恪守农时，依时而动，具有明显的农时观。该经典中因地观的"地"并没有过多强调，只是文中说："三田乃先天精气神三品大药所生之处，无形无象，亦无方所，以其是精气神所生之处，故谓田。以其精气神三者分言，故谓三田"①。此处的农道合修意义非常明显，它是从内丹修炼的角度进行阐述的，它把"田"看成"先天精气神三品大药所生之处"。这句话说明了，并非所有地方均可称为"田"的，只有符合以上条件才能称为"田"。"三田"分三处，即"精所生之处""气所生之处"和"神所生之处"，因而其位置也不同，就人体来说有高下之分，精田在下，气田在中间，神田在上。就自然环境中的土地来说，也有高下之分，也有水田、旱田之分。这种论述方法在道教经典中乃属常事。

最后，该经典集还具体论证了一系列的农业生产技术。它总括了一年中整个农业生产的循环过程，同时也提及耕作工具"铁牛"，它说："铁牛耕地苦多般，趁时下种待收完，勿忘勿助常浇灌，除去茅草现良田，自然结成延寿丸"②。以诗歌形式加以总结是该经典论农的主要特色，这里提到的农业生产活动有"耕地、下种、浇灌、除去茅草、收割"，特别有意思的是还提到"铁牛"，大概现在用来指"拖拉机"的"铁牛"也来源于道教这一经典，不过这两个"铁牛"的内涵是完全不同的，后一个"铁牛"含义已论，前一个"铁牛"的意思就复杂得多，它既包含"铁"，即用铁做的犁耙等耕地工具，其力量类似牛。文中论及最多的生产活动当属"中耕"，不仅以上论及，而且在"农夫务田除草，渐生渐锄，宿根锄尽不容异日复生"中论述得更加详细，这句话不仅说明中耕的持久性和艰难性，而且说明了中耕的目的与要求，中耕要求"渐生渐锄，宿根锄尽"，其目的在于"不容异日复生"。只有这样的

---

① 胡道静、李一氓：《藏外道书》第八册，巴蜀书社1992年版，第368页。
② 胡道静、李一氓：《藏外道书》第八册，巴蜀书社1992年版，第645页。

中耕才能保证农业生产的丰收。除此之外的技术体系中，还从修道的角度论及嫁接原理，它说："桃树老，接以嫩枝，则又接桃；杏树老，接以嫩枝，则又接杏。盖以树虽老，而根本之气未绝也。"[①] 中国关于嫁接的早期记载见于《汜胜之书》，里面记载十株抓苗嫁接成一蔓而结大瓢的方法。北魏《齐民要术》对果树嫁接中砧木、接穗的选择、嫁接的时期以及如何保证嫁接成活和嫁接的影响等有细致描述。道教经典对嫁接理论的转借目的，一方面用以说明修道过程中可以借助他法来修行，这样使繁杂的修道理论更为易于接受。另一方面也间接介绍了这一农业生产技术，以便于农道合修。张三丰《无根树》其二中也记载道："无根树，花正危，树老将新接嫩枝。梅寄榔，桑接梨，传与修真作样儿。自古神仙栽接法，人老原来有药医。访明师，问方儿，下手速修犹太迟"[②]。

综上种种可以看出，道教发展到明清时期，虽然组织发展式微，但其内丹修炼理论依然兴盛，并呈现出明显伦理化特征，所以此时期的道教经典依然发挥农道合修的传统，更加注重以通俗易懂的农业知识来说明修道把持的理论和方法，正是这种以农喻道的论述方法，才使很多农业知识和农学思想相应地得以保存和传播，对我国长期以来的农业生产具有不可代替的指导作用。

二、道门农书举要

此时，道教发展以明朝中后期为界分为两个时期：前期道教发展除理论水平略显降低外，组织上仍发展旺盛；后期由于政府对道教不予重视等外部原因和道教自身原因，道教组织迅速衰退，许多道士为了安身立命，隐姓埋名成为隐士，所以道教农学著作多为隐士农书。当然，隐士农书并非此时期所特有，在我国历史上的春秋战国时期早已出现。至于隐士的具体情况与分

---

① 《长春真人西游记》，中华书局 1985 年版，第 6 页。
② 《长春真人西游记》，中华书局 1985 年版，第 13 页。

类，笔者以聂雄前著的《中国隐士》和蒋星煜著的《中国隐士与中国文化》为基础加以具体分析，讨论道门隐士和其他隐士的区别。

"隐士"及它所代表的一类人是中国君主时代农业社会的产物，是与那种具有"尚谦让，行中庸，薄名利，鄙财富"[1] 本质的中国文化俱生的。其定义最早由庄子给出，他说："古之所谓隐士者，非伏身而弗见也。非闭言而不出也，非藏其知而不发也，时命大谬也。当时命而大行乎天下，则反一无迹，不当时命而大穷乎天下，则深根宁极以待，此存身之道也"[2]。老庄思想成为山林文化思想的"武库"，春秋战国时期"道尊于势"使孔孟儒家的隐逸思想发轫，两汉时期的"势尊于道"使儒道两家分道扬镳，给道家思想退居山林创造出新起点和思想基础，山林文化至此才真正达到滥觞。不管其称谓是隐士、高士、处士、逸士、幽人、高人、处人、遗民、逸民，还是隐者、隐君子，它们都是隐士的别称，都与生俱来就具有淡泊名利、与世隔绝的精神。其主观原因不外乎个人主义和失败主义两种因素。就个人主义隐士而言，尽管他们有才，但往往恃才傲物，又"丝毫没有服务意识，对于人类全体的生活和宇宙继起的生命，只是用一种漠不关心的态度去对付。只知道盲目地为自己生活着，盲目地珍惜自己的物质生活"[3]。它始于许由、巢父、介子推，但其理论基础正式形成于庄子，故它以道家、道教人士居多。例如嵇康在其《与山巨源绝交书》说："又闻道士言，饵术黄精，令人久寿，意甚信之；游山泽，观鱼鸟，心甚乐之"。陶弘景为了应对梁武帝屡次聘请，他以一幅诗画表明其隐居心志。诗为《诏问山中何所有赋诗以答》："山中何所有，岭上多白云。只可自怡悦，不堪持寄君"。画是：纸上画了两头牛。一头散放水草之间，自由自在；一头锁着金笼头，被人用牛绳牵着，并用牛鞭驱赶。梁武帝看了诗和画，领会其用意，就不再强迫他出来做官了。但是"国家每有吉凶征讨大事，无不前以咨问"，故当时人称之"山中宰相"。因王公贵戚"参候

---

① 蒋星煜：《中国隐士与中国文化》，上海三联书店1988年版，第2页。
② 郭庆藩：《庄子集释》，中华书局2004年版，第555页。
③ 蒋星煜：《中国隐士与中国文化》，上海三联书店1988年版，第6页。

相续"，干扰也很大。后来，他索性在山中建了一幢三层的楼房，关门读书，与世无争，《南史》对此记载："弘景为人员通谦谨，出处冥会，心如明镜，遇物便了。言无烦舛，有亦随觉。永元初，更筑三层楼，弘景处其上，弟子居其中，宾客至其下。与物遂绝，唯一家僮得至其所"①。陶弘景成为个人主义隐士的代表。就失败主义隐士而言，它以伯夷和叔齐为代表，又分两种情况：一是意在为官但未能如愿，最后只能归隐山村者，另有一类是旧朝官员因恋旧不理新政，最后只有隐居山村保全自己，故其大量出现在战乱或国家衰亡时期。他们大都有为官的经历，但大都出身卑微，深受农业社会自给自足的小农经济思想的影响，所以又或多或少地存在儒家忠孝和道家逃避哲学两家思想的影响。正如聂雄前所说："先秦以后的隐士，大多经历了一个由儒入道的历程，他们将道德意识归结于自然意识的选择，不可避免地刻有儒家自然意识的烙印。有道则见，无道则隐正表明他们是先找到儒道两家交汇点作过渡，然后再完全沉入道家哲学之中的"②。基于以上原因，蒋星煜在其《中国隐士与中国文化》中说："詹姆斯把人生分为阴柔和阳刚两种，但用于隐士，这种方法是极端的不合适，因为中国隐士有着浓厚的道家色彩"③。在后来对中国隐士的分类史中，范晔的分类为六种；梁阮孝绪的《高隐传》分为三种："言行超逸，名氏弗备；始终不耗，姓名可录；挂冠人世，栖心尘表"。其中第一类具有明显的道家、道教思想，后来许多不录名氏的作品都属于这一类。姚思廉依据隐居者的居住地域将隐居者分为隐于山林者、隐于闹市者和介于此两者之间者。程伊川分其为四种；宋祁分为三种；近人姜亮夫分其为修士和逸士两大类。在修士中又可分为僧道和准僧道两类，逸士也大都指具有浓厚道家思想影响的隐士。蒋星煜从隐士生活入手也有分类，不过笔者觉得他的分类不妥，因为他没从隐士的思想根源进行分类。此时期的农书大都属于无名氏，所以作者的具体情况无以考证，但通过以上分析，我们

① （唐）李延寿：《南史》卷76，中华书局1975年版，第237页。
② 聂雄前：《中国隐士》，湖南文艺出版社1991年版，第187页。
③ 蒋星煜：《中国隐士与中国文化》，上海三联书店1988年版，第13页。

不难明白此时期众多农书作者的背景，尤其是字号中出现"居士、主人、道人、山人、仙人及隐者"之类词语，大都属于受道教思想影响深厚的农书。下文以王毓瑚先生的《中国农学书目录》为据，逐一列举分析这些农书及其农学思想。

《群芳谱或二如亭群芳谱》　此文著录在《明史·艺文志·农家类》中，明朝王象晋著。作者号好生居士，做过浙江右布政使、河南按察使等官职，他为官清廉，常体察民情，因而得罪了达官贵人，被迫隐居原籍经营农业，是一个真正"经历了由儒入道的过程"的失败主义隐士。经营农业长达20年，结合自己的经验写成此书，虽然字里行间总忘不了儒家古训，甚至批判养生家和石隐者流，但作者生平重视农圃，鄙薄五谷不分的所谓大人，视宦海升沉如花开花落，有漠然视之的道家情怀，如其序说："安神闺房思老氏之玄虚，嘘吸清和，求至人之，仿佛与达者数子论道讲德，俯仰二仪错综"。慕陶弘景情怀，过着"青林翠竹四时俱备，暗雾相歇，猿鸟乱鸣，夕日欲流，沉鳞竞曜，实是欲界之仙都"的生活，欲达到"尽任性灵而之往，保无用以得闲垅薪井吸乐有余欢，切松煮术，此外何务"之境界，羡陆羽的"太虚为室，明目为烛，与四海诸公共处"之虚灵，作者因而自号好生居士，尤其作者在《谷谱首简》中转载亢仓子《农道篇》《吕氏春秋》的农学四篇、《管子》中的《地员》《金粟》两篇，以示其道家影子，其《天谱》钦仰甫里先生半耕半读，引鹖冠子之度量，用孙思邈的疾喻，可见道家思想对作者的影响，也可见作者的崇道风范。

现在《中国大百科全书·农业卷》中录有原文和作者简介；伊钦恒也对此书进行了诠释，另有单行本，现行的单行本有《四库全书》本、《郑堂读书记》本、汲古阁本和其孙王祯渔洋山人所著的《渔洋全集》本，还有虎邱礼宗书院及沙村草堂、书业古讲堂、文富堂等刻本。虽然各版本的分卷和跋序存在不同，但其内容则完全相同。全书内容并非只是"芳谱"即花谱之意，而是一部内容丰富的农业巨著，其实是关于国计民生问题的、具有经济价值和实用价值或者特用作物的谱录。首先提出了《谷谱》，然后有《蔬谱》《果谱》《茶竹谱》《桑麻棉葛谱》《药谱》《木谱》《花谱》《卉谱》《鹤鱼谱》等，为我国十六世纪前的农学之大成者，论述详尽，立意深远，旨在为民生分忧，服务于普通百姓，具有比较强烈的民生意识。

《野菜博录三卷》　作者鲍山，自号香林主人，隐居黄山七年，是真正意义上的道家隐士。此书今传版本有：明天启刻本、《四库全书》本、《四部丛刊三编》影印明天启刻本。明本分上中下三卷，上、中两卷为草部，下卷为木部，共录草木435种。《四库全书》本卷数增多，但缺中卷，所录草木数多有减少，共262种。卷二末较明刻本多懒翠蒿、秋水角苗二种，卷四末多老儿树一种。明启刻本书后由其好友程大中和其道友赵洪中分别做跋，程大中之跋重在介绍他本人身份、书作者之性格及其隐居原因，它说："元则赋性颖异不与流俗伍。自弱冠从太学归，益厌嚣尘，思离脱，乃入黄山，筑室白龙潭上，时同老衲坐蒲团，参禅守寂"①。其道友赵洪中之跋重在介绍该书之来源，即佛道的密切关系，它说："饥餐野菜，渴饮涧泉，飘然若神仙中人。且遇至人，授《仙草图》。予索《仙草》《野菜》二书一阅，在齐笑曰'非佛种仙流，不可与视'。予亦笑而答曰：'八百地仙出，非我辈其谁欤?'"。尤其是作者自序的"予性禀澹泊，庚戌岁肄业黄山七载，每过普门师道场，见诸方游释多采根芽花实茎叶，供终日餐。如茹芝、饵术、餐松实、服黄精，能引长年而辟谷者，虽有其理，而未征其事，天启壬戌仲春香林主人书于天都清莲庵中"②等语句提示作者的佛道背景，表明了作者为兼施佛道两家信仰的隐士。

全书内容可分为草部和木部两部分。其中草部又根据草之可食部分将内容分为：叶可食216种；茎可食3种；茎叶可食2种；根可食28种；实可食24种；叶实可食20种；花叶可食4种；根花可食2种；根叶可食14种；根实可食3种。木部又根据木之可食部分将内容分为叶可食59种；花可食5种；实可食25种；叶实可食19种；花叶可食8种；叶皮实可食3种。另有懒翠蒿、秋水角苗二种，老儿树一种。作者写作此书的目的在于介绍不同食物的

---

① 鲍山编，王承略点校：《野菜博录》，山东画报出版社2007年版，第445页。
② 鲍山编，王承略点校：《野菜博录》，山东画报出版社2007年版，第16页。

种类，以满足不同收成中的不同需求，同时还渴望此书能给病痛之人带来些许福音，是一部学术性、知识性、实用性和趣味性较浓厚的农学著作。

《艺菊须知二卷》　作者为清朝顾禄，号茶磨山人和宛山老人。据《中国农学书目录》中简介可知，作者与梅花庵主李瑞清和洞虚子韦光黻为友。作者所著的《清嘉录》收录在《续修四库全书·子部·艺文志》中，其序有两部分，剑峰老人之序说："庄子谓道在蝼蚁，道在尿溺。夫蝼蚁尿溺至微且浊矣，而不嫌每下而愈况。盖天地之元道惯用于日用人事，其传之于世者，皆其可笔之于书者也"①。把顾禄之文看成为"惯用于日用人事且传之于世"的元道体现，意在说明顾禄写书意在弘道、传道，表明茶磨山人的身份为隐居山村的道门人士。由此看来，《中国农学书目录》中有关"作者与梅花庵主李瑞清和洞虚子韦光黻为友"的简介是有一定根据的。"宛山老人承书"的序仅仅表明"时序之书（指《清嘉录》）乃仿于夏小正，及吕氏月令"。我们虽然不能从中看出作者的身份，但也能看出作者与道家的关系。根据《中国农学书目录》记载，清朝时期还有号紫泉居士的萧清泰所著《艺菊新编一卷》、慕陶居士所述《艺菊法一卷》均与此文类似，均系释道人士所著。其内容也大都为"艺菊"方法类之言。

《梭山农谱三卷》　作者为隐居梭山的刘应棠，是一个深受道家思想影响的清朝农人。全书可分为耕卷、耘卷和获卷三部分。每卷正文前均附简序，有助于我们了解作者身份。有序提到"凡三卷，其庄言、寓言、危言、讽言皆有系于世道人心，盖有德者之言也。予序之注之，亦自附于元晏、郭象之间。杨子曰耕道得道，刘子得道于耕者久，故岁凶能自丰"②。此序的作者自诩为"谷旦睡道人帅承发书于圃而园"③。因而，我们可以看出作者与序言作

---

① 《续修四库全书》编纂委员会编：《续修四库全书》卷1262，上海古籍出版社1995年版，第699页。

② 《续修四库全书》编纂委员会编：《续修四库全书》卷976，上海古籍出版社1995年版，第628页。

③ 《续修四库全书》编纂委员会编：《续修四库全书》卷976，上海古籍出版社1995年版，第628页。

者之间的关系，明白本书作者（序言中所称的刘子）是一个深受道家、道教思想影响的农道双修之士。耘卷序言中说："盖关上有寸，关下有尺，犹农耘前有耕，耘后有获。关部不伤则土位静，肾不受克水生矣，肝木不摇木为大母，母安子顺火亦静矣。水火既调，阴阳不愆，病安从生?"① 此序为作者自序，更加明示作者本人重视养生、注重养生与农事之间关系的思想。后卷序言主要讲述轻徭薄赋以安农的思想。

本书的三部分内容以农事顺序为纲编排。在耕卷中，有耕纲、耕目、耕事、耕具四部分。耕事十六条：药牛、锄角、收田阙、烧山畔、剗畔、培塍、整秧田、浸谷种、苞谷种、秧柴、束草神、散种、劳苗、拔秧、分秧、饷。耕具有：耒耜、铲、铁耙、锄、锸、蓑、笠等。在耘卷中，有耘纲、耘目、耘器三部分内容。耘目有：初耘、游牛、拔稗、干田、梳虫。耘器有：杖、虫梳、厢车。获卷内容有：获纲、获目。获事有：薙畔、放水、扶偃、扇谷、藏种、收藁、报赛、尝新、葺栏。获器有：薙刀、镰、偃耙、谷房、箩、谷箕、斛、仓廪、风车等。由此我们可以看出，本书内容虽然简短，但涵盖了农活中的所有部分，对农事活动具有明显的实用价值，为后期传统农学史上不可多得的农书。

《牧养志·蔬品谱·果食谱》 陈元靓著，自号为广寒仙裔，系隐士，今著录于文献汇编。四川大学硕士研究生牛会娟的硕士论文《陈元靓与〈岁时广记〉》对陈元靓的生平和籍贯做了详细考证，现据此加以说明。记有陈元靓籍贯履历的原始资料几不可考。今天研究陈元靓生平的仅有线索为《岁时广记》中朱熹之孙朱鉴做的序言、福建建阳人刘纯做的引言中所包含的信息。目前，学术界对陈氏籍贯的认识基本上认可陆心源与胡道静的考证，认为他是福建崇安人。但是关于他生活的具体年代，则存在着南宋与元代两种说法。清代著名学者陆心源先生以书前的"广寒仙裔"署名及"广寒之孙"之说为据，在《重刊足本〈岁时广记〉序》中提道："广寒先生姓陈氏，不知其名，

① 《续修四库全书》编纂委员会编：《续修四库全书》卷976，上海古籍出版社1995年版，第633页。

福建崇安人。陈希夷弟子，后尸解，墓在建阳县三桂里水东源。崇安有仙亭峰、白塔、仙洞，皆以广寒得名。子逊，绍圣四年进士，官至侍郎。尝构亭于墓所，名曰望考。后朱子尝居其地，故学者又称曰考亭先生。元靓，盖逊之裔也"①。在陆氏考证的基础之上，我国现代著名学者胡道静先生对陈元靓的生平履历问题，在 1963 年中华书局影印本《事林广记》的前言中做了详细说明。除了肯定了陆氏考证"元靓乃南宋理宗时人和福建崇安人"的结果外，还认为陈氏是一个深受道家思想影响的无意追逐功名利禄的隐士，这可从他自署名为"广寒仙裔"略见一斑②，还可以从《藏外道书》大量收集他的著作也略知一二。关于《牧养志·蔬品谱·果食谱》的内容，我们可从其名称略知一二，可不做具体考察。

金元明清时期农书数量如何的问题是一个长期以来得到重视，但仍有待于继续研究的问题，我国著名的农史学家王毓瑚教授两次出版了《中国农学书录》，此书共收录农书 541 种，其中明清农书为 329 种，第一次系统整理了我国历史上的农书，这为搜集、整理明清农书奠定坚实的基础。但 1995 年农业出版社出版了《中国农业百科全书·农业历史卷》，该书据新中国成立以来近 50 年的研究成果，共列古农书书目 705 种，其中明清农书 608 种，几乎将《中国农学书录》所收明清农书数量翻了一倍。本世纪初，王达教授又在《中国农史》2001 年第 1 期至 2002 年第 1 期上连续 5 期刊登了他的《中国明清时期农书总目》，全文刊载明清农书 1383 种。其所收的明清农书又比《中国农业百科全书·农业历史卷》又多了一倍。2002 年，张芳教授、王思明教授根据全国 37 份农业古籍目录编辑出版了《中国农业古籍目录》，全书共收存目和佚目农书 2368 种，其中属于明清时期的农书 1876 种，这之中包括近人对农业古籍的注、释、译、校、辑等方面的著作 58 种，除去这部著作，明清时期实有农书为 1818 种。闵宗殿先学在查阅了江苏、浙江、安徽、江西、福建、四川、台湾地区、上海等省市地方志的过程中，发现方志中收有不少以

---

① （宋）陈元靓：《〈丛书集成〉初编》，商务印书馆 2010 年版，第 1 页。
② 参见牛会娟：《陈元靓与〈岁时广记〉》，四川大学硕士学位论文，2007 年，第 1—15 页。

前从未见过书名的农业古籍书目。他曾抄下这批书目，并根据《中国农业古籍目录》的体例，又做了分类整理，删除部分相同的书目，还留有 233 种，成为对《中国农业古籍目录》书目的一点补充，由此可以看出，明清农书搜集目前并未结束，仍有不少农书散见在各种方志中，有待我们继续搜集①。

所以，以上所列农书仅为对元明清时期农书进行一个道教层面的不完全考察，只是元明清时期农书大海中之微小部分，因此时期农书数量特别庞大，且数量不定，不可能做到一一例举，有可能还有大量的道教隐士农书出现，还请有心者予以补充。

三、朱权及其农书中的农学思想

朱权，明代著名的道教学者、戏曲理论家、剧作家，善古琴。其著作异常丰富，自经子、九流、星历、医卜、黄老诸术皆具。主要有《汉唐秘史》等书数十种，古琴曲集《神奇秘谱》和北曲谱及评论专者《太和正音谱》。所作杂剧今知有十二种，现存有《大罗天》《私奔相如》两种。道教专著有成书于正统九年的《天皇至道太清玉册》八卷，今收入《续道藏》。集中体现其农学思想的著述有《臞仙神隐书》《茶谱》和《臞仙肘后经》。关于作者的道士身份，我们可从《四库全书》的介绍中得知详情。

朱权（1378—1448），太祖朱元璋第十七子。号臞仙和涵虚子、丹丘先生，谥曰献。七岁自号大明奇士，明洪武二十四年封于大宁，二十六年前往封地大宁。《净明宗教录·涵虚朱真人传》说："明高皇帝十四子。锡名权，号涵虚。初封宁夏，因其智谋，宠锡山疆，巩固邦国也"。明永乐元年癸未迁封江西。先是诸藩王各有时赐田庄、陂池、芦州诸利。王之所受在大宁，遂上书愿赐南昌近（郭）灌城田土，俾诸子耕自给。上以王当食租衣税，无事田土，优诏罢之。徙居南昌后，始拜四十三代天师张宇初为师，成为道士，研习道典，弘扬道教义理。曾于西山缑岭（今属南昌市）创建道观与陵墓，

---

① 参见闵宗殿：《明清农书待访录》，《中国科技史料》2003 年第 4 期。

成祖朱棣赐额"南极长生宫"。宫前有华表一对，上刻道教符箓，其道士身份得到皇帝许可和承认。其生平作品和论著多表现道家无为思想，在其《臞仙神隐书》序中说："人家子孙不可不教，但能识其姓名，知其数目，写得几行歪字，算得谷米粮数足矣"。主张男人娶农家贫女为妻，这样就能自食其力，同甘共苦，使家业兴旺。明正统十三年戊辰九月十五日巳时薨，享寿七十二。死后着道冠道袍入殓，故别号云庵道人，敕葬新建西山遐岭峰。明景泰二年辛未十二月初十日，敕封南极冲虚妙道真君。至于其简短生平和崇道之事，有江西巡抚采进本所言为证："明宁王权撰，权有《汉唐秘史》，已著录。此书多言神仙隐逸摄生之事。权本封大宁为燕王。永乐元年改封南昌，会有谤之者，乃退讲黄老之术，自号臞仙，别构精庐，颜曰神隐"[①]。还可从《臞仙神隐书》中的自序得知："藏其天真，高莫窥测者，天隐也；避地山林，洁身全节者，地隐也。身混市朝，心居物外者，名隐也；身虽不能避地而心能自洁，谓之神隐，不亦高乎。乃学于抱朴子之术，予尝得之矣"[②]。中国历史上重农的著名皇帝最早有宋真宗推广占城稻，亲自试种于玉宸殿上。另一位是清朝康熙帝在皇家御园的西苑种有玉田品种的水稻数畦，培育出米色微红而粒长、气香味腴的早熟稻种——御稻米，后来在江南普遍推广。朱权是介于两者间的皇家重农者，其农学作品主要有《臞仙神隐书》和《茶谱》，另外，《臞仙肘后经》中也包含不少农学思想。

　　《臞仙神隐书》，著录于《明史·艺文志·农家类》和《四库全书存目丛书·子部·道家类》。我国著名的农学史家王毓瑚先生明确将其视为月令体农书，他说："《农桑衣食撮要》要算是完整地保存到今天的、比较古老的一部月令体农书了。以后明代这类著作也不少，但比较可观者只有朱权的《臞仙神隐书》和桂萼的《经世民事录》，而这两部书的有关部分，基本上又都是转

---

① 四库全书存目丛书编辑委员会：《四库全书存目丛书·子部·道家类》，齐鲁书社1995年版，子部第260—282页。

② 四库全书存目丛书编辑委员会：《四库全书存目丛书·子部·道家类》，齐鲁书社1995年版，子部第260—262页。

录的本书"①。其内容在《四库全书存目丛书·子部·道家类》中只分为两卷，上卷涉农内容主要为园林植物种植与欣赏和日用饮食两部分，此内容为卜筑之计23条，涉农内容有池中养鱼，种植荬菱芡，塘边种植甘菊、芙蓉、红蓼、水柳等。草堂清典47条，涉农内容有种花草美化环境，养猫狗鹿鸡龟猿鹤增添活力。草堂杂用22条。道具之属18条。山家农具15条，提及以往所提及的农家必备农具。仙家服食21条。山居饮食99条，具体介绍食物加工与食物搭配禁忌。牧藏果物27条。造面醖酒醋日12条。醃肉瓜菜鲊脯日2条。整篇贯穿道教农学思想。下卷主要讲归田之计，是真正的"耕道"农书，农业技术意蕴浓厚，其内容为：首先说明农民必须重时，必须重农，重视农业生产的教育与实践。针对重时，文中提出"锄云耕月"的说法，即"若药苗出时，必于清晨，往药圃荷锄而去，其时天底将明，白云满谷，为之锄云。五更参上月未落之时，农家于此时夜间赶凉，皆去使牛以耕其田，为之耕月"。他还主张重视农业教育，有必要将农业生产经验和技术在农业生产者之间代代相传，它说："这两般事为子侄孙辈都要知道，乃是庄家受用丰身处"。他为了传播农业生产经验和知识，也以月令体的形式分别指出各季各月的农事活动。春151条：正月39条，具体指出此时的春季农务：修墙垣、编篱落、开沟渠、偃陂塘、整屋漏、修蚕屋、修农具、织蚕箔、置蓑笠等；二月59条，具体的农事活动有：教牛、种木、时种、种药；三月53条，指出此月之农务为种花、修馔、养蚕法。夏123条：四月39条，其农事活动基本同三月，只是多有收藏；五月10条，此月同四月；六月54条，此月农事活动为务农、修馔、收藏。秋105条：七月21条，具体有种木、仙道、时种、修馔、收藏；八月40条，此月的农事活动基本同七月；九月44条，此月农事活动除治病和牧养外，基本同七月。冬86条：十月38条，此月的农事活动为务农、种木、时种、种花、治药、修馔、收藏、牧养，此月在一年中农事活动最多；十一月19条，此月的农事活动为务农、种木、种花、修馔、收

---

① 王毓瑚校正：《农桑衣食撮要》，农业出版社1962年版，第9页。

藏；十二月 29 条，此月的农事活动为务农、种木、修馔、收藏、牧养。牧养之法 16 条；治六畜诸病法 64 条。概括了农家一年的种养之事，为农户提供了切实可行的经验指导。

《臞仙肘后经》，全文共二卷，《四库全书》将其编入术数类，这主要是因为书的内容多为观星象和天象等术数，其目的是点明农业活动的宜忌，为人们的生产、生活提供一定实质性指导，所以文中也存在不少农业天象思想，笔者不管其正确与否，因此书意在挖掘我国传统文化，所以在此也予以介绍说明。

在上卷的"种植类"中，作者十分详细地介绍了置园圃、开荒田、烧田、陆种、浸谷种、下种、插秧、耘田、割禾、大割五谷、置稻禾麦豆等场、开场打稻、种粟、种麦、种荞麦、种麻、种黍、种豆、种瓜、种一切菜、种姜、种葱、种蒜、种芋、种果树、栽木、栽竹、栽桑、栽花木等农事活动，具有一定程度的耕道思想，但因笔者本意在于根据自己的术数知识说明从事这些农事活动过程中所要注意的宜忌，所以，其中的耕道思想同时带有一定的神秘性。不仅农事生产活动如此，酿造类等饮膳行为也需注意具体宜忌，例如，作者点明了造酒醋、造麴、做酱、腌藏瓜菜、腌制腊肉等活动中的宜忌，甚至还介绍了蚕桑等六畜活动的宜忌，内容涵盖养蚕、缫丝、养马、养牛（全文予以重点介绍）、养猪、养犬、养鹅、养鸭、养鸽子等与农家生活密切相关的六畜喂养宜忌。

下卷的货物类，具体介绍仓藏活动的宜忌，作者根据天运星煞值日图，以月令体的形式指出每一个月的具体星煞，使这些宜忌活动有章可循。本人认为朱权这样以月令形式介绍具体星煞，其目的在于为上卷的宜忌提供理论依据。虽然现在有些人一看到星象名称，就认为其中存在不少迷信的成分和形式，但实际上他是从天象学和气象学等角度去思考农事活动的注意事宜，实际上是从经验层面去强调农时的重要和具体的注意事项，为农民的农事活动提供具体的指导，这是不可多得的经验性农业天象科学知识。

第五章

道教农学思想实践史

道教农学思想不是空穴来风，它不仅是高道们的理论创新，而且也是那些农道合修者们辛勤劳动的结果，是理论与实践相结合的产物。因此，道教农学思想不仅表现为理论形态，而且也表现为实践形态，既来源于农业生产活动，又指导农业生产活动。前面几章已就道教农学思想理论形态的发展史做了一个纲要性的论述，本章将从实践层面对道教农学思想做一个纵向考察，其资料来源于中国道教史、道教宫观志、道教金石志，选取其中那些以务农为主的农道合修者之言行来考察。这样既能说明道教农学思想得以产生的实践基础，也能对道教农学思想的存在及其内容加以佐证。本章的主要内容是厘清道教宫观中农道合修史，即道教农学思想的实践史。

第一节　汉魏晋南北朝时期农道合修考

一、史书中农道合修者

东汉末年，五斗米道和太平道相继成立，以农立教和农兵教三结合的村落管理制度是它们的共性。魏晋南北朝时期，封建统治者对道教采取两手政策：因曹操本人向往神仙生活，招致技术高超的道士为其神仙修炼服务，也招致拥有较好群众基础的方士"聚而禁之"；采取组织教民迁出老根据地的办法进行限制镇压和改造利用，致使道教组织涣散，引起道教分化。道教人士要么向上攀龙附凤，要么隐居山林。走上层路线者自然脱离民众，不在此文话下，但其中的隐居山林者则是本文重要的讨论内容，此时，著名的道教岩穴之士有孙登、吴猛、左慈、董京、许孙等。正是由于道家隐居山林行为的影响和这些岩穴之士的推动，农道合修的实践表现得十分明显。

道教的农道合修思想源自春秋战国时期的道家重农思想。早在道家经典中就记载有神农传说时的大成子，又号传豫子，教人扩种谷物、和合草药，并将其务农体会录进其所著的《太一元经》中，成为最早的农道合修者。春秋时期的列子，隐居山中，曾向关尹请教，以善射著称；常与关尹磋商射箭经验和方法，面有饥色，但拒绝郑国执政者子阳的粮食馈赠，靠狩猎维持生计。鹖冠子在自己务农行动中深刻认识到天地之间的相互作用，在其《能天》中强调"因"的作用，指出"天不能因地形，不能成谷"。到了西汉时期，道家思想成为社会的主流意识，社会上层统治阶级带头务农，显示出强烈的重农意识，例如，汉高祖时期的曹参、陆贾等都是主张以农治国的上层统治阶级，汉文帝刘恒是历史上真正实行以黄老道家之术治国的皇帝，宽仁恭俭，亲耕籍田，除天下田租。道家人士自然也因此紧随其后，切身务农，西汉道家人士刘安，不仅带领其门客在炼丹过程中发明了豆腐，而且继承了鹖冠子所提出的"因"的观点，认为要使事情成功，就必须"因天地之自然"，即尊重客观规律，顺应自然趋势，他说："大禹掘江疏河，为天下兴利，但不能使水西流，后稷辟土垦草，为百姓力农，但不能使禾冬生"。"岂人事不至哉，其势不可也"，即认为人力虽然伟大，但终究不能改变自然规律，即使现在的克隆技术也只是被克隆细胞体的再造，被克隆细胞始终记忆着已存活的时间，所造出来的物体只能存活该细胞体未存活的年龄，人类对此再无改造能力。只有顺时而动，则事半功倍，"禾稼春生，人必加工焉，故五谷得遂长"。这些语句字字与农相涉。西汉道家疏广深信老子之言，在身为太子太傅，获有令名的情况下辞官回家，他说：家里的田亩，只要子孙勤于耕作，就完全可以达到一般人的生活水平，再购置田亩，除了使子孙懒惰外，绝无其他好处①。疏广当官时已购置田产，体现出疏广那种"无农不稳"的重农意识。

以上道家人士的重农思想、务农体会给后来道教人士农道合修提供了光辉的典范，以至于道教产生后，农道合修成为其修身立本之事。此时期的道教经典融入农道合修思想，例如，《灵宝经》的传授系统虽已无可考，只能在《道教所起》中得到一些启示，但它以农譬喻提出"三合成德"理论，"譬如种谷投种土中，而无水润，何能生乎？"成为道教经典中以农譬喻的典型范例。《黄帝阴符经》地位仅次于《道德经》《南华经》。《黄帝阴符经》的内容有三：首先强调自然之道相互作用的矛盾关系，指出五贼（五行）三盗（三才）之相宜相安的关系；"天地，万物之盗，万物，人之盗；人，万物之盗；三盗既宜，三才既安"。三盗相害会造成暴风急雨，洪水干旱，赤地千里，人畜死亡。但三盗相利时会风和日丽，雨雪适时，使万物欣欣向荣，生生不息。猛兽伤人，毒草害命，但稻粱蔬果、猪羊鱼鳖供人取食，丝麻棉帛供人衣服，房屋供人居住。滥伐森林，涸泽而渔，使万物匮乏，但培育良种可增产量，改良畜种可加快牲畜繁殖。而且此时的道士继承道家隐居山林，农道合修传统者也不在少数。例如，三国时期魏国魏文帝的洛阳典农王旭，将儒道融合，提出治家与治身相结合的思想，亲自务农，做一个身体力行的典农②。西晋文学家张华，其阐发思想的主要方法源自庄子。主要著作《鹪鹩赋》中采用以浅托深、以微喻大的手法，借生活于蒿莱之间的小鸟鹪鹩阐发庄子"以不才终其天年"的思想，指出另外一些禽鸟，如鹜、鹃、鸿、孔雀、翡翠等，虽然它们的羽翼能高飞天际，嘴距足以自卫，但它们往往成为人们捕获的对象，"何也？有用于人也"。把美羽和丰肌等对人有用的条件看作是招致禽鸟自身毁灭的原因，有用于人则是农业生产的最终目的，这也是他长期观察的结果。在长期深入田间地头观察的基础上，总结之所见，著

---

① 参见《汉书》卷71，中华书局2005年版。
② 参见《三国志》卷27，中华书局2005年版。

有《博物志》①。西晋名士顾荣，将自己写文章与务农经验紧密结合，提出"以洪笔为锄耒，以纸扎为良田，以玄默为稼穑，以义理为丰年，以谈论为英华，著文章为锦绣，蕴五经为缯帛"②。他将"笔耕"比之于农是多么的细致和恰当，并且勤于笔耕，经德体道，善于谈玄。晋朝潘阳陶淡于长沙相临山立小草庐，平日饲养一头白鹿、三只白鹤为友伴③。虽然没有点明他的农道合修，但其养鹿和白鹤是典型的畜牧行为。东晋太原中都人孙绰，"余少慕老庄之道，仰其风流久矣。却感于陵贤妻之言，怅然悟之，乃经始东山，建五亩之宅，带长阜，修茂林，孰与坐华木而击钟鼓者，同年而语其乐哉"④。文中那种农家乐思想溢于言表。南朝梁太清年间扶风赤岗人许明业，少时出家学道，常年蔬食持斋，喜施舍，带领门徒，亲自劳作，每逢稻粟熟时，则呼乡亲老少任力收获，毫无怨言，善医术⑤。南朝宋人桓凯，曾于西蜀华盖山随仙人李桓学道，不能升仙，后随陶弘景学道，不愿列于三类弟子之中，而甘作耕夫、圃者，并做点烛、扫院、汲水等杂务，不以为贱，历十二载如一日，终得至道⑥。隋朝诗人、道人卢思道，继承庄子的观点，认为人只要对"骇耳秽目"的东西不闻不见，进而隐居乡间，"耕田凿井，完息晨兴"，就能摆脱人生的忧劳，主张人和各种动物各按自己的本性活动⑦。这种道士进行农道合修实践的史书记载不在少数，以上所举之例均出自于现存的史料当中，还有一些名不见经传的就无人知晓，无法例出。

二、宫观志、金石碑刻中的农道合修考

道教究竟何时开始，这是一个颇有争论的问题，现代人认为道教宫观产

① 参见《晋书》卷36，中华书局1996年版。
② 参见《晋书》卷68，中华书局1996年版。
③ 参见《晋书·隐逸》卷94，中华书局1996年版。
④ 参见《晋书》卷36，中华书局1996年版。
⑤ 参见《三洞珠囊》和《上清道类事相》，《道藏》第24册，第878页。
⑥ 参见《桓真人升仙记》，陈垣等：《道家金石略》，文物出版社1998年版，第679页。
⑦ 参见《北齐书》卷42、《隋书》卷57、《北史》卷30，中华书局1996年版。

生于东汉末年，实际上，早在秦汉时期，道家就在名山大川中寻找活动场所，结庐而居，道士之称呼早已存在，大凡道家人士活动之地后来也成为道教宫观的集中之地。安徽巢湖中庙就是在道家人士隐居之所基础上建立的，汉代造基，唐代完工。该道观始建于东吴赤乌二年，因位居庐州（合肥市）、巢州（巢湖市）之间而得名。先时祭祀主巢湖波涛的太姥，后来改祭奉传为泰山玉女的碧霞元君。茅山有道家人士活动始于汉景帝，例如，其中的墨池，汉费长房学道于此，书符涤砚涧石皆为墨色，至今池水制药奇验。《洞霄图志》所记载的洞霄山道教圣地也始于汉朝。《江西青云谱志》指出此卷所记载的道教活动场所始于西汉。《麻姑山志》认为麻姑山早在东汉就有道家人士活动于此。《梅仙观志》指出梅仙观始于西汉。《嵩岳庙史》中记载，皇帝早在西汉时期就祭神于此，以后历代均如是也。它说："昔汉武礼嵩以山下三百户为奉邑民之聚神之歆也。乃环嵩之壤石厚土。土著是地者，嘉赖明神之休调风顺雨祈有三时黍稷馨香。其中的祀典（勅祀，时祭）介绍了上古黄帝。汉朝的汉武帝、汉宣帝、汉顺帝、魏明帝。北魏时期的明元帝、太武帝、孝文帝太和十八年小明帝政光三年。北齐宣帝天宝"[①]。据《崂山志》考证，崂山道教自春秋时期至西汉时期，主要流派为方仙道；从东汉时期至南北朝时期属太平道；南北朝时期至五代，分属楼观教团、灵宝派、上清派；宋初统属华盖派，金元以后则承袭全真各派。《崆峒山志》认为此山宫观兴盛于秦汉。《华岳志》认为西岳华山汉始有志。《武当福地总真集》也认为武当福地汉始有志。《青城山志》也认为汉始有志。

　　宫观道教产生后，必成为道士居住和祀神等宗教活动的场所，这些场所最先在山林野处，再及城市，最早称为"治、靖、庐"和"静室"，直至南北朝时期，才史称为"馆、观"，与前之称呼相比，不仅形式，而且内容均有实质性的变化。南北朝时期共建道观100余个，著名的有简寂观、崇虚观、怀仙馆、云台观、玄都观、通道观。由于道教提倡"无为无不为"的思想，

---

　　① 《中国道观志丛刊》第 2 册，或见《道藏》第 6 册，第 125 页。

只是以消极无为之手段达到积极有为之目的，所以道教宫观的产生必然导致道教处处为自己树碑立传，道教宫观志、金石志也因之而生。从《中国道观志丛刊》所记载的道观来看，流传到明代的有南京玄观，明代葛寅亮撰有《金陵玄观志》，这是一部专门记载明代南京道教宫观祠庙的志书，该书明言该观始于魏晋南北朝。还有成书于元顺帝时期的《天台山志》，也记载有天台山道观始于南北朝。这些道观大多为达官富室所造，只有少数为道士募化所建，所以，大批道观拥有大规模地产作为道士生活之资，此外还拥有大量的力役和馆户，专供道观使唤。按照前文所述，道教宫观经营这些地产的方法有二：一是出租，二是自己耕种，成为道士农道合修的案例，例如唐朝道士李冲昭撰的《南岳小录》中的"衡岳"条说"武帝赐三百户庄田冲基业"①。到魏晋南北朝时，茅山道观有田产十一顷，"隐居观中门人亦于此随水播植"②。道教宫观中设有专门的"骡马坊、车牛坊、碾铠坊"③ 等农业生产工具和农产品加工工具陈列室。南北朝时期，西岳华山魏时有王晖居华岳熊牢岭，常种黄精于溪旁，虎豹为之耕耘，因以名坪④。苏州元妙观、烂柯山、黄堂隆道宫和阁皂山道教均始于晋朝。逍遥山万寿宫也始于南北朝。

从《道家金石略》来看，也许是由于时代久远之故，本时期记载农道合修事实之材料不多，与此相关的材料仅四条，并且其中三条均记载茅山道士农道合修之事实。首先，在《上清真人许长史旧馆坛碑》中说明了茅山何以名之曰茅山，碑文说："前汉元帝世，有咸阳三茅君，得道来掌此任，故称茅山"⑤。我们由这可以看出茅山早在汉元帝时就已为道家人士居住，后来陶弘景选择此处建立茅山宗，也以其为历史渊源。在《华阳隐居真迹帖》中，记载了四位姓郭的道人利用茅山优越条件加以进一步开发之事实，它说："雷平山有水曰柳谷妍……昔有田叔居之取水，因以为号。此泉是玉律砂，饮之益

---

① 《中国道观志丛刊》第 9 册，或见《道藏》第 6 册，第 862 页。
② 《真诰》卷 11，《道藏》第 20 册，第 560 页。
③ 《道藏》第 24 册，第 745 页。
④ 《中国道观志丛刊》第 4 册，或见《道藏》第 6 册，第 125 页。
⑤ 陈垣：《道家金石略》，文物出版社 1988 年版，第 19 页。

人，今用水浣衣，不需灰也。又有郭干池者，昔燕国郭朝兄弟四人，皆云得道，亦任洞中之职，四朝居长，初至山，种植于此，郭干号因斯兆焉"①。我们由此可以看出，茅山开发的历史悠久，也知道郭朝等四道人进行农道合修的事实，有人说"十道九医"，笔者认为用"十道九农"来形容道士的农民身份也不为过。当然从道教史和宫观志来看，直至陶弘景时，茅山还未完全开发出来，所以在南北朝时，陶弘景带领门徒励精图治，含辛茹苦，在具有优越地理条件的基础上进行艰苦的农道合修，终于建立起了条件优越的茅山宗。至于茅山道士在开发茅山时，到底种些什么，也有据可查，例如，《华阳隐居真迹帖》中说："杏林虽伏兽，芝田讵唉人"②。这里可以看出茅山道士种植杏林和"芝"类植物，种植这两种植物是因为它们是修道的必需食物。另在《华阳隐居授门弟子陆敬游十赉文》中说："尔奉上惟勤，接下以惠，稼穑艰难，备尝劳苦，货殖之宜，允赡粮服。手足胼胝，未获告休，栉风沐雨，于焉尤切"③。这里的"稼穑"泛指一切农业生产活动，由后文可以看出，茅山道士进行农业生产劳动的目的在于"货殖之宜，允赡粮服"。即用来满足道观道士们的日常生活要求，为了达到"允赡粮服"的目的，道士们不辞劳苦，栉风沐雨，才使茅山道成为道教中著名的一派。所以，"手足胼胝，未获告休，栉风沐雨，于焉尤切"四句真实地反映了茅山道士农道合修的艰辛与勤劳。还在《九锡真人三茅君碑文》中记载了道士张绎立在茅山的奋斗史，也就是其农道合修史，表现出了茅山道士不畏艰难，敢于奉献的精神，碑文说："年十八，隐居恒山，以从其道……茹芝术以坚粮，掇薜萝而服。在山六年，翘勤精苦"④。这里说明茅山开创之初道士生活之苦，只能"茹芝术以坚粮，掇薜萝而服"，其艰难的程度非一般人所能承受，从碑文所记，实为茅山道士们所折服。茅山道派建立之初既如此艰难，其他道派建立之初的艰难程度也可想而知。

---

① 陈垣：《道家金石略》，文物出版社1988年版，第26页。
② 陈垣：《道家金石略》，文物出版社1988年版，第26页。
③ 陈垣：《道家金石略》，文物出版社1988年版，第26页。
④ 陈垣：《道家金石略》，文物出版社1988年版，第27页。

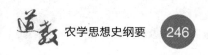

第二节 唐宋时期农道合修考

一、史书中的农道合修者

唐宋时期是我国封建社会的鼎盛时期，社会经济一片繁荣，人们生活祥和安宁，统治阶级为了确保实现长治久安、国泰民安的政治愿望，同时追求个人长生不死和幸福快乐的生活，就利用以长生不死和幸福快乐为宗旨的道教来帮助他们实现这两个理想，从而对道教加以大力扶持，崇道抑佛是此时期主要的宗教信仰趋势，此时期的道教宫观和道士人数发展十分迅速，道教经济十分繁荣，道教农学思想的实践活动也十分显著，例如《中国道教史》中所说："茅山道士田游岩蚕衣耕食，王文重栽培技术"①。这里就包含两方面的内容，"田游岩"的蚕衣耕食具有自给自足的农道合修思想，而王文重视栽培技术则不仅仅突出其农道合修思想，而且突出了他重视"耕道"的品质。尤其是此时期在道教医学的推动下所产生的"药农"，是道教农学思想对我国农业和农学史的一个特殊贡献，是魏晋南北朝时期华佗、张仲景、葛洪、陶弘景等医药学思想的继承和发展，所以讨论此时期的农学思想实践，必须讨论药农。据记载，唐初汝州梁人孟诜，天仙观道士，师事孙思邈，能识别药金，精于药饵，勤于采药和种药，种有自己的药圃，据传著有《食疗本草》。像孙思邈、孟诜这样的药学家直接经营自己的药铺是唐代药农的典型。唐代的农道合修思想实践不仅仅表现在耕种上面，其范围远比魏晋南北朝时期要广泛得多，不仅有耕种，而且有畜牧业、手工业，不仅有重农理论，而且有具体措施。例如，唐代文学家、隐士王绩，善于养马，常以养马为例说明"生人不避秽而养生"的道理。在其《醉乡记》中虚构起一个与道教仙境相

---

① 卿希泰：《中国道教史》第二卷，四川人民出版社 1996 年版，第 273 页。

类似的"醉乡"这一理想国①，表达了王绩那种返璞归真、希望回到小国寡民、鸡犬之声相闻、老死不相往来的小农社会，认为只有在这样的社会中才能过上无忧无虑的"醉乡"生活。与之相似的有唐代学者，南阳棘阳人岑文本，他不仅重农，而且就如何构建农业社会，或者说"醉乡"，他依据前人思想提出了自己的看法，在其《籍田颂》中按照道家返璞归真思想，他提出"农为政本"，主张重农抑商，认为工商会妨碍甚至破坏农业生产，主张放弃工商业，独立发展农业，继承管仲的四民禁思想，使四民聚居区固定不移②。唐雪稷的《朱隐士图赞》所记载的唐代学者、隐士，益州成都人朱桃椎，先隐居于蜀县白女毛村，后隐居于栋平山白马溪大磐石山，结庐山中，夏则裸体，冬则以树皮树叶遮身，不收馈赠，以自己编织的草鞋放置人行道上换取米茶，还善于削制木轮，其技术的精湛足可以同"齐扁"即齐国的轮扁媲美③，这是大农业范围中的手工业、副业从事者的典型。唐代哲学家、史学家，徐州彭城人刘知几，一生为官修史，深受道家思想的影响。他认为人应该满足于作普通人，一生饱读圣贤书，耕尽能耕之田，厌倦政治官场中的尔虞我诈，所以他说："是以度身而衣，量腹而食，进受代耕之禄，退居负郭之田。庶几全父母之发肤，保先人之丘墓"④，体现出作者极度消极的内心理念，同时也体现出作者退隐山林不仅在于以"进受代耕"方式保全自己，而且在于"保先人之丘墓"的孝顺精神。晚唐时芮城人侯道华，生而如愚，服庶人之服，役之以农耕樵采，道华内自晓敏，默悟道法，劳作之暇，则采草药，炼松柏丸叶吞服之⑤。我们从这里可以看出，侯道华是一个农道药三修的道士，自己成果的取得并不是凭借其智力，而是在务农修道采药的艰苦劳作过程中取得的，是道教农学思想的直接实践者。南宋江西贵溪人留用光，游南

---

①　参见《旧唐书》卷192，《新唐书》卷196。

②　参见《旧唐书》卷194，《新唐书》卷198。

③　参见《新唐书》卷196。

④　参见欧阳修、宋祁：《新唐书》卷132，中华书局1975年版。

⑤　张君房著：《云笈七签》卷113，中华书局2003年版。

岳，乃传天心五雷法书，多次祷雨有验。立长生局，许置庄田以自足①。其修道的目的在于为农服务，其达到长生的手段是耕织结合，自给自足。宋元时期番易安仁人张元汉，喜以钱财修葺祠宇，理花木果树以自娱②，认为只有在"理花木果树"的过程中才能自娱。宋元时黄岩人章居实，尝名修真之室为耕隐，时人又称其为耕隐翁③。此名字就寄发作者重视耕作之心。

作为经济相当发达的唐宋，道观经济的繁荣虽然与唐宋政府的支持密不可分，但从根本上来讲，没有一大批从多方面实践道教农学思想的道士们的辛勤劳动，道教宫观经济的繁荣是不可能的。尤其是在我国商品交换形成时期的宋朝，道教宫观旁边所形成的寺街，更是道教农道合修思想的体现，为繁荣地方经济和道教宫观经济做出很大的贡献。例如，唐宋以后，花木交易与青羊宫庙会交融，于是逐渐形成成都郊区以及附近的郭县、彭县、灌县、新繁、温江等地的花农，纷纷将其培养的花卉花种搭棚支帐，摆搬以售，在青羊宫内形成一个赛花、赏花、购花的盛会。四川所产各种鸣鸟，如画眉、鹦鹉、白燕、四喜、黄莺、八哥等，也在会内出售。不仅如此，花会还是一个重要的物质交流会。花会期间，四川各地所出特产纷至沓来。郭县豆瓣、德阳酱油、漳川豆豉、涪陵榨菜、新都桂花糕、仁寿芝麻酥等杂货糕点，嘉定大绸、成都锦缎等日用百货，以及各式竹器、木器、农具、农副产品等等，都是会上受人欢迎的畅销物资。与此同时，成都著名小吃和川菜也在会上设点贩卖，富有地方色彩的川戏、曲艺，更在会上大显身手，每至会期，摩肩接踵，熙来攘往，热闹非凡④。

---

① 参见《龙虎山志》，娄近垣辑，太上清宫，1740年版。
② 参见贵阳市白云区政协文教卫生与文史学习委员会：《贵阳李氏昆仲诗稿——李仲公诗存·李侠公诗选》卷24，贵阳市白云区政协文教卫生与文史学习委员会2013年版。
③ 参见《送耕隐翁归义兴徐谦斋先生之叔也》，载（明）李辕撰：《筼谷诗集》，上海书店出版社1994年版。
④ 段玉明著：《中国寺庙文化》，上海人民出版社1994年版，第345页。

二、宫观志、金石碑刻中的农道合修考

以上所例举实践道教农学思想的高道仅仅是《中国道教史》和《中华道教大辞典》中所发现的部分个人代表，更多的个人和道教宫观实践农学思想的例子还可以道教宫观志、道教金石志等资料中所记载的事实为证。

从道教宫观志和道家金石略所载资料来看，政府对道教扶持主要体现在大兴道观，例如，白云观就兴建于唐代。至于白云观进行农道合修的具体事例可从它所设置的执事名称略知一二。据记载："道士大概一百余人，素食敝衣，自给自足"①。白云观中与生产饮食有关的执事有："管理炊事的点座；制作馒头的麦做；管理本观所有地亩钱粮的庄头；喂养放生之畜类的值牲；管理道士饮食及斋堂一切事物的值堂"②。可以说，凡是与农业生产和农产品消费相关的管理职位均有涉及，这是道教农学思想中农业管理思想的体现。东岳庙和王屋山道观均兴建于唐代，东岳庙是每年开春皇帝春祭之地，例如，有其记载"春日载阳，帝籍于耜，以先农人，祈我穑事，我观我稼"③。有皇帝的亲临和执耜，此两道观必有务农修道之举。嵩岳庙也是唐宋皇帝去"祈有三时黍稷馨香"之地，据记载："隋高祖开皇十五年三月。唐武后四年七月、通天元年、明皇开元十八年。宋：太祖乾德元年、二年、开宝六年太宗淳化、真宗景德四年、大中祥符四年春二五月、八年二月、仁宗庆历三年、神宗熙宁元年"④。既如此，嵩岳庙不可能没有相应规模的地产，据记载，有"地产52亩。其来已久，道士掌之供岳一庙香火之需"⑤。在当时的经济形势下，有地产必有农业。大岳太和山道教也兴盛于唐宋，"昔房长须手植木于此，遇元帝现相点化，至今松杉犹存，蔬果园茇池莲沼分置灵应峰上下"⑥。

① 《中国道观志丛刊》第1册，第107页。
② 《中国道观志丛刊》第1册，第112页。
③ 《中国道观志丛刊》第1册，第234页。
④ 《中国道观志丛刊》第2册，第125页。
⑤ 《中国道观志丛刊》第2册，第125页。
⑥ 《中国道观志丛刊》第5册，第141页。

房长须的植松杉和种植蔬果莲藕行为的遗迹流传久远，可见大岳太和山的农业行为之旷久、规模之大。《南岳小录》中记载唐朝著名道教学者司马承祯、诸葛黄等在此采药种药、建立药园之事。另据《南岳总胜集》记载，洞灵宫昔有彭蔡二真隐居于此，唐末有聂师道遇之。今有桃林左右茶园句柚所在宫前①。齐云山桃园洞天的道教宫观建设始于唐，其中的务农记载有邹元标所著的《桃源》便是一例，它说："手种千桃树，扶疏向日红。须教时雨露，岁岁领春风"②。此外，还有朱虎的《夜》也可见一斑，它说："为寻幽谷栽芝草，还待犁锄学耦耕"③。唐宋时期便可收取20亩5分5厘1毫的山税。宋时可收取旧田11亩5分3厘7毫9丝五忽的田税，旧地9分7厘5毫的地税，垦田共计30亩9分7厘3毫3丝，共6亩9厘3丝的塘税。所以，土地出租的租金便是道教宫观的重要经济来源之一。除此之外，道观自己种植少数肥沃田产，种植果蔬和药材。唐宋时期，皇帝曾两次赐茅山道观以田土山地，据记载："唐贞观九年赐太平宫即崇禧宫田地山塘七十四顷二十四亩七分。本府溧阳县永定乡田地四顷九十五亩。镇江府田地山塘水荡八十一顷，二十三亩三分五厘七毫。丹徒县田地八顷三十三亩五厘七毫。金坛县田地七十四顷八十九亩九分八厘"④。"唐宋赐玉晨观田土：本县田地一十四顷八十二亩七分六厘，山一十一顷八十一亩七分一厘，塘四亩八分五厘改科田二十三亩六分五厘。镇江府丹阳县石城乡田地八顷三十三亩七分八厘"⑤。《洞霄图志》中随处便有道士种养务农的记载。例如，其中的冲天观，"沈多福蔬沰泉石，栽植松梅"⑥。冲天观前的冯村，旧有冯姓者居之，"田畦宽平，尝为公厨菜地，亦为菜园头"⑦。其中的药圃"夏侯天师种药于此，芝畦术坞，百药之植，扉所

① 《中国道观志丛刊》第 9 册，第 138 页。
② 《中国道观志丛刊》第 10 册，第 67 页。
③ 《中国道观志丛刊》第 10 册，第 513 页。
④ 《中国道观志丛刊》第 10 册，第 843 页。
⑤ 《中国道观志丛刊》第 10 册，第 844 页。
⑥ 《中国道观志丛刊》第 16 册，第 30 页。
⑦ 《中国道观志丛刊》第 16 册，第 47 页。

不有。今四山产药草六十余种，圃亦犹存"①。郭文举曾经"伐木修林苫覆为舍，不置四壁，时猛兽害人，先生独居十余年无害，鹿裘葛巾区种菽麦，或采箬以贸盐酪，有余即施穷人"②。这里可见洞霄洞天务农的农为大农业。正因如此，茅山道派所在之地达到了"于耕筑场有其诗，纠笠赵镈有其具，坚好颖粟春逾释丞有其成墙，屋有桑疆，畦有瓜蓏，栅有鸡豚，沼有鱼鳖，身勤于所养，心安于所止，一毫无待于人，此王道所以为盛也"③。其中的《元清宫记》记载："有山可薪，园可蔬。附郭之田可饘粥。香灯之费仰田租之入"④。道观所有收入均来源于自己的地产。《来清道院记》记载："几与渔樵分席，农时课艺左右，田园家假寐而游"⑤。武林元妙观始建于唐天宝年间。马霞外先生曾于此"筑别业于湖上，杂植松竹"⑥。徐葵亭先生于医术尤得异传居之。"恒手辟畦园，杂植药草，畜丹丸以济疾苦"⑦。重阳庵和紫阳庵均始于唐宋时期，仙都洞天和台南洞林均属于唐所建，"其间多肥土，开为畦垄，植竹栽松，种茶锄药，事无不宜"⑧。庐山太平兴国宫，唐玄宗开元十九年（731）始建庐山九天使者庙供奉庐山之神。南唐升元二年（938）改名通元府，宋太宗时改名太平兴国观，徽宗宣和六年（1124）又改名太平兴国宫。唐宋元代此宫香火兴盛，官方及民间皆崇奉采访真君，其间的农道合修一例为："义兴庄凡四十有二盘，又垦田二千肇。众所薪牧之圃皆募人钱磺铚斧而出，高耸杉柏茗皆摘实妥子，畦而苗之移置其地下，种姜芋诸茜与水可壅稻者，皆令募人有之其力不入公宫以劝。木之布列冈埠，薪者虽没草间而生意苗然。久者已离立如人，将数万本其畦而未分。犹盈亩焉。篁櫹斩木梢而不

① 《中国道观志丛刊》第 16 册，第 83 页。
② 《中国道观志丛刊》第 16 册，第 103 页。
③ 《中国道观志丛刊》第 16 册，第 232 页。
④ 《中国道观志丛刊》第 16 册，第 286 页。
⑤ 《中国道观志丛刊》第 16 册，第 302 页。
⑥ 《中国道观志丛刊》第 17 册，第 63 页。
⑦ 《中国道观志丛刊》第 17 册，第 79 页。
⑧ 《中国道观志丛刊》第 24 册，第 81 页。

伤其鞭奋"①。这里主要是提及山地种植，这是道教农业的主要经营范围。金华赤松山道教、吴山城隍庙、东林山道教始于宋代。其中的道教农学思想的实践鉴于篇幅，不再赘述。

从《道家金石略》来看，与农有涉的道教碑刻共有 62 条，其中，唐代有 28 条，宋代有 34 条。唐朝的《宗圣观记》在鳌屋县南，为陈叔达撰铭，碑文所记如下："宗圣观者，本名楼观。卿云日覆，寿鹤时长，树无栖宿之禽，野有护持之兽。始皇建庙于楼南，汉武立宫于观北"。后在南北朝时期，此宫观遭到破坏，碑文中描述了百姓重建此观所付出的努力，它说："农夫劝于时雨，陇余滞穗，工女勤于蚕绩，舒轴不空"②。说明只有靠勤于农事，积累财富，才能中兴大事，凸显了农之重要性。孙思邈的《福寿论》刻于耀州五台山，此碑文论述了"不仁之非分"和"不俭之非分"，它认为"不俭之非分"包括"屋宇之非分，粟帛之非分，衣食之非分，货易之非分"，指出了这些非分对于农民所造成的痛苦。它说："粟帛之非分者，其植也广，其获也劳，其农也负，其利也倍。畜乎巨廪，动余岁年，盗贼之羁縻，雀鼠之巢穴，及乎困农负债，利陷深冤。衣食之非分者，文采有余，余而更制，箱箧之无限，贫寒之不施，不念果露之凌寒，布素之不足，以致蠹鱼鼠。香臛腐烂。饮食之非分者，一食而须其水陆，一饮而聚其弦歌，其食也寡，其费也多，民之糠粝不充，此以膻腻有弃，纵其仆妾，委掷泥涂"③。此碑文之意不在指出非分的种类，而重在劝阻人们不要进行"非分"的消费，因为它们只能给农民带来痛苦，给国家财力带来不足。此碑文既是道家无为思想的体现，也是节俭思想的体现，认为只有节俭才能真正获得福寿。《唐嵩高山启母庙碑名并序》则指出了农业的起源，它说："务播植，该变通，尝药以救兆人。聚货而交天下，斯乃农皇氏之所以兴人利也"④。它认为农业乃农皇氏的创设，此文

----

① 《中国道观志丛刊》第 32 册，第 210 页。
② 陈垣：《道家金石略》，文物出版社 1988 年版，第 47 页。
③ 陈垣：《道家金石略》，文物出版社 1988 年版，第 69 页。
④ 陈垣：《道家金石略》，文物出版社 1988 年版，第 97 页。

有三层含义：播植、尝药采药和聚货。岱岳观修建时做到了"匠无宿春，农不下垄"①，正是农业的大力支持，才使岱岳观建设尽快顺利完成。《苏仙碑铭》记述了苏耽成仙前的农家牧牛牧马生活，正是农家的这种生活给了他成仙的资质。《龙鹤山成炼师植松栢碑》记载了粤若龙鹤山观隐人、女道士成无为通过自己的辛勤劳动，使龙鹤山道观达到"翠柏满于山巅，口口艺竹，弥岗蔽野"②的盛况。《抚州临川县井山华姑仙坛碑铭》记载了行善的农业善报，它说："有野鹿为猎人所射，来姑前，姑为拔剑，其后每至斋时，即含莲藕以献。弟子奠瓜，数日生蔓，长数尺，结实二颗，其大如桃"③。这与道家思想和道教的宗教性质密切相关。《厨院新池记》记述了道士因厨院用水紧张，后因有"天造池沼之利，隧为沟窦，围石成池，畜流以深之"④，得以用水方便，这是道士兴建水利工程的一个案例，这案例在道教的农道合修案例中只是为数不多的记载。《田尊师碑》记述了田尊师"爱资树植，穿畦种子，汲井浇根"⑤种植药草名花，达到"异药千品，名花万类"的盛况的艰难历程。《永仙观碑》说田名德"并植奇树珍林，广芝田兰圃"的农道合修事实。《灵宝院记》中记载了王栖霞重建灵宝院的艰苦历程，王栖霞"乃励畚锸，忘暂劳，砌坛植松，结茅庇拙，纫兰饵木"⑥，终于使灵宝院重修一新。现存于山西芮城紫青观的《侯真人降生台记》记述了侯道华的事实，前文已述，但从此碑文来看，侯道华农道合修还有如下之事实："是夜归院，来口师令下山刈麦三十余亩，不终日而尽，路有山樱，口曰此后永不再食。是夜，同院道流但见沐浴，以为收麦热"⑦。这里更明显说明侯道华得道成仙与其农道合修之行为是密不可分的。《西川青羊宫碑铭》则将道化身为古代神人，认为农业生产的产生及其发展是这些神人的推动，农业发展史也就是神人主宰种养生

① 陈垣：《道家金石略》，文物出版社1988年版，第108页。
② 陈垣：《道家金石略》，文物出版社1988年版，第143页。
③ 陈垣：《道家金石略》，文物出版社1988年版，第150页。
④ 陈垣：《道家金石略》，文物出版社1988年版，第151页。
⑤ 陈垣：《道家金石略》，文物出版社1988年版，第152页。
⑥ 陈垣：《道家金石略》，文物出版社1988年版，第177页。
⑦ 陈垣：《道家金石略》，文物出版社1988年版，第184页。

殖的历史。《修青城山诸观功德记》则记载了青城山诸道观齐心修筑水利工程之事，正是因为修筑了水利工程，诸道观才得以达到"瑞麦两岐，则抑而不顾。嘉禾盈亩，则蔽而不言"[1]的盛况。《茅山紫阳观》则记述紫阳观"敦本训农，偃革销兵……恒务啬以劝分……果园之奈供其垄断，北芒之土给其亏墁"[2]的重农意识。

从宋朝的金石遗物来看，《道家金石略》中收集了34条与道教宫观农道合修相关的记载，我们由此可略知宋朝道教农道合修的概貌，其内容略述如下。《五仙观古仙诗碑》中一首诗："竹叶影繁笼药圃，桃花香暖映芝田。吟余池畔聊欹枕，风雨潇潇吹白莲"[3]。它虽然写的是五仙观中的美好环境，但这种环境的创设是道士们种药栽竹、修池栽莲的结果，因此，其中暗含道士辛勤务农的韵味。《洪州道正倪君碣》中记述了倪少通开创新观的艰难历程，孤身只影进行农道合修，终成夙愿，碑文说："得董君之故静，种杏之地，榛莽森如，慨然永怀，誓复灵构。诛茅筑室，炼行修身……君以清心苦节，声闻于朝，癸丑岁，赐钱三百万……于是疏凿旧址，草创新观……力辟污莱，为良田者五百亩，而饭贤之费有余。手植杉松，成茂林者千余根"[4]。如此看来，倪少通（道正）的得来实属不易。《茅山五云观记》则因强调务农，自给自足，达到"庖厨有方，厩库有次。乔松夹植，荫行旅之劳，良田外营，资糇粮之给"[5]的丰衣足食境地。《重修钫口五龙庙记》中描述的盛况也与之类似，它说："渔钓牧圉之所由依……稼穑畎亩，棋布如云……鸠才傊工，荷畚锸板，干者不召而云集"[6]。《拱极观记》记载，拱极观修于宣和元年冬天，道士们自是"口雉榛莽，疏口泉石，培植松竹花药"[7]，不辞劳苦。《南溪卜居铭》记载郭显卜居桂林刘仙岩，并亲手"卜筑岩下，凿井耕田"，过着自

① 陈垣：《道家金石略》，文物出版社1988年版，第194页。
② 陈垣：《道家金石略》，文物出版社1988年版，第206—207页。
③ 陈垣：《道家金石略》，文物出版社1988年版，第224页。
④ 陈垣：《道家金石略》，文物出版社1988年版，第233页。
⑤ 陈垣：《道家金石略》，文物出版社1988年版，第266页。
⑥ 陈垣：《道家金石略》，文物出版社1988年版，第276页。
⑦ 陈垣：《道家金石略》，文物出版社1988年版，第342页。

给自足的自然经济生活。同时在桂林的穿云岩有道观一所，由道民唐德正花了多年时间建成一条树荫浓密的道路和广阔的林面。所以《修建穿云岩殿堂道路记》中说："自甲戌绍兴二十四年苦行开山，用石甃砌地基，建庵一座，及于庵下园内载竹大小四十三丛，紫竹一林，荡竹一林，苎麻一园，并种松柏及诸杂花果一园，又于隆兴乙酉间，蒙经略舍人出据，给孤老院荒地与德正栽种竹木，及路畔两边松树，见今成林，不计株数"①。白玉蟾为抒发自己心意，特作《橘隐堂记》，可见作者爱橘之虔心，不种橘，则何来橘？所以暗示作者重视种橘之行为。在《洞霄宫田庄记》中记述了孙处道创缔之艰辛，因而为之记，碑文说："住山孙君处道，仰承天宠，治田义兴之野，罄己资，合群力，经度土工，再更寒暑，疆畎乃备，则常丰庄是也。宝祐间，寻被特旨，拨赐长兴田之在狄川者。孙君复率其徒垦辟荒秽，久乃就绪"②。这里明显可以看出，孙君处道为了稳固道观的经济基础，除了依赖皇帝赐予外，还不畏艰难，带领门徒"垦辟荒秽"，最终达到"自二庄既成，羽衣黄冠之士来游来歌，不远千里，食者倍徒于昔，而资用不竭"③的强大盛况。

第三节　金元明清时期农道合修考

一、史书中的农道合修者

　　金元时期，是道教由盛转衰的平稳过渡时期，此时期，统治阶级对道教的扶持力度很大，所以，此时期的道教犹显兴旺，但因此前的道教外丹术愈来愈受到社会的攻击，故自宋代始，道教修炼术也由此转向内丹，关注人体

---

① 陈垣：《道家金石略》，文物出版社 1988 年版，第 363 页。
② 陈垣：《道家金石略》，文物出版社 1988 年版，第 421 页。
③ 陈垣：《道家金石略》，文物出版社 1988 年版，第 421 页。

小宇宙，从此道教经书成为内丹术的探讨者和记载者，道教经书除此之外再无理论创新，理论创新水平明显下降，随着时代发展，愈来愈跟不上时代前进的步伐，从而导致道教发展式微，这种趋势明清之际开始凸显，清朝末年外国势力的冲击，民国以后民主思潮的产生，解放后公有制的建立，致使道教对它们均无法适应，道教从而衰败下去，道教农学思想也衰败并转向。从相关史料来看，此时期比较明显的农道合修者数量远不及唐宋时期，主要有如下道士进行农道合修。

金朝沧州乐陵人刘德仁，是大道教的创始人，主张自食其力，其教以"不务化缘，日用衣食，自力耕桑赡足之"为原则，所以农道合修十分显著。金朝时期的潘德冲、李志明、董志平等家世代务农，入道后，不减当年农家本色，继续沿袭其务农修道的传统。在他的带领下，大道教第五祖郦希成也继续实践刘德仁的农道合修思想，这在《道家金石略》中也有记载，郦希成将天宝宫作为真大道的首脑机关之后，继续实践着农道合修思想，深居简出，孝师敬亲济人，培养出了像张清志这样的掌门人，张清志的道教农学思想实践活动亦如此所说："浣衣执爨，汲井剪厕，一无所辞，师之持其身也，衣布衲，携铜罐自为粥以食……师之济于人也，少能力耕，其乡土厚泉深，艰于得水，盛夏时，每日于务农之余，汲水贮石槽中，使盈而不竭，以待乡里放牧牛羊及禽之渴者来饮之"[①]。这显示出张清志任劳任怨、不辞劳苦、公心为上的道教向善情怀。金元时期美良川姚村人李志云，元太宗十一年，河底村村民将旧有三清殿一所，田地二十余亩施与志云，建庵住持，自耕这等田地，自给自足。元朝时期的李志田家世代务农，也将这一传统带进了道教宫观，成为农道合修的实践者。明末清初云南阿咪人王清楚也于顺治十五年至金盖山修道，师事陶靖安，任采樵十七年。他的思想深深影响了江夏人张蓬头，张于乾隆四十一年也来至金盖山修道，依然坚持务农本色，以务农为乐，任采樵劳作，几十年不变，由此可以看出金盖山的道士们那种务农修道的传统。

---

① 卿希泰：《中国道教史》第三卷，四川人民出版社1996年版，第257页。

河南温县人陈王廷，深受道家思想的影响，明末清初入道，成为当地宫观道士，清初隐居家乡，寄情于渔水，盘桓于山川，忙时耕田，闲时造拳，教授弟子儿孙，自娱晚年。由于明朝末年我国资本主义制度开始萌芽，经济形势发生根本性变化，所有人的思想开始转变，道教发展更加艰难。清朝以后，道教开始民间化倾向，似乎循环式的又回到了道教成立之初的五斗米道和太平道时期，道士们更加向往农村的劳作方式，道教艺术家均以农村、农业中的生产对象为创造对象。道士们继续和加强对道教俗神崇拜，这些道教俗神很多是农业生产的产物，或与农业生产紧密相关，例如二郎神、马神、火祖燧人帝君、马头娘（蚕神）、五通神、妈祖、花神，对它们的崇拜说明了道教的农家本色。清道光年间人何理森，出家前以划船为生，早已习惯艰苦劳动过日子的生活，出家长春观后，日以挑水为业，闲时修行大道。民国时期山东泰安肥城人徐教广，挂单于长春观，其功绩最显著者为经营洪山莹墓 20 亩，千子岗莹墓 5 亩，道林园 50 亩，并免租赋税。贵州毕节人彭椿仙，青年时投戒从道，在青城山师事常道观程明星出家学道，后来继续进行农道合修，不仅努力学习我国传统农业技术，还努力扩大视野，学习道观周围的特色农业生产技术，积极学习种桑技术。学道期满后，清末回到四川青城山，在青城山周围乡区推广，授惠于民众。后避居武当山也是如此，民国八年又回到青城山，真可谓是所到一处则造福一处，后人对其非常感谢，当选为灌县道教协会会长。湖北随州人朱宇亮，幼年时即入太和宫黄经堂学道，所制紫金殿疗效显著，使庙产剧增，遂购置田亩，自耕自种，以充道观日用。我国民间宗教——罗教即老官斋教的第三世祖师姚文宇，尽管收取信徒的"根基钱"，但他也只将这些钱用于购买田地，从事农业经营，致使姚家"田连仟佰，米烂陈仓"。这可算是道教民间化后农道合修的一个实践者。江西浔邬人廖帝聘，为真空教祖师。他出生在一个殷实的农民家庭，深受农民思想的影响，一生一直忘不了农业的基础地位，始终坚持务农。咸丰七年开始礼佛，拜刘必发长老为师，白天耕锄砍柴，夜晚参禅入定，由于他坚持食荤修道，后离开刘必发长老。后来自己创立真空教，在主持教务的同时，依然坚持耕

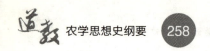
锄砍柴。这也可算是道教民间化后农道合修的一个实践者。

金元明清时期，道教衰败之势愈演愈烈，最后导致道教出现民间化倾向，道士们隐居山村，与农民亲密无间，此时道教农道合修思想的实践并非个别现象，其数不可胜数，岂本文所能穷尽哉，故而以上所举之事实仅为其中的代表，是可见于史料中的典型代表。另外还可以根据金石、方志等资料做进一步挖掘，下文将就此进行补充和完善。

二、金石碑刻、宫观志中的农道合修考

金元明清时期，道教的理论创新能力虽然有所下降，但此时期的道教理论建设有一个明显的特点，那就是对道教宫观志的撰写和整理，并且这种趋势随着历史发展进程愈加兴旺。从陈垣所编辑的《道家金石略》来看，其中除了《王屋山志》为唐朝李归一撰、《南岳小录》为唐朝道士李冲昭撰、《南岳总胜集》为宋朝陈田夫撰、《洞霄图志》为宋邓牧撰、《金华赤松山志》为南宋倪守约撰、《梅仙观志》为宋代杨智远编等宫观志外，其余宫观志均为此时期编撰，尤以元清为甚。并且它们的体系也基本相同，从该丛书来看，这些道教宫观志的编撰大抵继承此期以前宫观志编写的体系，具体内容包括：道士、物产、碑刻、庙产、奇异等几方面。其中的道士、碑刻、奇异三部分具有史的含义，其他诸如物产、庙产大都以作者所处时代的度量单位数据为记载所用标准。庙产以田产、房屋、税收为准，所以，这些道教宫观志大都也记载了道教宫观农道合修之事实。

白云观、东岳庙、嵩岳庙、金陵玄观均有地产。《崂山志》除了记载其地产数量外，还就其地产经营做了记载，它说："其后东西两园，西园植桃李梨枣苹婆之属，花果植桧柏，后高岗植松树千株"[1]，还有："蓝氏园，入园三区，一时花，一植果，一种蔬"[2]。这是崂山道士务农修道的体现，并且显示

---

① 《中国道观志丛刊》第 3 册，第 89 页。
② 《中国道观志丛刊》第 3 册，第 93 页。

出道教农业生产以山区农业为主的特点。《华岳志》中首先说："魏时王晖居华岳熊牢岭，常种黄精于溪旁，虎豹为之耕耘，因以名坪"①。白云宫则有上竹园下竹园，枣树、栗子林、花圃、药畦等划片耕种记载，云台观有诗"荷锄种药他年事，倚杖穿云此地初，栢子一餐身力健，芙蓉苍翠湿衣裾"②。"乞取峰前三径地，荷锄来种枣如瓜"③。清朝顾炎武也曾于华山买堡中书室一所，水田四五十亩为飧食。王澄源字湛虚，居云台观教授门徒，年老购山田数亩疏渠引水，艺菽种树时花栽竹。在《大岳太和山纪略》中两次记载真武修道时折梅插榔的故事，说明真武农道合修确有之事④。《长春观志》中有《勿宰牛歌》，其劝人勿宰牛之言切切入耳，它说："牛老非其罪，牛耕替女劳，酬劳翻欲宰，待罪可能逃，驾卫烟雨车，旋转雪涛重，难容喘息热不耐煎熬，受养恩先报，全驱惠更叨，半生随牧笛，一命送屠刀。助彼登嘉谷，供他享太牢。哀鸣求勿杀。冤苦代呼号"⑤。还记载了前文已述的徐教广经营茔墓之事实，也记载了白云观的庙产来源，最重要的是白云观还保存了我国古代的《周髀算经》石刻。《青城山志》中的《赤城阁纪》记载："汉昭烈时范叔隐居此阁，手植枫树犹存。天师池以饮鸟兽，又有天师栗，乃天师手植十七株"⑥。还记载了冯大亮"以唯一牛拽磨自给"⑦的生活窘况，同时还说："一日，叟携八人至，袖中各出冉木一枝约五六寸，栽于庭院，便饮尽欢去曰：此枝茎尺，则家财百万，此时可贡天子，垂名国史"⑧。这说明道士之间互相帮助，利用优良品种脱贫致富的从农之道。《南岳总胜集》中记载"陈藏器尚先生居之，广植榧树茶园"⑨，"田良逸自攸县迁居南岳，喜王峰后躬耕货薪希

① 《中国道观志丛刊》第 4 册，第 125 页。
② 《中国道观志丛刊》第 4 册，第 478 页。
③ 《中国道观志丛刊》第 4 册，第 498 页。
④ 《中国道观志丛刊》第 5 册，第 361、380 页。
⑤ 《中国道观志丛刊》第 8 册，第 96 页。
⑥ 《中国道观志丛刊》第 8 册，第 45 页。
⑦ 《中国道观志丛刊》第 8 册，第 89 页。
⑧ 《中国道观志丛刊》第 8 册，第 90 页。
⑨ 《中国道观志丛刊》第 9 册，第 28 页。

侍其母"①。还有诗一首："归植南园芝，叱化北溟金。千日勤耕耘，自然生瑶林"②。这些都反映了南岳庙农道合修的实践史。《齐云山桃园洞天志》记载了朱虎的《夜》，前文已述。还提及其庙产，提及马华林坞种果树数百株，拓塘垦田，为住崖香火之资，这也是一个农道合修的具体案例。《重建金陵玉虚古观纪事征信录》中记载金陵玉虚古观所提出"愿各田户、不忘其德，体斯盛功，勤力耕耘，能如是，农产必年有增加，十年生聚，致富可期"③的希望，表明玉虚观也以农为本、以勤为本的指导原则。《茅山志》中说，郭四朝种五果五辛菜，以市丹砂。自采伐贸易衣粮于墟。蒋元吉，梁末隐居山中，重施轻财拯物，无厌营田，若熟以乞贫者，与人共居，常早起洒扫取水，偏以周给觅樵薪乞人。夏月种瓜资人来取也④。还记述了茅山庙产来源和数量，还有诗描述农家乐情景："抱孙看种树，倚杖问耘田"⑤。周驰的两首《耕云锄月》，反映了农耕之辛苦和快乐，也将农事与修炼进行了融合。《穹窿山志》也载有与《长春观志》相类似的惜牛思想，这体现在其所记载的《纪舍牛事》篇中。该志还有一个重大特点，那就是直接将务农视为修道的一种方式，直接点明农道合修思想。它说："当慕持戒清修之士，如根基浅薄者，宜搬砖运石，拂拭殿堂，吸水担薪，种园播地。若智高聪俊者宜时读经藏，敬炼玄功"⑥。《武林元妙观》中的马霞外先生"因筑别业于湖上，杂植松竹"⑦。徐葵亭先生"恒手辟畦园，杂植药草，畜丹丸以济疾苦"⑧。这是典型的道士务农学医、自给自足、行医救世的行为。《金鼓洞志》中描写了妇女在务农持家中充满喜悦和辛劳的农家乐情景，有诗为证，"女尼八十发如丝，难谢辛勤家自持。种竹聊分邻舌界，浣衣不到别人池，语言无倦浑忘老，禅理粗明未细

---

① 《中国道观志丛刊》第9册，第136页。
② 《中国道观志丛刊》第9册，第257页。
③ 《中国道观志丛刊》第11册，第30页。
④ 《中国道观志丛刊》第13册，第670页。
⑤ 《中国道观志丛刊》第13册，第914页。
⑥ 《中国道观志丛刊》第15册，第528页。
⑦ 《中国道观志丛刊》第17册，第63页。
⑧ 《中国道观志丛刊》第17册，第79页。

知，如得良田盈百亩，蒲团静坐息奔驰"①。还介绍了其庙产数量和种类及其来源。《东林山志》中的陈翁，号耕隐者，"有隙地数亩，种桃插柳媾池蓄鱼"②。还通过记事之手段宣扬珍爱粮食、节俭的善报。它说："耕三余一，耕九余三。盖水旱之灾流行代有也。嘉庆壬戌癸亥间，连岁丰穰。近乡以豆粪田，以麦喂豕，耆老见之叹曰：暴殄天物若此，吾乡其有灾乎"③。《烂柯山志》中以描写农业丰收的情境来反映农家乐。例如"竹叶影繁笼药圃，桃花水暖泛芝田"④ "是时春已渐深，绿铺麦野黄满菜畦，草木皆滋荣时时有香气袭人，见远村桃李盛开，点缀于平原茂树之间"⑤。民国时期的觉皋眩云霄道教圣地也留有一些务农种地的诗句，例如"涉水登山有虚惊，栽种田蚕好收成"⑥ "手植新苗万枝红，黄似金兮绿葱葱。勤俭时刻灌溉足，志气高潮耐风霜"⑦。有邵平种瓜"采得仙种当心栽，巧借天工生机开"⑧ 之事实，此外，还有此道观的田产记载。元道士陈性定撰的《仙都观志》说明道士开山种地、独自创建道观田产的事实，它说："以山高路僻无敢栖者，然其间多肥土，开为畦陇，植竹栽松种茶锄药，事无不宜。康熙间僧尚志素奇开山，有田三十亩，山地数陇"⑨。清朝沈兆奎纂的《江西青云谱志》也曾记载熊纶、杨光祖、丁申的《闲锄芝圃远眺》和石凌云的《闲锄芝圃》。清黄家驹撰的《麻姑山志》中说的"七月山田红稻熟，去年尘海碧莲枯"⑩ "秋莲影弄空潭水，晚稻香生秀野畦"⑪ "稻畦沃壤凡凡黍，茅屋深秋树树蝉"⑫ "碧莲池边田子

① 《中国道观志丛刊》第18册，第297页。
② 《中国道观志丛刊》第20册，第207页。
③ 《中国道观志丛刊》第20册，第283页。
④ 《中国道观志丛刊》第21册，第366页。
⑤ 《中国道观志丛刊》第21册，第427页。
⑥ 《中国道观志丛刊》第22册，第352页。
⑦ 《中国道观志丛刊》第22册，第365页。
⑧ 《中国道观志丛刊》第22册，第371页。
⑨ 《中国道观志丛刊》第24册，第81页。
⑩ 《中国道观志丛刊》第24册，第517页。
⑪ 《中国道观志丛刊》第24册，第603页。
⑫ 《中国道观志丛刊》第24册，第698页。

家，碧莲池边生稻花"①。《黄堂隆道宫志》记载了许祖因折柏一枝插于楮树上，遂寄生寄楮柏焉。因折松枝倒插石穴而生倒栽松。提出修道者应当与动植物为伍，方可炼成，它说："人学道者当如何？巢居穴处，木食草衣。仆麋鹿而吏猿猴，友麢獐而邻雉兔，风餐芝术，雨卧烟霞"②。《逍遥山万寿宫通志》记载了后晋吴猛种瓜处，上有石如瓜。近世亦产甘瓜，土人于十八嶙无意得之。洪州西山有湛母、观母所种仙茅，与今山野中所产不相违第，采以做汤，则香味差别耳。记载了"施肩吾于是大兴修造，勤苦备，悉清其田亩率众力耕，所余钱谷丝粟不让为己有"③。这里就突出了施肩吾不仅农道合修，而且展示出他不为私利、重在公心的人格魅力。《庐山太平兴国宫采访真君事实》虽没有直接说明道士务农的艰苦和过程，但也记述了林木繁茂的状况，从而间接说明道士农道合修之事实。它说："众所薪牧之围，皆募人钱磓铚斧而出，高耸杉柏茗皆摘实妥子，畦而苗之移置其地下，种姜芋诸茜与水可壅稻者，皆令募人有之其力不入公宫以劝。木之布列冈埠，薪者虽没草间而生意苗然。久者已离立如人，将数万本其畦而未分。犹盈亩焉。篁槁斩木梢而不伤其鞭畚"④。这里可以看出，庐山道观同于其他道观不仅植树造林，且耕田种植粮食、果蔬，真正的自给自足。

从《道家金石略》所收集的金石碑刻资料来看，金元时期有138条，明朝有15条，清朝时期由于宫观制度渐渐解体，道教民间化倾向渐渐加强，民间宗教兴起，道教碑刻发展衰竭，所以《道家金石略》中未曾收集清朝时期的道教金石碑刻资料，这一问题亟待以后解决。

《清真观牒》具体记载了清真观购地合同。元朝时期，凡是皇帝针对道教宫观所下的圣旨，大都含有保护庙产之意。例如《重阳宫圣旨碑》就是如此。《玉虚观记》记载了玉虚观开山辟地的经过，它说："岩之下盘折隈襖，旧无

---

① 《中国道观志丛刊》第24册，第725页。
② 《中国道观志丛刊》第29册，第208页。
③ 《中国道观志丛刊》第31册，第929页。
④ 《中国道观志丛刊》第32册，第210页。

隙地，剪荆疫草，夷峻湮谷，仅得数亩。其运石辟辇木之工，十倍其地"①。《建开阳观碑》所记载之事也与之相似，并且明确指出所开之地用于种植果蔬粮食，它说："丁丑岁，以状奉州之苏家庄隙地……听其耕凿卜筑，惟意于其间。始披榛伐木，陶辟辇石，内以玄行风动所居，外以艰苦身昌其徒，不盈十浍，营三清正殿，及云堂于西，香积于东，辇飞粲然，方壶宾馆，静密得宜，蔬圃翼张，果林环列……其辟土垦田，积十余顷，虽居徒数百指，其擅粥之计，未尝人由所攫沸"②。这样的艰苦奋斗，得来宫观繁荣，正如《紫微观记》中所言"耕田凿井，从身以自养，推有余以及之人"③。即不仅自身受益，而且惠及他人。《神清观记》中则提及"树之以松槐，环之以园圃……岁屡熟而人安且和"④。这里就不是垦田辟地了，而是利用农业生产中的生态技术进行生产，达到丰产增收、物熟人安的繁荣景象。《天坛尊师周仙灵异之碑》则描写周仙"如晦迹于洛阳，其云八名不怠于圃役……周载间，与徒众辟土耕稼"⑤。旨在说明周仙与众徒弟不畏劳苦、自食其力的农道合修精神。《顺德府通真观碑》所记载之事也是如此，它说："拓庭而能宽，植木而能疏……观之南别置疏圃，以资道众"。最令人感到欣慰的是道教宫观所产之蔬果有时还能得到皇帝的青睐，成为皇帝生活的必需品，例如《安邑长春观札付》中说："据解州安邑县长春观宁志荣、马志全，先于壬寅年献到葡萄园七十亩，充御用果木。为此，以层行下本观看守去讫。今来须合再下仰本观李志玉等，将前项葡萄园子，务要在意看守，精勤起架，勿令分毫怠惰荒废，唯恐有误御用果木，利害非轻"⑥。这则记载可以说是所有道教资料中唯一记载皇帝食用道教宫观蔬果的资料。由此可见道教农业生产的特色和高水平的农业生产技术。《东华观记》中说"置牛耕种，赡济大众"⑦和《清和演道玄

---

① 陈垣：《道家金石略》，文物出版社1988年版，第442页。
② 陈垣：《道家金石略》，文物出版社1988年版，第473页。
③ 陈垣：《道家金石略》，文物出版社1988年版，第475页。
④ 陈垣：《道家金石略》，文物出版社1988年版，第480页。
⑤ 陈垣：《道家金石略》，文物出版社1988年版，第489页。
⑥ 陈垣：《道家金石略》，文物出版社1988年版，第513页。
⑦ 陈垣：《道家金石略》，文物出版社1988年版，第518页。

德真人仙迹之碑》中的"领众耕稼，竭力管谷师友，凡二十年"①，这很明显也是农道合修思想实践的体现。姬志真的《洛阳栖云观碑》中说："卜筑咱茨，芟雉垦辟，推枯拉朽，剪荒榛枳荆之丛，解秽除纷，树火枣交梨之木。附近门墙，膏腴之田六百亩，栽培覆护，果实之木千余株。芝田六顷，火枣千株"②。姬志真作为全真教的宫观主持，如果没有责任感，没有一种奋发图强、自食其力的精神指导，就没有洛阳栖云观的兴建和繁盛。《栖真子李尊师墓碑》中的李志明也是"以农为业。始自薪水庖厨厥及一切劳筋力役心智之事，皆令亲历而备尝之"③。闻喜县的三灵庙也是如此，它说："芟荆杞而垣之，植花木而秀之，穿井泉而圃之，道舍庖厨，经之营之"④。农道合修实践对其有非常大的宫观经济意义，既产生美丽的环境，又提供丰富的庖厨食品。《创建真常观记》也叙述了李真常创建该观的辛劳，它说："暇日稍稍芟除荆棘，辇去瓦砾，发地而土壤膏腴，凿井而水泉甘冽，遂葺治疏圃，种艺杂木，施版筑斧斤之工"⑤。还有《栖云王真人开涝水记》，这是为数不多的道教兴建水利工程之事实记载，尤其是位于北方的全真道，能自己兴修水利，养活道观道士，这对北方旱地农业是一个非常大的贡献。《徐真人道行碑》说徐真人"师躬畚锸，率夫役，勤力而劳心，早作而夜休"⑥，"果蔬在圃，稼穑在田"⑦。在真大道时期，其祖师刘德仁早就提出"不务化缘，日用衣食，自力耕桑"，所以提倡"安众有房，廪以周食，圃以毓蔬"。他本人也"饮食绝弃五荤，口不贪于味也。治生以耕耘蚕织为业，四体不贪于安逸也"⑧。在重修隆阳宫时，他"剪荆棘而构屋筑垣，栽枣植桑而垦田野"⑨，最终达到"田野

---

① 陈垣：《道家金石略》，文物出版社1988年版，第539页。
② 陈垣：《道家金石略》，文物出版社1988年版，第557页。
③ 陈垣：《道家金石略》，文物出版社1988年版，第582页。
④ 陈垣：《道家金石略》，文物出版社1988年版，第558页。
⑤ 陈垣：《道家金石略》，文物出版社1988年版，第615页。
⑥ 陈垣：《道家金石略》，文物出版社1988年版，第713页。
⑦ 陈垣：《道家金石略》，文物出版社1988年版，第789页。
⑧ 陈垣：《道家金石略》，文物出版社1988年版，第823页。
⑨ 陈垣：《道家金石略》，文物出版社1988年版，第823页。

仓廪，蔬圃水碾，井池碓墱，至于马牛之厩，莫不完置”[①]。女众蚕绩，男徒耕耘，芟茅垦田，植桑栽枣，种蔬引泉，斋堂厨舍，正殿巨轩，门垣仓廪，碓墱果园全部具备。从《道家金石略》所收集的资料来看，真大道此等农道合修传统在其历代掌门人中不断传颂，故真大道进行农道合修的高道还不在少数，恕在此不一一概述。金元时期正一派也秉承道教农道合修的传统，不畏劳苦，开山垦地，自力更生，例如，《先天观记》中说：“一夫之田，奉吾师香火而休焉，已不翅足。顾便近地不可得，会有以山麓售，喜而质之，则樵者扪岩而苏，耕者焚林而畲，其艰且劳如是，而何以为居……观傍田可稼者余百亩，田上山破荒发坚，悉种花竹杂果木，今皆滃然成茂林”[②]。这里说明道教宫观规模也是不断扩大，人数不断增多，现有田地不能满足要求，故只有广开田源。也有很多金石略记载了道教宫观所拥有的土地面积及其界线，并说明这些土地使用的方式，例如，《大元易州龙兴观宗支恒产记》和《凝真大师成道记》《上清观常住地土记》《龙泉观公据》《紫虚元君庙地记》《崇国寺圣旨碑》《蓟州平谷县东敬礼乡南独乐河延祥观常住产业记》《龙泉观新置常住田记》就是典型例子。

总之，道教农学思想的内涵和特征随着时代的变迁呈现出一个动态的趋势，这种变化的原因就在于各个道教宫观均秉承道家和早期道教的“自给自足”思想，不断进行农道合修，实践着道教的农学思想，因此也不断丰富着道教农学思想的内涵。可以说，一部道教农学思想发展史也是一部农道合修史，即道教农学思想的实践史。

---

① 陈垣：《道家金石略》，文物出版社 1988 年版，第 823 页。

② 陈垣：《道家金石略》，文物出版社 1988 年版，第 882 页。

第六章

道教农学思想的现代转向

中国社会步入明清以后，经济社会形态发生了根本变化，由单一农业社会步入农工商并举的社会形态，封建专制统治者的实际控制权也受到严重挑战，人们的思想日趋多元化，并具更强的开放性和包容性，所以国际交往也日趋频繁。这给产生并形成于农业社会的道教发展造成了严重困境，因而导致道教发展式微，形成道教衰败，其组织力量和入道人数迅速减弱，理论创新能力下滑甚盛，因而道教农学思想也由此衰败，呈现出一种经营多元化的转向态势。

第一节　道教经典中农学思想理论形态转向的原因分析

一、道教组织发展式微

明清之际，中国资本主义经济制度在中国封建社会内部逐渐孕育并登上历史舞台，成为一种促进社会发展的强大动力，作为其母体的中国封建制度从此步入衰落期，道教向上发展的历史也从此走到尽头。尽管皇室继续对道教采取利用的态度，但由于皇室实力的衰微，对道教的支持和利用程度远不如从前，明中叶以后，历代皇帝不断加强对其防范和抑制，降低首领地位，控制道教活动范围，例如，明世宗之后明统治者开始严重抑道，后来的穆宗是其中一位抑道最严重的皇帝，持续打击世宗时期受宠的全真道士和正一天师，历时十年，至明神宗时情况才略有好转，明神宗对张国祥是宽中有紧，恩中有威，使张国祥的处境比其前辈艰难得多。更由于清朝政府的民族性质决定其存在萨满教信仰，及入关后吸收佛教，更使其崇佛抑道，对道教进行有苛刻条件的利用，乾嘉以后对道教的抑制达到空前状态，一直到清亡，导致道教进入衰退时期。从主观上来讲，由于道教产生并长期存在于封建社会，其整个思想体系中不免积淀着比较浓厚的封建保守性，在新的经济形势来临之际，很难灵活地随着新的社会政治经济形势做出自我调节和更新，在新的政治经济条件要求有新的宗教思想与之相适应时，自然便成为时代的落伍者。这种衰落具体表现为以下方面。

进入明朝后，全真教和正一教缺乏较强的领导核心和整体活动，各自内部分化严重，力量大大削弱。明初中叶的武当山全真道尚较盛，然道士多秉承清微派，改祀玄帝。全真道七真人门下形成的嫡系罕见有很大影响的高道出现，受到皇帝征召封赏者更少，此时，全真教分为南派和北派，其中北派的全真龙门派势力略显强大，但由于明朝政府对其冷落，道士多隐山林，声望不大，龙门律宗也沉寂不振，道派传衍不广，难见活动。全真道在明后期继续沉寂，其他的道派有谭处端所开的南无派，较龙门律宗更加凋零，可谓衰微之至。嘉靖时期，全真道只有孙玄清派略有名气，但其后学则自立"金山派"。正一道在明初时期也照样分化出许多小派别，比较活跃的有龙虎宗、茅山宗、神霄、清微、净明、武当等派别，其他大都发展式微，这种分化也照样削弱了正一道的力量。明清之际传承缓慢，龙虎宗衰降严重。清朝入关之初，对道教不感兴趣，直至顺治六年，由于李翔凤的进言，清朝政府才封孙应京为正一嗣教大真人，这是清朝政府同道教交往的开始，康熙帝对道教神仙之说持批判的态度，但他看到"但今之僧道，实不比昔日之横恣，有赖于儒氏辞而辟之。盖彼教已式微矣。且籍以养流民，分田受井之制，既不可行，将此数千百万无衣无食，游手好闲之人，至之何处？"①康熙帝只是将道教视为一种安置游手好闲之人，作为留作诗画之资的工具而已，并非鼎力资助的对象。

在1848年鸦片战争中，西方列强利用其坚船利炮惊醒了我国沉睡几千年的古老农耕文明，从此，西方列强不仅掠夺中国的各种物质资源，还进行西学东渐，企图向中国灌输西方列强的思想，控制中国人的思维，东西文化在我国大地上激烈震荡。具体表现为19世纪60年代产生的顽固派与洋务派之争、太平天国的农民变革思想与地主阶级保守剥削思想之争、资产阶级上台后有新旧学之争。在论战中，改革开放派认为农耕文明本身的惰性是中国落后于西方的根本原因，提出学习西方工商业思想，摒弃农耕文明劣根性。例如，我国清朝末年史上第一个提出改革者龚自珍提出"心力"说和改革的主张。魏源最早提出"师夷长技以制夷"的口号，洪仁玕在其《资政新篇》中主张发展资本主义工商业。王韬提出"变古以通今"思想。郑观应在其《盛事危言》中提出系列改革措施：经济上反对垄断，政治上设议院制、君主立宪制，废除封建专制。康有为提出"全变"和"三世进化"的进化论思想。还有马克思主义者的唯物史观。它们形成了中国变革的巨大思想力量，在中国思想界产生巨大的影响，形成了中国近代史上具有划时代意义的洋务运动、义和团运动、戊戌变法、太平天国运动、辛亥革命、五四运动等革新运动。思想的转变和社会的变革带来了中国"现代化"发展势头，中国经济体制中的主要生产部门发生重大转变，被长期压抑的工业和商业成为主要经济支柱，重工重商思想也成为社会的主流经济思想。道教因不适应这种经济工商化趋势而渐渐退出历史舞台，悄然隐退于山村百姓之中，只有在百姓的宗教仪式中才会显示道教的存在。鸦片战争直至民国时期，统治者对道教继续实施抑制政策，道教失去为统治者服务的功能，只能在民间举行一些宗教仪式，从而将影响范围从上层降至对民间，道教首领昔日所拥有的尊荣也渐次失去，

---

① 《清朝野史大观》第5册，《僧道不必沙汰》卷11，上海书店1981年版，第127—128页。

深感处境艰难，道教肌体也由中青年步入老年期，失去了昔日繁盛的更新活力，只能依靠秘密宗教和少数民族宗教、民间信仰产生影响。

道教组织发展式微，对道教思想及其农学思想的发展构成严重的硬伤。中国道教的发展速度和理论创新能力与当时政府的支持力度密切相关，凡是政府鼎力扶持道教势力的时期，也是道教发展十分迅速的时期，反之，则相对缓慢。魏晋南北朝时期，曹魏政权对道教势力的收编、利用与扶持是道教成为官方道教、宫观道教的巨大动力，是陶弘景、葛洪、陆修静、寇谦之等改革顺利进行的巨大外部力量，也是陶弘景、葛洪等成为我国历史上著名的医学家、药学家和农学家的重要原因。隋唐宋时期，因统治阶级继续利用道教，道教势力发展相当迅猛，道士人数、道教教团等遍及全国，这不仅有利于道教势力发展，提高道教的影响力，而且对道教理论发展有巨大推动作用。随着政府对道教的扶持，道士的社会地位明显提高，得到社会承认和帮助的机会明显增强。道教人数增加，教团扩大，使道教内部管理出现专业化趋向，道教领导者和管理者在充分利用充裕的物质条件基础上，根据对道士能力的了解，对道教教团内部人员进行分类管理，促使教团内部或是宫观内部道士的体力和脑力明确分工，职业明确分工，让更多有文化素质、有理论创新能力和潜力的道士从事经典创造和其他脑力劳动等理论务虚工作，成为道教活力不断的重要基础。进入金元时期，因统治阶级民族成分的变化，其所倡导和扶持的宗教对象也发生明显变化，尽管金元政府对全真教扶持力度较大，但因统治阶级信奉萨满教、佛教，对它们的扶持力度远胜于道教，所以道教发展受到一定影响，道教发展式微，唐宋时期所具有的理论创新条件也日益消失，因此道教理论创新的条件也渐次消失了，尤其到了明清时期更加明显。

二、道教理论创新衰退

一个社会的理论创新能力是该社会综合实力的体现。它不仅需要较丰富的社会硬件支持，而且要有较好的软环境配合。就硬件来说，不仅需要强大的物质基础，而且要有一支数量合适和素质良好的人才队伍。就软环境来说，理论创新要求有良好的政府政策环境、强烈的社会需求和良好的竞争创新环境，只有将这几大因素有机结合起来，这个社会才会有较强的理论创新能力，社会体制和社会形态的变化最终会导致社会理论创新能力的升降。就道教理论创新能力变化情况来说，具体体现在以下几个阶段。

魏晋南北朝时期，虽然社会物质条件相对较差，社会环境比较动荡，但对宗教的需求力量比较强大，因此，对道教来说，这是一个良好的发展机会。道教创教时期，它主要活动于民间，此时期的理论创新任务就是反映民间社会的意识，争取广大民间力量的支持，此时期的《太平经》《老子想尔注》就是社会民间意识的反映，就是这种任务的完成标志。后来，曹魏政权镇压黄巾起义，改编的改编，遣散的遣散，太平道从此瓦解分化。曹魏政权西征张鲁后，五斗米道受到官方的严格控制，民间道教活动受阻。道教此时的思想任务由反映民间意识转向迎合统治阶级的政治需要，如何维护统治阶级的心理需求成为道教理论创新的一个原点，此时的葛洪抓住了统治阶级长生欲望，提出神仙理论，并得到上层社会的普遍认可，在上层社会久盛不衰，道教发展迎来绝妙时机，这说明门阀地主阶级多么需要神仙信仰来维护。此时的道教就抓住了这种社会需求，才迎来了统治阶级的大力支持，使之成为官方道教、宫观道教，从而具有较高的理论创新能力。这种理论创新能力和成就主要集中在教理教义、斋醮科仪、方技方术等方面，表现在魏伯阳的《周易参同契》的修炼方法；葛洪的《抱朴子》中有重金丹的修炼方法；上清派的《大洞真经》和《黄庭经》及其内视存思修炼法；《灵宝经》《黄帝阴符经》等经典；道教清规戒律的制定；陆修静的《三洞经书目录》及其改革成果，形成了自己独具特色的经书分类方法，即三洞四辅十二类的分类方法，为后来的经目编制和经书编辑打下了基础；陶弘景的《真诰》及其医药著作，由于此时的道教十分重术，所以，此时期的道教科技成果也十分明显，对于医学、药物学、原始化学炼丹术、气功学、养生学、农学等等，客观上做出了十分突出的贡献。就农学来说，具体的成果主要体现在陶弘景、葛洪的著述和其他一些重要经典中，前文已述。

隋唐北宋三时期，整个社会呈现出一片繁荣的景象，社会物质财富丰富，人们生活安逸，思想较汉魏两晋南北朝时期发生根本变化，对潇洒飘逸、修道成仙的精神追求成为一股强大的社会需求力量，所以道教的基本教义和修炼方术迎合了此时的社会需求，封建政府对道教教理教义极为重视，给予道教各种形式的大力扶持，除了物质和政治待遇之外，还特设了"道举"这一科举形式广纳天下英才，从而迎来了道教理论创新的黄金时期。道教理论水平迅速提高，此时的道教经典总数创历史新高，开元道藏也顺利成形。各种道术水平提高显著。例如，外丹术顺利发展，成为道教吸引统治者扶持道教的重要力量。同时，道教的医学、药学水平的提高，也成为道教吸引下层百姓入教的重要原因。各种道派十分兴旺，均拥有自己引以为傲的高道，此时产生的道教经典和高道有：成玄英和李荣的重玄思想，成玄英于高宗永徽年间（公元 650—655）流放郁州。流放期间注《老、庄》及撰著其他著作，其重玄思想主要是在这个时期阐发出来的。王玄览的《玄珠录》、司马承祯的《坐忘论》、吴筠的《玄刚论》，它们是魏晋南北朝重玄学派学风和学术观点的延伸与深化。另外还有李筌的《黄帝阴符经疏》，五代十国时期的《太平经钞》《太平两同书》《化书》，北宋陈抟的《易龙图》《无极图》等具有浓厚哲学意味的道教经典，陈抟首开易图之先河，北宋时期的《道德经》注解之风盛行，以张无梦、陈景元为代表的道论经久不衰，《道教义枢》对道教的教义做出了系统阐发，修道科仪和斋醮科仪出现了新变化。灵宝派的经书在唐朝时期被广泛引用，并得到了张万福、杜光庭等人的进一步发展，杜光庭著述颇多，神话老子、划定天界、总结《道德经》研究成果、编辑宗教神学地理集，杜是唐代道教中少有的知名学者。此时期还有另一重要的理论贡献，那就是《一切道经音义》《开元道藏》的纂修，是对陆修静道经整理分类方法的第一次运用和实践。北宋时期更是出现了《道藏》的修葺工作，张君房缉出了《云笈七签》，搜经和藏经工作进一步发展。张万福和朱法满两人对道教科仪戒律清规类经典进行了收集整理。不仅道教理论和教理教义有较大发展，而且道教重术的风格也得到空前的发挥，北宋时期，以魏伯阳的《悟真篇》为代表的内丹学悄然升起，所以，道教科技成果也颇为丰硕。例如，许多道士精通天文地理，有些道士还直接参与了天文律历的制订工作，隋炀帝时期的马颐解天文律历，隋朝道士耿询制造出水漏器、候影分箭上水方器、马上漏刻，这是继魏晋南北朝后魏道士李兰发明制造天文仪器之后的又一力作。唐朝道士张宾等依何承天之法制定出开皇历，并著有《历术》《七曜历经》。唐初的八次历法中，最早的《戊寅元历》就是由道士傅仁均制定的。《戊寅元历》基本上沿袭隋朝张胄玄的立法，但它是我国历史上首次正式颁发且实行采用定朔法的历法，后改为平朔法。后来李淳风的《麟德甲子元历》较之又有更大的进步，李淳风之父李播亦为道士，著有《天文大相赋》，李淳风的《麟德甲子元历》以隋朝刘焯的皇极历为基础，采用定朔法和变通迁就法相结合的方法而成。还制造出铜制浑天仪。与其基本同时代的袁天罡也是一位有天文学突出贡献的道士，并且两人辑有《太白会运逆兆通代记图》。不仅如此，李淳风还著有十部算经，是我国古算术的流传保存和进步的重大贡献。唐朝的道士尚献甫也尤善天文，曾为浑天监，著有《方械图》。卢太翼也尤善天文历算之术。另外，史崇玄著有《十二次二十八宿星占》，王希明著有《丹元子步天歌》。这些道士的术数成果的取得，与其宗教活动是密不可分的，例如，道士上章斋醮就需要有天文学知识，所以解天文历法是其宗教活动的副产物，也是迎合封建帝王、宫廷宗教仪式、预卜政治前途的结果。外丹和黄白术继续盛行，产生了《纯阳吕真人药石制》和《丹房奥论》，深刻认识金铜银和其他金属之间的转化关系，不仅继承了唐代以来使用植物汁液的思想，而且强调确保汁液的新鲜。从道教农学思想角度来看，道教农书数量也步入顶峰时期，深受道教影响的农学家，农民数量也迅速增长，此时的李淳风著有《演齐民要术》，对《齐民要术》做了深刻的阐发。并且此时在道教教团内部出现一个将医药与农业生产紧密结合的新趋向，使我国的药农生产成为农业生产中的一个重要特点和新的分支。例如，唐代的孙思邈，善老庄、阴阳、医药之术，不仅行医采药，而且著有《千金翼方》，开始为妇婴疮病设立专科，第一次完整地提出以脏腑寒热虚实为中心的杂病分类辩治法，还具体介绍各种药物的特性与功能、加工方法、采用的时节和地域差异性，张果老著有《神仙得道灵药经》，它们为我国药农产业化提供了理论基础。至于具体的农学著作和农学成果，前文已述。

道教发展到南宋金元，通过诸多道派的创立和旧道派的改革，给道教发展注入了新的活力，理论上继续唐宋以降的创新精神，其理论教义又得到一次较大的阐扬，从而又一次步入新的高度。虽然全真道在全真七子艰难的努力下终于赢得了金元皇帝的宠爱，但由于全真道本身的理论水平不高，或者高质量的经典数量不多，尤其是不重视道术，导致其发展后劲不足，所以全真道在元末时期就已经开始蜕化。其他各种道派归并和分流屡见不鲜，变动频繁，给道教的理论创新造成了严重障碍，此时道教几乎不再出现具有明显感惑力的经典。入明以后，虽然明代初中期统治者继续崇奉道教，道教本身也建立和施行了一系列的管理制度，出现了正一道的荣贵，张宇初提出了一系列的教规教义和振宗兴教的改革措施，但由于统治阶级对道教扶持力度的衰减而终归无力挽回道教衰败的结局。特别是明中叶后，随着封建社会的没落，新的经济形态的产生发展，道教改革创新活力严重下滑，很少创造出具有一定理论力度的道书，少数新道书也只是沿袭宋朝以降的内修方法，内丹学和内丹术日益成为重要的修炼方法，此时的道教经典以内丹修炼为主，丹经充斥道教经典领域，因此，此时期除了丹法有所突破创新之外，其他的理论教义无较大的创新，这是道教理论创新能力衰竭的突出表现。明朝中叶，全真道士的著述存于《道藏》者，只有何道全、王道渊两人，他们二人皆元明间人，其学实为元代全真教之余势，分别代表了全真教南北两派的水平。何道全有《随机应化录》二卷和《般若心经注》等佛学著作行于世。另有葆真子阳道生所传的《真诠》收录于《道藏辑要》中，它标志着明代道教炼养之学的成熟。元朝《玄都宝藏》的编辑和明朝《正统道藏》的编辑与刊行，并不代表道教理论创新水平的提高，相反，说明了道教此时理论创新功能的衰竭，道教只能将其重心放在已有经典的收集整理上了。不过可喜的是，此时的宋明理学深深影响了社会各界人士，那种经世致用的实干精神已经映入了社会各界人士的心，所以，此时尽管道教整体衰败，但还不乏一些重术的道士，他们脱离道教内养学思想的影响，而把主要精力放在技术的探讨上，从而取得一定的成绩。例如，从农学史来看，此时的《陈旉农书》既继承了我国传统文化中诸子百家和长期以来的农学思想，也概括了作者自身亲身体会的经验，对后世农书影响十分深刻。陈翥的《桐谱》和朱权的农学著作也是农学著作中的典范。

从以上的分析来看，道教理论创新历程呈现出一个"几"字形，从东汉末年开始到隋唐北宋时期，道教理论创新一直呈上升状态，从北宋到金元时期，道教理论创新一直处于平稳过渡阶段，从元末到清朝末年和民国时期，乃至现在，整个道教的理论创新能力不断下滑，从而使道教的社会影响力降到最低谷。

三、近现代经济对道教宫观经济的冲击

道教农学思想的转向从根本上来讲是离不开政府政策和经济形势变化的。任何一种宗教的发展与繁荣都离不开雄厚的经济基础，这种雄厚的经济基础又离不开政府的支持，政府本身的经济实力和经济政策左右着宗教经济发展的命脉。所以，道教农学思想的转向还必须从我国近现代经济制度本身去寻找根源。前文已述，明朝中后期，我国资本主义开始萌芽，郑和下西洋以后，国家与外国联系日趋紧密，商品交换开始频繁，因而导致封建经济开始解体，进入到近现代经济时期，我国从此经历了"自然经济、洋务经济、民族资本主义经济、官僚资本主义经济、外国资本主义经济、新民主主义经济、社会主义经济"① 等几个阶段。它们对具有典型封建经济特点的道教宫观经济带来明显的冲击。

自然经济也就是封建经济，是与生产力水平低下和社会分工不发达相适

---

① 杨娜：《中国近现代经济形态的特点及变化》，《中学政史地》（高中历史版）2005 年第 1 期。

应的一种经济形式。只是为了直接满足生产者个人或经济单位的需要而进行生产，故又称自给自足经济。它的基本特征是：①排斥社会分工，它以家庭为单位进行经济活动，每一个生产者或经济单位生产自己需要的农产品和大部分手工业品。男耕女织，自给自足。②生产形式相对封闭，墨守成规，排斥技术进步，阻碍社会生产力的发展。③人与人之间的关系简单明了，淳朴和谐。中国古代封建经济的主要形式是地主制经济，地主把土地租给农民，形成了一家一户为单位的小农生产。此外，中国封建社会还存在着小自耕农的自然经济和小生产者的小商品经济，但它们不占主要地位。一般来说，衡量封建经济发展的主要指数应考察农业、手工业和商业（小商品经济）的发展状况和水平。这种自给自足的自然经济形式不是天生就有的，是生产力水平提高的产物。在人类产生之初，人类无法克服大自然的约束和自然力量对人类的威胁，只能进行顺应自然的采集、渔猎活动，或者进行简单的原始农业生产。只有到了能控制杂草过度生长，解除凶猛野兽威胁，并且能轻松进入茂密林区之后才能产生原始农业，只有在原始农业发展的基础上，进入到精耕细作的农业环境下，才有封建经济、自然经济的产生，所以，铁农具的使用、牛耕的出现和普及，是以家庭为单位、耕织结合的小农经济农耕模式出现的根本原因。中国的原始农业起源于黄河—长江流域，并首先在中原地区达到较高水平，南宋后经济重心南移。随着生产工具的进步，原始社会的刀耕火种发展到简单协作的耜耕农业；春秋战国时期，铁犁、牛耕出现与使用，以家庭为单位、农业与个体手工业相结合的自给自足的小农经济基本定型，并在古代社会一直延续。明清之际虽然产生了资本主义萌芽，但经济结构没有突破性进展。自给自足的自然经济和封建专制之间有着天然的紧密关系，自然经济是封建专制的经济基础，封建专制维护自然经济的发展，因为地主经济形式下的地主阶级是册封、奖赏和土地买卖兼并的产物。与这种地主制经济相适应，中国封建社会建立了中央集权的君主专制政权，君主专制政权自然维护自然经济形式。

道教产生于东汉末年，这是一个自给自足的自然经济已经形成和开始繁荣的时期。当汉魏政权收编道教的黄巾起义和西南边陲的五斗米道以后，统治者为了利用道教来维护自己的统治和统治者个人身心健康，就大肆奖赏和册封道教首领，因而使道教成为官方道教、宫观道教，道教宫观开始拥有大量的田产，他们又凭借自己丰厚的收入，购买和兼并土地，使每一个道教宫观成为一个典型的地主庄园，因而宫观经济也就是庄园经济，庄园经济是我国东汉时期出现的一种经济形式。在每个道教宫观中，各自经营着自己的田庄，一部分由宫观自己耕种，另一部分出租给附近无地农民，收取地租，在这种模式下，不仅道教宫观自给自足，而且连附近的农民，其生活也自给自足，在这种小农经济模式下，由于各个道教宫观受到政府的恩遇，往往是免收赋税的，所以，承租道教宫观土地的农民比直接承租地主土地的农民所承担的赋税相对来说要轻得多，所以自耕农生产积极性高。同时由于人口膨胀和土地兼并，农民在土地上精耕细作、不断改进农具和耕作技术，从而提高单位面积产量成为古代农耕的一大特色。宫观附近农民因此极力维护道教宫观的存在及其利益。道教宫观也因其低赋税或者减免赋税、延迟缴税而使农民生活相对稳定和富足。因而，这一模式内部具有相对稳定性、保守性和排他性，因其脆弱而对新经济因素产生本能的抵抗，既保障了社会经济的稳定发展，促进封建经济向前发展，又阻碍了商品交换与扩大再生产。由于宫观宗教仪式的需要，又必然催生各种以农产品为加工对象的手工业，也因此产生小规模的商业活动，所以宫观附近的手工业和商业是为满足人们日常生活和道教宫观宗教仪式，甚至是为道教宫观的奢侈享受而存在的。但由于道教宫观附近人口稀少，手工业产品需求不大，商业交换数量和规模极为有限，所以手工业和商业总是附属于农业，同时，由于手工业和商业的暴利容易使人产生脱离农村弃本趋利的思想，导致农村田地荒芜，这和统治阶级以及道教的教理教义严重相左，危害小农经济这一专制主义中央集权国家的经济基础，减少自耕农这一国家赋税的主要来源，因此，手工业和商业总是遭受到道教宫观和地主阶级的强烈反对，严格控制工商业发展，这一把农业与工商业对立起来的经济政策，虽然严重阻碍了生产力的变革和商品流通，但对于封建统治者来说，它既维护了统治基础，又掌握了经济发展的命脉，所以，在封建专制政权倒台前，这一制度始终占我国经济领域的主要地位，这一制度也因此十分害怕新的经济形势的到来。

但人类历史总是因为生产力水平的不断提高而向前发展的，当我国历史进入宋朝后，我国的商品经济已经开始扩大规模，只是由于我国封建统治势力的强大，人们早已适应封建统治，具有逆来顺受的奴性思维，才使这种商品经济发展的势头得到遏制，由是观之，要想推翻小农经济，单纯依靠我国内部本身的力量几乎不可能，只有依靠国外力量才能转变我们的思想，因此，直到明朝中后期，我国的资本主义经济、商品交换关系才正式萌芽，这是明朝中后期以后我国航海技术水平迅速提高的产物。因此，此时的统治阶级发现支持道教发展对迅速发展我国经济，提高统治阶级利益无益，在这种情况下，道教发展才开始面临窘境。尤其是清政府入关后，由于民族性质的差异，其宗教信仰和汉民族的道教信仰差别很大，因而对道教发展也是有条件的利用，直至顺治六年才开始关注道教，后来乾嘉时期又严格控制道教发展，没收其田产，控制其规模，导致道教发展速度放慢，但由于民清统治仍属于封建性质，所以道教还有一定的发展空间。到了鸦片战争后，外国势力的侵入，既带来了社会形式上的可见变化，也带来了人们思想意识层面上不可见的潜移默化，因为鸦片战争，洋人的坚船利炮使国人看到高水平技术的威力，因而发展资本主义工商业的欲望迅速扩大，洋务经济迅速发展。洋务经济是一种技术上使用大机器生产，管理上封建性与资本主义有机结合的经济形式。洋务经济是鸦片战争后，我国政府在坚船利炮的轰击后头脑清醒的产物，从此，我国封建政府不再生活在"天朝""夜郎国"的政治阴影中，一双双眼睛开始在国外寻找救国救民之路，在魏源著述《海国图志》，提出"师夷长技以制夷"口号的振奋下，在龚自珍提出"睁开眼睛看世界"的影响下，清朝政府决定利用西方科技发展我国经济，提高我国国力，洋务运动应运而生。在洋务经济体制中，生产中的大机器使用与尊奉为道教祖师的老子"小国寡民。使有什伯之器而不用。虽有舟舆，无所乘之；虽有甲兵，无所陈之。使民复结绳而用之"① 的思想严重背离。老子这种思想很明显地排斥和拒绝生产工具，主张回到小国寡民状态，即使有工具也不用。庄子也认为"有机械者必有机事，有机事者必有机心，有机心者则纯白不备"②。对生产力发展具有非常明显的恐惧感，认为使用"机"则会导致纯白不备则神生不定的结果，后来的道教虽然在此基础上将"无为"和"络马首"有机结合起来，并且有明显的重术思想，但对生产力发展还是脱不了老庄思想的影响，道教这种思想在生产力迅速发展的时代显然是不合时宜的，因而，道教在生产力迅速发展的洪流面前只好偃旗息鼓，或者促进其经济思想转向。在洋务经济重视引进西方科学技术的同时，又大力吸收西方资本主义经济制度，资本主义经济制度是一种以私有制为基础的经济制度，它是一种商品经济、市场经济，一种以大机器生产为基础的高生产力经济制度，这种经济制度很明显与我国传统的农业社会经济思想相矛盾，也是与我国道教的教理教义相矛盾。在这种情况下，道教如果不修改其教理教义，就只能面临被淘汰的结果。我国历史上的科技成就是令人骄傲的，马克思说："如果没有中国四大发明的传入，就不会有西方的资本主义"③。可是在这么高水平的科学技术条件下，中国始终未步入资本主义阶段，经济远远落后于西方，其原因就在于中国政府一直强调重本轻末，即重视农业轻视工商业，满足于小农经济状态，科技研究一直存在重理论轻技术的窘况，视技术发明创造为雕虫小技，政府在理论研究上投资力度很大，从我国科技史来看，我国的天医农算四大科学是我国古代科技界的骄傲，但在技术发明的支持力度上几乎为零，很多高水平的技术发明都是由科技发明家自己出资完成的，所以，高水平的科技一直未能得到很好应用，未能转化为高水平的生产力，中国的商品经济一直发展缓慢。道教是我国的本土宗教，虽然它是"世界上唯一不排斥科学技术的宗教"，但这种重本轻末、重理论轻技术的思想也是十分严重的。从道教史来看，重本轻末是

---

① 《道德经》第八十章。
② 《庄子·天地篇》，吉林大学出版社 2010 年版，第 257 页。
③ 《马克思恩格斯选集》第三册，人民出版社 1995 年版，第 378 页。

道教的主要教理教义，道教重术也只是重视修炼术，这修炼术就包括内丹、外丹术，黄白术，天文学，医学，农业生产技术等。这也是重在天医农算四大科学领域。在拥有大量田庄的道教宫观里，对农田土地的经营并非采取大规模农场制，并非依赖高科技水平，而是采取承包制，也就是说，道教宫观对土地田产的经营也是小农经济的形式，这种小农经济不仅排斥科学技术，而且排斥商品经济。所以，在我国资本主义经济思想萌芽之后，尤其是城市化快速发展之后，道教占有大面积土地的现象几乎受到遏制，道教的教理教义就显得相对落后了，道教的小农经济、庄园经济在经济高度发达的大城市彻底完蛋，此时的道教农学思想不得不产生转向。

洋务经济以后，资本主义经济制度在中国大地一发不可收拾，又相继进入民族资本主义经济阶段，这种经济制度完全是西方国家经济制度的本土化，它具有资金少、规模小、技术弱、分布不合理、工业结构以轻工业为主的特点。它是我国资本主义产生以后所造就的民族资本家发展起来的经济形式，是用来培养和健全我国自身经济制度，使之更好地对抗西方列强经济入侵的产物，它同洋务经济一样属于资本主义经济，要求彻底废除我国原有的小农经济制度，采用现代科学技术发展经济。所以道教的教理教义同样是与之矛盾的。官僚资本主义经济阶段，这是民国时期依靠政府强大的经济力量建立的一种经济制度，它比民族资本主义经济制度更具强大的竞争力，商品经济意识更加浓厚，民国初年，各地大肆拆毁宫观寺院祠庙，或者将它们改建为学校、政府或军事单位办公地点，各种宗教设施和活动均被破坏，这对于道教等宗教来说是一种不轻的打击，此时根本谈不上道教的官方化，思想理论创新、民间道教也转入地下，所以，民国中后期，尽管统治者集团存在一种扶持中国传统文化的力量，道教、佛教等传统文化得到一定程度的恢复，但这只是在不影响发展官僚资本主义经济的情况下进行，所以道教等宗教势力在我国当时并没有多大的发展，只是原地踏步，没有受到强烈的破坏而已。

中国共产党成立后，它存在一种建立共产主义制度的理想，对整个旧中国的制度进行一次彻底革命，在推翻旧中国半殖民地半封建社会的基础上，首先建立了新民主主义经济制度，它是一种以公有制为主体、多种经济成分并存的经济制度，在中国大地上彻底消灭土地私有制，实行土地集体所有和全民所有，决不允许个人和组织未经许可私自拥有、处置土地，所以很多道教宫观所拥有的大片土地回归到当家作主的农民手中，道教宫观失去了昔日大地主的光辉，失去了赖以生存的根本，只能和普通集体、组织一样拥有能保持基本生活的土地。在这种新民主主义经济制度下，虽然我党规定广大人民群众有信教和不信教的自由，但宗教活动必须维护新民主主义制度，所以，此时的各种宗教均受到控制和保护。其宗旨和活动要服从社会主义经济建设大局的需要、党和国家的需要，道教的活动也受到严格的控制，只能在服从"民主""科学"两大基本原则的前提下在规定的地方有序进行，所以，道教的教理教义和宫观经济制度又面临一次重大变革，道教思想又必须产生转向，尤其其中的农学思想必须做重大调整和修改。解放后，我国建立了社会主义经济制度，这种社会主义经济制度是在新民主主义经济制度基础上建立起来的，其基本原则和制度没有多大变化，时代不同，只是其中的体制稍有变化，这种变化当然对各时期的道教发展也有一定的影响。改革开放前的社会主义经济制度是一种单纯的公有制经济制度，所以，各道教宫观所拥有的土地田产全部被没收，成为公共财产，道士被视为牛鬼蛇神加以管制，道教活动被视为迷信活动加以取缔，各种传统文化设施均遭到破坏，道教几乎名存实亡，许多道教经典被销毁，此时的道教思想不仅不能创新，反而难以自保。改革开放以后，我国建立一种社会主义市场经济体制，这种社会主义市场经济体制也是以公有制为主体的多种经济成分并存，打破了以前的单一公有制局面，但仍然还是实行社会主义公有制。随着我国经济体制的改革，经济复苏速度日新月异，人们物质生活水平明显提高，人们的精神文化生活正在嗷嗷待哺，呈现出一种多元化态势，政府正在从各种宗教文化活动和设施保护利用方面来满足这种文化需要的态势，建立健康有序的社会主义文化市场，各种宗教文化设施均慢慢得以恢复和百废待兴，所以，尽管此时的道教宫观不可能拥有大规模的田产，只有靠自己的合法经营活动扩大自己的经济实力，道教如何利用这种市场经济的优越性发展自己，如何利用本土宗教的优越条件发展自己是一个亟待解决的重大理论问题，如何利用自己的合法活动和自己现有的经济实力发展宫观经济也是一个亟待解决的问题，这不可能不使早已存在，但只适应与封建社会经济制度的道教农学思想发生重大转向。

第二节　道教农学思想现代转向的体现

一、道教农学思想的本质

道教农学思想的研究如今已不再陌生，20 世纪 80 年代，盖建民教授在其《道教科学思想发凡》中首次提出了"道教农学思想"的概念，并将其界定为"一个被人遗忘的领域"，开了研究道教农学思想的先河。后来，袁名泽的博士论文《道教农学思想探微》也已经完成，山东大学赵文杰的硕士论文《中国道教农业史——农业思想初探》等，对道教农学思想、农业思想做了系统研究。从所发表的论文来看，先后有盖建民教授于《宗教学研究》2000 年第 4 期所载的《全真子陈葉农学思想考述》和《哲学研究》2010 年第 1 期所刊登的《"农道合修"思想考论》；盖建民、袁名泽的《道教与中国传统农业关系略考》；袁名泽的《管子的农学思想及其现代意义》《科技哲学视域下的象数学》《道教仪式与农业关系略考》等文出现，这些专著和论文对道教农学思想的概念、内涵和研究意义、研究方法等做了系统的研究，只是至今没有对道教农学思想的发展史做一个系统的梳理罢了。

在盖建民教授的《道教科学思想发凡》中，他界定"道教农学思想"的内涵大致为以下两个方面：首先讨论农道，即讨论农业生产中诸如"道物关系、三才关系、时地关系"等哲学问题；其次讨论耕道，即农业耕作技术、修道与务农的关系、道门农书等几方面的内涵①。本书认为道教农学思想在此

---

① 参见盖建民：《道教科学思想发凡》，社会科学文献出版社 2005 年版，第 394—398 页。

基础上还应该包含以下内容：宗教仪式与农业关系观；农产品加工和消费技术观；利用物候、气候和生物链以进行灾害防治的思想；农田水利灌溉工程修建与利用思想（含水利机构、水利工程、水利工具）；畜牧业思想（含护生政策、相畜术）以及宫观庙产经营管理思想。具体来讲，道教农学思想除了包括道教教理教义的重农养生宗旨外，还应该包括今天的大农学思想，即农、林、牧、渔、农产品加工与消费，甚或是道观园林艺术等思想在内。

道教农学思想涉及农业、农学、农学思想三个概念。只有准确理解它们的内涵和关系，才有助于我们准确把握道教农学思想概念的精髓。据考古材料证明，三百多万年前的人类只能顺应自然过着采集和渔猎的生活，根本没有改造自然的能力，谈不上农业。直到距今一万年左右，人类才有刀耕火种技术，才能挖松土地、随种随弃，或对少量动物进行简单圈养和繁殖，才把简单的种植和繁殖活动作为人类谋生的手段，产生原始农业。由是观之，原始农业就是人类进行刀耕火种的简单种植农作物和简单圈养和繁殖少量动物的生产方式。它以人类能够控制大量野生植物的生长，能够修筑进入丛生植物中的道路和取得灌溉种植物的水源为前提。农业技术和农业生产相伴产生，技术是"方法、手段和技能"，农业技术体现的是"怎么做"。班固是我国最早界定"农"这一概念的人，他在《汉书·食货志》中认为"农"就是"辟土植谷""农耕，灌溉之谓也"。古代西方的"农"为 agriculture，即 science or practice of cultivating the land and rearing animals。含义为耕种土地和饲养动物的科学和技术。很显然，西方的这一概念内涵明显比班固的界定要宽，既含技术，又含科学。但在原始农业时期，其农学思想并无哲学思辨，只是停留在经验积累的层面上，所以农学思想、农业科学是极为简略的。现代人对农业的解释与前人相比变化较大，有的释农为："利用动植物的生活机能，通过人工培育以取得产品的社会生产部门"[①]，或者"人们利用农业生物有机体进行物质循环和能量转换，以获取人类所需农产品的一个物质生产部门"[②]。

---

① 杨直民：《农学思想史》，湖南教育出版社 2006 年版，第 5—10 页。
② 杨直民：《农学思想史》，湖南教育出版社 2006 年版，第 5—10 页。

它们都把农业视为一个生产部门，甚或是"农业是有益于人类生存的动植物生产，包括土壤耕作、作物管理，以及家畜的饲养、育种和管理"①。就是指现在的大农业。农学建立在农业生产技术相当发达的基础之上，是关于农业技术和农业生产经验的积累，是农学思想的理论化和体系化，是回答农业生产"为什么做"和"怎么做"的问题，尤其是现代农学，它是农业生产和其他自然科学相结合的产物，是研究农业本质及其发展规律的多学科的综合科学。农学思想是关于农业生产的观点、概念、理论、学说发展史和相互关系的科学思想，其发展与农业发展史发展相适应。先有农学思想，再有农学，农学思想和农业技术思想要比农学和农业技术本身更广阔，凡对农学和农业技术发展在思想方法上有启发、引导价值的观点、概念、理论、学说，都应纳入农学思想体系中去。

由以上的相关研究成果和相关概念的内涵可以看出，道教农学思想的本质体现在以下三个方面。

首先，道教农学思想体现道教的宗教性质。道教农学思想的载体是道教经典和道士所著的农书，道教经典又是道教教理教义的承载者，担负着宣扬道教教理教义的任务和使命，自然不乏道教的宗教性质，包含在这些道教经典中的农学思想必须体现道教的教理教义，具有明显的宗教性质。道士是深受道教思想洗礼的从道人士，是道教经典的杜撰者，担负着振兴和规范道教管理，弘扬道教教理教义和修行方法的任务，所以，道士所写的农书性质绝不等同于佛教徒、儒家人士所写的农书性质，道教独特的宗教性明显地体现在其中。从前文所分析的道教农学思想内涵来看，其道教性质主要体现在以下几个方面。

自然。道教是道家思想的承继者和发扬者，以"自然"思想为主的道家思想因此也成为道教农学思想的主要核心指导思想之一。道家思想中的"自然"具有哲学韵味，其含义相当广泛，其近义词为"道"。既指外在客观世界

---

① 杨直民：《农学思想史》，湖南教育出版社 2006 年版，第 5—10 页。

的"大宇宙"，也指人体"小宇宙"，还指人类处理人与人之间的关系，处理人与客观外在世界的关系要遵"道"而行，纯粹是"无为"之意。道教中的"自然"含义则有明显的变化。既有形而上的"道"意，也有形而下的"大宇宙""小宇宙"之意，也更具方法论之意。从道教农学思想层面来看，这种"自然"观主要是承继庄子的思想。它主要分为三个层面，指客观外在世界，外在大小事物均为"自然"的一部分，它们都有存在的权利，正如哲学家萨特说"存在的都是合理"，我们人类处理自身与外在客观世界关系时，以遵循事物原貌为原则，要尊重客观事物存在的合理性、自然性，即使是中草药的选取和使用，也必须以自然为原则，道教医学家认为凡是经过人类种植和不恰当加工过的中草药是不能使用的。指"无为"，即在处理相关事情时要尽力避免过多的人类意识作用，不要随意把人类思维强加给外在事物，最大的自然就是避开对象。不管是保护还是破坏，只要人类干预就是不"自然"。在农业生产上，是指"无为"与"络马首"的结合体。我们人类活动的目的性决定人类活动的不自然性，即人类活动总是处于"络马首"状态，"络马首"并非随意，而是应该在尊重农业生产对象生长规律之自然状态，即"道"的状态基础上进行，只有这样，才会事半功倍，否则，会"拔苗助长"，劳而无功。所以，我们现在的大棚蔬菜只是尊作物生长之"道"基础上的"络马首"行为。转基因食品尽管产量高，但由于破坏了作物和人身自然之道，现在普遍遭到人们的抵抗。

善。"善"是一切宗教的指导思想，劝人为善是一切宗教的根本出发点和目的。道教作为一种宗教，自然也以"善"为目的和指导思想，道教提出"善"是有其理论基础的，我国传统文化一直以"气论"为出发点。"气论"认为，"气"是事物存在的根本，是事物的构成要素，不同类的事物存在不同的"气"，同类事物之间存在同"气"相感通的现象。但同时认为，不同事物之间的气分为"清"和"浊"两种，也就是说不同事物之间也存在同"气"相感通的现象，所以人与对象之间如能产生同"气"，则能互相感通。人善待事物，发出善"气"，则能得到客观事物的"善气"感应，这是道教提出"善"的理论出发点。人与天通过"气"相感应，天气的变化能被人预先感知，从而为人类避免灾害提供预警。人和动植物之间也是通过"气"来感应，认为不管动物还是植物，都有生命，都有感知，这是人和动植物之间能感知的原因。同时，道教还认为人与自然环境同体同构，将大地的植被比之为人体的皮肤，石头比之为人体的骨架，河流比之为人体的血管，土壤为肉。所以，善待自然也就是善待人类自身。不仅如此，还认识到了有些"气"对人体心神的危害，所以，人在行善时要尽力避免这些"气"，才能虔诚行"善气"。所以道士修道总是力图避免食用葱、蒜、芫荽、姜、狗肉等具有"散""热性"的食物。当然，作为道教，它企图维护其宗教的神秘性，力图造出一个"神"来宣扬自己的理论，它认为万事万物均有其"神"来管理，这个"神"也是人与万事万物沟通的中介，这些"神"有先知先觉、无所不能的功能。从农业的角度，道教宣扬要善待动植物，善待掌管动植物之"神"，以便于得到农业生产对象的善待。

净。"净"同"善"一样，也是宗教的基本教理教义，一切宗教活动举行前均要求参与者净身，所以"净"在宗教经典中占有很高的地位。道教的"净"自然也有此意，但远不止于此。在道教经典中，"净"除了参与道教仪式的净身之外，在非道教仪式中，要求人们有纯洁的心灵去对待世间一切，也就是净化心灵后再行动，这与上文所说的"善"有相交之处，净化心灵才能使心向善，才能得到善报。不仅如此，净化心灵也要求人们在具体行动中一心一意，不得胡思乱想、三心二意，只有专注心灵，才能做好该做的事情，从此角度看，这也是一切宗教徒修行的基本方法。"净"与"敬"同音，实际上两者也有很多的相同之处，所以从某些意义上来说，"净"同"敬"，"净"与"敬"相互转化。"敬"是"净"的基础，只有恭敬、敬畏，才能一心一意对待，才能真正"净化"心灵。"净"是"敬"的一种表现。净化环境，是除"净身"之外的另一种表现，在处理人与外界事物关系中，只有净化环境，才能使人心情舒爽，才能引起人的心灵专注，对修行拜神起一种独到的作用。从农业生产的角度看，净化环境又有两层意思：其一是在进行农业生产时要有目的地针对农作物进行培育，因为世间万物总处于一种相互贼害的关系中，如果周围环境不加以净化，就会对农作物的生长带来强大的干扰，同时也正是这种相互贼害关系，净化环境也才能起一种保证生态系统有序循环的作用。其二是净化环境，就是要求人们在进行农业生产时不要随意污染环境，所以道教经典中的农学思想十分重视农业底肥的使用，不主张使用追肥，禁止使用有毒的化学物质做肥或做杀虫剂。同时要求对所使用的肥料必须经过发酵后才能使用，及时对可以分解的人粪尿的储藏、管理也必须注意环境保护，所以道教农学思想的生态性是十分明晰的。

　　勤俭和谐。勤俭是道教的基本教义，因为"勤"是道士剔除个人心灵杂草，提高个人素养的手段之一，也是提高道教整体素质的途径，要求勤于保持道教神像干净，勤于修炼，勤于诵读经典，勤于弘教。就道教农学思想体系来说，勤是因为世间万物互相贼害，互相干扰，如不剔除田间杂草，净化农作物生长环境，农作物的生长就不能正常进行。同时，由于农业生产是一个循环复杂而又漫长的系统工程，只有循序渐进，一步一步地完成，才使农业生产顺利进行，如果此环节中有一步疏忽落下，势必影响整个农业生产的过程。同时，农业生产是一个对"时"要求很严的生产过程，所以整个农业生产过程只能依时而行，所以要不畏劳苦，持之以恒。和谐，既是道教处理人与自然关系的准则，也是处理人与人、人与社会关系的准则。它建立在道教所倡导的"无为"基础之上，只有人人无为，消极待世，鸡犬相闻但彼此之间老死不相往来，才能达到和谐的小国寡民状态。只有人不刻意去破坏自然，善待世间万物，人才能和世间万物和谐相处，才能得到善报。同时和谐也是道教修身养性的一条重要途径，道教的修道成仙思想就是通过调节自身阴阳平衡途径实现的，它建立在"一阴一阳谓之道"的阴阳理论基础上，要求人体时时注意自己"小宇宙"中的阴阳平衡，时时注意自己的饮食和心灵变化，克制自己的情绪，这样才能保证健康长寿。也要注意保持整个社会的阴阳平衡，在承认男女自然分工的基础上，男人要努力承担社会责任，善待女性，注意人类繁衍过程中的性别平衡问题，使人类也能健康长寿。

其次，道教农学思想是"农道"和"耕道"的集合体。道教农学思想既是我国传统农学的一个重要子集，具有我国传统农学思想中的一些重要理论思想，即"农道"思想。同时道教农学思想又具有自己明显的重要特征，即发扬道教重术的传统，十分重视论述农业生产技术，即所谓的"耕道"思想。所以道教农学思想是"农道"和"耕道"的集合体。由于"农道"之"道"以及农业生产对象之"耕道"的复杂性，道教农学思想这两部分内容具体细化如下：宗教仪式与农业的关系；农产品加工和消费技术观；利用物候、气候和生物链以进行灾害防治；农田水利灌溉工程（含水利机构、水利工程、水利工具）；畜牧业（含护生政策、相畜术）以及宫观庙产经营管理的思想。具体来讲，道教农学思想除了包括道教的旨意外，还应该包括今天的大农学思想，即农、林、牧、渔、农产品加工与消费，甚或是道观园林艺术等思想在内。

从"农道"来看，"农道"最先出现在《道藏》中的《洞灵真经》中。此中的"农道"为"农事之道""务农之道"的意思，此词中的"道"就是过程、结果、道理、路等。那么，"农道"就是农业生产过程、农业生产过程中的道理、农业生产的结果、农业之路等。从此定义来看，"农道"所讨论的问题是农业生产中的一些理论问题，盖建民教授在其《道教科学思想发凡》中将其概括为农业生产中诸如"道物关系、三才关系、时地关系"等哲学问题。本人认为，有关"农道"的内容，仅有此哲学概括是不够的，还需具体的予以细化，方显"农道"的具体内容，因为动植物生长之"道"有外"道"和内"道"之分，外"道"的具体内容，也就是我们所说的农业环境，但概括起来不外乎时、空两个方面。就"时"来说，如前所述，既有季节性的环境变化中所体现的时，又有农作物本身的生长阶段性，由于我国传统科学的性质决定，我国传统农学不可能对农作物生长的内道做具体详细的分析，对农作物生长的外道研究也是结合我国传统天文学研究来进行的，或者是一些经验层面的农谚总结。作为社会上层建筑的道教来说，在其经典中更不可能发扬具体科学的那种精分细镂的精神去进行具体研究，所以我国传统农学对农作物正常生长的内道，即农作物正常生长的内在阶段性是缺乏具体分析的。就"空"来说，就是农作物生长的地理位置影响，不同地理位置适合不同的物种生长，所以说，"橘，在淮南为橘，在淮北为枳"。就是因为不同的海陆、经纬度地理位置具有不同的温度、水分、养分、阳光等生长条件。即使在同一海陆、经纬度地理位置上，也会因为地形、地势、向风与否等因素而形成不同的动植物生长条件，所种植的植物、所饲养的动物不同。所以农道论应该主要论述农业生产所需的环境，含自然环境和社会环境两部分。包括三才关系论这一传统农学理论基础；元气论这一自然本体论；阴阳五行学说这一农作物生长规律学说和农业时空论；具体细化为：农时与水利观、土地制度及地力常新论、物性论、畜牧论等。三才关系论主要以人为中心讨论天地如何影响人类活动，人类如何利用天地的属性功能为其生产服务，以及人类采取什么措施达到三者的和谐。元气论从哲学上来看，属于本体论，但在道家农学思想中，并不重在讨论这一本体，而是重在思考世间万物的构成因素在生成具体物质之后，这种本体对世间万物生长所带来的影响，以及人类如何去保护、利用这元气促成万物的正常生长。阴阳五行理论主要是探讨事物的具体属性，以及这些属性形成的时空差别，并依据这些属性和差别对世间万物做一个具有哲学韵味的分类，指导人们充分认识物性，并利用物性去生产、消费不同的物质，维护人类自身的和谐。农时与水利观、土地制度及地力常新论、物性论、畜牧论等都是这三种理论的深化，都可以从这三种理论中找到其理论根据，姑且不论。

从"耕道"来看，"耕道"亦非近代才出现的，《洞灵真经》之《农道篇》中引《吕氏春秋》中的"耕道"称其为农业生产的技术和方法，并进行了具体的论述。讲求"无失人时，迫时而作，过时而止"；具有十分科学的农田整治和田间耕作、田间管理思想；"慎其种""立苗有行"的农田播种思想；还专门讨论了农田的施肥问题。它们给后来农业科学技术的内涵做了一个全面的概括。精耕细作的耕道论主要是论述农业生产过程中的经验、生产力和方式方法等，包括农业工具论、树艺论、整地技术、施肥技术、灌溉技术、灾害及其防御论。从大农业的范畴来看，此处的"耕道"论述也是不完整的，因为按照"大农学"的范畴，它不仅包括种植业，而且包括养殖业，甚至包括农产品加工业。所以，其耕道至少应该包括以上三个方面，还有园林技术、水利工程修建和管理技术、庙产管理和实用技术、农产品消费技术等也均应纳入"耕道"之中，但《吕氏春秋》中的"耕道"则仅仅指种植技术。不过，后来道教经典中的农学思想突破了此"耕道"的局限性，对广义的大农业"耕道"进行了详细论证、介绍和说明，对各种技术的使用程序、使用原则及其标准做了颇为详尽的论证，这种重视农业生产技术的优点是我国传统文化中其他学派和其他宗教所没有的现象，是我国农学史上的主要亮点之一。

最后，道教农学思想强调自给自足、多种经营。自给自足、多种经营是理解道教农学思想本质的一个最重要的内容，它是道教宫观的经营理念，也是其得以生存的根本指导思想，离开了它的指导，道教宫观就无法生存。例如，《太平宫新庄记》中就记载了大农业的管理方式，它说："其道有三：曰货取；曰施入；曰力作"①。其中的"货取"就是收取田租。"施入"就是信众的香火钱或捐款。"力作"就是道教宫观自己派人管理劳作。此碑文有一个独到之处，就是对山林的管理做了详细记载，它说："道流非有故不入田民家，民之入钱取薪碳山者，皆给之券，恒遣力人持挺行逻林间，盗采者罚"②。道教宫观的开支十分巨大，正如有人说："宗教经济的消费包括宗教机构开支、宗教事务活动开支、宗教社会服务开支三个方面。宗教机构消费和宗教器物消费使宗教机体得以组建。宗教事务消费是启动宗教机体的活力。宗教的社会服务性消费是一种强大的社会经济资助的反馈力量"③。在以农业为主的社会中，这些开支大都直接表现为实物性的开支。道教宫观一般都远离喧哗热闹的大都市，都位于名山大川之侧，在交通运输技术和设施十分落后的时代，自给自足的自然经济是任何一个经济实体生存的根本。没有多种经营，就根本无法彻底满足这些又多又杂的开支，所以，道教农学思想是属于大农

① 陈垣：《道家金石略》，文物出版社 1988 年版，第 1138 页。
② 陈垣：《道家金石略》，文物出版社 1988 年版，第 1139 页。
③ 陈麟书、陈霞：《宗教学原理》，宗教文化出版社 2003 年版，第 128—129 页。

学思想，这就意味着道教农业生产内部也是存在多种经营的，不仅存在种植业，而且存在养殖业，甚至加工业、商业、房地产业等等，这是道教农学思想具有多种经营的理论基础。所以，具体的道教经典中所包含的实用农学思想有如下几个方面：农产品加工和消费技术观；利用物候、气候和生物链以进行灾害防治；农田水利灌溉工程（含水利机构、水利工程、水利工具）；畜牧业（含护生政策、相畜术）以及宫观庙产经营管理的思想。具体来讲，道教农学思想除了包括道教的旨意外，还应该包括今天的大农学思想，即农、林、牧、渔、农产品加工与消费，甚或是道观园林艺术等思想在内。一个具体的道教宫观内部就是一个大的农庄，这是一个相对独立的经济实体，具有比较明显的封建性、技术弱、分散性和保守性等性质，所以必须进行综合性多种经营，才能满足一个宫观的多种经济需求，这是道教宫观进行多种经营的现实基础。例如，宋朝的《洪州道正倪君碣》中记载倪少通于九江"诛茅筑室，练行修身，君以清心苦节，升闻于朝。力辟污莱，为良田者五百亩，而饭贤之费有余。手植杉松，成茂林者千余根"[1]。正是由于众道士的努力务农修道，才使各宫观出现"竹叶影繁笼药圃，桃花香暖映芝田"[2] 的人间仙境。也正是由于有了这种人间仙境，才能为道士修道提供良好的场所。这以《济源十方龙祥万寿宫记》中所说"协力诛茅伐檜，疏其水竹河渠，遂见福田，开治顷亩，以为养性牺真之所"[3] 为证。我们从这里就可以看出，道教宫观不仅耕田、种地，而且讲究园林艺术，重视林业发展，重视药圃种植，兴建水利。这就是道教宫观多种经营的表现。在道教宫观内部，宫观管理者对该道观所挂道士实行"各尽所能，因才施用"的管理原则，使宫观寺院荫占"膏腴上土数千顷"[4] 的经济状况经营得有条不紊。

① 陈垣等：《道家金石略》，文物出版社 1998 年版，第 233 页。
② 陈垣等：《道家金石略》，文物出版社 1998 年版，第 224 页。
③ 陈垣等：《道家金石略》，文物出版社 1998 年版，第 507 页。
④ 段德智：《宗教概论》，人民出版社 2005 年版，第 302 页。

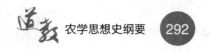

二、道教农学思想的多元化转向

道教是我国土生土长的本土宗教，深受我国传统农业社会思想的影响，它也深深地影响我国传统农业社会的经济、政治和文化，成为我国的特色历史文化之一。早在春秋战国时期，我国道教思想成为显学，道家无为、自然思想逐渐成为社会思想意识形态的主流，秦朝虽然采用法家思想治国，主张严刑峻法，但秦朝统治者深受方仙道思想影响颇深，寻仙访道，力求长生的思想已经根深蒂固，很多宫观开始产生。到了西汉之初，黄老道的"自然、无为"思想被统治阶级所利用，成为社会的主流意识，很多黄老道道士成为社会的主要统治者，例如曹参、萧何、陆贾等就是黄老道士，这种道士直接执政的现象一直到唐宋才宣告结束。道家思想开始遍及社会的上下层，这为道教产生提供了思想基础，到了东汉，社会动荡，起义军和西南道派为道教产生提供了组织基础，西汉时期佛教的传入又为道教产生提供了宗教基础，所以，东汉时期道教的产生势在必行。曹魏政权对道教的收编与利用是道教发展成为宫观道教的政治基础，所以此时的道教宫观开始在全国迅速蔓延，但由于道教继承道家的"小国寡民，清静无为"的思想，所以道教宫观大都位于清净优雅的名山大川之侧，各个道观独自经营着统治者通过册封和奖励而得到的大片土地、山林、房舍等，通过多种经营过着自给自足的自然经济生活，这种状况尤以唐宋时为盛。到了金元以后，道士不再直接参政，统治阶级只是利用高道管理全国的宗教事务，为其健康长寿、为维护社会稳定服务。所以，统治阶级对道教的扶持力度减弱，道教发展开始放缓，但在明末前，道教宫观还具有一定的规模，还能靠对道观土地的经营维持道观的日常开支，艰难地生存。到了明末清初，尤其是乾嘉以后，统治阶级不再扶持道教，道教宫观日益破败，尤其是鸦片战争后，资本主义经济制度产生以后直至民国初期，各道观受到资本主义土地制度和城市化的冲击，有的被改为公共场所，有的被拆毁，道士被遣散，道教转入民间，尽管如此，道教并没有消亡，道教思想依然存在，其中的农学思想、经营思想依然存在，只是根据道观的位置与层次、田产的丰富程度发生了多元转向。

城市及其周围的道教宫观。清朝中后期，由于资本主义经济的发展，工业迅速发展，工厂生产不仅依赖机器等高技术，而且对土地要求也日益提高，工厂往往需要大面积土地，因此，城市化非常明显。因而，许多位于交通发达地区的道教宫观被渐渐纳入城市地理位置中，它们以前所拥有的大规模土地往往被城市化所吞并，城市中的道教宫观从此失去了生存的根本，尤其是以前那些得不到皇帝赐封的道教宫观，本来规模就小，所以生存就面临极大的困难，但它们又有着经济发达、人口众多的城市经济优越性，只要努力经营，生存和发展没有多大问题，这种情况下，如何充分利用现有固定资产谋生成为其经营的主要问题，迫使早已存在并已经适应农业社会的道教农学思想发生转向。在这些道观中，由于其规模和名气、社会影响力的差别，导致其所拥有的固定资产数量和地产面积也存在很大差别。那些固定资产数量较少、地产面积较小的道教宫观只有靠自己的道术为自己赚来收入，它们大都靠自己为信众举办法事迎来收入，靠我国有史以来就存在的占卜、算命、看风水等方术带来收入，依赖这些方术和法事换来灵验的名气，使自己的收入提高。"香火收入是宫观和寺院比较稳定的收入之一，经忏收入是指道观为地方补灾除祸，举行斋醮活动所得的一些固定收入"[①]。也就是说，以前道教宫观靠出租田产、种养庄稼禽兽已经完全不可能。尽管如此，它们还是没有脱离我国道教农学思想中自食其力、自给自足的核心理念。城市中那些名气较大、具有明显地方特色、地产较多的道教宫观发展势头较好，它们依仗自己的名气和地方特色迎来众多信众的信赖，可能成为城市文化的重要组成部分，成为旅游胜地，依赖可观的门票收入即可生存，由于拥有一定数量的土地，土地经营收入也相当不错，道士自己种养食物也常常可见。同时，由于名气较大，也容易导致大量信众捐款，也容易得到政府由于政治、经济发展需要的原因予以扶持资助。还可利用自己的名气、地产发展餐饮、宾馆等服务业。

---

① 袁名泽：《道教农学思想探微》，厦门大学博士学位论文，2010 年，第 197、198 页。

名山大川之侧被保留下来的道教宫观。这些道教宫观大多是以前得到过皇帝恩赐和奖励的著名道观，或者产生过著名高道的道观，它们历史悠久，已经成为我国或者当地的文化圣地，成为当地经济文化发展的一张名片，所以才能在经过鸦片战争、五四运动、民国时期和解放后"破四旧、立四新"运动的洗礼之后保存下来，在经过改革开放后的今天，它们是我国少有的历史文化胜地和文化旅游资源。现在，在那些名山大川的旅游景点中，无不点缀着一些著名道教宫观、寺院、祠庙等文化古迹。所以，位于这些名山大川之侧的道观具有天生的旅游优越性，我国道教农学思想中自食其力、自给自足的核心理念虽然没变，但已经转向于旅游、餐饮、住宿、占卜、算命等行业了。由于土地公有制以后，以前道教宫观拥有大量田产已成为历史，不可能像以前一样经营一个相当庞大的田庄，所以，道教宫观像以前一样靠出租田产和自种田产来维持道观开支已经是不可能了，种养只能在有限的土地上小规模进行。但现在由于旅游业的发达，道教宫观基于自己所拥有的土地和宗教行业的优越性，建立起比较适合自己发展的产业制度。从道教发展历史的总体来看，宫观经济的产业形式主要以农业和寺街贸易、邸店、旅游门票等收入、庙会经营等为主。道教宫观也因此而取得长期的经营性收入，甚至依旧采取租赁制，收取租税。这种收入虽然视其财产所处地理位置的差异性，并且受到经营状况、时代政策等影响，但也是一种不可忽视的经济来源。旧时，四川灌县二王庙庙产除田地、山林而外，另有河街一条，占有铺面房屋300 余间，其中有烧房（酿酒）、案卓（屠宰坊）、栈房（旅店）、烟馆（卖鸦片）、饭店、纸蜡行（卖纸钱香蜡）杂货店等等。每当庙会，道士们采用昼夜轮班住店的办法，分别安排善男信女进香时间，仅让进香者在栈房稍事休息，使栈房床位日夜周转，牟取暴利[1]。泰山南天门的"天街"是一条商业街道。湖北均县武当山下的草店等等，都应该看作是寺街的发展[2]。尤其是在高度重视旅游业发展的今天，政府往往在这些道观、寺院、祠庙周围修建了良

---

①　参见胡昭曦：《四川古史考察札记》，重庆出版社 1986 年版，第 275 页。

②　罗莉：《论寺庙经济》，中央民族大学博士学位论文，2003 年，第 113 页。

好的交通设施，所以，道观、寺院周围的寺街较以前有更快的发展，寺街更加兴旺。

农村中的小道观。道教自从魏晋南北朝转为官方道教之后，走的是上层路线，变得雍容华贵，脱离民众，百姓对它们只能望其项背。但是，到了唐宋时期，统治阶级为了更好地利用道教统治百姓，大力发展道教，在科举考试中专设"道举"科，意欲将天下有才之士充进道教，所以唐宋时期道教人士、道教宫观数量猛增，成为我国道教发展史上的第一、二个高峰期，百姓对道教又爱又敬。据相关历史资料显示，唐朝有一万五千道士、一千九百余所宫观①。现代学者王永平考证为：唐代有道教宫观四千到五千七百余所，道士人数为二万八千到四万人之间②。宋朝道士、女冠的数量最多达二万三百余人，宫观数量最多时在三千所左右③。大小宫观遍及城乡各地。明清之际，虽然政府扶持力度不大，但是道教宫观依然处于发展之中，清朝末年，道教受到沉重打击，其宗教组织和活动转入民间，但这并不意味道教的消亡，从清朝末年开始，历经民国时期、解放初期，道教民间化倾向十分厉害，虽然"文革"时期道教宫观和组织遭到毁灭性打击，但改革开放后，随着文化的多元化，民间许多有民族特色和地方特色的道教宫观又兴建起来，至今农村中的小道观数量也不在少数。但农村中的小道观，既没有城市中人口密集、财富集中、信众颇多的优势，只因继承我国民间造神传统而神化当地名人兴建，所以信众较少，社会影响力不大。同时，由于现今的土地公有制，以前道观、寺院祠庙的田产遭到没收或充公，这些小道观所拥有的田产极为有限，道观的庙产也许是广大百姓自愿捐献的，数量自然极为有限，所以其收入自然不大，在这种极其艰难的处境下，自给自足、自食其力的道观如何发展自己的经济是一个比较棘手的问题。它们既没有过多地产可以经营，在宫观周围形成寺街，令宫观形成固定的地产经营收入，也不会有很多的商业性收入，因

---

① （宋）王偁：《东都事略》第1册，《徽宗纪》卷11，清振鹭堂版，第213—230页。
② 王永平：《道教与唐代社会》，首都师范大学出版社2002年版，第187、198页。
③ （清）徐松辑：《宋会要辑稿·道释》第8册，中华书局1957年版，第7875页。

而，农村中小道观只能是继续着我国农道合修的传统，继续发挥农学思想的作用，对小道观所拥有的有限土地进行耕种，间或进行一些简单的养殖，这就是农村小道观的固定性收入，如果住观道士还真有点斋醮科仪的修养，也可以靠给当地百姓做做法事，赚取一定的经济收入，现在正一派道士散布在各地农村，具有亦农亦道的特点，除平日从事农业生产外，为丧家做超亡道场就成了他们的主要经济来源①。此外，由于道教注重养生，所以对医学颇有造诣，如果住观道士真有点我国传统的中医知识，那么道士离开宫观治病也会带来一些收入，或者道教进行医学培训也会带来一些收入。这些收入并非固定和常有，所以无法说其是常规收入。这样的小道观接受信众捐款也远不如那些著名道观，或位于旅游胜地的道观，当然，这样的捐款数也有道观的地理位置、知名度和道观主持人的能力、知名度等方面的差别。除此之外，基于我国民众大都具有基于需求才信宗教的功利性宗教信仰特色，这样的小道观也在宫观内设置一些求神卜卦、算命、看风水等名目，赚取一定的经济收入，但收入还是不多。总之，现在农村的小道观依然存在我国传统道教的农道合修思想，其经济活动和以前相比没多大变化，其经济活动依然体现着我国道教的农学思想，自给自足，自食其力。

三、道教农学思想转向后的经营方式

道家、道教是一脉相承的，道家产生于我国精耕细作的农业模式形成时期，道教则产生于我国精耕细作农业模式的成熟时期，两者在漫长的历史过程中一直处于封建制度的荫蔽之下，在道教产生后，其庙产一直在政府的控制下，政府予以田产恩赐和奖励时就兴旺发达，政府不重视道教时就收回田产，使道教经济实力迅速萎缩，所以道教宫观经济成为政府宗教政策的晴雨表，道教宫观也因此围绕田产谨慎经营，经常使用单一的农业种养经营模式，

---

① 湖南省地方志编纂委员会编：《湖南省志》第27卷，《宗教志》，湖南人民出版社1999年版，第218页。

小农经济意识十分坚强，大农业范畴中的其他行业始终处于附属地位。受到资本主义经济制度和工业化城市化的冲击后，这种靠田产数量来显示自己经济实力的时代已经成为历史，其田产规模迅速减弱，迫使道教宫观不得不转变经营方式，所以道教农学思想转向后的经营模式是一个值得探讨的问题。

经营方式指企业在经营活动中所采取的方式和方法，是所有者和经营者相互关系的表现形式。道教宫观的经营模式主要是道教宫观经济活动的方式和方法，鉴于道教的教理教义和指导思想，道教宫观的经营模式主要指农业经营模式。农业经营方式可以从技术和制度两个不同的角度进行定义，从技术的角度看，农业经营方式是指农业在经营活动中的方式和方法，如手工生产、半机械化生产、机械化生产等。从此角度看，道教宫观的经济形式以单纯的种养农业为主，其经营模式主要是手工生产，近现代技术产生后，道教宫观的生产才过渡到半机械化生产。从制度的角度讲，农业经营方式是所有者和经营者相互关系的表现形式。道教在长期的封建社会中，道教宫观一直是土地的所有者，往往采取所有权和经营权分离的形式，通过土地出租的形式实现土地经营权的流转，即道教宫观所称的"外田"部分。辅之以所有权和经营权合一，即由道教宫观直接经营的土地，即道教宫观所称的"内田"部分。资本主义经济制度和城市化、工业化的冲击后，道教宫观的可耕地产减少，以前单纯的农业种养模式几乎不可能，道教宫观的经济经营模式因此做了重大调整，从道教史和近现代道教发展情况来看，具体有如下几个方面。

①动态开放式经营。即道教宫观将自己现有财产面向全社会公开，充分利用社会资源获取收益，并根据自己财产数量及时做出产业结构和经营模式转变的经营模式。它既由道教的宗教性质所决定，也由近现代的经济形势所决定，是相对于封闭保守的经营模式而言的。在清初以前，我国的道教经济实力始终没有太大的变化，其基本的田产始终未变，也就是说，道教宫观的生存状况基本没有改变，它们可依据自己的田产，通过适当的经营就可以存活下来，所以，一座道教宫观就是一个农庄，至于道教农庄的规模之间当然差别是很大的，道教农庄是我国封建社会中一种特殊的经济制度，它们彼此

之间是相互独立的，因为在各自的田庄里，基本上能生产满足每个道观的基本物质需求的生活资料，这以道士在全国范围内云游时实行挂单制就可以看出。所谓挂单制，就是道士无论云游到哪儿，道士本身并不需要配带任何生活用品，其他每个宫观都可以提供其生活开支。由于封建社会时期，入道需要师傅推荐或者通过科考途径取得，所以，道教宫观不必要独自去和当地百姓过度往来，每个道观基本上是封闭保守的，同时也是老庄"鸡犬之声相闻，老死不相往来。消极无为、自然、隐"的指导思想影响下的产物。这种保守性还可以通过和佛教比较看出，现在的佛教，其经典可以公开，到任何一个稍微有点规模的寺院中，信众就可以随便带走佛教经典，在网上下载佛教经典都是免费的，信众可以随时学习。而道教则不行，道教经典则不能随便公开，道观中没有摆放道经，道经学习网站除蒋明远的网站外，无独立免费的网站。总之，佛教显得大众化，道教则故弄玄虚，显得高深莫测。近现代以来的经济形势就迫使道教宫观经营方式转轨，自主经营和自负盈亏的经济竞争压力，大规模可耕地的失去，佛教开放式的迅猛发展，终于导致道教宫观不得不向社会公开其既有资源，作为文化旅游资源，争取更多的信众，走向开放式经营、动态化经营。这种动态性经营表现为道观资产丰富雄厚时则扩大投资，甚或是大兴土木，资金短缺时则压缩银根，节衣减食。开放式经营则体现在积极配合政府大力发展旅游业的经济政策，努力开发道观的文化底蕴和周围的山水，吸引游客，获得旅游收入。

②混合农业。也就是我国传统的大农业范畴，是一种在同一农场或农庄中将种植业和畜牧业等有机结合在一起的地域类型的农业生产，因此，通常所说的混合农业指农业生产中的种养混合模式，它具有良性的农业生态系统、有效安排生产、商品化程度高、市场适应性强等特点，要求在农业生产过程中合理安排劳动力、修建水利工程等。它造就了我国古代自给自足的自然经济模式，因封建统治阶级采取封建制，建立起一个个封建庄园，各自为政，所以才使我国传统农业模式具有大农业的特点，这种大农业生产模式对土地的面积有比较强烈的要求，在小型的农户中是不可能实现的。我国道教自产

生以来，大多受到皇帝的恩赐和册封，拥有大面积的土地和山川，为大农业的实施打下了基础。种植业的发达自不必细说，对山地林业的管理是道教继承道家思想影响的体现，道家偏爱隐居山林，道教宫观建于名山大川之侧，所以重视林业也在情理之中，道教经典中也不乏护林之警句。畜牧业的发展在道教经典中就有护畜役畜的思想，但是道教因为具有不杀生的戒条，所以道教发展畜牧业并不是用来满足生活的多样性需求，而是役畜。渔业的发展也与畜牧业相类似，所以这两种产业规模不是很大。道教宫观由于生活在山中，水利建设十分困难，因而，道教十分重视小水利发展，著名的道教水利工程有都江堰、《栖云王真人开水涝记》所记述的全真道士王志谨在终南山地区兴修农田水利等实例。也就是说，道教所倡导和发展的农业历来都是大农业，即混合农业。但近现代以来，由于我国资本主义制度的产生和发展，以及我国土地制度的改革，导致道教实际占有可耕地数量急剧下降，因而充分利用现有有限土地、提高土地利用效率的形势迫使道教改善生产条件，造就现代立体农业模式，尤其是我国南方的珠江流域十分普遍。这一农业模式早在南宋时期的《陈旉农书》中就有所描绘，他针对江南水乡的特点描绘了立体式农业的构建模式，这为近现代道观的农业模式建构提供了有益参考。由于水土搭配合理，同一土地上进行不同性质的种养活动，大大提高了土地利用率，使有限的土地资源发挥更大的作用。

③农工商一体化。由于生产力水平的落后，在我国古代文献中，出现最多的经济字眼就是"重本轻末"，即视农业为本，手工业、商业为末。认为商业的动机和目的是赚取社会暴利，商业不过是倒买倒卖、不会增加社会财富的投机行为，只能使人们唯利是图。所以不管是统治者，还是普通百姓，都在轻视商业行为，认为只有能增加社会财富的农业才是社会的根本。但由于生产力水平的提高，商业的产生和发展势不可挡，所以到了宋朝以后，我国的商业呈现出一片繁荣的景象，到了明朝初年，资本主义经济制度正式萌芽，这导致人们的经济思想也随之不断变化，所以，我国道教经典中也不时出现重视商业的思想，例如，元朝的《修真十书》中就记载了"有仆许大者，与

其妻市米于西岭"①。此例就说明农商一体化的事例。又如"屠者食霍羹，为车者多步行，陶人用缺盆，匠人居狭庐"②和"农夫力耕得谷多，商贾远行得利深"③。这里说明了生产者与商品的价值和使用价值之间的关系，说明商品生产者在于获得商品的价值。还说明了商人长途贩卖商品，互通有无，赚取差价的情况。但在道观中，这种商业行为更有独到的优越条件，在城市或城市周围的道观里，人员众多，并且宗教仪式用品销售地域的专有性，导致宗教用品消费量大，便于垄断市场，所以农工商结合更加便利。在现有经济条件下，也只有农工商结合，产供销一体化，也才更加便于道观生存。由于农工商结合，产供销一体化，它推动了农业专业化和集中化和利益分配机制合理化。道教宫观周围不像其他地方，绝不会有大工厂，只有一些生产宗教仪式用品的小厂小店，这些宗教仪式用品生产厂家所用原料大部分又是由大农业生产提供，所以，形成了道教宫观内部分工，或附近居民的生产分工，促使农业专业化和集中化，只有这样，才能提高生产效益和利润。

④核心优势和核心业务经营。道教的核心优势和核心业务也就是如何发挥道教的宗教特色吸引信众和游客，主要是围绕道教仪式、道教修行方法、道教的教理教义等进行的经济活动。这是道教农学思想转向以后的最主要的经营方式，道教宫观的一切经济活动均围绕这一点进行，它通过不断致力于维持并加强骨干业务的竞争优势地位来确保企业拥有稳固的市场地位，关系到道教经济的成败。道教的骨干业务就是满足道教信众的道教信仰需要，以此来赢得广阔的市场业务。道教宫观一般位于名山大川，优美的山水风景和浓厚的文化底蕴是道教的核心优势，位于城市中的道观也大都因为文化底蕴吸引信众，人们来道教宫观的目的是游览山川风景、见习道教浓厚的文化底蕴和强身健体的修行方式，一般都带着浓厚的敬爱和好奇之心进入道观，道教宫观必须准备道教仪式所需的物品，例如香、纸、果蔬、蜡、油甚至道教

---

① 《修真十书》，《道藏》第4册，760页。
② 《意林》，《道藏》第32册，第499页。
③ 《意林》，《道藏》第32册，第503页。

服饰等等，这些实质上都是农业生产的产品，都摆脱不了农业生产的影响，所以从根本上来说，道教宫观经济就是农业经济。道教在我国历史悠久，是我国历史上绵延最久的宗教，其思想已经深入人心，如果能在经济建设中融入道教思想和理念，那么，道教的独特性会因此发挥巨大的作用，例如，道教中"清静无为"的思想可以通过创设优雅的森林环境实现，人们一旦进入这种环境，立即能产生一种与世无争、静心休养的理念，那么，这个环境在这个充满竞争的社会中肯定会被人所欣赏，所以，这种环境的建设与园林、林业建设又有很大关系。道教中追求"长生久视、成仙健体"的修炼方法也是吸引人们向往道教的原因之一，如果在经济建设中围绕此主题创设一些条件和环境，例如修建素食坊、道教养生酒坊、道教体育锻炼中心，再配以优雅肃静的居住环境、淡雅的道教服食，并将它们各自产业化，也将会带来较大的经济效益，尤其是城市中的道观，如果能充分利用人口众多、经济繁荣的优势，并与道教核心价值和核心业务良好结合起来，必将带来巨大的经济效益。任何道教宫观再配以中国传统文化中的占卜、风水、相术、命理、观星术等，如果有道士精于此等方术，那么，对道教宫观等经济建设将会起不可忽视的促进作用。所以道教的核心优势和核心业务均需放在道教文化本身的优势与特点上，围绕道教的教理教义和修行方法进行。

⑤宗教旅游服务业经营。这种旅游服务业与政府所倡导的旅游服务业有着本质的区别，道教宫观旅游服务业突出的是宗教文化特色，传播和弘扬我国传统文化，增强游客的文化修养和宗教信仰。后者则以自然风光和名胜古迹游览为主，含义比前者广泛得多。所以两者的出发点和建设投入、建设重点是不一样的。道教宫观的宗教旅游服务应该紧紧围绕道教宫观的核心优势和核心业务进行，并与周围环境紧密配合，将道家思想融入其中，在宫观的选址、造型设计上应符合道教的基本精神，道教注重清静无为、色调素淡，这明显和佛教区别开来，所以如果在佛道二教同时存在的旅游区，这种特色一定要分明。在饮食上，佛教虽然主张吃素，但在食物造型上又往往做成各种动物形状，道教则在主张素食的同时主张做真人、讲真话，所以在饮食上

面要做到表里一致。在服饰和建筑颜色上，佛教主张红色、黄色，主张规模宏大，说明佛教十分重视高雅和尊贵。而道教因主张无为清净，则重在青、紫等淡淡的颜色，房子不主张宏伟高大，以能住就行，但讲求自然环境和居住环境的和谐，道观的选址和建造往往包含风水方位等传统文化因素在里面。所以，在建造旅游设施的时候，一定要基于佛道二教明显的差异性进行设计。道观设计原则如上，以仿古为主，最好保持原样和原料，但最好突出其中的文化内涵，具体介绍该道观的发展史，及其文化贡献、宗教贡献，为游客提供一些必要的、可带走的纸质、光盘等资料。在道士及其服饰上，由于道士一般都有修道的功夫，体型清瘦，目光明亮，所以道士一定要坚持修炼，服饰不要太鲜艳，发型符合道士规范。必要时可现场演法。道教饮食也独具特色，既清淡，又自然，所以在设计道教饮食文化设施时，一定要突出生态性、自然性，最好能建造一片利用原始技术生产的田园、酒庄，让游客尝到真正的农家乐生态食品。同时，道教十分重视中国中医理论，这是佛教所不曾有的现象，现在很多著名寺院也都设有医务室，如果在道教宫观专设一个利用自然中草药治病的诊所，配以著名的道士中医，同时专设道教养生健体的休闲场所和道教武术培训基地，现场演法，则道教宫观旅游的潜力就能得以充分挖掘。从以上情况来看，宗教旅游服务业经营方式也大都离不开农业经营，尤其是其中的物质资源大都出自于农业生产，所以重视旅游资源开发应该要有良好的农业基础。

四、道教农学思想的未来发展趋向

扎根于中国传统道家文化的道教在中国历史上延续了几千年，这一本土宗教在佛教和其他宗教势力的冲击下绵延不息，尽管其大的发展方向成"几"字，但其中的波波折折、坑坑洼洼，有谁能说得清？好在经过资本主义制度的冲击，生产资料公有制和工业化浪潮的洗礼，道教还是终于生存下来了，今天又迎来了道教发展的春天。今天经济体制改革成功，国泰民安，国富民强，各种文化信仰的不足凸显，因而道教纳入国家扶持和保护的对象，使道教发展呈现出一片勃勃生机，道教的存在，就有道士的存在，就有道教宫观的存在，有道教宫观的存在，就有道教经济的发展。由于道教的宗教性质和教理教义，致使道教经济发展有其特殊性，道教是农业生产的产物，又长期存在和发展于农业社会，以及道教所尊崇的生态性、自然无为性，致使道教经济讲究自然环境的建设和保护，必然会在一定程度上排斥现代大工业，这为道教农学思想的存在提供了宗教基础。何况道教宫观的位置也决定了道教经济必须是以农业为基础、宗教商业和宗教文化旅游业为载体的经济形态。所以从整体上来说，道教经济就是以农业为核心的经济，道教经济思想就是道教农学思想。

从前文可以看出，道教农学思想的内涵大致为以下几个方面：农道，即讨论农业生产中诸如"道物关系、三才关系、时地关系"等哲学问题，它讨论的是农业生产中的普遍规律，即农业生产的外部环境问题；耕道，即内容是十分广泛的农业耕作技术；修道与务农的关系，这是道教农学思想具有宗教神秘性的典型体现；道门农书等几方面的内涵①。本人认为道教农学思想在此基础上还应该包含以下内容：宗教仪式与农业的关系；农产品加工和消费技术观；利用物候、气候和生物链以进行灾害防治；农田水利灌溉工程（含水利机构、水利工程、水利工具）；畜牧业（含护生政策、相畜术）以及宫观庙产经营管理的思想。具体来讲，道教农学思想除了包括道教的旨意外，还应该包括今天的大农学思想，即农、林、牧、渔、农产品加工与消费，甚或是道观园林艺术等思想在内。尤其是其中的自然生态技术和药农部分更是道教农学思想史中的耀眼之处，对我国古代农业生产做出了不可磨灭的贡献。但历史发展到今天，经济形势发生了前所未有的巨大变化，所以道教农学思想一定要紧跟形势变化做出相应的调整，要做到道教农学思想的发展趋向与现在以及将来的经济形势保持一致。

首先，要适应民主政治的需要，昔日拥有大片可耕地的经济形势已成为

---

① 参见盖建民：《道教科学思想发凡》，社会科学文献出版社 2005 年版，第 394—398 页。

历史，要建立起适合自己发展的经济形式。在封建制度下，土地等重要的生产资料都属于封建皇帝，其使用权力只能由皇帝赋予个人或单位，整个国家的经济都在皇帝和统治阶级的计划和统筹下，不得擅自改变，这种经济体制虽然能保障道教宫观的经济平稳，但也同时束缚了道教宫观的经济活动自主权，使道教经济呈现出保守性、封建性、分散性、技术弱、资金少等特征。辛亥革命后，推翻了封建帝制，全国性的民主政体逐步建立，"普天之下莫非王土，率土之滨莫非王臣"已经不可能，全国的土地等生产资料已经结束了一个人主宰的历史，虽然首先推行私有制，但是土地的拥有不是由皇帝册封、奖赏得来，而是全靠购买所得，道教宫观所拥有的土地在民国时期发生了较大的变化，许多土地成为国民政府的公共用地，道教宫观的经济实力显著下降，尤其是后来实行生产资料公有制，道教宫观的土地，尤其是可耕地面积的数量大幅度下降，道教宫观所拥有的土地除了宫观周围的山地池塘沼泽等地外，再也没有昔日靠出租田产和自己耕种田产来满足宫观经济生活的雄厚实力了。现在城市中的道观除了自己的房产外，周围的地面基本属于政府公共用地，没有空余闲地可耕，郊区的道观最多也只拥有种植果蔬的小面积土地，农村中的小道观有小量的可耕地和山地也只是用来自给自足。总之，现在道观的土地显得很珍贵，所以，要适合民主政治形势下的经济条件，发展自己的经济。自从封建专制推翻后，民主政治已经成为一种大势，此时的道观必须转换思维，不要再寄希望于大面积土地，只有围绕自己的宗教性质做文章，围绕宗教活动发展经济。

其次，要适应市场经济形势的要求，正确处理好农工商之间的关系，积极参与市场竞争。市场经济和民主制度是相适应的，只有民主才能实行市场经济，只有市场经济才能保障民主，因为只有市场经济，经济主体才能是相互平等，具有完全人格的主体，这就是民主的经济基础。虽然我国宋朝时期就已经有了商品交换，但那不是市场经济，只是商品经济的发轫，中国的商品经济直至明朝末年才正式萌芽，市场经济直至我国改革开放后才得以形成。市场经济不仅仅带来政治体制的改革，而且对经济活动和经济结构也起非常明显的作用。市场经济是商品经济，政府职能发生重要转变，由政治职能转变为服务职能，不再直接调配经济活动中的生产资料，只是为商品交换提供良好的经济秩序和设施，不会过多地干预经济，一切经济主体均自由参与竞争，自主经营，自负盈亏。商品经济又以商品交易为特征，生产者不能过多拥有自己所生产的使用价值，其目的是拥有商品的价值，通过以货币为媒介的使用价值交换换回自己所需的商品，所以市场经济也就是产业化经济，这就冲击了道观以前那种重本轻末、重农轻商的经济观念，要求道观树立起商品经济观念，如果再像以前那样重本轻末，只进行简单的种养产业，自给自足，只会带来保守落后，步入宫观倒闭的境地。当然，由于道观的地理位置和经济活动的特殊性，这种经济活动只能以农业为核心进行扩散经营。即使城市道观和郊区道观，其交换的商品只能是农产品加工的次产品，也即手工业产品，要尽力避免使用现代化学物质进行加工，因为只有这样才能体现道教重视生态性、自然性的教理教义。参与市场经济竞争也只有抓住自身的优势，突出特色，才能促进自己的经济增长。

再次，要突出道教本身的文化优势，要着力于道教本身建设，在经济建设中将道教特色与经济建设紧密结合。在现代市场经济条件下，要使经济主体在市场竞争中处于有利地位，市场经济主体就必须保证自己的产品本身具有独到的特色，同时也要保证自己产品的质量。就道教经济建设来说，也必须突出道教特色，而突出道教特色，就必须从道教文化建设入手，把道教的教理教义和修行方法具体化和物质化，根据社会大环境需求，对道家文化的特点做出修正，才能显示出道教文化的特质和优势，吸引更多的信众和游览者。在道教文化建设中，总脱不了农业社会的一些特征和思想，根据我国道家道教的思想实质，道教经济建设的实质就是对广义农产品的深加工和农业环境的创设。例如，道教的自然无为思想就体现在道教宫观建设和其周围环境的清静无为，具备农村环境中那种自然属性，并且都是人烟稀少的山区，难得青山绿水。如能有此清净整洁的居住环境，对于现代人来说真是世外桃源，必定有较高的吸引力。还可以在道教的神仙体系的造像设计上突出农业特色，例如土地神、北帝和各种动植物主管神灵的文化建设都是可以利用的优势。此外，还可以就道教的服饰、饮食做一些具体的建设和宣传事宜。所以道教宫观还需重视手工业发展，例如，道经的出版雕刻、道教神仙体系中神像的雕刻、道教仪式用纸加工等、道教符箓加工、小饰物加工、道教食品加工，尤其是道教养生酒类的加工。由此可以催生出一系列的经济链条，促进道教宫观的经济发展，使道教在民主政治体制下平安生存，健康成长。

最后，道教宫观应建立相应的经济技术探讨机制，积极参与不同级别的科技研究，为自身经济发展和国家经济发展服务。农业生产是一种技术性要求很强的生产活动，并且农业技术是一种综合性技术，需要天文、地理、算数、植物学、动物学、林学等多方面知识支撑的技术体系。道教是一个重术的宗教，是世界上唯一不排斥科学技术的宗教，所以道教与农业生产紧密结合的具有一种天生的可能性。从我国科技史来看，我国的科学是一种建立在生产力水平低下基础上的粗糙型科学、经验性科学，它们虽然富含哲理，但对事物内部缺乏详细的分析。这些经验的取得与具体的观察性技术活动有着密不可分的关系，这些技术活动或多或少地与农业生产有着直接或间接的关系，道士在重术思想的指导下进行了一系列的技术性活动，产生了一系列的技术人才。例如，道教本身的炼丹术，不仅要求有相当丰富的矿物学知识，而且要有丰富的动植物学知识，人们根据矿物质和动植物特性进行配方，由此产生许多的化学成果，同时由于对动植物特性的了解，产生了动植物的分类标准和医药学，也产生了我国历史上的药农行业，丰富了我国农业生产部门。我国的天文学知识也大多由道士观天象产生，我国古代的钦天监，大多由道士兼任，因而产生了很多像张衡、束皙、李淳风、袁天罡、尚献甫、陆颐真等道士天文学家。在古代，天文学是为农业生产和统治阶级的政治服务的，所以，古时候虽然没有现代先进的天文仪器，但农业生产能基本顺利进行，这与道士的天文学观察是分不开的。药学实质上就是对物性的利用和搭配，是人们充分认识物性的结果，我国的张仲景、孙思邈、华佗等对各种动植物特性有充分认识，并能恰到好处地应用，在此基础上产生的药农是我国的突出贡献。算术是我国古代在丈量土地过程中产生的，是用来丈量土地面积的一种计算方法。地理学和阴阳五行结合起来，对土地性质的应用，使我国产生了土壤分类和因地制宜的思想。这些技术一直是我国道教的骄傲，但近现代以来，随着道教的衰败，这些技术有很多失传，甚至被视为迷信，这是我国道教发展过程中不可估计的损失。改革开放后，市场经济导致人们思想信仰的多元化，道教又迎来了发展的新机遇，如果有道士能继续重术，应用现代高科技手段，将高科技与道教之术有机结合起来，能做出更多更有用的发明，对信众的影响更加深刻，会吸引更多的信众。当然，道教如果要有更好的发展空间，就必须大众化，包括经典和道教之术均需大众化。笔者认为，道教今天的发展速度远不如佛教，其原因不仅在于道教思想保守，脱离民众，更在于道教本身之术不易被人掌握和应用，修道之难难于佛教修行。道教修炼之术那么高深玄远，大众只可远观不可近玩焉，虽然有太极等大众化的修炼之术，但也太繁琐。道教经典也不及佛教经典普及化，任何大一点的佛教寺院均有佛教的几部重要经典免费提供，网上到处都是佛教资料和信息。而道教呢，走进宫观则有一种走进迷宫一样的感觉，所以，道教重术首先必须重视对自身修炼之术加以改进，以此来推动道教发展，进而促进道教经济发展，也继续推动道教农学思想的发展。

参考文献

爱因斯坦著：《爱因斯坦全集》，许农英、范岱年译，商务印书馆 1976 年版。

（东汉）班固：《汉书》，中华书局 1975 年版。

鲍山编，王承略点校：《野菜博录》，山东画报出版社 2007 年版。

（清）毕盛赞修：《芮成志》，清康熙 11 年（1672）本。

曹宛如：《中国古代的物候历和物候知识》，《中国古代科技成就》，中国青年出版社 1978 年版。

（晋）陈寿撰：《三国志》，中华书局 1959 年版。

陈垣：《南宋初河北新道教考》，中华书局 1962 年版。

陈垣：《道家金石略》，文物出版社 1998 年版。

陈麟书、陈霞：《宗教学原理》，宗教文化出版社 2003 年版。

（宋）陈元靓：《丛书集成》，商务印书馆 2010 年版。

戴睿：《管子学案》，学林出版社 1994 年版。

《道藏》，文物出版社、上海书店、天津古籍出版社 1988 年版。

丁山：《中国古代宗教与神话考》，龙门联合书局 1961 年版。

丁祯彦、李似珍点校：《化书》，中华书局 1996 年标点本。

丁福保：《道藏精华录》，北京图书馆出版社 2005 年版。

段德智：《宗教概论》，人民出版社 2005 年版。

段玉明著：《中国寺庙文化》，上海人民出版社 1994 年版。

房玄龄：《晋书》，荣宝斋编出版 1987 年版。

盖建民：《全真子陈勇农学思想考述》，《宗教学研究》2000 年第 4 期。

盖建民：《道教科学思想发凡》，社会科学文献出版社 2005 年版。

盖建民：《道教医学》，宗教文化出版社 2001 年版。

干宝：《搜神记》，燕山出版社 2007 年版。

高小健：《中国道观志丛刊》，江苏古籍出版社 2000 年版。

葛洪：《神仙传》，学苑出版社 1998 年版。

郭沫若：《释干支》，《郭沫若全集·考古编Ⅰ》，科学出版社 1982 年版。

郭庆藩：《庄子集释》，中华书局 2004 年版。

何宁：《淮南子集释》，中华书局 1998 年版。

洪迈：《夷坚志》，《续修四库全书》（子部），第 1266 册。

胡孚琛：《道教与丹道》，中央编译出版社 2008 年版。

胡道静：《读〈四时纂要〉札记》，《农书·农史论集》，农业出版社 1985 年版。

胡道静、李一氓等主编：《藏外道书》，巴蜀书社 1992 年版。

胡昭曦：《四川古史考察札记》，重庆出版社 1986 年版。

胡孚琛主编：《中华道教大辞典》，中国社会科学出版社 1995 年版。

湖南省地方志编纂委员会编：《湖南省志》卷 27，《宗教志》，湖南人民出版社 1999 年版。

黄寿祺、张善文：《易经译注》（下），上海古籍出版社 2007 年版。

蒋星煜：《中国隐士与中国文化》，上海三联书店 1988 年版。

孔颖达：《周易正义》，中国书店 1987 年版。

李诩：《戒庵老人漫笔》，中华书局 1982 年版。

李德范：《敦煌道藏》，国家图书馆文献缩微复制中心 1999 年版。

李养正：《道教与诸子百家》，燕山出版社 1993 年版。

李志常：《长春真人西游记》，中华书局1985年版。

（唐）李延寿：《南史》，中华书局1975年版。

（明）李辕撰：《筠谷诗集》，上海书店出版社1994年版。

梁家勉：《中国农业科学技术史稿》，农业出版社1989年版。

刘冠美：《易经灾害学浅述》，《四川水利》1999年第1期。

刘文英：《中国哲学史》（上卷），南开大学出版社2002年版。

刘文典撰，冯逸等点校：《淮南鸿烈集解》，中华书局1989年版。

刘昫等：《旧唐书》，中华书局1975年版。

（清）娄近垣辑：《龙虎山志》，大上清宫清乾隆5年（1740年）本。

卢红：《宗教：精神还乡的信仰系统》，南开大学出版社1990年版。

陆思贤：《神话考古》，文物出版社1995年版。

罗莉：《论寺庙经济》，中央民族大学博士学位论文，2003年。

马忠庚：《佛教与科学》，社会科学文献出版社2007年版。

《马克思恩格斯选集》第4卷，人民出版社1972年版。

《马克思恩格斯选集》第3卷，人民出版社1972年版。

马骕：《绎史》卷1，中华书局2002年版。

闵宗殿：《明清农书待访录》，中国科技史料2003年第4期。

闽智亭、李养正：《道教大辞典》，华夏出版社1995年版。

缪启愉：《四时纂要校释》，农业出版社1981年版。

黎翔凤撰，梁运华整理：《管子校注》，中华书局2004年版。

聂雄前：《中国隐士》，湖南文艺出版社1991年版。

牛会娟：《陈元靓与〈岁时广记〉》，四川大学硕士学位论文，2007年。

欧阳修、宋祁：《新唐书》，中华书局1975年版。

卿希泰：《中国道教史》，四川人民出版社1996年版。

饶尚宽注：《老子》，中华书局2006年版。

饶宗颐：《老子想尔注校证》，上海古籍出版社1991年版。

任继愈主编：《中国道教史》，上海人民出版社1990年版。

任继愈：《道藏提要》，中国社会科学出版社 2005 年版。

邵国田：《敖汉旗南台地赵宝沟文化遗址调查》，《内蒙古文化考古》1991 年第 1 期。

宋濂、王濂主编：《元史》第八册，中华书局 1999 年版。

四库全书存目丛书编辑委员会：《四库全书存目丛书·子部·道家类》，齐鲁书社 1995 年版。

汤一介：《早期道教史》，昆仑出版社 2006 年版。

汤一介等主编：《道书集成》，九洲出版社 1999 年版。

万国鼎校注：《陈旉农书校注》，农业出版社 1965 年版。

王明：《太平经合校》，中华书局 1960 年版。

王明：《道家与传统文化研究》，中国社会科学出版社 1995 年版。

王毓瑚：《先秦农家言四篇别释》，农业出版社 1981 年版。

王毓瑚校正：《农桑衣食撮要》，农业出版社 1962 年版。

王启才：《〈吕氏春秋〉的生态观》，《江西社会科学》2002 年第 10 期。

王星光：《〈吕氏春秋〉与农业灾害探析》，中国农史 2008 年第 4 期。

王卡点校：《老子道德经河上公章句》，中华书局 1993 年版。

王恽：《秋涧集》，台湾商务印书馆 1986 年版。

（宋）王偁：《东都事略》，振鹭堂清朝翻刻版。

王永平：《道教与唐代社会》，首都师范大学出版社 2002 年版。

闻一多：《闻一多全集》第五册，湖北人民出版社 1993 年版。

乌恩溥译注：《四书译注》，吉林文史出版社 1990 年版。

吴光：《黄老之学通论》，浙江人民出版社 1985 年版。

吴佐忻：《山居要术考》，《医古文知识》2003 年第 3 期。

熊铁基、刘固盛：《道教文化十二讲》，安徽教育出版社 2005 年版。

夏纬瑛：《吕氏春秋上农等四篇校释》，中华书局 1956 年版。

小横香室主人撰：《清朝野史大观》，上海书店 1981 年版。

《续修四库全书》编纂委员会编：《续修四库全书》，上海古籍出版社

1997 年版。

（清）徐松辑：《宋会要辑稿：道释》，中华书局 1957 年版。

阎万英：《中国农业思想史》，中国农业出版社 1997 年版。

杨直民：《农学思想史》，湖南教育出版社 2006 年版。

杨堃：《神话的起源和发展》，《民间文学论坛》1985 年第 1 期。

杨娜：《中国近现代经济形态的特点及变化》，《中学政史地》（高中历史版）2005 年第 1 期。

游修龄：《农业神话和作物（特别是稻）的起源》，《中国农史》1992 年第 3 期。

袁珂：《中国神话史》，上海文艺出版社 1988 年版。

袁名泽：《太平经农学思想探微》，《中国农业大学学报》2009 年第 1 期。

袁名泽：《科技哲学视域下的象数学》，《科学·经济·社会》2009 年第 1 期。

袁名泽：《管子农学思想及其现代意义》，《管子学刊》2009 年第 1 期。

袁名泽：《道教农学思想探微》，厦门大学博士学位论文，2010 年。

曾雄生：《隐士和中国传统农学》，《自然科学史研究》1996 年第 1 期。

曾雄生：《中国农学史》，福建人民出版社 2008 年版。

詹石窗：《易学与道教思想关系研究》，厦门大学出版社 2001 年版。

詹石窗主编：《新编中国哲学史》，中国书店 2002 年版。

詹石窗：《道教文化十五讲》，北京大学出版社 2003 年版。

张继禹主编：《中华道藏》，华夏出版社出版 2004 年版。

张金涛：《中国龙虎山天师道》，江西人民出版社 2000 年版。

张君房著：《云笈七签》，中华书局 2003 年版。

张云飞：《中国农家》，宗教文化出版社 1996 年版。

钟祥财：《中国农业思想史》，上海社会科学出版社 1997 年版。

中国农业遗产研究室：《中国农学史上册》（初稿），科学出版社 1984 年版。

祝亚平：《道家文化与科学》，中国科学技术大学出版社 1995 年版。

庄周：《庄子》，吉林大学出版社 2010 年版。

Ronald L. Johnstone：*Religion in society*，Parising：Financial Time Prentice-Hall CLTD，1983.

A. P. Thirlwall：*Growth and Development*，*with special reference todevelopingeconomies*，Macmillan：Houndmills，Basingstoke，Hampshire，1989.

Rachel Carson：*Silent Spring*，Boston：Houghton Mifflin Compangy，1962.

后　记

　　2009 年冬天，我的博士论文《道教农学思想探微》经过一年多的资料搜寻和思考，进入写作的攻关阶段。早在我搜寻资料和确定框架时，我就觉得我可以在博士论文的基础上进行进一步的深入研究，可以围绕博士论文进行纵横扩展，于是就趁国家社科项目申报的机会，着手申报了《道教农学思想史纲要》这一课题，并于 2010 年成功获得立项，实现我围绕博士论文进行纵向深入研究的构想。于是利用此机会，我又重新翻阅和整理了我以前所做的笔记，重新浏览了一遍以前读过的道教资料，围绕治史之目的又添加了许多新资料。经过四年的研究，本课题终于于 2014 年 7 月份顺利结项，并且结项等级为良好，成为玉林师范学院第一个一次性结项，并且获得良好等级的国家社科项目，这令我相当兴奋，这良好等级和荣誉得来不易。

　　国家社科基金项目是目前从事人文社会科学研究者所期盼得到的最高级别项目，它的获得是对科研工作者的科研能力和科研水平的肯定，所以，得来之难可想而知，但得到项目以后进行研究更难。回想 2010 年博士毕业以后，我整整四年都用在此项目上，每年暑假都背着行囊寻访高校图书馆，每年寒假即使大年初一，我也在啃书本，或者对着电脑敲字。虽然本书是博士论文的专题化深入研究，很多资料一样，但与博士论文之间存在研究方法、研究目的、研究学科及研究内容等差别，所以，本书在研究过程中既要利用博士论文，但又要跳出博士论文的樊囿，做起来自然是很辛苦的。但在研究过程中，我继续秉承恩师盖建民教授的"言必有据"治学精神、搜集与思辨相结合的治学方法，终于跳出了博士论文的圈子，参照《中国道教史》《道藏提要》和《中国道教思想史》《中国哲学史》等资料，梳理了道教农学思想发展史的脉络，由宗教学和哲学走向了治史之路，高水平完成了该项目，完成了本书的出版工作，使我明白恩师教诲真是善莫大焉。同时感谢恩师詹石窗教授在百忙之中抽出宝贵时间为我作序，为拙著增光添彩，在成都参加"第四届中国道教文化艺术节暨道教文化高峰论坛"时，胡孚琛教授、孔令洪教授一起为拙著写作思路予以指导，并将我作为2014年国家社会科学基金重大项目（第二批）《百年道家与道教研究著作提要集成》之子课题四排名第二的骨干成员，在此，衷心感谢詹老师的深情厚爱。感谢为我完成此书写作和出版给予帮助的各位恩师、朋友，特别感谢我的妻子冯莹、儿子校擎为我完成本书写作所做出的默默贡献，感谢浙江师大朱前星教授给我一个安静的环境，以便修改拙著。

袁名泽

乙未年夏于浙江